지역 다양성과 사회 통합

세계 각국의 시민-정당 연계 동향과 쟁점

VI

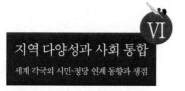

지역 다양성과 사회 통합 VI
세계 각국의 시민-정당 연계 동향과 쟁점

초판 1쇄 발행 2021년 6월 28일

지은이 윤종빈·송정민 외

펴낸이 김선기
펴낸곳 ㈜푸른길
출판등록 1996년 4월 12일 제16-1292호
주소 (08377) 서울시 구로구 디지털로 33길 48 대륭포스트타워 7차 1008호
전화 02-523-2907, 6942-9570~2
팩스 02-523-2951
이메일 purungilbook@naver.com
홈페이지 www.purungil.co.kr

ISBN 978-89-6291-906-6 93340

이 저서는 2019년 대한민국 교육부와 한국연구재단의 지원을 받아 수행된 연구임
(NRF-2019S1A3A2098969).

지역 다양성과 사회 통합

미래정치연구소 학술 총서 시리즈 14

세계 각국의 시민-정당 연계 동향과 쟁점

미래정치연구소 편

윤종빈 · 송정민 · 김진주 · 김경혜 · 오상훈 · 최지혜 · 홍라희 · 김지연 · 임다원
백혜민 · 송민지 · 정혜원 · 정나라 · 이인구 · 권강현 · 신재욱 · 이종본 · 정해은

푸른길

Regional Diversity and Social Integration

Trends and Issues of Citizens-Parties Linkages in the World

Korea Institute for Future Politics
by Jong Bin Yoon and Jungmin Song

PURUNGIL

책을 내면서

본 학술도서는 2013년 한국연구재단의 한국사회과학연구지원(Social Science Korea, SSK) 사업에 선정되어 2019년 대형단계에 진입한 명지대학교 산하 미래정책센터(The Center for Future Policy Studies)가 기획한 연구 성과물 중 하나이다. 본 사업단은 지난 7년의 연구기간 동안 '대의 민주주의 강화를 위한 시민—정당 연계모델과 사회 통합'이라는 큰 주제하에, 변화하는 시대적 환경 속에서 대의민주주의의 위기 원인을 분석하고, 뉴미디어 시대에 부합할 수 있는 새로운 해결책을 마련하기 위한 이론적 패러다임을 구축해 왔다. 올해로 6번째 발간되는 '지역 다양성과 사회 통합' 시리즈는, 오늘날 한국과 마찬가지로 대의민주주의의 위기와 정치사회적 양극화를 경험하고 있는 다른 국가들에 대한 비교분석을 통해 보다 구체적이고 실천적인 해결책을 모색하고자 하는 시도이다.

2014년 발간된 『지역 다양성과 사회 통합 I』을 시작으로 2020년 발간된 『지역 다양성과 사회 통합 V』에 이르기까지, 본 시리즈는 기존의 대의민주주의와 관련된 학술연구들이 서유럽과 북미, 동아시아의 사례에 집중되었던 편향성에서 벗어나, 동유럽과 동남·남부 아시아의 사례에까지 분석의 범위를 확장해 왔다. 이와 같은 분석범위의 확장은, 연구자들로 하여금 오늘날 민주주의 국가들이 경험하고 있는 사회 갈등에 대해 보다 다층적인 이해를 가능하게 하였다. 각국은 하나의 변수로 설명할 수 없을 만큼 다양한 형태의 사회 갈등을 경험하고 있고, 그에 대처하는 과정 또한 각국의 민주주의 역사와 사회경제적 환경에 따라 매우 상이하게 나타난다. 본 시리즈가 지난 7년간 축적한 각국의 사회 갈등과 통합에 대한 자료는 이념 갈등, 지역 갈등, 성별 갈등, 세대 갈등, 경제적 불평등, 이민자 수용 문제까지 다양한 사회 갈등을 동시에 경험하고 있는 한국의 사회 통합을 위한 귀중한 반면교사의 역할을 하였다.

미래정책센터가 이번에 발간하는 『지역 다양성과 사회 통합 VI』은, 기존의 시리즈가 지향하는 문제의식을 이어받아 연구의 분석범위를 더욱 확장하였다. 『지역 다양성과 사회 통합 VI』은 본 시리즈가 기존에 다루고 있던 동아시아, 동남·남부 아시아, 유럽, 북미 지역 국가에 더해 중남미 지역 국가들과 오세아니아 국가들까지 분석에 포함하였다. 중남미 지역은 대의민주주의의 위기를 가장 생생하게 보여 주는 지역으로, 포퓰리즘, 범죄, 부패 등 다른 지역에서 충분히 다뤄지지 못한 사회갈등의 원인에 대해 새로운 분석을 가능하게 해 주었다. 오세아니아 지역은 젊은 정치인들의 약진과 함께 오늘날 기후 변화에 가장 적극적으로 대응하고 있는 민주주의 국가들로, 탄소세 도입과 원자력 발전소 폐쇄 등 환경 문제와 관련된 사회 갈등을 경험하기 시작한 한국에게 시의적절한 경험들을 공유해 주었다. 이와 같은 분석범위의 확장에 더해, 『지역 다양성과 사회 통합 VI』은 이전의 시리즈보다 세분화된 주제 분류로 각 지역의 동향에 대한 심층적인 분석을 가능하게 하였다. 본 편은 지역의 쟁점을 선거 분야, 정책·입법 분야, 여론·시민사회·전자민주주의 분야까지 3개의 주제로 분류하여, 독자로 하여금 지역의 사회 갈등과 사회 통합 과정을 보다 체계적으로 이해할 수 있게끔 도왔다.

본 학술도서는 2019년 9월 말부터 2020년 8월 말에 이르는 약 1년의 기간 동안 나타난 각 지역의 동향과 쟁점에 대해 다루고 있다. 먼저 제1부에서는 일본, 대만, 필리핀의 사례에 주목하여 동아시아의 지역별 동향 및 쟁점을 다룬다. 지난 1년의 시간 동안 동아시아 국가들은 대체적으로 기존의 집권세력(일본 자민당, 대만 민진당, 필리핀 두테르테)의 지지기반이 계속해서 유지되는 가운데, 야당이 현 정권에 대한 견제 및 심판 기능을 충실히 수행하지 못하고 있는 모습을 보여 주었다. 또한 2020년 초 발발한 코로나19는 각국 정권의 통치력을 평가하는 시험대가 되었으며, 한편으로는 방역 대책을 구실로 한 시민적 자유의 억압에 대한 우려가 나타나기도 하였다.

제2부에서는 동남아시아와 남부아시아 국가들의 동향을 살피고 중요 쟁점을 논하였는데. 구체적으로 인도, 인도네시아, 말레이시아, 싱가포르 4개국의 사례에 주목하였다. 지난 1년 동안 이 지역에서는 다양한 형태의 사회 갈등이 발생하였는데, 인도에서는 소수 민족과의 갈등, 종교 간의 갈등이 더욱 심화되는 모습이 나타났으며, 인도네시아에서도 파푸아 원주민의 분리주의 운동과 함께 심한 갈등 양상을 보였다. 말레이시아에서는 정부의 성차별적인 언행과 함께 성소수자의 권리를 억압하며 저항을 불러일으켰고, 싱가포르에서는 장기집권하고 있는 인민행동당에 대한 불만이 조금씩 표출되기 시작했다. 한편 코로나19의 확산 속에서 각국의 시민적 자유는 크게 제한되었고, 정부의 방역 대책이 정권 반대 세력이나 소수민족에 대한 억압의 기제로 활용되는 모습을 보였다.

제3부에서는 영국, 프랑스, 독일, 스페인 등의 서유럽 국가들과 유럽연합의 동향과 쟁점을 살펴보았다. 서유럽 국가들에서 공통적으로 나타나는 특징은 집권세력 내부의 분열이었다. 영국의 보수당, 프랑스의 레퓌블리크 앙마르슈, 독일의 기독민주당, 스페인의 사회노동당은 당 내부의 분열 혹은 연립정부 파트너와의 갈등을 경험하였다. 그리고 이와 동시에 제3당들의 움직임도 눈에 띄는 부분이었는데, 반이민 정책을 기치로 하는 극우정당의 약진과 함께 환경보호와 함께 여성 및 소수자의 권리를 옹호하는 녹색당의 성장이 두드러졌다.

제4부에서는 폴란드, 헝가리, 우크라이나, 에스토니아 등 동유럽 국가들과 덴마크의 동향과 쟁점을 살펴보았다. 폴란드와 헝가리 같은 경우 계속되는 극우정당의 집권속에 시민적 자유를 억압하고 선거의 공정성을 훼손하는 민주주의의 후퇴 현상이 더욱 심화되었다. 하지만 한편으로 계속되는 반민주적 통치에 저항하는 시민들의 목소리도 커졌는데, 이와 같은 시민들의 요구에 호응하여 야당들이 연합을 이루어 집권여당에 저항하려는 움직임이 속속 나타났다. 우크라이나에서는 친러시아–반러시아파 사이의 갈등이 지속되었고, 에스토니아에서는 선

진화된 디지털 기술을 활용한 전자민주주의의 실험이 더욱 가속화되는 모습이 나타났다.

제5부에서는 미국과 캐나다 정치의 동향과 쟁점을 다룬다. 미국과 캐나다는 지난 1년, 나란히 주요 선거를 치르게 되었는데, 미국은 2020년 11월의 대선을 앞두고 인종적 갈등이 더욱 격화되는 모습을 보였으며 정치적 양극화 또한 심화되었다. 캐나다의 경우 자유당의 트뤼도 총리가 재선에 성공하고 기후 변화와 지역 간 갈등에 적극적으로 개입하는 모습을 보였다.

제6부에서는 브라질, 아르헨티나, 베네주엘라, 멕시코, 볼리비아 등 중남미 국가들의 동향과 정치적 쟁점에 대해 살펴보았다. 많은 중남미 국가들에서는 범죄율의 증가와 만연한 부패, 경제적 양극화 등으로 인해 사회적 불안정이 심화되고 있었고, 이와 같은 상황은 코로나19의 확산과 함께 더욱 악화되었다. 아르헨티나에서는 좌파진영의 페르난데스 후보가 대통령에 당선되었으나, 심각한 경기 침체 속에 정부의 정책을 두고 포퓰리즘 논란이 벌어졌다. 브라질과 멕시코에서는 코로나19로 경제적 양극화가 더욱 심화되면서 정부의 복지 예산 삭감을 두고 사회적 논쟁이 더욱 심화되었다.

마지막으로 제7부에서는 호주와 뉴질랜드의 동향과 정치적 쟁점을 살펴보았다. 호주와 뉴질랜드에서는 2019년 가을부터 대규모 산불 사태를 겪으며 기후 변화에 대한 경각심이 높아졌고, 주요 정당들이 이에 호응하여 기후 변화 관련 법안을 적극적으로 제출하는 모습이 나타났다. 뉴질랜드에서는 기후 변화 대처에 있어서 세대 갈등이 중첩되는 현상이 나타났는데, 이는 오늘날 세대 갈등이 중첩된 경제적 양극화 현상을 경험하고 있는 한국의 상황에 시사점을 주고 있다.

코로나19의 확산과 함께 지난 1년은 연구활동에도 어려움이 많았던 해였다. 그러나 본 사업단의 참여 연구원 15명은 사회적 거리두기 중에서도 화상회의시스템을 활용하여 지난 6년간 계속되었던 월례발표회의 '전통'을 지속하였고, 그 결과 이전 해의 성과에 모자라지 않는 자료를 축적하고 한국의 사회 통합을 위한 정책적 함의를 도출할 수 있었다. 공동 연구원으로서 정회옥(명지대 정치외교학과), 박경미(전북대 정치외교학과), 장승진(국민대 정치외교학과), 한의석(성신여대 정치외교학과), 유성진(이화여대 스크랜튼학부), 한정훈(서울대 국제대학원), 김하니(단국대 커뮤니케이션학부), 문신일(명지대 디지털미디어학과), 정동준(인하대 사회교육학과), 신정섭(숭실대 정치외교학과) 교수님들의 노고에 깊이 감사드린다. 더불어 본 학술도서는 명지대학교 대학원생 및 학부생 연구보조원들의 적극적인 참여로 완성되었다. 연구보조원 학생들을 매달 지도해 주신 사업단의 정수현(명지대 미래정책센터), 김기태(명지대 미래정책센터), 김진주(명지대 미래정책센터), 송정민(명지대 미래정책센터) 연구교수, 그리고 올해 초까지 학생들을 열심히 지도해 주신 박지영(성신여대 정치외교학과) 교수님께도 감사의 말씀을 전한다. 연구 자료 수집과 정리를 담당한 김소정, 김경혜 연구원을 포함한 학부생 연구보조원 오상훈, 최지혜, 홍라희, 김지연, 임다원, 백혜민, 송민지, 정혜원, 정나라, 이인구, 권강현, 신재욱, 이종본, 정해은의 헌신적인 참여가 없었다면 본 연구 성과물은 가능하지 않았을 것이다. 본 학술도서가 한국의 대의민주주의 위기와 사회갈등을 고민하는 연구자들과 일반 독자들에게 조금이나마 도움이 되었으면 좋겠다는 바람과 함께, 이 책의 출판에 응해 주신 푸른길 출판사 관계자께도 감사의 마음을 전한다.

2021년 6월

저자들을 대신하여, 윤종빈·송정민

차례

제1부 아시아 I의 동향 및 쟁점:
집권세력의 코로나19 대응과 무기력한 야당

제2부 아시아 II의 동향 및 쟁점:
코로나19의 확산 속에 위협받는 시민적 자유와 민주주의

제5부

북미의 동향 및 쟁점:

트럼프와 트뤼도, 격변의 시기를 맞이한 미국과 캐나다

제6부

남미의 동향 및 쟁점:

계속되는 경제·사회적 불안과 좌파진영의 약진

제7부

오세아니아의 동향 및 쟁점:
여당의 높은 인기, 그리고 기후 변화 정책

아시아 I의 동향 및 쟁점

집권세력의 코로나19 대응과 무기력한 야당

제1장
아시아 I의 개관 및 쟁점

1차(2019년 9월 말~10월 말)

오상훈

일본 여당인 자유민주당(自由民主党)이 개헌에 박차를 가하기 위해 9월 25일, 개헌조직위에 중진들을 대거 포진시켰다(読売新聞 2019/09/25). 이에 야권 4개 회파가 연합을 구성했지만, 주요 직책 인서 등에서 의견차를 보이고 있어 여당을 제대로 견제할 수 있을지는 미지수다(読売新聞 2019/10/01).

대만은 2020년 1월 실시되는 총통 선거를 앞두고 양안관계에서의 두 후보 입장 차가 계속되고 있다. 차이잉원(蔡英文) 총통은 10월 10일 쌍십절 기념 행사에서 대만의 민주주의를 위해 중국의 일국양제(一國兩制)를 거부해야 한다고 주장했고, 한귀위(韓國瑜) 가오슝 시장은 중국과의 합의를 강조하는 양안 정책 백서를 발표했다(연합뉴스 2019/10/08). 두 후보에 대한 지지율은 10월 16일 기준 각각 41.5%와 25.1%로 기록됐는데, 8월만 해도 격차는 2% 남짓이었다(蘋果日報 2019/10/16).

필리핀은 로드리고 두테르테 대통령(Rodrigo Roa Duterte)의 마약 집행관으로 명성을 얻었던 오스카 알바알데(Oscar Albayalde) 경찰청장이 과거 마약을 빼돌렸던 부하 직원들을 비호했다는 의혹에 자진 사퇴하는 상황이 발생했고, '마약과의 전쟁'에서 초법적 처형 관련 논란이 일고 있다(Philippine star 2019/10/15).

||||||||||||||||||||||||||||||||||||||||||||||||||||||||||||||||||||||||||||||||||||||||||||||||||||||||||||||||||||||||

'초법적 살인'에 대한 권고와 비판 무시하는 필리핀 정부

필리핀 로드리고 두테르테 대통령 집권 이후 메트로 마닐라에서 범죄가 62% 나 감소했지만, 살인 사건은 오히려 60%나 증가한 것으로 드러났다(연합뉴스 2019 /10/02). 게다가 필리핀이 경찰과의 총격전에서 공식적으로 6,847명이 사망했다 고 발표한 것과 달리 인권단체들은 실제로 2만 7천여 명이 사망했다고 주장하고 있다(연합뉴스 2019/10/23).

국제엠네스티는 경찰이 빈곤한 사람들만 표적으로 삼아 증거와 보고서를 조 작하고 사람들의 소지품을 갈취한다고 발표했고(Amnesty 2019/07/08), 유엔인권이 사회(UNHRC)는 사법절차 없는 처형에 대한 경고와 함께 초법적 처형에 대한 조 사 결과를 요구했지만, 살바도르 파넬로(Salvador Panelo) 대통령 대변인은 "주권에 대한 간섭"이라고 일축했다(뉴시스 2019/10/14). 게다가 두테르테 대통령은 '제45회 필리핀 비즈니스 컨퍼런스 및 엑스포'에 참석해 바콜로드시 경찰서 부서장에게 "누구든 맘대로 죽여도 된다"고 말한 것으로 알려졌다(INQUIRER 2019/10/18).

두테르테 정권에 대한 필리핀 정당 차원의 비판은 전무후무한 상황이다. 이런 상태가 지속된다면, 정치적 인물에 대한 살인도 자행될 수 있으며 결국 필리핀 민주주의의 근간이 흔들리게 될 것이다. 필리핀 정당들은 사태가 더 악화되기 전에 초법적 살인에 제제를 가하고 두테르테에 대한 견제 수단을 찾아야 할 것 이다.

참고문헌

민영규. 2019. "필리핀 '마약과의 전쟁' 3년여간 경찰관 396명 마약 투약". 『연합뉴스』(10 월 23일).
_____. 2019. "두테르테 필리핀 대통령 집권 후 범죄 62% 감소…살인은 60%↑". 『연합 뉴스』(10월 02일).

이혜원. 2019. "필리핀 경찰청장, 압수마약 되판 경찰관 감싸줘 '사임'". 『뉴시스』(10월 14일).

Amnesty. 2019. "필리핀: 두테르테 정부의 살인적인 '마약과의 전쟁'에 대한 유엔의 조사가 시급하다". (07월 08일).

Aguilar, Krissy. 2019. "'Go There, You Are Free to Kill Everybody', Duterte Orders Espenido". *INQUIRER* (October 18).

2차(2019년 10월 말~11월 말)

오상훈

일본 여당인 자민당의 전 간사장 고가 마코토(古賀誠)는 아베 신조(安倍晋三) 총리의 개헌 추진에 반대하는 목소리를 냈다(朝日新聞 2019/11/14; 연합뉴스 2019/11/14 재인용). 현재 아베 총리는 9월 11일 개각한 내각의 장관들이 비위 문제에 연속으로 사임하는 데 이어 공공행사를 사유화했다는 의혹에 휩싸여 지지율이 지난 2월 이후 처음으로 50%대 이하로 떨어졌다(読売新聞 11.18; 연합뉴스 2019/11/18 재인용).

대만은 2020년 1월 실시되는 총통 선거를 앞두고 두 주요 후보가 러닝메이트를 확정 지었는데, 한궈위 가오슝 시장은 장산정(張善政) 전 행정원장을, 차이잉원 총통은 라이칭더(賴清德) 전 행정원장을 공식 지명했다(中央通訊社 2019/11/17). 러닝메이트 발표 후 차이잉원 총통이 유세를 진행하던 날, 중국의 항모 전단이 대만해협을 통과했다(Reuters 2019/11/17).

필리핀은 로드리고 두테르테 대통령이 평소 '마약과의 전쟁'에 인권침해 문제를 제기했던 레니 로브레도(Leni Robredo) 부통령을 '마약퇴치 범정부 위원회(ICAD)'의 공동 위원장으로 임명하면서 마약과의 전쟁이 새로운 국면을 맞을 것으로 보인다(Philippine Star 2019/11/06; 연합뉴스 11.06 재인용).

━━━━━━━━━━━━━━━━━━━━━━━━━━━━━━━━━━━━━━━

거세지는 중국의 압박과 그에 비례하는 차이잉원 지지율

양안관계는 대만이 독립한 이후 중국과 지속적으로 이어져 오고 있는 문제로 중국은 '일국양제'를 주장하면서 대만에 대한 압박 수위를 높이고 있다. 지난 8월, 자국민들의 대만 여행을 사실상 금지한 데 이어 차이잉원 총통이 라이칭더 전 행정원장을 러닝메이트로 발표하고 유세했던 2019년 11월 17일에는 항공모함 '001A함'이 이끄는 전단을 대만해협에 배치하기도 했다(연합뉴스 2019/11/17).

하지만 대만 유권자들은 중국의 압박에 별 영향을 받지 않는 것으로 보이는 데, 대만 행정원에 따르면 대만인 88.7%가 일국양제에 의한 통일에 반대했다(중앙일보 2019/11/06). 아울러 대만 내에서 홍콩이 대만의 미래라는 인식이 퍼지면서 반중파인 차이잉원에 대한 지지율이 꾸준히 상승했는데, 지난 26일 빈과일보(蘋果日報)에 따르면 차이잉원 지지율은 42.2%로 22.7%에 그친 한궈위를 크게 상회했다. 같은 여론조사에서 7월 차이잉원 지지율은 35.4%였다(蘋果日報 2019/11/25).

11월 24일, 홍콩에서 실시된 구의원 선거에서 친민주주의 반중 후보들이 압승을 거둔 뒤 시위대에 대한 경찰의 압박 수위가 줄어들었다. 대만 여론이 일국양제에 분명히 반대하고 있는 현재, 대만 시민들은 선거를 통해 의견을 관철할 필요가 있으며 대만의 다음 총통은 주권과 민주주의를 수호할 수 있는 사람이어야 한다.

참고문헌

안승섭. 2019. "차이잉원 10만 명 앞 유세한 날 中 항모, 대만해협 통과". 『연합뉴스』(11월 17일).

정용환. 2019. "홍콩 지켜보던 대만인들 "독립 필요없어…지금처럼 살겠다"". 『중앙일보』(11월 06일).

出版時間. 2019. "[蘋果周周對比民調1]韓國瑜面臨2成保衛戰! 支持度落後蔡英文 19.5個百分點差距史上最大". 蘋果日報 (November 25).

3차(2019년 11월 말~12월 말)

오상훈

일본의 아소 다로(麻生太郎) 부총리 겸 재무상과 니카이 도시히로(二階俊博) 자민당 간사장이 12월 10일, 아베 신조 총리의 자민당 총재 4선에 긍정적으로 발언한 것에 대해 아베의 레임덕을 막기 위한 것이라는 분석과 차기 총리 후보들의 불만이 이어질 것이라는 예측이 나왔다(共同通信社 2019/12/10; 연합뉴스 2019/12/10 재인용). 한편, 아베의 자민당 총재 4선에 관한 여론조사 결과 반대는 61.5%, 찬성은 28.7%로 나타났다(共同通信社 2019/12/15).

대만에서 12월 3일 공당(工黨)의 정자오밍(鄭昭明) 주석과 그의 아들 정즈원(鄭智文)이 중국으로부터 금품을 받은 혐의로 기소되면서 양안 대립이 심화되고 있다. 이에 앞서 호주에 망명을 요청했던 중국 스파이 왕리창(王立强)은 자신이 지난 11월 대만 지방선거에 개입했고 오는 1월 총통선거에서도 차이잉원의 재선을 막으려 했다고 진술했다(蘋果日報 2019/12/04; 연합뉴스 2019/12/04 재인용).

필리핀에서는 마약퇴치 범정부 위원회(ICAD)의 공동 위원장으로 임명됐던 레니 로브레도 부통령이 11월 24일, 취임 19일 만에 해임됐는데(BBC 2019/11/24), 리사 혼티베로스(Risa Hontiveros) 상원 의원은 두테르테 대통령의 정치적 목적이 있다고 비판했다(Inquirer 2019/11/25).

||||||||||||||||||||||||||||||||||||||||||||||||||||||||||||||||||||||||||||||||

자민당 하락세에도 무기력한 야당 연합

아베는 '벚꽃을 보는 모임'에서 자신의 지역구 후원자를 초청했다는 의혹에도 구체적인 명단은 공개하지 않아 비판받고 있을 뿐만 아니라 연이은 비위 의혹으로 인한 장관들의 사퇴, 복합리조트(IR) 사업 관련 뇌물을 수수한 아키모토 쓰카사(秋元司) 자민당 의원의 체포 등으로 인해 지지율이 하락하고 있다. 아베 내각에 대한 지지율은 전월 대비 6%p 하락한 38%를 기록했는데, 이는 16개월 만에 기록한 최저치다(共同通信社 2019/12/26; 연합뉴스 2019/12/26 재인용).

한편, 입헌민주당(立憲民主党), 국민민주당(国民民主党), 일본공산당(日本共産党), 사회민주당(社会民主党) 등의 야당 연합은 이번 임시국회에서 사전에 논의했던 내각 불신임권 제출은 결국 보류하고 국민투표법만을 부결시켰는데(NHK 2019/12/09; 연합뉴스 2019/12/09 재인용), 이는 다 합쳐도 10%도 되지 않는 일본 야당에 대한 지지율을 원인으로 볼 수 있다(조선일보 2019/12/23).

일본 야당은 실패한 정권이라는 낙인이 찍힌 듯 여당의 약세를 이용하지 못하고 있는데, 덕분에 아베는 자민당에 대한 지지율이 하락하는 와중에도 개헌을 고수하고 자민당 내부에서는 아베 4선에 대한 긍정 반응들이 나오고 있다. 야당 연합은 분열과 통합보다 유권자들의 지지로 이어지는 방안을 고인해야 할 것이다.

참고문헌

김호준. 2019. "日야당 내각 불신임안 제출 보류…개헌 염두 법개정도 불발".『연합뉴스』 (12월 09일).

이세원. 2019. "악재 겹친 아베…카지노 의혹에 도쿄지검 특수부 칼 뽑았다".『연합뉴스』 (12월 26일).

최은경. 2019. "국민이 눈길 안주는 일본 야당… 지지율 모두 합쳐도 10% 안돼".『조선일 보』(12월 23일).

4차(2019년 12월 말~2020년 1월 말)

오상훈

일본 도쿄지검 특수부는 1월 1일, 복합리조트 사업 관련 뇌물 수수 혐의를 조사하던 도중 중국 기업으로부터 이미 체포된 아키모토 쓰카사 중의원 말고도 5명의 국회의원이 뇌물을 받았다는 진술을 확보했는데, 이들 중 4명은 자유민주당, 1명은 일본유신회(日本維新の会) 소속인 것으로 드러났다(朝日新聞 2020/01/10; 연합뉴스 2020/01/01 재인용).

1월 11일 치러진 대만 총통 및 입법위원 선거에서 차이잉원 현 총통은 역대 최고 득표율인 57.13%를 기록해 38.61%를 기록한 한궈위 가오슝 시장을 제치고 재선에 성공했고, 집권당인 민주진보당(民主進步黨) 또한 전체 113개 의석 중 61석을 확보해 38석을 얻은 중국국민당(中國國民黨)을 누르고 과반 유지에 성공했다(연합뉴스 2020/01/12).

필리핀 '마약퇴치 범정부 위원회'(The Inter-Agency Committee on Anti-Illegal Drugs, ICAD)의 공동 위원장에 임명됐다가 19일 만에 해임된 레니 로브레도 부통령이 ICAD에서의 업무를 보고하는 형식인 기자회견에서 "2017~2018년 시중에 유통된 마약 가운데 압수한 것은 1%에 불과하다"고 지적하며 마약과의 전쟁은 실패했다고 주장했다(Rappler 2020/01/07).

||||||||||||||||||||||||||||||||||||||||||||||||||||||||||||||||||||||||||||||||||||

선거 참패 국민당, 71세 주석 사퇴 등 쇄신 돌입

국민당은 이번 선거 운동 과정에서 '100만인 집회'를 개최하는 등 총력을 다했지만 2016년에 이어 이번에도 총통 지지율 40%를 넘기지 못했고, 의석수 역시 81석이었던 2008년에 비해 2020년부터는 38석만 차지하게 되면서 결과적으로 참패를 면하지 못하게 됐다(연합뉴스 2020/01/12).

국민당은 의원 첫 출마자의 평균 나이가 63세로 세대교체에 실패한 상태에서 궈타이밍(郭台銘) 회장이 당내 경선 과정에서 탈당 후 다른 당 후보를 지원하는 등의 내분을 겪었다. 게다가 젊은 유권자들의 반중 정서를 파악하지 못하고 '하나의 중국' 원칙을 고수해 왔다. 이러한 상황에 대해 국민당의 커즈언(柯志恩) 의원이 "국민당은 노선·정책이 모호하고 무기력하다"며 "이번에도 깨어나지 못하면 역사의 먼지가 될 것"이라고 말하기도 했다(조선일보 2020/01/15).

그래도 다행인 점은 선거 후 국민당 내부에서 쇄신을 위한 움직임이 나오고 있다는 것이다. 먼저, 여론조사에서 국민당 선거 참패의 원인으로 가장 많이 거론된 71세의 우둔이(吳敦義) 주석이 사퇴했으며(연합뉴스 2020/01/15), 당 내부에서 하나의 중국을 언급하지 말자는 목소리가 나오고 있다. 국민당은 앞으로 변화하는 유권자들에 반응하기 위해 원칙 고수보다는 쇄신을 거듭해야 할 것이다.

참고문헌

김철문. 2020. "대만 국민당 선거참패 '후폭풍'…우둔이 주석 등 지도부 총사퇴". 『연합뉴스』(01월 15일).

박수찬. 2020. "[현미경] 젊은층 反中정서 외면… 101년 역사 대만 국민당 몰락". 『조선일보』(01월 15일).

차대운. 2020. "대만 여당, 차이잉원 총통 연임에 의석 과반 유지도 성공". 『연합뉴스』(01월 12일).

5차(2020년 1월 말~2월 말)

오상훈

일본에서 신종 코로나19가 확산함에 따라 긴급사태 조항을 위한 개헌을 서둘러야 한다는 집권 자유민주당 의원들의 목소리가 높아졌고, 아베 신조 총리도 2월 4일 열린 중의원 예산위원회에서 이를 지지하고 나섰다. 하지만 연립 여당인 공명당(公明党)과 그 외 야당들은 우선 현행법으로 현 상황에 최대한 대응해야 한다고 주장했다(朝日新聞 2020/02/05; 연합뉴스 2020/02/05 재인용).

대만 국방부는 지난 2월 9일에 이어 2월 11일에도 중국 인민해방군(People's Liberation Army)의 공군 군용기들이 대만 해협에서 비행 훈련을 했다고 발표했다. 일련의 상황에 대해 일각에서는 라이칭더(賴淸德) 부총통의 미국 방문에 대한 중국의 반발이라는 해석이 나오고 있다(연합뉴스 2020/02/11).

필리핀 정부는 현지 최대 방송사 ABS-CBN의 사업권 취소를 결정했고, 대법원에 사업권 취소 청원을 낸 호세 칼리다(Jose Calida) 법무차관은 지난 2월 10일 그 이유에 대해 "ABS-CBN이 외국인 투자를 받아 언론사의 외국인 소유를 금지하는 헌법을 위반했기 때문이고 정치적인 목적은 없었다"라고 밝혔다(연합뉴스 2020/02/10).

||||||||||||||||||||||||||||||||||||||||||||||||||||||||||||||||||||||||||||||||||||||||||||||||||

비위 보도에 억압으로 대응하는 두테르테 정부

필리핀 정부의 언론탄압이 심해지고 있다. 지난 2월 10일 방송사 ABS-CBN은 외국인 투자를 받았다는 이유로 사업권이 취소됐고 일간 인콰이어러(Inquierer)도 같은 이유로 비슷한 절차를 밟을 예정이다(2020/02/10 연합뉴스). 2019년 2월에는 마리아 레사(Maria Ressa) 전 래플러(Rappler) 대표가 명예훼손으로 체포되기도 했다(2019/02/14 중앙일보). 부당한 처우를 받은 언론과 언론인들은 로드리고 두테르테에 비판적이었다.

언론탄압 논란에 대해 필리핀 정부는 헌법이나 언론인 개인의 범죄를 언급하며 표면적으로 문제가 없다는 입장을 취하고 있다. 하지만 필리핀 전국언론인노조의 자료에 따르면, 두테르테 정부 아래에서만 자기 지역의 정치인이나 두테르테 정부의 비리를 보도했던 언론인 12명이 피살됐다(2019/03/05 미디어오늘).

　2018년 '세계불처벌지수'에서 필리핀이 5위를 차지했다(2019/03/05 미디어오늘). '세계불처벌지수'란 언론인 살해 사건 중 미해결로 남은 사건의 수를 인구 대비 백분율로 계산해 순위를 매긴 것으로 필리핀은 인구 비율로 5위지만, 불처벌 사건 수는 40건으로 가장 많았다. 이제 필리핀 국민들이 알아야 할 때다. 사태를 방관한다면, 언론인들은 더 많이 피살될 것이고 필리핀 국민들의 알권리는 사라질 것이다.

참고문헌

김혜경. 2019. "필리핀 언론탄압 논란 격화…두테르테 비판 언론인 체포돼 (종합)". 『중앙일보』(02월 14일).

민영규. 2020. "일간지에 이어 방송사까지…필리핀 두테르테 비판언론 탄압 논란". 『연합뉴스』(02월 10일).

박성현. 2019. "진실 보도에 목숨을 걸다, 필리핀 언론인의 현실". 『미디어오늘』(03월 05일).

6차(2020년 2월 말~3월 말)

최지혜

 일본에서 코로나19가 빠르게 확산되고 있지만 일본 유권자들의 정부 지지율은 전월 대비 2%p 높아졌다. 검사장 정년 연장 문제와 '벚꽃 스캔들'과 같은 아베 신조 총리에 대한 국민의 부정적인 시각은 여전하지만 현 정부 이외에 대안이 없는 유권자들의 지지가 반영되어 지지율의 상승으로 나타난 것으로 보인다 (연합뉴스 2020/03/17).

 대만 정부의 신종 코로나 방역정책에 대한 여론조사에서 국민의 75.3%가 긍정적으로 평가하였다(New Daily 2020/03/06). 한편, 대만의 제1야당인 중국국민당 당주석의 보궐선거 결과 장치천(江啟臣) 입법위원이 당선되어 향후 1년의 임기 동안 1월 선거에 참패한 국민당을 이끌어나갈 예정이다(연합뉴스 2020/03/08).

 필리핀 로드리고 두테르테 대통령은 신종 코로나의 확산을 막기 위해 정부 기관의 주요 업무에 지장을 주지 않는 선에서 행정부 업무를 4월 12일까지 한 달 동안 중단하겠다고 발표하고 입법부와 사법부에도 같은 조치를 취할 것을 권장했다(Inquirer 2020/03/12).

‖‖

일본 정부의 공문서 수정 강요 논란과 공권력 남용 문제

 공문서를 수정하라는 상사의 강요가 있었다는 메모를 남기고 자살한 전 긴키(近畿) 재무국 공무원 아카기 도시오(赤木俊夫)씨의 유족이 일본 정부와 사가와 노부히사(佐川宣壽) 전 국세청 장관을 상대로 제소하며 1억1천만 엔(약 13억 원)의 배상을 요구했다(뉴스핌 2020/03/19).

 아카기씨가 연루된 공문서는 2017년 2월 모리토모(森友) 학원의 이사장이었던 가고이케 야스노리(籠池泰典)가 국유지를 헐값에 매입해 '아베 신조 기념 소학교'를 건설하려 했던 '모리토모 스캔들'에 관한 것이다. 당시 정부는 관련 의혹을 잠재우기 위하여 서류를 제출하였으나 2018년 조작된 문서임이 드러나 해당 서류의 담당자였던 아카기씨는 검찰 조사의 선상에 올랐고 조사를 받게 되자 "이대로 가면 혼자서 덮어쓰게 될 것"이라는 글을 남기고 목숨을 끊었다(연합뉴스 2020/03/18).

대의민주주의 체제에서 투명한 국정운영은 무엇보다 중요하다. 아베 총리는 공문서 조작 및 모리토모 스캔들과의 연루를 전면 부인하면서도 야당과 국민의 재조사 요구에 응하지 않고 있다(每日新聞 2020/03/26). 정부는 국민으로부터 이양 받은 권력을 올바르게 사용하고 있음을 보이기 위해 아카기씨가 어두운 공권력의 희생자가 아님을 증명해야 할 것이다.

참고문헌

김은빈. 2020. "'모리토모 스캔들' 자살 공무원 유족, 日정부 상대 소송…아베에 불똥 튈까". 『뉴스핌』(03월 19일).

김호준. 2020. "'모리토모 스캔들' 자살 공무원 유족, 일본 정부 등 제소". 『연합뉴스』(03월 18일).

重田園江. 2020. "第123回「森友問題再燃 安倍政権は何を破壊したのか？」". 每日新聞(03월 26일).

7차(2020년 3월 말~4월 말)

최지혜

아베 신조 총리가 코로나19의 확산을 막기 위한 긴급사태 선언을 빌미로 수정 헌법 개정의 의지를 재차 밝혀 시민단체들의 규탄 집회가 열렸다(연합뉴스 2020/04/09). 긴급사태 선언과 관련하여 유권자를 대상으로 실시한 전화 여론조사 결과 80.4%의 응답자가 너무 늦었다고 대답하였으며 아베 내각을 지지한다는 응답이 40.4%로 3월에 실시된 조사보다 5.1%포인트 하락했다(연합뉴스 2020/04/13).

대만이 미국과 방역 협정을 체결하고 유럽 등 세계 각지에 마스크를 배포하는 등 마스크 외교를 펼치고 있다(한겨레 2020/04/02). 한편, 1월 11일의 총통선거에서 제1야당인 중국국민당의 후보로 출마했던 한궈위 대만 가오슝 시장이 3개월의 선거 유세 기간 행정업무에 소홀했던 것과 관련하여 시장직 파면 가부 투표가 시행될 예정이다(아시아투데이 2020/04/09).

필리핀에서는 4월 2일 통행을 금지하는 봉쇄령의 위반자를 총살하라는 로드리고 두테르테 대통령의 연설 이틀 뒤, 실제로 봉쇄령을 위반한 남성이 경찰의 총에 맞아 사망했다(TheStar 2020/04/04). 또한, 필리핀 정부는 마닐라를 포함한 위험지역에 대한 봉쇄 기간을 4월 30일에서 2주 늦춰진 5월 15일까지 연장하기로 했다(연합뉴스 2020/04/24).

||||||||||||||||||||||||||||||||||||||||||||||||||||||||||||||||||||||||||||||

'봉쇄령 어기면 사살', 두테르테의 공포정치 부활

두테르테 대통령은 4월 2일의 연설에서 모든 국민이 검역 조치를 따르는 것이 중요함을 강조하며 바이러스의 확산을 막기 위해 내려진 봉쇄조치를 위반하는 사람을 사살할 것을 경찰 및 군대와 공무원들에게 명령했다(한국경제 2020/04/03).

두테르테의 명령은 루손섬이 봉쇄된 후부터 정부에 식량 지원을 요구하며 무허가 시위를 벌여온 빈민가 주민들이 경찰에 체포된 후 내려졌다(중앙일보 2020/04/02). 불과 이틀 뒤인 4월 4일, 사살 명령은 실제 사건으로 이어져 검문소 공무원의 지시를 어기고 난동을 부린 남성이 경찰의 총에 맞아 사망하는 사건이 발생했다(JTBC뉴스 2020/04/07). 이에 필리핀 인권단체들은 두테르테가 정부의 지원을 확대해달라는 시민들의 요구를 묵살하기 위하여 공포정치를 재개하고 있다고 주장하며, 일각에서는 두테르테의 하야까지 요구하고 있다(한국일보 2020/04/06).

자신의 권력을 이용하여 국민의 생명권을 침해하는 두테르테의 공포정치는 2016년 필리핀 사회를 공포에 떨게 했던 마약과의 전쟁을 상기시킨다. 국제사회는 현대사회의 최고가치인 인권의 의미를 되새기며 두테르테의 정치적 행보에서 눈을 떼지 말아야 할 것이다.

참고문헌

방승언. 2020. 두테르테 필리핀 대통령, '격리 위반자 쏴도 좋다"'.『한국경제』(04월 03일).

윤샘이나. 2020. "'봉쇄령' 어기고 난동 부린 취객…필리핀 경찰 총에 사망".『JTBC뉴스』(04월 07일).

정재호. 2020. "코로나 봉쇄령 위반 60대男 사살…다시 시작된 두테르테 공포정치".『한국일보』(04월 16일).

함민정. 2020. "'봉쇄 조치 위반시 사살'…두테르테 '코로나 전쟁'도 초강력".『중앙일보』(04월 02일).

8차(2020년 4월 말~5월 말)

최지혜

일본의 도쿄도검 검사장이었던 구로카와 히로무(黑川弘務)는 긴급사태가 선언된 가운데 기자들과 내기 마작을 했음을 인정하고 5월 21일 자진 사임하였으나, 총리관저에서는 아무런 이유 없이 징계처분하지 않았다(연합뉴스 2020/05/25). '마작스캔들'에 대한 가벼운 처분과 미숙한 코로나19 대책으로 인하여 아베 내각의 지지율은 2년 만에 가장 낮은 수준인 39.4%로 떨어졌다(연합뉴스 2020/05/31).

대만의 차이잉원 총통이 74.5%의 지지율로 5월 20일 제15대 중화민국 총통으로서의 두 번째 임기를 시작한다(연합뉴스 2020/05/20). 한편, 차이잉원 총통은 홍콩의 민주화를 자신의 페이스북을 통하여 "모든 민주 진영의 동지들은 모든 홍콩인과 함께 할 것"이라며 공개적 지지를 보냈다(연합뉴스 2020/05/25).

필리핀 로드리고 두테르테 대통령은 봉쇄령이 내려진 마닐라에서 생일파티를 열어 논란이 된 마닐라 경찰청장 데볼트 시나스(Debold Sinas)가 정직한 사람이라며, 그의 직위를 유지하겠다고 밝혔다(CNN Philippines 2020/05/12). 한편 두테르테는 5월 29일 발표에서 코로나19로 인하여 수도권에 내려져온 봉쇄령을 6월 1일부로 해제하겠다고 밝혔다(연합뉴스 2020/05/29).

‖‖‖

총리관저의 해명 없는 마작스캔들 무징계 처분

구로카와 히로무 전 도쿄도검 검사장이 기자들과 내기 마작을 했다는 사실을 인정하여 사건이 공론화가 되었음에도 구로카와가 징계를 받지 않은 채로 5월 21일 자진 사임하며 일본 국민의 공분을 사고 있다(경향신문 2020/05/26).

법무부는 구로카와의 내기 마작이 국가공무원법에 따른 징계 사유에 해당함을 총리관저에 보고했지만, 총리관저에서는 징계하지 않는다는 결론을 내려 법무부 자체 내규 규정에 따라 법무부에서 그에게 경고의 일종인 훈고 처분을 내렸다(연합뉴스 2020/05/25). 법무부 내부 관계자들과 여야지를 막론한 절대다수의 일본 국민은 구로카와에게 내려진 처분이 지나치게 가벼우며 이러한 결과는 불합리하다는 입장이다(연합뉴스 2020/05/31; 연합뉴스 2020/05/25). 구로카와는 총리관저의 검찰 장악 의도라며 비판받아온 아베 정권의 검찰청법 개정 논란의 중심에 있는 인물로, 총리관저에서 그에게 가벼운 처벌을 내린 데에는 이와 관련한 의도성이 다분하지만 아베 총리는 22일 국회에서의 추궁에도 이에 대한 답변을 회피하고 있다(연합뉴스 2020/05/25; 연합뉴스 2020/05/26).

사법부와 행정부는 서로를 견제함으로써 국가의 투명한 정치기반을 확립할 수 있다. 총리관저는 무징계 처분을 내린 이유에 대하여 조속하게 해명하여 삼권분립의 원칙을 지키고 여론의 목소리를 존중하여 국민의 요구에 응해야 할 것이다.

참고문헌

김호준. 2020. "'마작스캔들 검사장 무징계' 총리관저가 실질 결정". 『연합뉴스』(05월 25일).

이세원. 2020. "도박 검사장 무징계 논란…아베, 정치책임 인정·관여 부인(종합3보)". 『연합뉴스』(05월 26일).

_____. 2020. "코로나·마작스캔들에 아베 지지율 하락…2년 만에 40% 붕괴(종합)". 『연합뉴스』(05월 31일).

정원식. 2020. "'마작스캔들'로 불명예 퇴진한 일본 검사장, 퇴직금 7억원". 『경향신문』(05월 26일).

9차(2020년 5월 말~6월 말)

최지혜

일본에서는 2019년 참의원 선거 당선을 위하여 지방 의회 관계자들에게 2천 570만 엔(약 2억9천만 원)의 금품을 제공한 혐의로 구속된 정치인 부부 가와이 안리(河井案里)와 가와이 가쓰유키(河井克行)에 대하여 국민들이 아베 신조 총리에게 정치적 책임을 묻고 있다(연합뉴스 2020/06/21). 심지어 이들의 비리 자금의 출처가 아베 총리 및 일본 여당인 자유민주당의 선거자금임을 암시하는 증언이 나와 검찰 수사의 국면이 전환될 전망이다(연합뉴스 2020/06/31).

대만 총통선거에서 야당인 중국국민당의 후보로 출마하여 패배한 한궈위 가오슝시장의 파면 투표가 97.4%의 찬성으로 확정되었다(연합뉴스 2020/06/07). 한편, 국민당은 국민의 반중국 정서를 의식하여 중국과 거리 두기에 방점을 둔 당 개혁안을 발표했다(연합뉴스 2020/06/21).

필리핀에서 영장 없이 용의자를 가두고 도청할 수 있는 테러방지법이 하원 의회를 통과해 인권위원회로부터 인권침해의 비판을 받고 있다(연합뉴스 2020/06/04). 한편, 필리핀 정부와 대립적인 언론사 래플러의 마리아 레사 대표가 6월 15일 명예훼손 혐의로 징역형을 선고받자, 그는 판결이 부당하며 언론의 자유가 침해되고 있다고 비판했다(연합뉴스 2020/06/15).

\

한궈위 시장의 파면을 주도한 지역시민단체, 위케어 가오슝

2020년 1월, 대만 제1 야당 중국국민당의 총통선거 후보로 출마하여 패배한 한궈위 가오슝시장이 주민소환 투표에서 97.4%의 찬성표를 얻어 파면되었다(조선일보 2020/06/08). 한궈위 시장은 대만 역사상 처음으로 중도소환된 정치인이자 유권자에 의하여 파면된 첫 지방자치단체장이 되었다(연합뉴스 2020/06/07).

한궈위 시장의 파면은 가오슝시의 지역시민단체 '위케어 가오슝(Wecare 高雄)'이 주도했다(동아일보 2020/06/08). 이들은 "한궈위 시장이 시장 당선 직후 대선에

제1부.. 아시아 I의 동향 및 쟁점 **33**

나가 선거유세 기간에 시정을 방기했다"라는 명목으로 서명운동을 전개해, 3월 57만여 명의 시민들의 서명을 받아 가오슝 선거관리위원회에 주민소환을 제청했다(아시아투데이 2020/04/09). 또한, 이들은 투표 하루 전날 대규모 집회를 열어 한궈위 시장의 파면을 주장하고 시민들에게 투표를 독려했다(Taipei Times 2020/06/06).

위케어 가오슝의 적극적인 활동으로 가오슝시의 새로운 시장은 8월 15일 보궐선거를 통해 새롭게 선출될 예정이다(Taipei Times 2020/07/07). 위케어 가오슝의 성취는 정치적 행위자로서 거버넌스의 역할을 보여 준다. 다양한 정치적 행위자의 활동을 보장하는 대만의 정치환경과 이를 적극적으로 활용하는 시민단체의 모습에서 참여 민주주의가 실현될 수 있는 정치적 기반의 중요성을 찾아본다.

참고문헌

박수찬. 2020. "대만 총통하려다, 市長에서도 쫓겨났다". 『조선일보』(06월 08일).

윤완준. 2020. "대만 총통 노렸던 한궈위, 가오슝 시장서 탄핵당해". 『동아일보』(06월 08일).

차대운. 2020. "'총통 패배' 대만 한궈위, 시장서도 탄핵…찬성률 97%(종합2보)". 『연합뉴스』(06월 07일).

홍순도. 2020. "설상가상, 대반 선 총통 후보 한궈위 파면 위기". 『아시아투데이』(04월 09일).

Huang, Hsin-po, Chen-hung Hung, Li-chuan Hsu and Jake Chung. 2020. "Kaohsiung voters recall Han Kuo-yu". *Taipei Times* (June 07).

Shih, Hsiao-kuang, Jung-hsiang Wang and Jake Chung. 2020. "Recall advocates host final rally". *Taipei Times* (June 06).

10차(2020년 6월 말~7월 말)

최지혜

일본에서는 7월 17일부터 19일까지 니혼게이자이신문(日本経済新聞)에서 실시한 차기 총리 선호도 조사 결과, 집권당인 자유민주당의 전 간사장인 이시바 시게루(石破茂)가 26%로 1위, 고이즈미 신지로(小泉進次郎) 환경상이 15%의 응답을 얻어 2위로 뽑혔다(연합뉴스 2020/07/20). 한편, 자민당 선거대책위원장이 회장을 맡는 '새로운 국가 비전을 생각하는 의원연맹'은 유사시에 내각이 법률과 같은 효력을 지니는 긴급 정령을 발표할 수 있도록 하는 내용의 긴급사태 조항을 헌법에 추가하는 개헌안이 발표될 예정이다(연합뉴스 2020/07/19).

대만의 국정 조사를 전담하는 중화민국 감찰원(中華民國監察院)의 총재를 지명하는 국무회의에서 국회의원들 사이의 몸싸움이 일었다(CNA 2020/07/14).

필리핀의 로드리고 두테르테 대통령이 영장 없이 테러 용의자를 최장 24일 구금하고 도청할 수 있도록 하는 테러방지법에 서명했다(연합뉴스 2020/07/04). 또한, 공공장소에서 마스크를 착용하지 않아 방역 조치를 위반하면 최장 30일까지 구금되는 처벌이 결정되었다(연합뉴스 2020/07/22).

───

코로나19의 확산 속 일본의 긴급사태 조항과 개헌 논의

대규모 재해가 발생하거나 전염병이 유행하는 경우 국회의 입법 절차를 거치지 않고 내각에서 법률과 같은 효력을 지니는 긴급 정령을 공표할 수 있도록 하는 긴급사태 조항을 헌법에 추가하는 개헌안이 발표될 예정이다(연합뉴스 2020/07/19). 이번 개헌안을 추진할 의원연맹은 8월 중으로 연맹 총회를 열어 개헌안 제출의 방침을 확인하고 아베 신조 총리와 호소다 히로유키(細田博之) 자민당 개헌추진본부장에게 제출하겠다고 밝혔다(국민일보 2020/07/19).

긴급사태 조항에는 재난사태가 심각하여 선거를 진행할 수 없다면 중의원과 참의원의 임기를 연장하는 특례 조항도 포함되어 있다(매일경제 2020/07/19). 자민당이 긴급사태 조항을 신설했던 2018년의 개헌안에 따르면 코로나19 사태가 대규모 재해에 해당되는지 불분명했지만, 이번 개헌안은 전염병의 대유행을 국가적 재해에 포함한다(日本経済新聞 2020/07/19). 따라서 개헌이 성사되면 현재 일본의 상황이 긴급사태 조항에 해당되어 코로나19의 확산이 지속될 경우 2021년 9월 치러질 예정이던 선거가 취소되고 현직 의원의 임기가 연장된다(연합뉴스 2020/07/19).

긴급사태 조항은 법의 지배를 받아야 할 내각에 입법을 주도할 권한을 부여할 뿐만 아니라 선거라는 중대한 정치적 행사를 취소하여 권력의 순환을 막는다. 국가적 위기상황의 내처와 삼권분립의 실현 및 권력의 교체를 양자택일의 선상에 두는 조항이 포함된 만큼 개헌에 대한 신중한 결정이 요구될 것이다.

참고문헌

이세원. 2020. "日정치권 '코로나19 대응' 명분 내걸고 개헌 시도". 『연합뉴스』(07월 19일).

이형민. 2020. "日 코로나 재폭발, '개헌 명분' 삼으려는 자민당의 꼼수". 『국민일보』(07월 19일).

매일경제. 2020. "일본 정치권 '코로나19 대응' 명분 내걸고 개헌 시도". (06월 07일).

日本経済新聞. 2020. "緊急事態条項に感染症明記 自民議連 改憲案の修正提言へ". (07월 19일).

11차(2020년 7월 말~8월 말)

홍라희

일본에서는 8월 19일 제1야당인 입헌민주당과 제2야당인 국민민주당은 차기 중의원 선거에서 집권당인 자유민주당을 견제하기 위해 합당하기로 공식 합의 했다(The Asahi Shumbun 2020/08/20). 한편, 8월 28일 아베 신조 총리가 지병인 궤양성 대장염을 이유로 기자회견을 통해 사의를 정식으로 표명했다(Kyodo News 2020/08/28).

대만에서는 제1야당인 중국국민당이 최근 대만해협에서 발생한 중국 공산당의 군대인 인민해방군의 잇따른 군사훈련에 반대한다는 입장을 공식적으로 표명했다(Taiwan News 2020/08/14). 8월 15일 실시된 가오슝 시장 보궐선거에서 민주진보당의 천치마이(陳其邁) 전 행정원 부원장이 역대 가오슝 시장 선거 중 가장 높은 득표율인 70.03%로 당선됐다(Taiwan News 2020/08/15).

필리핀에서는 로드리고 두테르테 대통령의 연례 국정연설을 앞두고 수백 명이 테러방지법 등 문제를 제기하며 시위를 벌였다(TIME 2020/07/27). 또한, 8월 13일 두테르테 대통령과 필리핀 정부는 러시아의 코로나19 3단계 백신 임상시험에 참여하겠다는 의사를 밝혔다(CNBC 2020/08/13).

||||||||||||||||||||||||||||||||||||||||||||||||||||||||||||||||||||||||||||||||||||||||

국민의 정서를 반영하며 변화하기 시작한 중국국민당

8월 13일 대만 해협 북단과 남단에서 중국 인민해방군이 잇따라 군사훈련을 진행한 것과 관련하여(연합뉴스 2020/08/15), 대만 중국국민당이 이전과는 다른 입장을 보이고 나섰다(Taiwan News 2020/08/14).

본래 중국국민당은 대만의 경제 성장을 이루고 중국이 개혁·개방에 나선 이후 중국과의 관계 개선을 주도하며 정권을 유지해 왔다(조선일보 2020/01/15). 그러나 이번 군사훈련에 대해서는 대만의 안보를 위협하고 지역 안정을 잠식한다며 보도 자료를 통해 반대한다는 의견을 밝혔다(Taiwan News 2020/08/14). 중국국민당의 이러한 행보는 민주화 운동, 홍콩 시위 등을 거치며 커진 반중 정서로 인해 대다수의 국민이 등을 돌리면서(조선일보 2020/01/15) 당의 장기적인 생존을 위해 중국과 정치적 거리두기에 나선 것으로 보인다(한국경제 2020/06/21).

중국국민당은 정식 당명에서 드러나듯이 당의 뿌리였던 중국과 거리를 두고 여론을 반영하면서 내부적인 변화를 시도하고 있다. 정당이 변화를 두려워하지 않고 여론을 살피면서 시대의 흐름에 맞추어 가는 것은 반드시 필요하다. 따라서 일시적인 변화가 아니라 국민들의 기대에 지속적으로 부응하는 중국국민당이 되어야 한다.

참고문헌

김윤구. 2020. "홍콩보안법 속전속결 통과는 '반중세력 뿌리뽑기' 선언". 『연합뉴스』(06월 30일).

박수찬. 2020. "젊은층 反中정서 외면…101년 역사 대만 국민당 몰락". 『조선일보』(01월 15일).

정재용. 2020. "중국군 대만해협 잇단 군사훈련…남북 양쪽 훈련 이례적". 『연합뉴스』(05월 15일).

한국경제. 2020. "대만 국민당도 일국양제 거부…반중정서에 개혁안 마련". (06월 21일).

Everington, Keoni. 2020. "China's PLA says it's holding military exercises in and around Taiwan Strait" *Taiwan News* (August 14).

제2장
아시아 I의 주요 동향

· 선거 ·

〈대만〉 2020년 01월 12일

· 대만 여당, 차이잉원 총통 연임에 의석 과반 유지도 성공   (연합뉴스 01.12)

― 1월 11일 치러진 대만 총통 선거와 입법위원 선거에서 차이잉원은 역대 최다 득표로 재선에 성공하고 집권당인 민진당은 과반 의석을 유지했다. 1월 12일 대만 선거관리위원회의 최종 개표 결과에 따르면 총통 선거에서는 민진당 후보인 차이잉원이 최종적으로 57.13%의 득표율을 기록해 38.61%를 기록한 국민당 후보 한궈위를 크게 앞질렀고, 입법위원 선거에서는 민진당이 전체 113개 의석 중 61석을 차지해 38석을 얻은 국민당을 이기고 과반 의석을 유지하는 데 성공했다. 대만 입법위원 선출은 지역구 79명, 비례대표 34명으로 구성되는데, 이번 선거의 득표율은 지역구에서 민진당과 국민당이 각각 45.11%, 40.71%를, 비례대표 선출을 위한 정당별 투표에서는 33.98%, 33.36%로 큰 차이가 나지 않았다. 이에 대해 대만 유권자들이 중국의 거센 압박에 주권 수호를 내세운 차이잉원을 지지했을 뿐 민진당 자체를 지지한 것은 아니라는 해석이 나오고 있다. 이와 별개로 차이잉원은 오는 5월부터 시작될 두 번째 임기에도 안정적인 국정 운영을 위한 기반을 마련했다는 평가를 받았다.

• 사회민주당, 당수로 후쿠시마 미즈호 선출   (Japan Times 02.23)

- 사민당은 장기 침체를 겪고 있는 상황에서 지난 2월 22일, 전당대회를 개최했는데 2003년부터 2013년까지 당수를 맡았던 후쿠시마 미즈호(福島瑞穂) 참의원 의원을 다시 한번 당수로 선출했다. 그의 지도력은 2년 임기 동안 시험대에 오를 것으로 보인다. 사민당은 현재 제1야당인 입헌민주당과의 합당에 신중한 태도를 보이고 있는데, 입헌민주당이 지난 2019년 12월 제안했던 합당 제의에 대해 이번 전당대회에서 논의할 것이라고 밝혔지만 결국 연기한 것이 이를 뒷받침해 준다. 이에 대해 후쿠시마 미즈호는 "당원들의 의견을 주의 깊게 들을 것"이라고 말하며, "사민당에 힘을 실어 국민을 위해 노력하겠다"고 밝혔다. 사민당은 이번 전당대회에서 당수를 선출한 것과 더불어 앞으로 중의원 선거에서 5석의 의석과 최소 3%의 표를 얻는다는 목표를 세울 예정이다. 또한, 합당에 대한 활발한 논의를 시작한다는 방침도 확정할 것으로 보인다.

〈대만〉2020년 03월 07일

• 대만 국민당 주석에 장치천 입법위원 당선   (연합뉴스 03.08)

- 3월 7일 실시된 대만의 제1야당인 중국국민당 주석의 보궐선거에서 장치천 입법위원이 68.6%의 득표율로 당선되어 9일 정식 취임 예정이다. 하지만 코로나19의 확산과 유권자들의 저조한 관심으로 2001년 국민당 주석 직선제가 도입된 이후 가장 낮은 투표율인 35.8%를 기록했다. 이번 보궐선거를 치름으로써 2015년 이후 국민당 주석은 4번째 교체되었다. 1년이라는 짧은 임기 동안 1월의 총통과 입법위원 선거에서의 참패에 따른 국민당의 난경을 마주한 장치천 주석에게 이목이 쏠리고 있다. 장치천 신임주석의 임기는 2020년 1월의 총통 및 입법위원 선거의 참패로 사퇴한 우둔이 전 주석의 잔여임기를 물려받아 1년여뿐이다. 당선 소감에서 장치천 신임주석은 "앞으로 1여 년 동안 당원과 함께 국민당 개혁과 동시에 '두려움 없는 내일'을 향해 나아가겠다"는 포부를 세웠다. 48세로 비교적 젊은 정치인인 장치천 신임주석은 국립정치대학 외교학과를 졸업하여 대학교수와 행정원 신문국 국장 등을 지내고 2012년 이후 3선 입법위원에 임명되었다. 한편, 현재까지는 국민당의 신임주석이 선출되

면 시진핑(習近平) 중국 국가주석이 축전을 보내왔으나 이번에는 중국 국무원 대만판
공실의 주펑롄(朱鳳蓮)의 앞으로 '92공식'(九二共識·1992년 하나의 중국을 인정하되 각자 명칭
을 사용하기로 한 합의)에 대한 요구만 전달받았다고 대만 언론은 전했다.

〈대만〉 2020년 04월 07일

• 설상가상, 대만 전 총통 후보 한궈위 파면 위기   (아시아투데이 04.09)

- 2020년 1월 11일 실시된 총통 및 국회의원 선거에서 참패한 제1야당인 국민당 후
보 한궈위 대만 가오슝 시장이 대만 역사상 최초로 총통 후보에서 파면을 당하는 지
방 자치단체장이 될 위기에 처했다. 그는 선거 패배에 대한 입장을 표명하고 3개월
의 유세 기간 동안 행정직을 비운 것에 대하여 시민들에게 사과해야 했지만, 1월 선
거 이후 바로 가오슝 시청에 출근하여 업무를 시작하여 가오슝의 시민단체들의 불
만을 샀다. 시민단체들은 3월 9일 57만여 명의 시민들의 서명을 받아 가오슝 선거관
리위원회에 한궈위 시장의 파면을 제청하여 4월 7일에는 선관위가 안건을 심사하고
투표에 부치기로 했다. 한궈위 시장의 파면에 대한 투표는 6월 27일 이전에 실시될
예정이다. 가오슝시의 전체 유권자 230만 명의 25%인 57만 50000명이 찬성할 경우
시장의 파면이 결정되지만, 서명운동에 동참한 시민들의 수가 57만 명임을 미루어
본다면 한궈위 시장의 시장직은 장담할 수 없다. 시민단체들이 주장하는 한궈위 시
장의 파면 이유는 앞서 제기된 문제 이외에도 중국의 적극적인 지원으로 당선된 사
실, 지속적인 친중 행보, 성희롱과 여성 비하와 외국인 노동자 차별 언행 등의 법적
문제도 제기되고 있다. 반면, 한궈위 시장은 시민단체들의 파상 공세를 정치적 탄압
으로 여기는 입장이다. 한궈위 시장의 지지층인 한펀(韓粉)은 그의 파면 가부를 투표
에 부친 결정을 여당인 민주진보당의 정치적 공작임을 주장하며 파면을 제청한 시민
단체뿐만 아니라 가오슝 선관위의 판단에도 불만을 표하고 있다.

〈일본〉 2020년 06월 25일

• '금품 얼룩' 日 작년 참의원 선거…"아베 총리 준 돈" 증언 나와   (연합뉴스 06.22)

- 가와이 국회의원 부부는 2019년 7월에 실시하는 참의원 선거에 당선되기 위하여
지역구 의회 관계자들에게 금품을 수수한 혐의로 구속되었다. 당시 법무부 장관이었

던 가와이 가쓰유키는 아내의 지역구 참의원 당선을 위하여 금품을 살포하였다는 의혹을 받고 있다. 그러나 검찰 수사 과정에서 새로운 증언이 확보됨에 따라 수사의 국면이 아베 총리의 비리 의혹으로 접어들 예정이다. 당시 금품을 받은 지방의원들 가운데 '아베 총리가 주는 돈'이라는 이야기를 들었다고 증언한 의원이 나온 것이다. 2019년 참의원 선거 당시 가와이 안리 의원은 아베 총리와 자민당으로부터 총 1억 5천만 엔(한화 약 12억)이라는 거액의 지원을 받았다. 교도통신에 따르면 히로시마현 후추마치 의회의 시게마사 히데코(繁政秀子) 의원은 2019년 5월, 안리 의원의 사무실에서 남편인 가와이 가쓰유키 전 법무부 장관으로부터 30만 엔을 받으며 "아베 씨가 주는 것"이라 들었다고 증인했다. 이러한 증언은 당시 자민당이 안리 의원에게 지원한 선거자금이 비리 금품으로 이용된 정황을 암시한다. 가와이 부부가 살포한 돈의 출처에 대한 의혹이 커지는 가운데 언론에서는 이처럼 새로운 증언이 나옴에 따라 검찰 수사의 방향이 아베 총리와 자민당의 선거자금을 향할 가능성이 클 것으로 전망하고 있다.

〈대만〉 2020년 06월 07일

• '총통 패배' 대만 한궈위, 시장서도 탄핵…찬성률 97%(종합2보)　　　(연합뉴스 06.06)

– 2020년 1월 총통선거에서 패배한 한궈위 가오슝시장의 주민소환 투표 결과 탄핵이 결정되었다. 6월 6일 진행된 가오슝시장 탄핵에 대한 투표에서 탄핵안이 통과됨에 따라 한궈위 전 시장은 대만 역사상 처음으로 유권자에게 중도소환 되었으며, 파면된 첫 지방자치단체장이라는 불명예를 안게 된다. 선거 파면법에 관한 법률에 따르면 소환 투표에서 파면 찬성이 반대보다 많고, 파면 찬성자가 전체 유권자의 4분의 1을 넘으면 해당 지자체장의 탄핵이 결정된다. 가오슝시의 유권자의 42.14%가 투표에 참여한 가운데 유효한 투표 중 97.4%가 한궈위 전 시장의 탄핵에 찬성했다. 가오슝 선거관리위원회가 한궈위 시장의 파면을 확정하면 6개월 이내에 가오슝시 시장직에 대한 보궐선거가 치러진다. 그러나 이번 탄핵으로 국민당 지지 세력이 전국적으로 집결하여 한궈위 시장이 차기 국민당 주석으로 당선될 가능성도 논의되고 있다.

〈대만〉 2020년 08월 15일

• 대만의 남쪽 도시 가오슝에 대한 통치권을 획득한 민주진보당 　(Taiwan News 08.15)

- 8월 15일 실시된 가오슝 시장 보궐선거에서 민주진보당 천치마이 전 행정원 부원장이 사상 최대의 압승으로 승리를 거두었다. 가오슝은 230만 명의 유권자를 보유하고 있으며 이번 보궐선거에는 약 42%가 투표에 참여한 것으로 집계되었다. 민주진보당 천치마이는 67만1804표인 70.03% 얻어 당선되었고 중국국민당 리메이전(李眉蓁) 후보는 24만8478표인 25.9%를 그리고 친민당(親民黨) 우이정(吳益政) 후보는 3만 8960표인 4.06%를 득표하여 각각 2위와 3위를 차지했다. 이날 천치마이의 득표율은 역대 가오슝 시장 선거 사상 가장 높다. 개표가 시작된 지 1시간 만인 오후 5시에 천치마이는 30만 표 이상을 얻었으며 당선 연설에서 4대 핵심 이슈로 경제혁신, 고용, 교통, 대기오염 퇴치를 강조했다. 더불어 토요일 결과는 민주주의와 가오슝의 승리를 보여 준다고 말했다. 그의 임기는 한궈위 전 시장의 잔여임기인 2022년 12월 24일까지다.

정책·입법

〈일본〉 2019년 09월 25일

• 日아베 '전쟁가능국' 개헌 박차…與 개헌조직에 중진 대거 포진

(読売新聞 09.25; 연합뉴스 09.25 재인용)

- 자민당이 개헌 조직위에 중진들을 임명하기로 결정했다. 이에 아베 총리가 내각 개편에 이어 개헌을 가속화하기 위해 행동한 것이 아니냐는 해석이 뒤따랐다. 일본 일간지인 요미우리신문(読売新聞)의 보도에 따르면, 자민당은 헌법개정추진본부장에 호소다 히로유키 전 관방장관을 기용하기로 했다. 또, 중의원 헌법심사회장에는 사토 쓰토무(佐藤勉) 전 총무상을, 참의원 헌법심사회장에는 하야시 요시마사(林芳正) 전 문부과학상 임명을 결정했다. 이 3명은 당내 발언권이 큰 인사들로 선수를 합하면 모두 23선이다. 이중 호소다 히로유키 전 관방장관은 자민당 파벌 중 최대인 '호소다파'의 회장으로 지난 3월, 자민당이 당 차원으로 개헌안을 만들 때도 헌법개정추진본부장을 맡은 적이 있다. 자민당은 여기서 그치지 않고 개헌 분위기를 유지하기 위해

아소 다로 부총리 겸 재무상과 스가 요시히데(菅義偉) 관방장관 등 핵심 보직들을 유임시켰고, 참의원에서의 개헌 속도를 올리기 위해 추진력이 강한 세코 히로시게(世耕弘成) 전 경제산업상을 참의원 간사장 자리에 앉혔다. 또한, 차기 중의원 선거에서 개헌을 이슈화하기 위해 시모무라 전 헌법개정추진본부장을 선거대책위원장에 임명했다. 아베 정권과 자민당은 평화헌법(헌법 9조)에 자위대 존재 명기 조항을 추가한 것에 성공한 뒤, 전력과 교전권 보유 금지 조항을 수정하려고 하지만, 제1야당인 입헌민주당 등이 개헌에 강하게 반대하고 있어 논의가 제대로 이뤄질지는 미지수다.

〈일본〉 2019년 10월 01일
• 일본 4개 정파, 자민당에 대항하기 위해 연합 형성   (読売新聞 10.01)

– 아베 총리의 개헌 추진에 반대하기 위해 야당들이 연합해 야권 최대 교섭단체를 형성했다. 일본 일간지 요미우리신문에 따르면, 지난 9월 30일, 입헌민주당, 국민민주당, 사민당과 '사회보장을 다시 세우는 국민회의 회파' 등 4개 정파는 양원에 새로운 단일 회파를 결성했다고 신고했다. 제1야당인 입헌민주당의 에다노 유키오(枝野幸男) 대표는 이와 관련해 "큰 틀에서 하나의 단일체가 돼 아베 1강에 맞서고 다음 총선거에서 정권 교체를 실현할 수 있도록 모든 활동을 펼칠 것"이라고 다짐했다. 이번에 형성된 야권 연합 소속 의원 수는 중의원 120명, 참의원 61명으로 중의원을 기준으로 했을 때, 두 번째 아베 정권 출범 이후 가장 큰 야당 회파가 된다. 하지만 통합그룹 구성에 대해 회의적인 입장을 밝혔던 국민민주당 사쿠라이 미쓰루(櫻井充) 참의원이 사퇴서를 제출했다가 같은 당 히라노 히로후미(平野博文) 간사장에게 거부당하고, 상원에서 주요 직책 인선에 대한 불만이 끊이지 않는 등 마찰이 계속되고 있다. 요미우리신문은 이 외에도 4개 정파는 개헌, 원자력 발전, 고교 무상교육 등에서 입장차가 뚜렷해 임시국회에서 힘을 모을 수 있을지에 대해 의문이 제기된다고 밝혔다.

〈일본〉 2019년 10월 12일
• '전쟁가능국 개헌' 여론전 나서는 日여당…전국돌며 '붐업' 집회
(日本経済新聞 10.12; 연합뉴스 10.12 재인용)

– 자민당이 개헌에 대한 본격적인 여론전을 펼치기로 결정했는데, 자민당 헌법개정

추진본부는 지난 10월 11일, '유세·조직위원회'를 신설하기로 했다. 아베 총리의 측근인 후루야 케이지(古屋圭司) 헌법개정추진본부장 대행이 위원회의 위원장을 맡고 시모무라 하쿠분(下村博文) 자민당 선거대책위원장이 고문을 담당하게 된다. 위원회가 설립된 이면에는 아베 정권하에서의 개헌에 대한 여론이 있는 것으로 보인다. 교도통신이 10월 5일과 6일에 실시한 여론조사에서 응답자의 48.8%가 헌법 개정에 대해 "반대한다"고 말한 반면, 찬성은 37.2%에 그쳤기 때문이다. 이 외에도 개헌에 대한 많은 여론조사에서 찬성보다는 반대가 우세한 것으로 알려졌다. 자민당 위원회는 전국 각지에서 개헌 논의를 활성화할 예정으로, 본격적인 첫 활동은 10월 안에 각 지방에서 개헌을 주제로 한 집회를 열 계획이 될 것이라고 밝혔다. 한편, 아베 총리는 기존에 목표로 했던 '2020년 개정 헌법 시행'에 집착하지 않겠다고 말했지만, 10월 10일 개최된 중의원 예산위원회에 참석해 "헌법 제정으로부터 벌써 70여년이 지났다. 시대에 어울리지 않는 것은 개정해야 하지 않겠냐"며 "국민적인 논의, 관심이 높아지도록 하는 것이 중요하다"고 주장했다.

〈대만〉 2019년 10월 08일
• 차이잉원 "일국양제 수용하면 대만 생존공간 없어져"

(聯合報 10.08; 연합뉴스 10.08 재인용)

- 차이잉원 총통은 대만 108주년 국경일 행사에서 일국양제에 대한 수용 불가 입장을 내비쳤다. 대만 일간지 연합보(聯合報) 등에 따르면, 차이잉원 총통은 지난 10월 10일 개최된 국경일 행사에서 "일국양제를 수용하면 중화민국의 생존공간은 없어진다"고 주장하며, 중국의 굴기와 세력 확장에도 불구하고 인도 태평양전략의 최전방에 있는 대만이 민주주의 가치를 수호해야 한다고 밝혔다. 아울러 대만의 미래에 관한 3대 목표를 제시했는데, 첫째는 자유 민주 기치 아래 전 국민의 단결을 통한 주권수호, 둘째는 대만의 지속적인 성장을 통한 부국강성 건설, 셋째는 국제무대에서 용감하고 자신감 있는 중화민국의 모습이다. 한편 같은 날 정오, 대만 야당 국민당의 총통 후보인 한궈위 가오슝 시장은 페이스북 생중계를 통해 양안 정책 백서를 발표했다. 여기에는 중화민국 주권수호를 위한 4대 청사진 및 주장이 포함됐는데, 이는 다음과 같다. 1. 주권 수호를 위해 일중각표(一中各表)의 92공식을 견지한다. 2. 양안

은 상호 신뢰 회복과 대화의 틀을 마련한다. 3. 대만 내 여야 소통 기구를 만들어 합의를 도출한다. 4. 대만의 민주화 경험으로 중국의 민주화를 돕는다. 이와 같은 두 후보의 입장차와는 또 다르게, 중국은 '하나의 중국'을 고집하고 있다.

〈일본〉 2019년 11월 14일

• 日여당 내에서도 아베 총리 개헌 추진에 반대 목소리

(朝日新聞 11.14; 연합뉴스 11.14 재인용)

– 아베 총리가 임기 내 개헌을 밀어붙이고 있는 와중에, 자민당 내부에서 개헌에 반대하는 목소리가 나왔다. 아사히신문(朝日新聞)에 따르면 고가 마코토 전 자민당 간사장은 11월 13일에 열린 자민당 내 기시다 후미오(岸田文雄) 파의 학습 모임에서 평화헌법의 9조에 대해 "국민이 자랑해야 할 것"이라고 말하며, 개헌 자체에 대해서는 "개헌을 하겠다는 것을 전제로 이뤄지고 있다. 국가가 전면에 나오고 개인의 입장은 낮아지는 것을 우려하고 있다"며 부정적 입장을 밝혔다. 헌법 9조는 일본의 군대와 교전권 보유를 금지하는 내용을 담고 있으며 아베 총리는 임기에 걸쳐 9조에 자위대의 존재를 명기하는 내용을 추가해 일본을 전쟁 가능한 국가로 탈바꿈시키려 하고 있다. 한편, 지난 11월 3일에는 도쿄 등 일본 각지에서 1만여 명 규모의 개헌반대 집회가 열리기도 했다(共同通信社 2019/11/03).

〈대만〉 2019년 10월 30일

• 대만 친중파 정치인 2명, 중국서 정치헌금 받은 혐의로 기소돼

(自由時報 10.30; 연합뉴스 10.30 재인용)

– 대만의 정치인 2명이 중국으로부터 불법 자금을 받은 혐의로 기소됐다. 10월 30일 대만의 자유시보(自由時報)에 따르면 대만 야당인 민주진보당의 저우칭쥔(周慶峻) 주석과 장시우예(張秀葉) 비서장이 선거법 및 정치헌금법 위반 혐의로 기소됐다. 이 둘은 지난해 11월 실시된 지방선거를 앞두고 중국으로부터 189만 대만 달러(약 7천 250만 원)의 정치헌금을 받은 혐의를 받고 있다. 타이베이 검찰은 중국 저우칭쥔 주석이 받은 돈을 중국국민당에 헌금했다고 말하며 자금 출처의 성격상 불법 정치헌금이라고 주장했다. 일각에서는 검찰의 기소에 대해 내년 1월 대만의 총통 선거를 앞두고

중국의 영향력을 사전에 차단하려는 차이잉원 총통의 의지가 반영된 것이라는 해석이 나오고 있다. 한편, 혐의를 받는 두 정치인은 지난해 11월 지방선거에서 타이베이시 시의회 선거에 각각 출마했으나 당선되지 못했다.

〈필리핀〉 2019년 11월 06일

• 필리핀 '마약과의 전쟁' 새 국면…정적인 부통령이 지휘관 맡아

(Philippine Star 11.06; 연합뉴스 11.06 재인용)

– 필리핀 로드리고 두테르테 대통령이 추진하고 있는 '마약과의 전쟁'이 새로운 국면을 맞이하게 됐다. 필리핀스타에 따르면 11월 5일 두테르테 대통령은 레니 로브레도 부통령을 '마약퇴치 범정부 위원회(ICAD)'의 공동 위원장으로 임명한다고 발표했고, 다음날인 6일 로브레도 부통령이 이를 수락했다. 마약퇴치 범정부 위원회는 마약사범 단속과 처벌, 마약 예방 캠페인, 재활 등 마약과 관련한 모든 분야를 총괄하는 기구다. 또한, 로브레도 부통령은 두테르테 대통령의 마약 척결 추진 방식에 인권침해 문제를 지적하며 대립하던 인물이다. 로브레도 부통령이 언론 인터뷰를 통해 마약과의 전쟁에 실효성 문제를 제기한 직후 제안을 받게 됐기 때문에 측근들은 두테르테의 제안을 '덫'이라고 해석했다. 하지만 로브레도 부통령은 "한 명의 무고한 목숨이라도 구할 수 있다면 시도해봐야 한다"고 말하며 예상을 뒤집고 두테르테 대통령의 제안을 받아들인 것으로 알려졌다.

〈필리핀〉 2019년 11월 19일

• 판사들 안전 보장하기 위한 법안 발의 (Inquirer 11.19)

– 판사들의 안전을 보장하고 사법행정을 보조할 독립군인 필리핀 연방보안국을 창설하자는 법안(Philippine Marshals Service Unit)이 상원에 제출됐다. 11월 19일, 필리핀 리처드 고든(Richard Gordon) 상원 사법인권위원장은 디오스다도 페랄타(Diosdado Peralta) 대법원장이 치안 부대의 필요성을 강조하자 필리핀 대법원의 통제를 받는 필리핀 보안국을 창설하는 법안으로 알려진 118호 법안을 제출했다. 아울러 그는 "판사들은 우리의 자유와 신성한 권리를 보호하고 다양한 폭력과 차별의 희생자들이 정의를 실현하도록 도와주기 때문에 국민의 삶에 중대한 영향을 미친다"며, "따라서

그들의 안전을 보장하고 그들을 해치고 싶어 하는 사람들로부터 그들을 보호하는 게 중요하다"고 설명했다. 또한, 고든 의원은 앞서 이달 초 마리오 아나클레토 바냐즈 (Mario Anacleto Bañez) 일로코스 주 판사와 엑세일 다갈라(Exequil Dagala) 전 지방법원 판사가 살해되는 등 판사가 연루된 살인 사건이 많은 것에 우려를 표했다. 한편, 필리핀 판사협회에 따르면 1999년 1월부터 올해 8월까지 필리핀에서 총 31명의 판사가 살해당했고, 10%에 해당하는 사건들만 해결됐다.

〈일본〉 2019년 12월 9일

• 日야당 내각 불신임안 제출 보류…개헌 염두 법개정도 불발

(共同通信社 12.09; 연합뉴스 12.09 재인용)

– 입헌민주당 등 4개 야당은 아베 내각에 대한 불신임 결의안 제출 여부를 결정하기로 합의하고, 오시마 다다모리(大島理森) 중의원 의장에게 임시국회 회기의 40일 연장을 요구했다(每日新聞 2019/12/06). 이는 아베 총리가 자신의 지역구 후원자 관계자 등을 '벚꽃 보는 모임'에 초청했다는 의혹에 대한 설명을 들어야 한다는 이유에서다. 교도통신(共同通信社)에 따르면 야당 연합의 회기 연장 요구는 임시국회 종료일인 12월 9일, 중의원 의원운영위원회에 상정됐으나 자민당의 반대로 부결됐다. 이후 모리야마 히로시(森山裕) 자민당 국회대책위원장과 아즈미 준(安住淳) 입헌민주당 국회대책위원장이 회담을 갖고 국회 폐회 이후에도 내각위원회 이사회를 열어 '벚꽃 보는 모임' 의혹에 관한 정부 설명을 듣기로 합의하면서 야당이 검토하던 내각 불신임안 제출은 보류된 채 임시국회가 폐회하게 됐다. 이번 임시국회에서 자민당이 제출한 법안은 대부분 처리됐으나 개헌 절차를 변경하는 국민투표법 개정안은 야당의 반대로 기각됐다. 이로써 2020년 개정 헌법 시행을 목표로 했던 아베의 계획은 실현되기 어렵게 됐다.

〈일본〉 2019년 12월 10일

• 최장수 총리 아베 임기 또 늘리나…개헌 명목 불 지피기

(共同通信社 12.10; 연합뉴스 12.10 재인용)

– 일본 여권의 주요 인사들이 헌법 개정을 위해 아베의 임기를 연장해야 한다는 주

장에 힘을 싣고 있다. 교도통신에 따르면 아소 다로 부총리는 12월 10일, 개헌과 관련해 아베가 자민당 총재 4선을 해야 한다고 언급했다. 집권당 총재는 사실상 일본 총리가 되기 위한 필요조건으로 아베가 당 총재 4선을 하려면 당칙이 개정돼야 한다. 그는 "아베 총리가 그다음 사람이 헌법 개정을 할 수 있다고 생각한다면 기시(岸)씨의 전철을 밟게 된다"고 말했는데, 기시는 아베의 외조부인 기시 노부스케(岸信介) 전 총리를 뜻한다. 1960년 퇴임한 기시 전 총리는 후임이었던 이케다 하야토에게 개헌을 맡겼으나 실현되지 않았다. 니카이 도시히로 자민당 간사장도 아베의 당 총재 4선에 대한 긍정적인 인식을 내비쳤다. 그는 같은 날 기자회견에서 "임기 중 개헌을 완수하려 노력하는 것은 당연하지만 이뤄지지 않는 경우 정치정세를 주시해 대응하는 것이 중요하다"고 말했다. 아베는 자민당 총재 3선을 위해 이미 당칙을 개정한 바 있다. 이런 상황에서 4선을 지지하는 목소리가 나오게 되면, 기시다 후미오 정조회장, 이시바 시게루 전 간사장 등 '포스트 아베'로 거론되는 자민당 주요 인사의 불만이 쌓일 것이라는 관측이 나오고 있다. 한편, 일각에서는 아베의 레임덕을 막기 위한 것이라는 분석도 나오고 있다.

〈대만〉 2019년 12월 4일

• '중국 자금 수수' 대만 야당 대표 기소…양안갈등 고조

(蘋果日報 12.04; 연합뉴스 12.04 재인용)

− 대만 야당 당수가 불법 자금 수수 혐의로 정식 기소되면서 양안 대립이 심화될 예정이다. 중국이 지난해 11월 대만 지방선거에 개입한 뒤 오는 1월 총통 선거에서 차이잉원의 재선을 막으려고 했다는 중국 스파이 왕리창의 진술이 망명을 요청한 호주의 언론을 통해 보도된 상황에서 야당 대표의 중국 자금 수수 혐의가 공개된 것이다. 빈과일보에 따르면 대만 남부 타이난 지검은 12월 3일, 대만 공당의 정자오밍과 아들 정즈원을 국가안전법 위반 혐의로 기소했다. 검찰이 밝힌 바에 의하면 정 주석은 지난 2009년, 중국 푸젠성 통일선전부 요원과 당시 대만의 참모본부 감찰장교였던 아들 정즈원을 만나게 했고, 중국 요원은 정즈원에게 대만군 정보를 요구하며 1천 달러 상당의 금품을 전달했다. 이후에도 정즈원은 '양안상호신뢰협의서'에 서명한 후 총 1만 1천 달러의 금품을 수수한 것으로 드러났으며, 중국 요원에게 후배장교

1명을 소개한 것으로 밝혀졌다. 검찰은 정 부자가 대만 현역 군인 매수와 조직을 확대한 것은 국가 안보를 무너뜨린 것이라 판단, 정자오밍과 정즈원에게 각각 3년과 3년 8개월의 징역을 구형했다.

〈필리핀〉 2019년 11월 24일

- 로브레도 부통령, 마약과의 전쟁 지휘관서 해임 (BBC 11.24)

– 로브레도 부통령이 '마약퇴치 범정부 위원회'의 공동 위원장직에 임명된 지 19일 만에 해임됐다. 두테르테 대통령은 로브레도가 마약과의 전쟁 과정에서 재판 없이 용의자를 사실하는 초법직 처형 등에 인권 침해 문제를 지적하는 유엔 마약 전문가나 주필리핀 미국 대사와 접촉하자 분노한 것으로 알려졌다. 이에 대해 살바도르 파넬로 대통령궁 대변인은 "로브레도 부통령의 행위는 우리나라를 곤란하게 만드는 것"이라며 "ICAD 공동 위원장직을 두테르테 행정부가 수행한 방법을 공격하는 플랫폼으로 이용했다"고 주장했다. 이 같은 이유에 야권인 리사 혼티베로스 상원의원은 "두테르테 대통령이 로브레도 부통령의 정치적 기반을 약화하려고 ICAD 공동 위원장직에 임명한다고 통보했는데 로브레도가 덜컥 받아들이면서 역풍을 맞았고 이후 로브레도가 무엇인가를 해낼지도 모른다는 두려움을 갖게 된 것"이라고 비판했다

〈필리핀〉 2019년 12월 10일

- 필리핀 남부 민다나오섬 계엄령 2년 반 만에 해제

(Philippine Star 12.10; 연합뉴스 12.10 재인용)

– 필리핀 남부 민다나오섬에 선포됐던 계엄령이 올해를 끝으로 해제된다. 지난 2017년, 극단주의 무장세력 이슬람국가(IS)를 추종하는 반군 '마우테'가 민다나오섬의 마라위시를 점령하자 두테르테 대통령은 민다나오섬 전체에 계엄령을 선포하고 정부군을 투입해 토벌 작전을 벌여왔다. 파넬로 대변인은 두테르테 대통령이 민다나오섬 계엄령을 연장하지 않기로 결정했다 말했고, 그 원인에 대해서는 "두테르테 대통령이 민다나오섬의 테러리스트와 극단주의 반군 세력이 약화했다는 국방·안보 참모들의 보고를 받고 이같이 결정했다"라고 밝혔다. 3차례 연장된 계엄령은 12월 31일이 최종 시한이다.

〈대만〉 2020년 01월 13일

• 국민당 내부에서 하나의 중국에 대한 비판 나와   (自由時報 01.13)

– 대만 대선에서 패배한 국민당 내부에서 반중 정서가 강해진 현재, 하나의 중국 원
칙을 철회하지 않으면 다음 선거에서도 승리할 수 없다는 위기감이 팽배해지고 있
다. 국민당 청년위원회 주임인 쑤징옌(蕭敬嚴)은 당이 '92공식'(九二共識·1992년 '하나의
중국'을 인정하되 각자 명칭을 사용하기로 한 합의)과 거리를 둬야 한다고 주장하며, "양안 관
계에 대한 태도가 국민당 패배의 주된 이유였다"고 비판했다. 국민당 대변인 출신인
황젠하오(黃健豪) 타이중시 시의원 또한 "국민당이 다시는 92공식을 언급하면 안 된
다"며, "현재 상황을 바탕으로 하고, 국민이 받아들일 수 있는 현실적인 관점을 제시
해야 한다"고 주장했다. 국민당 소속 왕후이메이도 당이 양안 관계를 근본부터 재정
립해야 할 때라며 중국과의 거리 두기에 무게를 실었다. 이러한 상황은 현재와 같이
중국과 대만의 분리가 지속될수록 국민당 지지층이 점진적으로 소멸할 것이라는 분
석과 맥을 같이 한다.

〈일본〉 2020년 01월 09일

• 日 자위대 중동 파견 놓고 '내홍'···여야 대립 심화   (연합뉴스 01.09)

– 미국과 이란의 군사적 충돌이 격화되면서 2019년 말 중동 해역에 260명 규모의 자
위대를 파견하겠다는 일본 정부의 결정을 놓고 갈등이 발생하고 있는데, 정부와 여
당은 자위대 파견 고수를, 야당과 반전 시민단체들은 파견 철회를 주장하고 있다. 아
베가 1월 8일 국가안전보장회의를 긴급 소집해 대책을 논의한 뒤 스가 요시히데 관
방장관은 자위대 중동 파견 결정에 대해 "현시점에서 방침 변경은 없다"고 말했고,
기시다 후미오 자민당 정조회장 또한 "리스크가 고조하는 상황이라면 일본 선박의
안전을 위해 (자위대 파견이) 한층 더 중요하다"며 파견에 무게를 실었다. 하지만 입
헌민주당, 국민민주당, 공산당 등 주요 야당은 자위대 파견 철회를 요구하기 위해 의
견을 모으자는 데 합의했고, 아즈미 준 입헌민주당 국회 대책위원장은 1월 8일, "지
금 상황에서 해상자위대를 중동에 파견해선 안 된다"며 "전투상황에 가깝게 긴장이
고조된 마당에 자위대를 파견해 조사 활동을 한다는 것은 믿을 수 없다"고 비판했다.
이런 상황에서 반전운동 시민단체인 '전쟁시키지 마라·(헌법) 9조 부수지 마라! 총궐

기 행동 실행위원회'는 자위대 중동 파견 결정 철회를 촉구하는 집회를 열었다.

〈필리핀〉 2020년 01월 07일

• 로브레도 부통령, 마약과의 전쟁 보고서 발표 (Rappler 01.07)

– 두테르테 대통령의 정적이라고 평가받는 레니 로브레도 부통령은 마약퇴치 범정부 위원회 공동 위원장직을 수행한 것에 대해 보고하는 형식으로 열린 기자회견에서 마약과의 전쟁이 실패했다고 말했다. 로브레도는 필리핀 경찰청과 마약단속국의 자료를 제시하며 "2016년 6월 두테르테 대통령이 취임한 이래 압수된 각성제 메스암페타민의 양은 공급량 추정치의 1%에 불과하다"고 말했고 "대규모 사살과 자금 사용에도 불구하고 압수된 마약량과 잡힌 유통인구는 1%를 넘기지 못하는 실정"이라고 밝혔다. 또한 그는 해결책으로 마약 사범 대신 마약을 거래하는 조직의 두목을 검거하는 데 초점을 맞춰야 한다고 지적했다.

〈일본〉 2020년 02월 05일

• 日정치권, 신종 코로나에 개헌 설왕설래···아베 "국민생명 위해"

(朝日新聞 02.05; 연합뉴스 02.05 재인용)

– 신종 코로나바이러스 감염증(이하 신종 코로나) 확산을 계기로 일본 정치권에서 개헌에 대한 의견이 잇따르고 있다. 자민당 중진 의원들은 헌법을 개정해 긴급사태 조항을 만들어야 한다는 데 입을 모으고 있다. 나카타니 겐 자민당 중의원 의원은 "비상사태나 긴급사태의 경우 검사·격리·감시·구속할 필요가 있다"며 긴급사태 조항의 필요성을 언급했고, 이부키 분메이(伊吹文明) 전 중의원 의장은 신종 코로나 사태가 "긴급사태 사례의 하나"라며 개헌의 필요성을 언급했다. 긴급사태 조항은 지진 등 대규모 재해가 발생해 국회의 입법 절차를 거칠 여유가 없을 때 내각이 법률과 비슷한 효력을 가진 정령(政令)을 제정할 수 있도록 하는 조항으로 자민당 헌법개정추진본부가 지난 2018년 발의한 개헌안에 포함돼있다. 아사히신문에 따르면 아베는 2월 4일 열린 중의원 예산위원회에서 신종 코로나 대책과 긴급사태 조항을 만들기 위한 개헌의 필요성에 관해 "국민의 생명과 건강, 평화로운 삶을 지키기 위해 무엇이 필요한지는 헌법과의 관련성 유무와 관계없이 검토해야 한다"고 말했다. 이는 신종 코로나 사

태가 헌법의 긴급사태 조항과 관련이 있는지에 대해서 직접 언급은 피했지만, 개헌의 물꼬를 트려는 자민당의 입장에 힘을 더한 셈이다. 하지만 야당은 신종 코로나 사태를 개헌과 연관 지으려는 시도에 반발하고 있는데 연립 여당인 공명당의 야마구치 나쓰오(山口那津男) 대표가 "우선 현행법으로 가능한 한 대응하는 것이 중요하다"고 말하기도 했다.

〈필리핀〉 2020년 02월 17일

• 상원 의원들, 미국과의 방문부대 지위협정 파기에 대한 청원 제출 계획

(Philippine Star 02.17)

– 필리핀 상원 의원들은 두테르테 대통령이 의회의 동의 없이 지난 2월 12일 필리핀과 미국 간 방문부대 지위협정 종료를 일방적으로 통보한 것을 비판했다. 프랭클린 드릴론(Franklin Drilon) 상원 의장은 비센테 소토 3세(Vicente Sotto III) 상원 의원, 다른 행정부 상원 의원들과 함께 군사 협정을 폐기하려는 두테르테의 움직임에 대해 대법원(SC)에 이의를 제기하는 탄원서를 제출할 것이라고 밝히며, "대통령은 외교정책의 주요 설계자지만 헌법은 그러한 과정을 의회, 특히 상원과 공유한다는 것을 분명히 하고 있다"고 주장했다. 그는 2월 15일에 이미 라디오 방송국 dwiZ와의 인터뷰에서 소토 의원이 이미 탄원서를 준비하고 있다고 전하며 의원들에게 공동저자가 되어 달라고 부탁한 바 있다. 한편, 지난 2018년에도 소수의 상원 의원들이 대법원에 필리핀의 국제형사재판소(ICC) 탈퇴 무효를 주장하는 탄원서를 냈지만 받아들여지지 않았다.

〈필리핀〉 2020년 02월 10일

• 일간지에 이어 방송사까지…필리핀 두테르테 비판언론 탄압 논란   (연합뉴스 02.10)

– 필리핀 정부가 두테르테에 비판적인 현지 최대 방송사의 사업권 추진을 취소해 언론탄압 논란이 발생하고 있다. 지난 2월 10일 호세 칼리다 법무차관은 대법원에 3월 30일까지 허가된 ABS-CBN 방송사와 자회사의 사업권을 취소해달라는 청원을 냈다고 밝혔고, 이와 관련해서 "ABS-CBN이 외국인 투자를 받아 언론사의 외국인 소유를 금지하는 헌법을 위반했다"면서 정치적인 목적은 없다"고 주장했다. 그러나 두테르테는 지금까지 일간 인콰이어러(Inquirer)와 함께 자신이 추진하고 있는 마약 소

탕 방식을 문제 삼아온 ABS-CBN에 노골적인 불만을 표하며 사업권을 연장해 주지 않겠다고 말해 왔다. 실제로 2019년 12월 연설에서 "ABS-CBN 계약이 끝날 예정"이라며 "나 같으면 팔아버리겠다"고 발언하기도 했다. 이에 대해 노노이 에스피나(Nonoy Espina) 필리핀 언론인연맹 회장은 "두테르테 행정부가 ABS-CBN을 문 닫게 하려고 무슨 일이든 할 것이라는 게 분명해졌다"면서 "이처럼 큰 언론사의 문을 닫으면 입맛에 맞지 않는 다른 언론사를 폐쇄하는 것이 더 쉬워질 것"이라고 지적했다.

〈필리핀〉 2020년 03월 12일

• 두테르테, 코로나19로 행정부 업무중단 발표   (Inquirer 03.12)

– 필리핀 두테르테 대통령은 최근 신종 코로나가 국내에서 빠르게 확산함에 따라 이를 막기 위해 행정부에서 정부 업무를 4월 12일까지 한 달 동안 중단한다고 발표했다. 이 중단은 신종 코로나의 적색경보가 수블레벨(Code Red Sublevel) 1에서 수블레벨 2로 확대됨에 따라 "정부 기관의 골격 노동력 형성에 지장을 주지 않고" 이루어질 예정으로, 행정부는 입법부와 사법부에 같은 정책을 채택할 것을 권장하고 있다. 더불어 두테르테 대통령은 연설에서 "민간 부문에서도 유연한 업무 준비가 장려될 것"이라고 말했다. 그러나 필리핀 국영철도, 지하철, 경전철과 같은 대중교통과 제조, 소매, 서비스업과 같은 대부분의 민간 사업장은 해당 기간 동안 영업을 계속할 수 있다.

〈필리핀〉 2020년 03월 23일

• 바이러스와 싸우기 위하여 권력 확장을 원하는 두테르테   (Inquirer 03.23)

– 신종 코로나가 필리핀 국내에서 빠르게 확산함에 따라 필리핀 말라카냥(Malacañan) 황궁은 비상사태를 선포하고 긴급 의회를 소집하여 두테르테 대통령의 권한을 확장 부여할 것을 요구했다. 두테르테 대통령은 자신의 소셜미디어에 신종 코로나의 확진자가 급격히 증가하고 있음을 언급하며 바야니안헌법 2020(Bayanihan Act of 2020)의 도입이 시급함을 주장했다. 말라카냥 황궁은 지난달 21일 비센테 소토 3세와 알란 페테르 카에타노(Speaker Alan Peter Cayetano) 하원의장에게 서한을 보내, 두테르테 대통령이 국가 보건 비상사태에 유연하게 대처할 수 있도록 확장된 권한을 부여해

야 한다고 전했다. 언급된 추가 권한에는 정부의 자본을 국가기관에 할당할 권리, 국민을 사재기, 투기, 가격조작 등의 상업범죄로부터 보호하기 위한 강력한 절차를 마련할 권리, 국가가 보건·비상사태에 대처하는 데 필요할 경우 민간 기업에게 일부 계약을 수용시킬 권리, 호텔을 인수할 권리 등이다. 한편, 알베이(Albay Rep) 하원의원과 살케다(Joey Salceda) 세입위원장은 위와 같은 조치의 기간이 유효성에 의해 한 달 이상으로 연장될 수 있음을 전제했다. 살케다 입법위원은 일부 의약품 및 기타 필수품의 면세를 담은 입법조항을 지지함을 밝히며 "두테르테 대통령의 권한을 확장함으로써 격리조치로 피해를 입는 저소득층에도 생계 수당이 주어질 것"이라고 말했다. 이본 재단(Ibon Foundation)에 따르면 필리핀 루손에 있는 750만 이상의 저소득층 가정들은 정부의 지원을 받아야 한다. 반면, 라크슨(Panfilo Lacson) 상원의원은 신종 코로나의 유행으로 입는 경제적 타격으로 인하여 부여될 위와 같은 권한이 두테르테 대통령에게 강력한 권력을 제공할 것으로 예상되므로 재정적 조치라기보다는 정치적 법안이라는 견해를 밝혔다.

〈필리핀〉 2020년 04월 24일

• 필리핀, 수도 마닐라 등 봉쇄령 5월 15일까지 연장(종합2보)　　　　　(연합뉴스 04.24)

– 필리핀 정부는 코로나19의 확산을 예방하기 위해 수도인 마닐라를 포함한 위험지역에 대한 봉쇄령의 5월 15일까지 연장을 결정했다. 당초 4월 30일까지로 예정되었던 필리핀 북부 루손섬 메트로 마닐라와 루손섬 중·남부 지역에 대한 봉쇄령, 즉 강화된 사회적 격리 조치가 5월 15일까지로 연장된 것이다. 필리핀 중부에 있는 세부시와 남부의 다바오시를 포함한 위험지역 14곳에 대한 봉쇄령 또한 마닐라와 함께 같은 날까지 연장되었다. 이외의 저위험 지역은 5월부터 저강도 사회적 거리 두기가 시행되어 대중교통 운행과 상업활동을 일부 재개된다. 두테르테 대통령은 3월 17일부터 필리핀의 수도 마닐라를 포함해 필리핀 전체 인구의 과반수인 5천700만 명이 거주하는 루손섬을 전부 봉쇄했으며 이미 봉쇄령을 4월 30일까지로 한 차례 연장했을 뿐만 아니라 필리핀 전역으로 봉쇄령을 확대했다. 봉쇄령의 연장과 확장에도 불구하고 필리핀에서는 코로나19의 확진자가 하루 200명 가까이 잇달아 4월 24일 누적 확진자가 7천192명과 477명의 사망자가 집계되었다. 이와 같은 코로나19 사태의

심화에 따라 두테르테 대통령은 24일의 발표에서 시위대나 반군이 봉쇄지역에 대한 구호 물품의 배포를 방해한다면 계엄령을 선포할 수도 있다고 경고했다.

〈대만〉 2020년 04월 02일

• 중국-대만, 코로나19 확산 속 '마스크 외교' 경쟁   (한겨레 04.02)

— 중국의 후발주자로 대만이 '마스크 외교'를 본격적으로 시작했다. 일부 유럽국가에서 중국산 마스크와 진단키트 등 코로나19 대응 물품의 품질이 논란이 된 직후 시작된 동향이다. 자유시보의 4월 2일 보도에 따르면 대만은 코로나19로 타격을 입은 유럽의 긱국을 포함한 영국과 스위스 등지의 국가에 700만 개, 미국에 200만 개 그리고 15개 수교국에 각각 100만 개씩의 마스크를 전달할 것이라고 보도했다. 차이잉원 총통은 4월 1일의 기자회견에서 '대만은 국제사회의 책임감 있는 구성원으로서 코로나19로 어려움을 겪고 있는 국가에 마스크와 의약품 등의 물품을 지원하고, 격리자 관리 시스템을 포함한 방역 기술도 공유할 것'이라고 말했다. 대만이 유럽국가들에 제공하기로 공언한 마스크의 수량은 중국이 제공하는 마스크 물량의 3배 이상이다. 더불어 대만은 세계보건기구(WHO)의 국제적 방역 노력에 협력하겠다고 수차례 강조해 왔다. 중국의 요구에 세계보건기구의 회원국 지위를 잃은 대만이 재가입을 목표로 세운 외교전으로 보이지만 세계보건기구 측의 반응은 중국의 반응을 살피느라 다소 미온적이다. 3월 18일 대만은 타이베이 주재 미국연구소 측과 대만 내 마스크 생산능력이 안정권에 접하면 1주일에 10만 개의 마스크를 미국에 공급하고 미국으로부터 방역복 생산용 원자재를 공급받는 내용의 코로나19 방역 협력 합의서를 체결했다. 이에 대해 중국은 '전염병 상황을 이용해 분리 독립을 추구하려는 불순한 정치적 의도'라고 비난했다.

〈필리핀〉 2020년 05월 29일

• 필리핀, 6월부터 마닐라 등 봉쇄 완화···코로나19는 확산세   (연합뉴스 05.29)

— 필리핀 정부는 6월 1일부터 수도인 메트로 마닐라를 포함한 수도권 지역에 내려진 봉쇄령을 대폭 완화하기로 했다. 29일 로드리고 두테르테 대통령은 대국민 담화에서 메트로 마닐라와 다바오시 등지에 내려진 코로나19 방역 수위를 봉쇄 조치에

서 '일반 지역사회 격리(GCQ)'로 전환한다고 발표했다. 필리핀의 수도인 메트로 마닐라는 지난 3월 15일부터 봉쇄된 상태다. 일반 지역사회 격리로 방역 조치가 완화되면 엄격한 자택 격리가 해제되고 대부분의 상업시설의 활동이 재개된다. 필리핀의 국내선 여객기 운항이 가능해지고 대중교통 운행도 단계적으로 재개된다. 봉쇄조치가 내려지지 않았던 나머지 지역은 '수정된 일반 지역사회 격리'로 전환하여 일상적인 이동과 경제활동에 대한 제한이 한층 더 완화된다. 필리핀의 코로나19 신규 확진자는 5월 초 100명대로 감소했으나 중순부터 200명대로 반등했다. 5월 말에 접어들어 27일에는 380명의 신규 확진자가 발생해 일일 최다를 기록했다. 이러한 필리핀의 정황에 대하여 니시지마 타케시(西嶋竹下) 세계보건기구(WHO) 서태평양 지역사무처 기술담당관은 "대규모 신규 확진자의 재발을 주의해야 한다"라면서 외출 자제를 당부했다.

〈대만〉 2020년 05월 25일

• 차이잉원, 홍콩 민주세력 공개 지지 '중국과 대립각'　　　　　(연합뉴스 05.25)

─ 연임에 성공해 집권 2기를 시작한 차이잉원 대만 총통이 '홍콩보안법(香港國安法)'과 관련한 홍콩의 민주화 시위를 공개적으로 지지했다. 대만 언론에 따르면 차이잉원 총통은 자신의 페이스북에서 홍콩의 의회가 아닌 중국 전국인민대표대회(全国人民代表大会)가 홍콩보안법을 직접 제정하려고 나서 홍콩의 미래를 위협하고 있다며 "모든 민주 진영의 동지들은 모든 홍콩인과 함께 할 것"이라고 밝혔다. 차이잉원 총통은 "만약 홍콩보안법이 실시되면 홍콩의 자유민주와 사법 독립의 핵심가치는 엄중한 타격을 받을 것"이라며 "50년 동안 홍콩의 체제를 유지하고 홍콩인에 의한 홍콩의 자치권을 보장하기로 한 약속은 무산될 것"이라고 지적했다. 또한, "홍콩인의 자유민주를 얻어낼 방법은 총알로 공포를 만드는 것이 아닌 홍콩에 대한 자치 약속을 지켜내 홍콩의 자유민주가 확립시키는 것"이라고 주장했다. 차이잉원 총통은 홍콩의 핵심가치를 지키기 위해 노력하는 홍콩인에 대만 각계가 크나큰 관심과 지지를 보낸다고 밝혔다. 이처럼 차이잉원 총통이 홍콩보안법을 계기로 '하나의 중국' 원칙을 강조하는 중국과 대립적인 구도를 형성하며 양안관계에 새로운 양상이 시작될 전조가 보인다.

〈대만〉 2020년 06월 21일

• 대만 국민당도 일국양제 거부…반중정서에 개혁안 마련 (연합뉴스 06.19)

– 중국 본토와의 관계를 중시해온 친중 성향 정당인 중국국민당에서 중국이 요구하는 일국양제를 수용하지 않겠다는 당론을 수렴했다. 점점 심화되는 대만 국민의 반중국 정서를 의식하여 중국과 정치적 거리 두기에 나선 것이다. 대만 언론의 6월 21일 보고에 따르면 국민당 개혁위원회는 5월 19일 개혁 건의안을 발표했다. 전당대회를 통해 개혁안의 확정 여부가 결정될 예정이다. 개혁위는 건의안에서 중국 본토에 맞선 대만의 주권 수호를 내세우며 "일국양제를 거부한다. 중국은 중화민국이 하나의 주권 국가라는 사실을 인정해야 한다"라고 주장했다. 국민당은 양안 관계의 기저인 '92공식'은 인정했으나 "과거 92공식의 공헌을 긍정적으로 평가한다"라고 표현함으로써 92공식을 재해석할 가능성을 심었다. 이는 92공식에 대한 부정적 여론이 거세진 국내적 현실을 고려한 발언으로 해석된다. 국민당의 개혁안은 대체로 중국과의 거리 두기에 집중되었지만 92공식 폐기 선언과 같은 급진적 변화로 이어지지는 않았다. 국민당의 정식 당명이 '중국국민당'인 만큼 정체성에 '중국'을 명시한 국민당의 중국과의 거리 두기에 한계가 있는 것은 필연적이다.

〈필리핀〉 2020년 06월 04일

• 영장 없이 최장 24일 구금…필리핀 테러방지법 인권침해 우려 (연합뉴스 06.04)

– 테러 용의자를 체포 및 구속 영장 없이 24일까지 구금하고 필요하다고 판단되는 경우 도청할 수 있는 테러방지법이 필리핀 하원 의회를 통과했다. 테러방지법은 2월 로드리고 두테르테 대통령이 신속 처리 법안으로 지정하여 상원을 통과했으며 두테르테 대통령의 서명을 거쳐 공포하면 즉시 발효된다. 그러나 테러방지법은 인권침해의 우려를 받고 있다. 필리핀 인권위원회는 "테러 행위에 관한 규정이 모호하고 지나치게 광범위해 남용될 소지가 있다"라고 비판했다. 야당 성향인 레니 로브레도 부통령 또한 "테러방지법에는 정부가 왜곡하고 남용할 수 있는 규정이 포함된 만큼 법제화를 서둘러서는 안 된다"라고 지적한 바가 있다. 현지 언론에 따르면 시민단체들과 인권 운동가들도 마닐라 시내 곳곳에서 테러방지법 제정 반대 시위를 벌이고 있다.

〈일본〉 2020년 07월 19일

• 日정치권 '코로나19 대응' 명분 내걸고 개헌 시도　　　　　　　　　(연합뉴스 07.19)

– 니혼게이자이신문은 7월 19일, 일본 의회에서 코로나19의 확산을 계기로 헌법을 개정하려는 움직임이 보인다고 전했다. '새로운 국가 비전을 생각하는 의원연맹'은 일본 헌법에 긴급사태 조항을 추가하고 심각한 전염병이 유행하는 경우, 이를 적용할 수 있도록 하는 개헌안을 발표할 예정이라는 것이다. 연맹은 시모무라 하쿠분 자민당 선거대책위원장이 회장을 맡고 있다. 긴급사태 조항이 헌법에 추가되면 코로나19가 확산하는 현재와 같은 상황에서는 국회의 통상적인 입법 절차를 거치지 않고 내각이 법률과 같은 효력을 지니는 긴급 정령을 만들 수 있게 된다. 2018년 자민당은 대규모 재해 발생과 같은 비상시에 일시적으로 정부의 권한을 강화할 수 있도록 하는 긴급사태 조항을 포함하는 개헌안을 내놓았다. 개헌안은 선거를 할 수 없을 경우 국회의원의 임기를 연장하는 특례 조항도 포함한다. 언론은 연맹이 코로나19가 확산해 선거가 실시되기 힘들 시에는 특례 조항을 반영해 현직 국회의원들의 임기를 연장해야 한다고 주장할 것으로 보고 있다. 아베 총리는 자신의 임기 내에 개헌을 성사시키려 노력해 왔으나, 코로나19에 대한 미숙한 대응과 정치적 문제들로 인하여 거세진 비판적 여론 때문에 논의를 미뤄왔다. 이러한 상황에서 개헌 지지 세력인 연맹이 코로나19를 빌미로 개헌 취지를 성사시키려는 움직임을 보여 향후 정부와 여론의 동향이 주목된다.

〈대만〉 2020년 07월 14일

• 감찰원 임명을 막기 위해 국회에서 몸싸움 벌인 대만의 국회의원들　　　(CNA 07.14)

– 대만 국회의원들이 7월 14일 국회에서 중화민국 감찰원의 총재 지명을 두고 몸싸움을 벌였다. 대만의 감찰원은 정부 각 기관의 각종 재정 상황과 결산 등의 회계감사를 포함한 다양한 국정 조사를 시행하는 최고의 감찰 기관이다. 제1야당인 중국국민당 의원들은 내정자의 본회의장 진입을 막으려다 여당인 민주진보당 의원들과 충돌했다. 국민당 의원들 가운데 한 명은 깨진 유리 조각에 자상을 입어 병원으로 옮겨졌고, 양당의 다른 의원들은 경상을 입었다. 진국(陳菊) 전 가오슝시장이 총재 후보로 지명되었으나 국민당은 임명에 반대하고 있다. 국민당은 6월 27일 성명을 통해 "후보

27명 중 24명이 민진당과 긴밀한 관계를 맺고 있다"라고 주장했다. 진국 전 시장은 오랜 시간 인권 옹호자로 활동해 왔으며, 국민당의 독재정치 당시 6년간 수감된 이력이 있다. 진국은 자신의 임명이 승인된 후에 민진당에서 사퇴할 것이라고 밝혔다. 또한, 그녀는 "오늘 의회에서 연설할 기회가 사라져 매우 유감스럽다"라며, "나는 나의 이상과 결백함을 주장하지만, 야당은 비이성적인 방법을 동원하여 나를 비난한다"라고 말했다.

〈필리핀〉 2020년 07월 04일

• 필리핀 두테르테, 인권침해 논란 테러방지법 서명　　　　　　　　　(연합뉴스 07.04)
- 영장 없이도 테러 용의자를 최장 24일간 구금할 수 있는 테러방지법에 필리핀 대통령 두테르테가 서명했다. 7월 4일 새벽 두테르테 대통령은 대변인을 통해 자신이 테러방지법에 서명했음을 밝히고 "서명은 오랫동안 필리핀을 괴롭히고 국민에게 공포와 슬픔을 안긴 테러를 근절하려는 정부의 다짐을 보여 주는 것"이라고 말했다. 테러방지법에 따라 필리핀은 테러 용의자를 체포 및 구속 영장 없이 24일까지 구금하고 필요하다고 판단되는 경우 도청할 수 있다. 인권단체는 테러방지법에서 규정하는 테러 행위에 대한 기준이 모호하고 광범위해 남용될 소지가 크다며 테러방지법에 반대하고 있다. 국제 인권단체인 휴먼라이츠워치(HRW) 측은 "두테르테 대통령 치하에서는 조금이라도 정부를 비판하면 테러리스트라는 꼬리표가 붙을 수 있다"라고 비판했다. 동 인권단체의 필 로버트슨(Phil Robertson) 아시아 담당 부국장은 인터뷰를 통하여 "두테르테 대통령은 테러방지법에 서명함으로써 필리핀 민주주의를 깊은 구렁으로 밀어 넣었다"라는 견해를 밝혔다.

〈필리핀〉 2020년 07월 22일

• 필리핀서 마스크 안 쓰면 최장 30일간 구금　　　　　　　　　　　(연합뉴스 07.22)
- 필리핀에서는 7월 22일부터 공공장소에서 마스크를 착용하지 않으면 방역 조치 위반자로 체포되어 10일에서 30일 동안 구금될 수 있다. 에두아르도 아노(Eduardo Hughes Galeano) 내무부 장관은 지방자치단체장들과 코로나19 방역 조치 위반자에 대한 처벌에 대해 논의한 뒤 7월 22일의 기자회견에서 이와 같은 처벌 결정을 발표했

다. 이는 이틀 전인 7월 20일 두테르테 대통령이 공공장소에서 마스크를 착용하지 않으면 체포할 것을 경찰에 지시한 뒤에 내려진 결정이다. 두테르테 대통령은 "마스크 미착용이 사소하게 보이지만 코로나19의 확산이 지속되는 현재와 같은 시기에는 중대한 범죄가 될 수 있다"라며 방역 생활수칙에 대한 중요성을 강조했다.

〈일본〉 2020년 08월 20일

• 9월, 일본의 두 거대 야당의 합병추진 　　　　　　　　　　(The Asahi Shimbun 08.20)

– 일본의 제1야당인 입헌민주당과 제2야당인 국민민주당이 차기 중의원 선거에서 집권당인 자유민주당을 견제하기 위해 합당하기로 8월 19일 공식 합의하였다. 양당이 먼저 해산한 뒤 단일 정당으로 통합할 예정이며 투표를 통해 새 당명을 선택하게 된다. 지난 2019년 12월, 입헌민주당이 거대여당을 만들기 위해 국민민주당에게 먼저 합당을 제안하고 양당이 의회에서 단일 투표권을 구성하기도 했으나 정책적 이견이 합당의 큰 장애물로 작용했다. 한편, 다마키 유이치로 국민민주당 대표는 소비세와 헌법 개정을 둘러싼 정책에 대해 입헌민주당과 정책적 이견을 드러내며 신당에 합류하지 않고 새로운 당을 창당할 것을 시사했다. 그러나 8월 19일 열린 국민민주당 회의에서 합병안에 대한 압도적인 찬성으로 인해 다마키의 신당은 오직 소수 의원들로만 시작할 수 있을 것으로 보인다. 합당으로 창당되는 신당은 9월 초에 정식 창당 될 것으로 예측되며 아베 정권에 대해 훨씬 더 대립적인 입장을 취할 것으로 보인다.

〈대만〉 2020년 08월 14일

• 대만 해협에서의 중국 군사훈련에 반대의사를 밝힌 중국국민당 (Taiwan News 08.14)

– 8월 13일 중국국민당은 보도 자료를 통해 최근 대만해협을 둘러싼 중국 인민해방군의 잇따른 군사훈련에 반대한다는 입장을 표명했다. 중국 인민해방군의 군사훈련은 대만의 안보를 위협하고 지역 안정을 저해하기 때문에 항상 반대한다고 밝혔다. 아울러 중국국민당은 평화는 해협을 둘러싼 양측 모두에게 가장 중요한 것이며 오직 교류와 대화를 통해서만 대립이 해결될 수 있다고 말했다. 또한, 중국국민당은 과거 중국국민당 정부와 현재 민주진보당 정부 모두 시진핑 주도로 중국과 맞닥뜨려야 했

지만 이제는 민주진보당이 대만해협에서 발생하는 심각한 갈등들을 잘 대처하고 다루어야 한다고 덧붙였다. 특히 중국 인민해방군이 대만에 대한 군사력 포기를 거부한 것이 양안 관계를 악화시키는 주된 이유가 분명하지만, 중국 인민해방군과 민주진보당 간의 정치적 차이도 부분적으로 책임이 있다고 주장했다.

여론 · 시민사회 · 전자민주주의

〈대만〉 2019년 10월 16일
• 차이잉원 총통, 대만 대선후보 여론조사서 독주

(蘋果日報 10.16; 연합뉴스 10.16 재인용)

– 2020년 1월 차기 총통 선거를 약 80여일 앞두고 실시된 여론조사에서 민진당 후보인 차이잉원 현 총통이 야당인 국민당 후보 한궈위 가오슝 시장에 크게 앞선 것으로 드러났다. 대만 일간지 빈과일보가 지난 10월 16일 여론조사기관 덴퉁(典通)에 의뢰해 실시한 조사 결과에 따르면, 차이잉원 총통은 41.5%로 25.1%의 한궈위 시장을 16.4%차이로 앞질렀다. 이와 더불어 빈과일보는 차이잉원 총통이 두 후보 간 양자대결에서 지난 8월 초부터 앞섰으며, 9월 이후에는 10%의 격차를 유지하고 있다고 밝혔다. 하지만 여론조사의 무응답자가 30%에 달하고, 샤이 한궈위라 불리는 숨은 변수가 대선에 영향을 줄 수 있다고 분석했다. 한궈위 시장은 지난 10월 16일부터 가오슝 시장직을 휴직하고 대만 최남단 핑둥 지역에서부터 선거 유세를 시작했다. 한편, 차이잉원 총통과의 러닝메이트 결성 여부로 관심이 집중됐던 라이칭더 전 행정원장은 지난 10월 14일, 미국 4개 도시 순회를 통해 차이잉원 총통의 연임 지지를 위한 호소에 나섰다.

〈필리핀〉 2019년 10월 15일
• 필리핀 경찰청장, 마약 연루 부하직원 비호 의혹에 사퇴　　　　(Philippine star 10.15)
– 두테르테 대통령의 마약 집행관으로 명성을 얻었던 필리핀 경찰청 오스카 알바얄데 청장이 10월 14일 국기 계양식에서 사퇴를 발표했다. 최근, 알바얄데 청장은 팜팡가주 경찰청장으로 재직하던 지난 2013년에 마약 사건에 연루된 경찰관들을 옹호했

다는 의혹을 받았다. 당시 팜팡가주 경찰관들은 마약 약 200kg을 압수하고도 38kg만 압수했다고 보고한 뒤 뒷돈을 받고 용의자들을 풀어줬다는 혐의로 조사받았지만, 처벌은 아무도 받지 않은 것으로 알려졌다. 또한, 알바얄데가 경찰청 마약조사국장으로 재직하던 2016년, 당시 지방경찰청장이던 에런 아키노(Aaron Aquino) 마약단속국(PDEA)장에게 의혹받는 경찰관들을 해임하지 말라고 요구했다는 주장이 제기되기도 했다. 한편, 알바얄데는 11월 8일 퇴직 예정이었으며, 에두아르도 아뇨 필리핀 내무부 장관을 통해 "직책을 그만두는 이유는 개인적인 결정에 의한 것으로, 대통령의 압력은 없었다"고 밝히며 사실상 제기된 혐의를 모두 부인한 것으로 알려졌다.

〈일본〉 2019년 11월 18일
• 日아베 '공공행사 사유화 파문'에 지지율 급락 '휘청'

(読売新聞 11.18; 연합뉴스 11.18 재인용)

– 아베 총리가 정부 주관의 벚꽃놀이 행사를 개인적으로 활용했다는 비판이 거세지면서 아베 내각에 대한 지지율이 급락했다. 11월 18일 요미우리신문이 1,051명을 대상으로 실시한 설문조사에 따르면, 아베 내각의 지지율은 49%로 기록됐는데, 50% 이하로 떨어진 것은 지난 2월 이후 처음이다. 요미우리신문은 사회 각계 유명인사들을 초청해 격려하는 차원에서 열리는 공적 행사인 '벚꽃을 보는 모임'에 자신의 후원회 관계자를 초대한 것에 대한 비판 여론이 영향을 미쳤다고 분석했다. 이뿐만 아니라 지역구 유권자들에게 선물을 돌린 것으로 드러난 스가와라 잇슈(菅原―秀) 경제산업상과 배우자가 부정 선고 의혹을 받은 가와이 가쓰유키 일본 법무상이 잇따라 사임한 것도 관련 있는 것으로 보인다. 이번 설문에서 아베 총리는 차기 총리 적합자 순위에서도 밀렸는데 이시바 시게루 전 자민당 간사장과 고이즈미 신지로 환경상에 뒤져 3위에 그쳤다.

〈대만〉 2019년 11월 17일
• 차이잉원 유세한 날 중국 항모, 대만해협 통과　　　　(Reuters 11.17)

– 차이잉원 총통이 가오슝에서 라이칭더 전 행정원장을 러닝메이트로 지명하고 10만여 지지자 앞에서 연설하던 와중에 중국의 첫 자국산 항공모함이 대만해협을 통과

했다. 대만 국방부는 11월 17일, 중국의 항모인 '001A'함이 이끄는 전단이 대만해협을 통과했고 미국과 일본 군함이 이를 추격했다고 발표했다. 001A함이 대만 해협을 통과한 것은 이번이 처음으로 중국이 내년 1월 대만 대선을 앞두고 차이 총통에 대한 압박을 강화하려고 행동한 것이라는 분석이 나오고 있다. 지난 2016년 반중성향의 차이 총통이 취임한 후 중국은 대규모 실전훈련이나 위협 비행을 통해 대만을 향한 군사적 압박을 강화해 왔다. 또한, 지난 8월에는 본토인의 대만 여행을 사실상 금지하는 등의 압박을 지속해 왔다. 하지만 홍콩 시위 사태로 일국양제에 대한 의구심이 커지면서 차이 총통의 지지율은 야당 후보인 국민당 한궈위 가오슝 시장을 앞서고 있다. 우자오셰(吳釗燮) 대만 외교부 장관은 "중국은 차이 총통의 선거 유세기 본격화하자 대만 대선에 본격적으로 개입하려는 것"이라며 "유권자들은 겁먹지 않을 것이며, 투표를 통해 중국에 '노(NO)'라고 말할 것"이라고 주장했다.

⟨대만⟩ 2019년 12월 10일
• 제4원전 가동에 대한 국민투표 신청 30만 명 넘어 　　　　　　　　(中國時報 12.10)
- 지난 2014년 4월 이후 봉인된 제4원전의 재가동을 요구하는 서명자 수가 30만 명을 넘어 또다시 국민투표에 결부되게 됐다. 대만 중앙선거관리위원회는 이날 제4원전 가동에 찬성하는 국민투표 서명자 명부를 비교한 결과, 유효서명자 수가 30만 명을 넘어 국민투표 조건을 충족시켰다고 발표했다. 지난해 탈원전 정책 폐지 국민투표를 발의했던 시민운동가 황스슈(黃士修)가 '제4원전을 재개해 상업용으로 전환해 발전 가동하는 것에 동의하십니까?'라는 국민투표안을 지난 3월에 다시 제기했고, 이에 따라 중앙선거위가 담당 행정기관에 서명자 명부 대조 조사를 요청한 결과가 나온 것이다. 제출된 서명자 수는 연령 미달과 중복 서명자 등을 제외하고 30만 7천 903명으로 집계됐다. 대만 국민투표법에 따르면, 안건이 국민투표에 부쳐지기 위해서 최저 서명자 수는 가장 최근에 실시된 2016년 14대 대선 선거인 수의 1.5%인 28만 1천 745명 이상이 되어야 하고, 가결되려면 전체의 25% 선인 약 469만 5천표를 얻어야 한다. 만약 중앙선거위가 제4원전 가동을 정식 안건으로 채택한다면, 관련 국민투표는 2021년 8월 28일에 실시하게 된다. 한편, 차이잉원 총통은 취임 당시, 2025년까지 모든 원전의 원자로 6기를 폐쇄하고 신재생 에너지로 전환하는 구상을

제시한 바 있다.

〈일본〉 2020년 01월 01일

• 아베 정권 카지노 의혹 확산…"돈받은 국회의원 5명 더 있다"

(朝日新聞 01.01; 연합뉴스 01.01 재인용)

– 일본 복합리조트 사업과 관련된 뇌물 수수 혐의를 조사하던 도쿄지검 특수부가 사업권을 따내기 위해 로비했던 중국 기업 500닷컴 측으로부터 뇌물 수수 혐의로 체포된 아키모토 쓰카사 중의원 의원 외에도 국회의원 5명에게 현금을 줬다는 진술을 확보했다고 1월 1일 밝혔다. 아사히신문에 따르면 뇌물을 제공한 혐의로 체포된 나카사토 가쓰노리(仲里勝憲) 500닷컴 고문은 5명 의원에게 각각 100만 엔 상당의 금액을 제공했고, 이들 5명 가운데 4명은 자민당, 1명은 일본유신회 소속이라고 진술한 것으로 알려졌다. 아사히신문의 보도에 따르면 이들은 복합리조트 유치를 검토하던 지방자치단체 출신이거나 초당파 의원 모임인 '국제관광산업진흥의원연맹' 간부로, 각료 경험자나 현직 정무관도 포함되어 있다. 복합리조트를 둘러싼 일련의 뇌물 수수 사건이 아베 정권에 또 하나의 악재로 작용할 심산이 커지고 있다.

〈필리핀〉 2020년 01월 12일

• 필리핀 마닐라 인근 화산 폭발…6천여 명 대피(종합)   (연합뉴스 01.12)

– 필리핀 마닐라에서 남쪽으로 약 65km 떨어진 섬에서 1월 12일 화산이 폭발해 최소 6천여 명이 대피했다. 필리핀지진화산연구소(Phivolcs)에 따르면 오전 11시부터 탈(Taal) 화산에서 소리와 진동이 관측되는 등 증기 활동이 활발해졌으며, 오후 7시 30분경 높이 10~15km에 달하는 테프라(화산재 등 화산 폭발로 생성된 모든 종류의 쇄설물) 기둥이 형성됐고, 메트로 마닐라의 케손시 북쪽에까지 화산재가 떨어졌다. 이에 필리핀 당국은 탈 화산섬을 위험지역으로 선포해 사람들의 진입을 금지하고 반경 14km 이내에 거주하는 주민에게 대피령을 내렸다. 또한, 오후 6시부터 마닐라 국제공항의 항공기 운항이 전면 중단됐다. 한편, 탈 화산은 지난 1911년과 1965년에 폭발해 각각 1,300명, 200명가량의 사망자를 발생시킨 바 있다.

〈대만〉 2020년 02월 11일

• 中 폭격기, 이틀 연속 '대만 위협비행'…"라이칭더 美방문 반발"　　　(연합뉴스 02.11)

– 지난 2월 11일, 중국 인민해방군의 공군 군용기들이 대만 해협을 건너는 비행 훈련을 실시했고, 대만 국방부는 같은 날 "우리 공군은 전투기를 긴급 출격시켜 공산주의자들의 군용기를 추격하고, 가로막고, 해산시켰다"고 밝혔다. 실제로 대만 공군은 즉각 F-16 전투기들을 발진시켜 대응 비행에 나선 것으로 알려졌다. 중국 인민해방군은 지난 2월 9일에도 대만 해협을 건너는 비행 훈련을 한 바 있는데, 일각에서 이와 같은 중국의 도발이 차이잉원의 러닝메이트로 총통 선거에 나섰던 라이칭더 부총통 당선지의 미국 방문에 대한 반발이라는 해석도 나오고 있다. 최근 라이칭더는 8일 일정으로 미국을 방문해 국가안전보장회의(NCS) 관계자들과 미 상원 의원들을 잇달아 면담했고, 이에 대해 중국 국무원 대만사무관공실의 마샤오광(馬曉光) 대변인은 지난 2월 10일 "독립을 획책하기 위해 미국과의 관계 강화를 시도함으로써 불장난을 하고 있다"고 비난했기 때문이다.

〈대만〉 2020년 02월 20일

• 한궈위 가오슝 시장 주민소환 서명자 45만 명 넘어　　　(Taipei Times 02.20)

– 한궈위 가오슝 시장에 대한 주민소환 서명자가 45만 명을 넘어섰다. 한궈위는 총통 선거가 끝난 뒤인 1월 11일, 시장직에 복귀에 공직을 수행하겠다고 밝혔지만, 3만 명의 가오슝 시민들은 그가 시장에 당선되자마자 시정을 내팽개치고 대선에 나섰다며 주민소환을 신청한 바 있다. 대만 공무원 선거 및 소환법에 따르면 주민소환에 대한 서명은 청원 제출 후 40일 이내에 완료되어야 하며, 충분하다고 판단될 경우 20일에서 60일 후에 투표를 실시해야 한다. 서명은 가오슝 인구의 10%인 약 22만 8천 개가 필요하며 정식 소환에 대한 투표에서는 가오슝 유권자의 1/4인 약 58만 표가 필요하다. 주최 측은 다음 달 중순에 중앙선거관리위원회에 2차 청원서를 제출할 때까지 50만 명 이상의 서명을 받을 것으로 예상한다고 밝혔다. 한편, 중국국민당 의장 선거에 출마한 하우룽빈(郝龍斌) 전 타이베이 시장은 2월 20일 생방송 인터뷰에서 "국민당은 가오슝에서 한궈위의 업적을 소중히 여기고 그가 시민들의 인정을 받도록 도와야 한다"고 주장하며, "한궈위가 없었다면 국민당이 가진 것을 이룰 수 없었

을 것"이라고 말했다.

<대만> 2020년 03월 13일

• 대만이 코로나바이러스에 맞서는 표본이 되다   (ABC News 03.13)

– 중국과 해안을 접하고 있는 대만은 그 어느 나라보다 코로나19의 "수입 위험성"
이 높았던 국가였다. 85만 명이 넘는 대만 국민들이 중국 본토에서 거주하거나 일하
고 있고, 코로나19가 처음 확산된 시점이 가장 이동량이 많은 중국의 춘절이었기 때
문에, 그와 같은 우려는 더욱 커졌다. 하지만 2020년 3월 현재까지 대만은 49명의 확
진자와 1명의 사망자만을 기록하고 있다. 이와 같은 정부의 방역성공에는 대만 정부
의 빅데이터와 관련 기술 활용이 큰 역할을 했다. 국가건강보험부와 이민관리청의
데이터를 통합하여 환자의 지난 14일 동안의 여행기록을 추적하였고, 이에 더해 시
민들과 외국인들의 등록시스템을 활용해 고위험군 집단을 특정하고, 자가격리와 휴
대폰을 통한 감시체계를 갖추었다. 대만의 최연소 장관인 디지털부 장관 오드리 탕
(Audrey Tang)은 인공지능기술을 활용하여 마스크 재고 현황에 대한 실시간 지도를 제
공하고, 확진자 관련 위험지역을 실시간으로 공지하였다. 대만의 부통령 천젠런은
페이스북 포스팅을 통해 탕 장관에 대해 "탕 장관은 감염병을 막아 낸 핵심인물이며,
인공지능을 감염병 예방에 활용할 수 있다는 모범을 보여 주었다"라며 칭찬했다.

<일본> 2020년 03월 18일

• 대안 없는 日 유권자, 코로나19 확산 속 아베 지지율 상승   (연합뉴스 03.17)

– 벚꽃을 보는 모임, 검사장 정년 연장 등 여러 의혹이 미결상태로 남아있음에도 불
구하고 신종 코로나의 확산으로 아베 정권의 지지율이 소폭 상승했다. 아사히신문과
마이니치신문(每日新聞)이 일본 유권자들을 상대로 전화 여론조사를 시행한 결과 각
각 41%와 43%의 응답자들이 아베 정권을 지지한다고 답했으며 전월 대비 두 신문
사의 지지율 상승 폭은 2%p로 동일했다. 아사히신문의 조사결과 신종 코로나에 대
응하는 정부에 대한 긍정적 평가의 비율도 지난달 34%에서 48%로 올랐다. 그러나
교도통신의 여론조사 결과에 의하면 최근 문제가 되고있는 구로카와 히로무 도쿄고
검 검사장의 정년 연장을 수긍할 수 없다는 응답이 60.5%였으며 벚꽃을 보는 모임

에 관한 아베 총리의 해명이 충분하지 않다는 응답 또한 82.5%로 아베 총리의 의혹들에 대한 여론은 부정적이었다. 더불어 아사히 신문의 여론조사에서 아베 정권을 지지한다고 응답한 41%의 유권자 가운데 53%가 '달리 적당한 사람이 없으므로' 아베 정권을 지지한다고 응답했다. 따라서 아베 정권의 지지율 상승은 신종 코로나의 확산에 현재 정권에 대한 뚜렷한 대안이 없는 일본 유권자들의 사회 불안이 반영된 것으로 보인다.

〈일본〉 2020년 03월 19일

• 아소 재무상 "문서조작 사건에 대한 재조사는 지금 생각하지 않는다" (朝日新聞 03.19)

– 모리토모 학원 문제의 재무성의 공문서 수정을 둘러싸고 자살한 킨키재무성 직원의 아내가 "남편의 자살은 공문서를 수정하도록 강요받았기 때문이다"라고 주장하며 국가와 해당 재무성의 당시 사무국장이었던 켄리(元理)국장을 제소하였다. 이에 대하여 아소 다로(麻生太郞) 재무상은 19일의 내각회의 후 기자회견에서 모리토모 학원의 문제에 대한 재조사는 검토하지 않을 예정임을 밝혔다. 공문서 변조 문제를 두고 2018년 6월 재무성이 조사보고서를 발표했으나 당시의 야당과 대다수 국민은 조사내용이 불충분하므로 관련 내용의 재조사가 필요하다는 견해였다. 아소 다로 재무상은 18일 유가족의 소송 사실은 밝혀졌으나 소송장이 아직 도착하지 않았기 때문에 아직 덧붙일 말이 없다고 말했다. 소송에 관한 유가족 측의 기자회견과 일부 보도에서 숨진 직원이 수기를 남긴 것으로 드러났다. 아소 다로 재무상은 해당 수기에 대하여 주간지를 통해 읽었으며 조사보고서와 수기의 내용에 큰 괴리는 없다고 생각한다고 전했다. 공문서 관리를 담당하는 기타무라 세이고(北村誠吾) 지방창생상도 당일 기자회견에서, "이미 재무성의 책임으로 상세한 조사가 실시되어 해당 직원에 대해서는 엄정한 처분이 내려졌으며 추가조사가 필요하다는 목소리가 있으나 이에 대한 필요성은 고려하지 않고 있다"라고 전했다.

〈대만〉 2020년 02월 24일

• 우한폐렴 초기박멸 대만, 마스크 한 장에 200원, 거리에서 무료배급도

(New Daily 03.06)

– 올해 2월 24일 발표된 대만의 총통 차이잉원의 지지율이 68.5%로 1월보다 11.8% 상승해 재선 이후 꾸준한 상승세를 보였다. 대만민의기금회(台灣民意基金會)가 실시한 여론조사 '대만인의 정부방역평가'에 따르면 신종 코로나에 대한 정부의 방역대책에 대하여 응답자의 75.3%가 80점 이상이라고 답했다. 해당 여론조사를 시행한 대만민의기금회는 차이잉원의 2020년 1월 총통선거에서의 승리와 신종 코로나에 대한 정부의 대응이 차이잉원의 지지율 상승으로 이어졌다고 분석했다. 대만 정부는 국내에 두 명의 중국인 확진자가 확인되었던 2020년 1월 20일, 중앙유행전염병지휘센터(Centers for Disease Control, CDC)를 꾸렸다. CDC는 중국인 입국 전면금지, 자국 내 생산 마스크의 전량 정부매입과 같은 조치를 초기에 시행해 나갔으며 같은 해 2월 4일 마스크 구매 실명제를 도입하였고 유람선 대만 기항을 금지, 의료업계 종사자의 홍콩·마카오·중국 여행을 금지하는 등 신종 코로나의 확산을 막기 위해 잇따른 조치를 취했다. 조치의 대부분은 신종 코로나의 발생지인 중국과 관련이 있다. 현재 대만은 양안관계의 상징인 중국 연안의 대만령 도서지방 '소삼통(小三通)'과 중국을 잇는 여객·우편·화물용 선박운행 또한 중지한 상태이다. 자국 내 마스크 생산량에 대한 정부의 전매 또한 대만제 마스크의 수출물량의 93.3%가 중국으로 수출되기 때문이었다. CDC는 방역 관련 출입국 규정의 위반자에게 최대 약 600만 원(15만 대만 달러)의 벌금을 부과하며, 마스크를 전매하는 등 부정매매에 대해서는 최대 약 1억 9천만 원(500만 대만 달러)의 벌금을 부과하는 법안을 통과시켰다.

〈일본〉 2020년 04월 09일

• 일본 시민단체들 '아베, 긴급사태 빌미 개헌 터무니없다'　　　　　(연합뉴스 04.09)

– 아베 총리가 코로나19의 확산을 막기 위한 긴급사태 선언을 기회로 헌법 개정 의지를 재차 밝혀 일본 시민단체들의 반발을 샀다. 시민단체들은 4월 9일 오후 6시 30분 도쿄 총리관저 앞에서 아베 정권 규탄 집회를 열고 "긴급사태 선언은 부적합하며 이를 개헌에 이용하는 것은 터무니없다"라는 제목의 성명을 발표했다. 집회에는 '헌법을 구하는 여성 네트워크'와 '시민헌법조사회'를 포함하여 총 8개 시민단체가 참여했으며 주최 측이 추산한 집회 참가자는 약 160명이다. 시민단체들은 정부가 중·일 정상회담과 도쿄올림픽 준비 등으로 감염증 대책이 지연됐다고 지적하며 코로나19

대응 속도가 느린 데에는 정치적 이유가 있다고 주장했다. 시민단체는 성명에서 "이러한 시기에 긴급사태 선언을 빌미로 자신의 정치적 목적을 이루기 위한 개헌 추진 발언은 용납할 수 없다"고 반발했다. 아베 총리는 지난 4월 7일 국무회의에서 "국가와 국민이 국난을 극복하기 위해 맡아야 하는 역할을 헌법에 반영하는 것은 매우 중요한 과제"라며 "국회 헌법심사회의 장에서 코로나19 대응을 근거로 하면서 여야 불문의 활발한 개헌 논의를 기대한다"라고 언급한 바 있다. 이와 같은 아베 총리의 발언은 집권당인 자유민주당이 추진하는 개헌안에 긴급사태 조항이 포함되어 있기 때문이다. 시민단체들은 집회에서 "우리는 신종 코로나19 대응을 빌미로 국민이 목소리를 낼 수 없게 하는 사회 분위기를 조성하는 정치에 반대한다. 아베 정권의 책임을 규탄하며 아베 정권의 즉각 퇴진을 요구한다"라고 규탄했다.

〈일본〉 2020년 04월 13일

• 日 유권자 '긴급사태 너무 늦어'…코로나19 확산에 아베 지지율↓(종합)

(연합뉴스 04.13)

– 일본 국내의 코로나19가 급속도로 퍼짐에 따라 정부의 방역정책에 대한 부정적인 여론이 긍정적 여론을 넘어섰다. 4월 10일에서 13일 사이 교도통신이 일본 유권자를 대상으로 실시한 전화 여론조사에서 80.4%의 응답자가 정부의 긴급사태 선언이 너무 늦었다고 응답했다. 코로나19로 인하여 소득이 감소한 가구 중 일정 요건을 충족하는 가구에 현금 33만 엔(약 339만 원)을 지급하기로 한 정부의 코로나19 대응 경제 정책에 대해서도 응답자의 60.9%는 "조건 없이 일률적으로 지급해야 한다"라고 응답했다. 이처럼 정부의 코로나19의 대응 정책이 부정적인 평가를 받으며 아베 정권의 지지율도 하락했다. 같은 조사의 결과 아베 내각을 지지한다는 응답은 40.4%로 3월 26일에서 28일 실시된 조사보다 5.1% 포인트 하락했으며 지지하지 않는다는 답변은 43.0%로 지지한다는 응답을 넘어섰다. 아베 정권에 우호적인 언론 매체로 알려진 산케이신문(産經新聞)과 후지뉴스네트워크(FNN), 그리고 NHK에서 실시한 여론 조사에서도 긴급사태 선언을 포함한 정부의 코로나19 대응책에 대한 국민의 평가는 같은 동향을 보이며, 아베 내각에 대한 부정적인 반응도 일관적이다. 여론조사 결과를 종합하면 3월 말부터 일본의 코로나19 확진자가 급증함에 따라 정부의 코로나19

대응에 대한 유권자들의 불만이 증폭된 것으로 보인다.

〈필리핀〉 2020년 04월 04일
• 코로나 바이러스 검문소 관계자들을 위협한 남성 사살   (TheStar 04.04)
— 필리핀 검찰은 4월 4일, 코로나19 바이러스의 검문소에서 마을 관계자와 경찰을
흉기로 위협한 63세 남성이 총에 맞아 숨졌다고 밝혔다. 경찰 보고서에 따르면 이 남
성은 당일 술에 취한 상태로 남부 아구산델노르트지방의 나시핏 마을에서 마을 관리
들과 검문소를 지키는 경찰을 위협한 것으로 보인다. 또한, 보고서는 "용의자는 마스
크를 착용하지 않아 마을 보건소 공무원으로부터 주의를 받았다. 그러나 그는 화가
나서 소리치다가 결국 낫질을 하며 공무원을 공격했다"라고 전했다. 이 과정에서 용
의자는 자신을 진정시키려던 경찰관이 쏜 총에 맞아 숨졌다. 이번 사건은 코로나19
의 확산을 막기 위한 규제를 따르지 않는다는 이유로 경찰이 민간인을 총살한 첫 사
례다. 4월 2일 두테르테 대통령은 경찰과 군인의 공무집행에 문제를 일으킨 사람은
누구든 사살하라고 명령한 바가 있다.

〈일본〉 2020년 05월 25일
• '마작스캔들 검사장 무징계' 총리관저가 실질 결정   (연합뉴스 05.25)
— 구로카와 히로무 전 도쿄고검 검사장은 코로나19의 확산을 막기 위해 긴급사태가
선언된 가운데 기자들과 내기 마작을 했다는 의혹이 보도되어 이를 인정하고 5월 21
일 아베 총리에게 사표를 제출했다. 지난 1월 아베 내각은 법 해석을 변경하여 검사
장의 정년 연장을 시도해 구로카와 검사장을 기용하려는 의도를 보이기도 했다. 이
러한 배경에서 5월 25일 교도통신은 '마작스캔들'로 사임한 구로카와 검사장의 징계
처분을 결정하지 않은 것은 총리관저의 결정이었음을 보도했다. 보도에 따르면 법무
성은 구로카와 검사장의 내기 마작 의혹을 조사해 본 사건이 국가공무원법에 따르는
징계 사유에 해당한다는 판단을 총리관저에 보고했으나 총리관저는 그를 징계하지
않는다는 결론을 내렸다. 이에 법무성은 내부 규정에 따라 경고의 일종인 '훈고' 처분
을 내렸다. 교도통신의 취재에 따르면 법무·검찰 관계자 또한 "당연히 징계라고 생
각했는데 훈고 처분이어서 놀랐다"라고 말했다. 또한, 여론에서는 법무성이 구로카

와 전 검사장에게 훈고라는 비교적 가벼운 처분을 내리고, 사임 후 그가 한화로 약 7억원의 퇴직금을 받아 비판적 목소리가 커지고 있다. 그러나 아베 총리는 5월 22일 국회에서 구로카와 전 검사장을 중징계해야 한다는 추궁에 "검찰이 사안의 내용 등 제반 사정을 고려해 적절히 처분했다고 알고 있다"라며 해명을 회피했다. 구로카와 전 검사장에게 징계처분을 내리지 않은 경위를 설명하지 않는 아베 총리에 대한 비판이 거세질 전망이다.

〈일본〉 2020년 05월 31일
• 코로나·마작스캔들에 아베 지지율 하락…2년 만에 40% 붕괴(종합) (연합뉴스 05.31)
– 아베 내각의 지지율이 2년 만에 최저를 기록했다. 교도통신이 5월 29일부터 31일 사이에 일본 유권자를 대상으로 시행한 전화 여론조사에서 아베 내각을 지지한다고 밝힌 응답자의 비율은 39.4%로 집계되었다. 이는 5월 8일부터 10일에 조사했을 때보다 2.3% 포인트 하락한 결과이다. 반면 이번 조사에서 아베 내각을 지지하지 않는다는 응답은 45.5%에 달했다. 구로카와 전 검사장에게 징계가 아닌 훈고 처분한 사실에 대하여 처분이 가볍다고 응답한 응답자는 78.5%였으며, 평소 아베 총리의 소속당인 자유민주당을 지지하던 응답자의 67.3%도 같은 평가를 내렸다. 코로나19로 인한 경제난으로 전국민에게 1인당 10만 엔(한화 약 115만 원)을 지급하는 정책을 포함한 정부의 경제적 지원에 대하여 81.2%의 응답자가 조치가 늦다고 응답했다. 코로나19 감염 여부를 확인할 유전자 증폭(PCR) 검사를 확대하는 정부의 대응도 77.4%의 응답자가 불충분하다고 평가했다. 정부가 이달 25일 코로나19 관련 긴급사태를 완전히 해제한 것에 대해서 응답자의 47.2%가 너무 빠르다고 평가했다. 응답자의 96.0%는 코로나19가 재확산하는 사태를 우려하고 있다. 여론조사 결과를 종합하면 정부의 미숙한 코로나19 대응과 구로카와 전 도쿄고검 검사장의 마작 스캔들이 지지율 하락에 영향을 미친 것으로 보인다.

〈대만〉 2020년 05월 20일
• 차이잉원 대만총통 오늘 취임…최고 지지율로 집권2기 시작   (연합뉴스 05.20)
– 연임에 성공한 차이잉원 대만 총통이 현지시간으로 5월 20일 오전 9시 타이페이

총통부에서 취임식을 진행하고 제15대 중화민국 총통의 두 번째 임기를 시작한다. 코로나19 방역에 큰 성공을 거둔 가운데 차이잉원 총통은 역대 대만 총통 중 최고 지지율을 기록했다. 신대만국책싱크탱크(新台灣國策智庫)의 5월 7일부터 9일의 조사에서 차이 총통의 지지율은 74.5%에 달했다. 차이잉원은 자신의 페이스북을 통해 "취임식은 대만 인민이 함께 전염병의 침략을 막아내고, 세계가 우리의 단결을 지켜본 가운데 열렸기에 특별하다"라며 "민주주의를 지켜내면서 전염병을 막은 대만의 경험을 세계 친구들에게 알려주자"라고 전했다. 지난 1월 역대 대선 최다 득표로 재선에 성공한 가운데 지지율이 꾸준히 상승하면서 차이잉원 총통은 집권 2기에도 안정적인 국정운영이 가능할 전망이다. 반면 중국은 대만의 독립을 지향하는 차이잉원 총통이 집권 2기에 접어들어 현상 유지를 수준을 넘는 과감한 독립 추구 행보에 나설 것을 우려하고 있다. 중국은 차이잉원 총통의 취임 연설 가운데 중국과 관련한 언급에 주목하고 있다.

〈필리핀〉 2020년 05월 12일

• 두테르테, 생일 파티 논란 속 시나스에 대한 신뢰 유지　　　(CNN Philippines 05.12)

– 로드리고 두테르테 대통령이 데볼트 시나스 마닐라 경찰청장이 코로나19로 인한 봉쇄령이 내려진 마닐라에서 자신의 생일파티를 열어 비난받고 있음에도 불구하고 그의 경찰청장직을 유지시키겠다고 밝혔다. 두테르테 대통령은 "나는 그가 전근되는 것을 원하지 않는다. 그는 훌륭한 장교다. 그는 정직한 사람이다"라며 현재 강화된 검역의 대상인 마닐라 메트로 지역에서 법을 효과적으로 집행하기 위해 시나스와 같은 경찰관이 필요하다고 말했다. 시나스는 이번 사건에 대해 사과했으나 생일파티에서 적절한 사회적 거리 두기와 방문객들의 건강상태 확인이 동반되었음을 강조하며 자신의 생일파티에 문제가 없음을 주장했다. 그러나 필리핀 경찰청에 해당하는 NCRPO(National Capital Region Police Office)의 공식 페이스북에 올라온 시나스의 생일 파티 사진에는 평상복을 입은 경찰관들이 마스크도 착용하지 않은 채로 테이블에 옹기종기 모여 경찰 관계자에게 장미꽃을 선물하거나 시나스가 생일 케이크에 촛불을 부는 모습이 담겨 있었다. 이 사진들은 공론화되어 네티즌들로부터 비난을 받았다. 경찰 당국은 본 사건에 연루된 시나스와 NCRPO 경찰관들에 대한 법원의 판결을 기

다리고 있으며 경찰 당국에서는 이 문제에 대해 더 이상의 언급은 없을 것이라고 밝혔다.

〈일본〉 2020년 06월 21일

· 아베 지지율 추락…2012년 재집권 후 두 번째로 낮아(종합) (연합뉴스 06.21)

- 아베 총리의 측근 정치인인 가와이 국회의원 부부가 구속되며 아베 정권의 지지율이 다시 한번 하락했다. 6월 20일에서 21일, 교도통신이 실시한 전화 여론조사에서 아베 내각의 지지율은 5월 31일의 조사결과보다 2.7% 포인트 하락한 36.7%를 기록했다. 더불어, 아베 내각을 지지하지 않는다고 답한 유권자는 49.7%로, 5월 31일보다 4.2% 포인트 상승했다. 이러한 지지율의 하락은 가와이 부부가 선거 비리 의혹을 받아 구속된 사건이 원인이 된 듯하다. 가와이 부부는 2019년 7월의 참의원 선거에서 가와이 안리의 당선을 위하여 약 100여 명의 지방 의회 관계자들에게 2천570만엔(약 2억9천만 원)의 금품을 수수한 의혹을 받고 공직선거법 위반의 혐의를 받았다. 가와이 부부의 선거 비리 사건에 대하여 응답자의 75.9%는 "아베 총리에게 책임이 있다"라고 응답했으며, "가와이 가쓰유키를 법무부 장관으로 임명한 아베 총리가 정치적 책임을 져야 한다"라는 여론이 거세다. 응답자의 90.4%는 가와이 부부가 의원직을 '사직해야 한다'라고 반응했다. 가와이 부부는 비리 의혹에 관해 구체적인 해명을 하지 않은 채로 자유민주당을 탈당했지만, 의원직은 사직하지 않았다. 6월 18일에 있었던 총리관저 기자회견에서 아베 총리는 가와이 부부의 비리 사건에 대한 사과의 뜻을 표명했다. 그러나 여론조사 결과, 그의 사과가 국민의 비판적 여론을 잠재우기에는 부족해 보인다.

〈필리핀〉 2020년 06월 15일

· 두테르테 '눈엣가시' 언론사 대표, 명예훼손 혐의 징역형 (연합뉴스 06.15)

- 정부와 대립적인 온라인 언론매체 '래플러'의 마리아 레사 대표가 6월 15일 명예훼손 혐의로 6개월 이상 최고 6년 이하의 징역형을 선고받았다. 레사 대표는 미국 주간지 타임즈가 선정한 '2018 올해의 인물'로 뽑혔으며, 세계신문협회로부터 '제70회 황금펜상' 수상받은 이력이 있다. 래플러는 2012년 필리핀 기업인의 살인과 마약밀

매 등과 관련한 의혹을 보도하여 2017년에 명예훼손이라는 법적 공격을 받았다. 그러나 래플러 측은 명예훼손 고소 기한이 1년일 뿐만 아니라 해당 보도가 적절한 정보와 보고서에 근거했음을 들어 당사의 대표와 기자가 처벌의 대상이 아님을 주장했다. 지방법원으로부터 보석을 허가받은 레사 대표와 관계자들은 불구속 상태로 항소하여 상급 법원에서 다시 판결을 받을 예정이다. 레사 대표는 "이번 판결은 언론의 자유와 민주주의에 대한 타격"이라며 현지 언론인과 국민에게 언론의 자유를 위한 투쟁이 필요함을 강조했다. 언론사 래플러는 2016년 두테르테 대통령의 취임 직후부터 추진된 마약과의 전쟁에서 용의자들이 재판 없이 사살되는 '초법적 처형'을 비판해 왔으며, 필리핀과 영유권 분쟁을 벌이는 중국 국적의 기업인이 두테르테 대통령의 경제고문으로 위촉된 사실을 보도하기도 했다.

〈일본〉 2020년 07월 19일
• '아베 라이벌' 이시바, 자민당 지지층서도 차기 선호도 1위   (연합뉴스 07.20)
– 니혼게이자이신문의 7월 20일 보도에 따르면 일본의 집권 여당인 자유민주당의 전 간사장 이시바 시게루가 차기 총리 선호도 1위에 올랐다. 이시바 시게루 전 간사장은 2012년과 2018년, 자민당 총재 선거에서 아베 총리에게 패배하는 등 아베 총리의 정치적 경쟁자로 여겨져 왔다. 니혼게이자이와 TV도쿄가 17일부터 19일까지 만 18세 이상의 국민을 대상으로 유·무선 전화 여론조사를 시행한 결과, '차기 총리로 어울리는 인물'에 관한 질문에 전체 응답자의 26%가 이시바 시게루 전 간사장을 꼽았다. 고이즈미 신지로 환경상이 15%의 응답을 얻었으며 아베 총리는 12%의 응답자의 선택을 받았다. 이러한 순위는 자민당의 지지층에 대한 응답에서도 유지되었다. 2019년 5월부터 실시되어온 '포스트 아베'에 대한 본 여론조사에서 아베 총리가 1위에 밀린 것은 처음이다. 니혼게이자이 신문은 코로나19에 대한 미숙한 대응을 포함한 아베 총리의 정치적 문제가 지속되어온 결과로 해석하고 있다.

〈대만〉 2020년 07월 16일
• '군복 입은 차이잉원'…대만, 중국 침공 대비 방어 훈련   (연합뉴스 07.16)
– 대만의 중부 타이중 자난 해안에서 7월 16일 중국군의 무력 침공에 대비하기 위한

'한광훈련'이 실시되었다. 한광훈련은 대만 군사의 격퇴 및 방어 능력을 점검하기 위하여 1984년부터 해마다 시행되어온 대규모 군사훈련이다. 대만 언론은 헬멧과 군복을 착용한 차이잉원 총통이 훈련에 참관하였으며, "해마다 한광훈련을 참관하는 것은 취임 이후 국방 개혁 등의 약속을 지키려는 의지를 행동으로 보여 준 것"이라며 훈련을 격려했다고 전했다. 또한, 총통은 연설에서 "국가안보는 지금까지 절대 비굴하게 무릎을 굽히는 것이 아닌 가장 견고한 국방력에 의지하는 것"이라면서 "모든 대만군이 바로 국방력의 핵심"이라며 군사훈련의 중요성을 강조했다.

〈일본〉 2020년 08월 28일

• 일본 아베 총리 건강 이유로 사임 (Kyodo News 08.28)

− 8월 28일 아베 신조 총리가 총리관저에서 열린 기자회견에서 사의를 공식 표명했다. 아베 총리는 8월 초에 지병인 궤양성 대장염 재발 진단을 받았고 치료를 위한 결정이라고 밝혔다. 이로써 2012년 12월 이후 7년 8개월간 이어진 아베의 최장수 총리 기록이 막을 내리게 될 것으로 보인다. 앞서 1차 집권기인 2006년부터 2007년에도 지병인 궤양성 대장염을 이유로 전격 사임한 적이 있다. 관계자들은 아베 총리가 지병으로 국정에 지장을 주는 것을 피하기 위해 이같이 결정했다고 전했다. 아베 총리는 총리대행을 지명하지 않고 차기 지도자가 선출될 때까지 재임할 예정이며 후임 자민당 총재에 대해서는 언급을 자제했다. 한편, 포스트 아베 후보로는 이시바 시게루 전 자민당 간사장과 기시다 후미오자민당 정조회장, 스가 요시히데 관방장관, 고노 다로(河野太郎) 방위상, 고이즈미 신지로 환경상, 모테기 도시미쓰 외무상 등이 거론되고 있다.

〈필리핀〉 2020년 07월 27일

• 두테르테의 국정연설을 앞두고 마닐라에서 시위대 수백 명 집결 (TIME 07.27)

− 로드리고 두테르테 대통령의 연례 국정연설을 앞두고 경찰의 체포 위협에도 불구하고 수백 명이 수도 마닐라에서 시위를 벌였다. 마닐라 경찰서장은 "지프니를 타고 있던 시위대로 의심되는 4명이 케손시 교외에서 경찰에 연행됐지만 인근 필리핀 대학 캠퍼스에 수백 명이 모였다"고 전했다. 직접 모이지 못한 사람들은 대통령 인형을

불태우는 동영상을 통해 온라인으로 시위에 참여했다. 필리핀 정부는 코로나19 확산 방지를 위해 10명 이상의 공개 집회를 금지했지만 시위대는 정부가 전염병 대처 등 광범위한 문제에 대한 수많은 비판을 잠재우기 위해 현재의 위기를 이용하고 있다고 말했다. 또한, 시위대는 7월 초 두테르테 대통령이 서명한 테러방지법을 맹비난했으며 두테르테 대통령에 비판적이었던 필리핀 최대 방송사인 ABS-CBN 폐쇄를 규탄했다.

〈필리핀〉 2020년 08월 13일

• 두테르테 대통령이 전한 내년 5월 러시아 코로나19 백신 가능성　　　(CNBC 08.13)

– 8월 13일 대통령 대변인에 따르면 두테르테 대통령이 이르면 2021년 5월 러시아 코로나19 백신 주사를 맞을 수도 있다고 밝혔다. 이전에도 과학자들과 보건 전문가들이 이 약의 안전성과 효능에 대해 지속적으로 의문을 제기했음에도 불구하고 마침내 두테르테 대통령은 러시아 백신 시험에 자원했다. 필리핀은 백신을 위한 3단계 임상시험에 참여할 소수의 국가들 중 하나가 되었다. 필리핀 정부는 공식채널을 통해 다가오는 10월 임상시험을 시작할 계획이라고 보도했다. 3단계 임상시험은 모든 백신 개발에 매우 중요한 과정으로 간주되며 잠재적인 부작용을 근절하기 위해 반드시 필요하다. 존스 홉킨스 대학(Johns Hopkins University)이 집계한 자료에 따르면 8월 첫째 주에 필리핀은 인도네시아를 제치고 동남아시아에서 가장 많은 누적 코로나19 환자가 발생한 것으로 나타났다.

제2부

아시아 II의 동향 및 쟁점

코로나19의 확산 속에 위협받는 시민적 자유와 민주주의

제1장
아시아 II의 개관 및 쟁점

1차(2019년 9월 말~10월 말)

김지연

인도 나렌드라 모디(Narendra Modi) 정부가 카슈미르(Kashmir)에 자체 헌법과 법 제정 등 자치권을 부여하는 헌법 제370조를 폐지하였다(CNN 2019/09/27). 인도정부는 1947년부터 카슈미르를 두고 파키스탄과의 분쟁 중인 상황에서 이 지역을 실질적으로 통합해야 한다는 목적하에 해당 지역은 폐쇄되었고 주민들의 정상적인 생활이 어려운 상황이다(CNN 2019/09/27).

인도네시아에서는 도시 전역에 걸쳐 반부패위원회의 독립성과 권한을 제한하는 부패방지법과 개인의 인권과 언론의 자유를 침해하는 내용이 담긴 형법개정안에 반대하는 대규모 시위가 발생했으며, 시위대는 사실상 두 개정안의 취소를 요구하고 있다(The New York Times 2019/09/30).

말레이시아에서는 10월 10일 표현의 자유를 억압하고 정치적으로 악용될 수 있다고 비판받아왔던 가짜뉴스 방지법(Anti-Fake News Law, AFNL)이 2018년 한 차례 의회의 부결 이후 결국 폐지되었다(Aljazeera 2019/10/10).

한편 싱가포르는 10월 2일에 언론과 개인의 표현의 자유를 억압한다고 비판을 받는 온라인상의 거짓·조작 방지법(Protection from Online Falsehoods and Manipulation Act, POFMA)이 발효되었다(Aljazeera 2019/10/02).

||||||||||||||||||||||||||||||||||||||||||||||||||||||||||||||||||||||||||||||||||||||||||||||||||||||||||||||||||||||||||||||||||||||||||||||||||||||

소수집단과 갈등을 유발하는 인도 정부의
국가시민명부등록제도

힌두근본주의를 기저로 하는 모디 정부가 카르나타카 주에 국가시민명부등록제도(National Register of Citizens, NRC)를 도입해 불법 이민자를 색출하고 그들을 수용할 구금센터 설치를 제안했다(The Times Of India 2019/10/04).

또한 10월 1일 웨스트벵골 주 콜카타에서 아미타 샤(Amit Shah) 내무부 장관이 해당 제도를 전국적으로 확대하여 인도 내 모든 이슬람권 불법 이민자를 색출하고 추방할 것이라고 주장했다(India Today 2019/10/03). 여당인 인도인민당(Bharatiya Janata Party, BJP)은 이민자들로부터 빼앗긴 원주민 인도인의 권리를 되찾아야 한다고 지지를 보내고 있으나(India Today 2019/10/01), 전(全)인도 이슬람교 연맹 이사회(All India Majlis-e-Ittehadul Muslimeen, AIMIM)의 아사 두딘 오 와이시(Asaduddin Owaisi) 총재는 인도인민당은 힌두교와 이슬람교의 종교적 갈등을 유발하는 국가시민명부등록제도를 중단해야 한다고 비판했다(India Today 2019/09/01).

인도는 특히 다른 나라들에 비해 다양한 종교과 민족을 가지고 있는 나라이다. 이런 나라에서 단순히 다수의 집단을 위해 정책을 시행하는 것은 소수집단과의 갈등과 사회적 분열을 야기할 수 있다. 따라서 현 정부는 다수의 집단을 위한 정책뿐만 아니라 소수를 포용하는 통합적인 정책을 수행해야 할 것이다.

참고문헌

Dwarakanath, Nagarjun. 2019. "NRC Needed In Entire Contry, Immigrants Snatching Away Native Indians Rights: BJP's Shobha Karandlaje". *India Today* (October 03).

Kundu, Indrajit. 2019. "Will Throw Out Intruders: Amit Shah's Big NRC Push In West Bengal". *India Today* (October 01).

Loiwal, Manogya. 2019. "NRC Final List Released: Assam Govt Promises Help To Genuine Citizens, 120 Days To Claim Rights". *India Today* (September 01).

2차(2019년 10월 말~11월 말)

김지연

인도 대법원이 이슬람교와 힌두교 사이에서 발생한 아요디아 사원분쟁에서 힌두교의 승리를 선언한 뒤, 갈등을 예상한 경찰은 전국의 보안을 강화하고 SNS에 선동하는 글을 게시한 사람 등 500명 이상을 구금했다(연합뉴스 2019/11/09).

인도네시아 조코 위도도(Joko Widodo) 대통령은 부패척결위원회(Komisi Pemberantasan Korupsi, KPK)의 권한을 통제하기 위해 반부패법 개정안을 통과시켰으며 청탁금지법 감독위원회 설립을 가속화하고 있다(The Jakarta Post 2019/11/01). 또한 정부는 급진적인 사상의 공무원들을 고발할 수 있는 포털 사이트를 개설하여 언론의 자유를 침해한다는 비난을 받고 있다(The Jakarta Post 2019/11/27).

한편 말레이시아 탄중 피아이의 보궐선거에서 여권연합인 희망연대(Pakatan Harapan, PH)가 야권연합인 국민전선(Barisan Nasional, BN)에게 패배하였다. 이번 보궐선거 패배는 올해 들어 벌써 4번째 연이은 패배로 여권연합에 대한 심판이라는 평가를 받고 있다(The Straits Times 2019/11/17).

싱가포르의 찬춘싱(陳振声, Chan Chun Sing) 통상산업부 장관은 홍콩과 같은 시위가 자국에서 발생할 수 있으므로 국민의 이익을 중시하고 장기적인 국가계획을 세우는 것이 필요하다고 경고했다(The New Straits Times 2019/11/19).

민주주의 공고화 측면에서 바라본 조코 위 대통령의 정부 주도적인 행보

개혁적 이미지로 '인도네시아의 오바마'로 불리는 조코 위 대통령이 재임 후 지나치게 정부 주도적으로 정책을 추진하고 있어 비난을 받고 있다.

조코 위 대통령은 반부패법 개정안을 통과시켜 청탁금지법 감독위원회 설립을 가속화하고 부패척결위원회의 독자적 수사관 채용과 수사 권한을 통제하고 있다(The Jakarta Post 2019/11/01). 또한 국가 이념에 반(反)하는 급진적인 공무원들을 걸러내기 위해 온라인 고발 포털 사이트를 개설하였고, 이 사이트는 정부가 공무원들을 억압하는 도구로 사용할 것이기 때문에 언론의 자유를 침해한다는 비난을 받고 있다(The Jakarta Post 2019/11/27). 게다가 8월 중순부터 최근까지 인종 문제로 인해 촉발된 서 파푸아의 시위에서 최소 30명이 사망하고 수십 명이 부상당했지만 인도네시아 정부는 구체적인 대책을 내놓지 못했으며 서파푸아 주민들이 처한 열악한 인권 상황 역시 해결하지 못했다(East Asia Forum 2019/11/16).

조코 위 대통령의 이와 같은 행보가 국가 운영에는 효율적일 수 있으나 초기에 혁신적이고 민주적인 태도와 달리, 현재의 행보는 민주화를 지향하려던 초심에 부합하지 않는다. 따라서 조코 위 대통령은 정책결정과 갈등 해결 과정에서 국민들의 목소리에 귀를 기울이고 그들의 의견을 정책에 반영하기 위해 노력해야 할 것이다.

참고문헌

Ghaliya, Ghina, Kharishar Kahfi, and Devina Heriyanto. 2019. "Civil Servants Have Mixed Feelings Over New Antiradicalism Measures". *The Jakarta Post* (November 27).

Gorbiano, Marchio Irfan. 2019. "'Trust Me': Jokowi Cancels Plan To Revoke KPK Law Amendment". *The Jakarta Post* (November 01).

Okthariza, Noory. 2019. "The Papua Question For Jokowi's Second Term". *East Asia Forum* (November 16).

3차(2019년 11월 말~12월 말)

김지연

인도 의회에서 통과된 시민권 개정안(Citizenship Amendment Act, CAA)은 이슬람교도를 제외한 종교인들에게 시민권을 부여하여 종교 간 차별 문제로 전국적인 시위가 발생해 23명 사망 및 1,500여 명이 체포되었다(Aljazeera 2019/12/22).

인도네시아 조코 위도도 대통령의 아들과 사위가 내년 시장 선거에 출마할 예정이어서 대통령 가족의 정치 왕조가 형성될 것이라는 비판을 받고 있다(The Jakarta Post 2019/12/11).

말레이시아에서 2~3년 내 퇴임을 약속한 마하티르 빈 모하맛(Mahathir bin Mohamad) 총리는 자신의 퇴임과 관련하여 12월 10일 인터뷰에서 내년 11월 이후 안와르 이브라힘(Anwar Ibrahim)에게 권력을 넘길 것이라고 했지만, 나흘 뒤 도하 포럼에서는 이전 정부가 남긴 중요 문제를 해결한 후 물러나겠다고 말하며 구체적인 퇴임 시기와 후임 문제에 대해 회피하는 태도를 보였다(연합뉴스 2019/12/14).

싱가포르에서는 구글이 온라인상 거짓·조작 방지법에 의해 총선에서 더 이상 정치광고를 싣지 않기로 하자 야권은 구글의 새로운 정책에 대해 매우 실망했고 미디어가 정부에 의해 지배당하고 있다고 비판했다(연합뉴스 2019/12/05).

인도 정부, 성범죄 근절을 위해 법 시행의 중요성 깨달아야

여성들의 인권이 취약한 인도에서 12월 초 잔혹한 성범죄가 연이어 발생하자 성폭행 근절을 요구하는 시위가 전국적으로 일었고, 이에 인도 안드라프라데시 주의회가 '강간범 처벌 패스트트랙' 법안을 통과시켰다(연합뉴스 2019/12/14).

이 법안은 강력 성범죄를 저지른 이가 입건되면 특별 법원 등을 통해 21일 만에 사형까지 선고할 수 있도록 하여 인도 주 정부로는 최초로 성범죄 관련 형량을 최대 사형으로 강화했다. 또한 사건 조사와 1심 재판 절차에 배정된 기간은 각각 7일과 14일로 한 사건이 처리되는 데 10년 이상 걸리기도 하는 인도의 재판 현실을 고려해 보면 획기적인 법안이다(연합뉴스 2019/12/14). 그러나 작년에도 인도 정부는 성범죄 전담 패스트트랙 특별 법원 1,000곳을 개설하겠다고 했지만 제대로 진행되지 않았고, 12월 초에 또다시 정부는 성범죄 사건을 위한 1,023개의 패스트트랙 특별 법원을 설립할 것이라고 공식화했다(Times Of India 2019/12/06).

정부가 국가 전역에서 발생하고 있는 성폭력 관련 문제를 근절해달라는 시민들의 의견을 신속하게 반영하여 패스트트랙 법안을 제정한 것은 바람직하다. 하지만 인도에서는 여성의 인권이 실질적으로 보장되어 있지 않기 때문에 여성에 대한 인식 개선과 더불어 성범죄 예방·근절을 위한 구체적인 법을 시행하는 것이 필요하다.

참고문헌

김영현. 2019. "印 주정부 '강간범 처벌 패스트트랙' 도입…21일이면 사형선고". 『연합뉴스』(12월 14일).

Times Of India. 2019. "Over 1,000 Fast Track Courts To be Set up For Rape Cases". (December 06).

4차(2019년 12월 말~2020년 1월 말)

김지연

인도 대법원은 1월 10일 헌법 제19조에 근거하여 카슈미르 지역에 대한 정부의 인터넷 셧다운 시행과 인터넷의 무기한 정지가 통신 규칙을 위반하며, 표현·언론의 자유와 기본권을 침해한다는 이유로 카슈미르의 인터넷 서비스 중단 문제를 1주일 이내에 재검토할 것을 당국에 명령했다(Aljazeera 2020/01/11).

인도네시아 조코 위도도 대통령은 올해 시장선거에 출마할 예정인 그의 아들과 사위의 선거운동을 돕지 않을 것을 맹세하며, 선거는 국민의 선택이라 말해 정치 왕조가 형성될 가능성을 일축했다(The Jakarta Post 2020/1/18).

말레이시아 사바 키마니스에서 열린 보궐선거에서 야권연합 국민전선이 여권연합 희망연대를 2,029표 차이로 승리하며 보궐선거에서 여권의 잇단 패배로 정부의 지도력이 흔들리고 있다는 의혹이 일었다(Malay Mail 2020/01/19).

싱가포르 야권은 2021년 4월까지로 예정된 다음 선거에서 탄쳉복(陳清木·Tan Cheng Bock)의 전진싱가포르당(Progressive Singapore Party, PSP)이 인민행동당(People's Action Party, PAP)의 표를 분산시키기를 바라며, 야권연합을 위해서는 공통된 정책 강령이 필요하다고 강조했다(Straits Times 2020/01/19).

인민행동당의 장기집권을 억제하기 위한 야권의 움직임

싱가포르의 야권은 지난 선거 동안 "느슨한 연합"으로 존재했었지만, 앞으로의 선거에서 더 좋은 결과를 얻기 위해서 공통된 정책 강령을 기반으로 한 야권동맹의 필요성을 강조했다(Straits Times 2020/01/19).

2011년 대선에서 야권은 의견을 통합하여 여권을 공격해 독립 후 선거에서 가장 높은 득표율인 39.9%를 획득했으나, 2015년 총선에서는 야권의 의견 분열로 득표율이 30.1%로 감소했다(Straits Times 2020/01/19). 이러한 경험을 바탕으로 야권은 연합의 필요성을 느껴 싱가포르 제1당(Singaporeans First, SingFirst), 민주진보당(Democratic Progressive Party, DPP), 인민역량당(People's Power Party, PPP), 개혁당 (Reform Party, RP)이 11개의 야당을 8개로 줄이면서 4당 동맹을 계획하고, 2021년 4월까지로 예정된 다음 선거에서 인민행동당의 표를 분산시키기 위한 움직임을 보이고 있다(Straits Times 2020/01/19).

야권은 2021년 4월까지로 예정된 선거 준비를 계기로 공통된 정책적 의견을 통합하여 60년간 장기집권 중인 인민행동당의 표를 분산시키기 위해 진정으로 연합해야 한다. 또한 정부는 여야 간 견제와 균형이 이루어질 수 있도록 형식적 민주주의에서 탈피하여 실질적 민주주의로 나아가야 할 것이다.

참고문헌

Koh, Fabian. 2020. "Proposed Opposition Alliance Hoping Tan Cheng Bock's Progress Singapore Party Will Split PAP Vote in Election". *Straits Times* (January 19).

5차(2020년 1월 말~2월 말)

2월 11일 인도 델리 주(州)의회 선거에서 지역 정당인 보통사람당(Aam Aadmi Party, AAP)이 70석 중 62석을 차지하고, 나렌드라 모디 총리가 이끄는 인도인민당이 8석을 얻으며 압도적인 표 차이로 패했다(연합뉴스 2020/02/11).

인도네시아의 중도정당인 민주당(Partai Demokrat)은 2020년 예정된 중앙 자바 수라카르타 시장선거에서 조코 위도도 대통령의 장남 기브란 라카부밍 라카(Gibran Rakabuming Raka)에 대한 지지를 선언했다(The Jakarta Post 2020/02/06).

말레이시아 사바 지역의 법원에서는 처음으로 인공지능(AI)을 도입해 일관되고 효율적인 판결을 기대한다(Malay Mail 2020/02/19). 한편 2월 24일 마하티르 빈 모하맛 총리가 갑작스럽게 사임을 표명했으나 그는 새로운 총리가 임명되기 전까지 임시 총리직을 맡는다(Financial Times 2020/02/25).

싱가포르의 야당 전진싱가포르당은 창당 이후 처음으로 상품·서비스세 인상 반대 정책과 장기 인프라 프로젝트에 관련된 내용을 포함하는 경제정책을 담은 정책 제안을 발표했다(Straits Times 2020/02/12).

갑작스럽게 사임을 표명한 마하티르 총리의 속내

1981년부터 2003년까지 22년간 장기집권했던 마하티르 총리는 2018년 5월 93세의 나이로 15년 만에 총리직에 복귀해 '세계 최고령 국가 정상'으로 자리매김하며, 2~3년만 총리직을 수행한 뒤 안와르 이브라힘 총재에게 권좌를 넘기겠다고 약속했다(연합뉴스 2020/02/29).

마하티르 총리는 올해 11월 아시아태평양경제협력체(Asia-Pacific Economic Co-operation, APEC) 정상회의 이후 총리직을 위임하겠다고 공언했으나 2월 24일 갑작스럽게 사임한 뒤(연합뉴스 2020/02/25), 26일 연설에서 "내가 정말로 여전히 지지를 받는다면 총리로 돌아오겠으나 그렇지 않다면 선택되는 누구든 받아들이겠다"라고 했다(연합뉴스 2020/02/27). 이에 29일 국왕은 총 222명 의원들의 동의하에 새로운 총리로 말레이시아원주민연합당(Parti Pribumi Bersatu Malaysia, PPBM) 총재이자 전(前) 내무부 장관인 무히딘 야신(Muhyiddin Yassin)을 지명했고, 그는 3월 1일 취임한다(연합뉴스 2020/02/29).

마하티르 총리 사임 후 이번에는 자신의 차례라며 과반의 지지를 얻기 위해 노력한 안와르 총재와 세 번째 총리 취임 의사를 밝혔던 마하티르 총리가 다수의 지지에 의한 정권 교체를 인정하며 깨끗하게 승복하길 바란다.

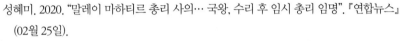

성혜미. 2020. "말레이 마하티르 총리 사의… 국왕, 수리 후 임시 총리 임명".『연합뉴스』(02월 25일).
_____. 2020. "마하티르 말레이시아 전 총리 "여전히 지지받으면 총리 복귀".『연합뉴스』(02월 27일).
_____. 2020. "말레이시아 국왕, 새 총리로 '제3의 인물' 무히딘 야신 지명".『연합뉴스』(02월 29일).

6차(2020년 2월 말~3월 말)

임다원

인도의 시민권법 개정을 둘러싼 힌두교와 무슬림의 갈등으로 시위 사망자가 46명으로 증가했다(연합뉴스 2020/03/04). 개정안은 2014년 이전 파키스탄 등 인근 국가에서 온 종교인들에게 시민권 획득의 길을 열어줬으나 무슬림이 제외되자 시위가 이어졌다(The Print 2020/03/05).

한편, 인도네시아 대통령의 사위 바비 나수션(Bobby Nasurion)이 공식적으로 투쟁민주당(Partai Demokrasi Indonesia Perjuangan, PDIP)의 의원으로 임명되어 다가오는 9월 메단 시장 선거에 나올 예정이다(The Jakarta Post 2020/03/13).

말레이시아의 새 총리로 무히딘 야신 말레이시아원주민연합당 총재 겸 전 내무부 장관이 취임했다(BBC 2020/03/05). 하지만 재집권을 기대하고 2월 24일에 총리직을 사퇴한 마하티르 모하맛 전 총리가 강력 반발하고 있어 정국이 안정화되기까지 시간이 걸릴 전망이다(연합뉴스 2020/03/03).

싱가포르에서 2021년 4월까지 치러야 하는 총선을 앞두고, 선거구해산보고서가 발표됐다(Bloomberg 2020/03/13). 매번 선거를 앞두고 보고서가 발표됐던 것으로 볼 때, 조만간 총선 날짜가 확정될 것으로 보인다(The Straits Times 2020/03/13).

서민들의 반대에 직면한 조코위 대통령의 옴니버스 법안

3월 9일, 인도네시아의 족자카르타 거리에서 학생과 노동자들이 옴니버스 법에 대한 반대 시위를 했다(The Jakarta Post 2020.03.09). 이 시위는 1월 노동계에서 먼저 시작됐으며 3월인 현재까지도 지속되고 있다(연합뉴스 2020/01/21).

'옴니버스 법'은 고용창출과 조세 법안을 하나로 묶은 법으로, 개정과 시행 절차를 간소화한 게 특징인데(The Jakarta Post 2020/03/09), 노동계와 학생들이 강하게 반발하는 주요 법안은 최저임금과 퇴직금 개정 여부이다(연합뉴스 2020/01/21). 현재 인도네시아의 퇴직금 규정은 세계에서 가장 후하다고 평가받고 있는데, 이에 정부가 기업인의 부담을 완화하기 위해 퇴직금 규정을 수정하려 하는 것이다(연합뉴스 2020/01/21). 조코 위도도 대통령은 가구점 영업직 출신으로 지금까지 친서민 개혁 성향을 보여 왔으며, 청렴함을 동반한 서민 이미지로 서민층의 큰 지지를 받아왔지만(Kotra 2019/07/01) 이번 옴니버스 법으로 주요 지지층의 반대에 직면하고 있다.

조코위 정부가 친기업 성향의 내용이 담긴 옴니버스 법안을 개정하기 위해서는 옴니버스 법안으로 인해 야기될 수 있는 노동자 기본권 침해 및 고용안정 위협에 대한 방안들도 제시하여 공생을 통한 경제 발전을 꾀할 방법을 모색해야만 한다.

참고문헌

성혜미. 2020. "인도네시아 '노동·규제개혁' 옴니버스 법안…노동계 반발". 『연합뉴스』 (01월 21일).
허유진. 2019. "인도네시아 조코위 연임과 향후 5개년 정책, 비즈니스 전망". 『Kotra』(01월 1일).
Muryanto, Bambang. 2020. "Students, Workers Take to Streets in Yogyakarta to Say No to Omnibus Job Creation Bill". *The Jakarta Post* (March 9).

7차(2020년 3월 말~4월 말)

임다원

4월 15일 인도 정부가 코로나19 사태 확산으로 인해 국가 봉쇄 조치를 연장하자 뭄바이에서 수천 명의 일용직 노동자와 빈민들이 시위를 벌였다(연합뉴스 2020/04/15). 현지 언론은 이 과정에서 코로나19가 확산될 가능성이 크다고 지적했으며, '사회적 거리두기'는 완전히 무시됐다(연합뉴스 2020/04/15).

한편 인도네시아 정부와 하원은 코로나19 확진자가 전국적으로 늘어나자, 올해 있을 지방 선거 투표일을 당초 9월에서 12월 9일로 재조정하기로 합의했다(The Jakarta Post 2020/04/15).

말레이시아 여성가족개발부(Ministry of Women, Family and Community Development)가 코로나19 예방 팁으로 성차별적 언행을 담은 포스터를 게시하자 봉쇄 기간 가정폭력 급증 우려와 맞물려 논란이 됐다(연합뉴스 2020/04/01). 이에 여성가족개발부 장관은 사과와 함께 게시글을 삭제했다(연합뉴스 2020/04/01).

싱가포르 정부가 코로나19를 대비해 이번 총선에서 선거구 밖 투표를 임시 허용함에 따라, 코로나19 자가 격리 명령을 받은 유권자는 선거구 외부의 지정된 시설에서 투표할 수 있게 됐다(Bloomberg 2020/04/07). 싱가포르의 차기 총선 일자는 아직 정해지지 않은 상태다(Cna 2020/04/07).

‖‖‖

인도 코로나19 확산 속, '인간 폭탄'으로 차별받는 무슬림

인도는 인구의 80%가 힌두교인, 14%가 무슬림으로 이루어졌는데, 힌두민족주의 성향 나렌드라 모디 정부가 출범한 이후 무슬림에 대한 혐오가 확대됐다(중앙일보 2020/04/25). 특히 시민권법 개정안에 무슬림이 제외되며 두 집단의 골이 깊어졌고(한겨레 2019/12/16), 이러한 와중 코로나19가 확산되자 갈등이 더욱 격한 양상으로 변했다(The New York Times 2020/04/12).

무슬림에 대한 차별이 극심해진 것은 3월 중순 열린 '니자무딘 이슬람 종교 집회' 때문인데, 인도 당국은 이날 집회로 인해 코로나19가 전역으로 확산됐다고 추산했다(연합뉴스 2020/04/14). 이에 보건부 장관은 무슬림들이 병을 퍼트렸다고 지속적으로 비난했으며 여당 인사들은 무슬림이 "인간 폭탄"이라고 말해 상황이 악화됐다(The New York Times 2020/04/12). 힌두교도를 중심으로 한 국민들은 곳곳에서 무슬림을 공격했고, 무슬림이 유통하는 식품은 보이콧 대상이 됐다(연합뉴스 2020/04/14).

무슬림이 집단 감염에 대한 우려로 대규모 집회를 피하라는 정부의 권고를 무시한 것은 문제가 있다. 하지만 힌두교도 역시 대규모 집회를 계속 진행하고 있는 상황에서(중앙일보 2020/04/25), 정부나 여당이 특정 종교에 대한 차별을 행해선 안 된다.

참고문헌

김영현. 2020. "코로나19 사태로 인도 무슬림 또 시련…폭행·출입금지 등 차별". 『연합뉴스』(04월 14일).

임주리. 2020. "차별도 서러운데 "코로나 퍼뜨렸다" 폭행… 인도 '2등 시민' 무슬림 수난". 『중앙일보』(04월 25일).

Gettleman, Jeffrey. 2020. "In India, Coronavirus Fans Religious Hatred". *The New York Times* (April 12).

8차(2020년 4월 말~5월 말)

임다원

　인도 나렌드라 모디 총리의 지지율이 큰 폭으로 상승해 80~90%를 웃돌고 있으나, 봉쇄 조치 완화로 인해 가시적으로 드러날 경제 위기가 모디 정부의 지지율과 방향성에 큰 영향을 줄 것으로 예상된다(The New York Times 2020/05/16).

　인도네시아 하원이 대통령의 예산 권한을 대폭 확대 시키고 경제 회복을 위해서 예산 유용이 가능하며, 공무원들이 범법을 저질러도 처벌 받지 않을 수 있어 예산 유용과 횡령 우려가 끊이지 않는 정부령을 통과시켰다(The Jakarta Post 2020/05/12).

　한편 말레이시아는 마하티르 빈 모하맛을 주축으로 한 야권이 무히딘 야신 현 총리의 총리 임명 과정에서 문제가 있었다며 신임투표를 요구하고 있는 와중 코로나19로 인해 신임투표가 다음 국회로 미뤄졌다(연합뉴스 2020/05/14).

　싱가포르 진보당의 다니엘 테오(Daniel Teo) 의원이 같은 당 소속 의원들에 대한 가짜 뉴스를 만들어 당에서 제명당했다(The Straits Times 2020/05/02).

||||||||||||||||||||||||||||||||||||||||||||||||||||||||||||||||||||||||||||||||

인도네시아, 뒤처진 사이버 환경 개선의 필요성 대두

　코로나19로 인해 온라인 트래픽이 증가한 것과 비례해 사이버 공격 또한 늘어나 사이버 보안의 중요성이 커지고 있다(전자신문 2020/04/26). 이런 와중 인도네시아 정부망이 사이버 보안 취약으로 인해 해킹당하는 일이 벌어졌다(The Jakarta Post 2020/05/13).

　인도네시아는 애초 사이버 공격이 잦았는데, 2018년엔 사이버보디와 국가암호화국(BSSN)이 1,290만 건의 사이버 공격이 있었다고 발표했으며 공격 건수도 연평균 15%씩 증가하고 있었다(The Jakarta Post 2020/05/13). 코로나19로 인해 국가 ict 협의회 세미나도 화상으로 개최됐는데, 전산망 해킹으로 외설적 이미지가 뜨는 피해를 입어 전문가들이 우려를 표하기도 했다(The Jakarta Post 2020/05/13). 게다가 정부가 코로나19 대응을 위해 국민들의 건강 데이터를 수집·보관하고 있어 사이버 환경 개선을 요구하는 목소리가 커지고 있다(The Jakarta Post 2020/05/13).

최근엔 코로나19 대응 회의에 참석하려 했으나 전파가 터지지 않아 군수가 중앙정부에게 기지국 설치를 요청하는 일도 발생했다(연합뉴스 2020/05/12). 코로나19로 인해 전 세계적으로 사이버 보안 및 환경 구축의 필요성이 대두되고 있는 만큼, 인도네시아 역시 사이버 환경 개선을 위해 노력해야 한다.

참고문헌

성혜미. 2020. "인도네시아 촌장, 코로나 회의 접속하려고 나무 올라". 『연합뉴스』(05월 12일).

오다인. 2020. "코로나19 팬데믹, 사이버공격도 불붙었다…국내 관련 스팸 16만 건". 『전자신문』(04월 26일).

Iswara, Anthony. 2020. "COVID-19 Cyberthreats Should Prompt Indonesia to Step Up Vigilance, Watchdog Says". *The Jakarta Post* (May 13).

9차(2020년 5월 말~6월 말)

임다원

　6월 15일 벌어진 인도와 중국의 국경 분쟁으로 스무 명의 인도 병사가 중국군에 의해 숨져 인도 내에 중국 불매운동이 확산되고 반(反)중국 정서가 거세게 일고 있는 가운데, 나렌드라 모디 총리가 양국 간 평화를 원하지만 도발이 있다면 대응할 것이란 입장을 밝혔다(New York Times 2020/06/18).

　한편 인도네시아는 코로나19가 확산됨에 따라 조코 위도도 행정부와 민주주의 전반에 대한 불만이 큰 폭으로 늘어났으나 조코위 대통령의 지지도는 소폭 하락한 수준에서 그쳤고 국민들의 경제수준에 따라 정부의 코로나19 대응에 대한 반응도 엇갈렸다(The Jakarta Post 2020/06/08).

　말레이시아 검찰은 통일말레이국민조직(United Malays National Organization, UMNO)의 장관 중 한 명이었던 무사 아만(Musa Aman)에 대한 부패 혐의를 취하했고 인권단체들은 통일말레이국민조직과 연립 정부를 꾸린 무히디 야신 총리의 부패를 지적하고 있다(The Diplomat 2020/06/09).

　싱가포르의 경우 총선 선거 일자가 7월 10일, 공천일은 6월 30일로 확정됨에 따라 할리마 야코브(Halimah Yacob) 대통령이 의회를 해산하고 선거 영장을 발부하였다(The Straits Times 2020/06/23).

||||||||||||||||||||||||||||||||||||||||||||||||||||||||||||||||||||||||||||||||||||||||||

말레이시아 검찰이 고위층 부패사건 취하해, 연립 정부와의 연관성 대두

　말레이시아 검찰이 무사 아만에 대한 30건의 부패 혐의와 16건의 돈세탁 혐의 등 총 46건의 부패 혐의 기소를 취하한 것에 대해 국제인권감시기구(Human Rights Watch)에서 무히딘 총리를 비판하고 있다(The Diplomat 2020/06/09).

　무히딘 정부가 출범한 이후 두 건의 고위층 부패 혐의 취하가 모두 연립 정부 소속 UMNO와 관련되어 있기 때문이다(The Jakarta Post 2020/06/09). UMNO는 말레이시아에서 장기 집권하던 정당으로 2015년 무히딘 총리와 마하티르 빈 모하맛 전 총리가 탈당 후 '다민족' 정당인 말레이시아원주민연합당을 창당해 정권이 교체됐었다(세계일보 2020/03/02). 그러나 2020년 3월 무히딘 야신이 다시금 UMNO와 손을 잡고 연립 정부를 수립하면서, UMNO 인사들의 부패 혐의가 차례로 취하되고 있다(The Diplomat 2020/06/09).

취임 초 무히딘 총리를 반대하는 해시태그인 #NotMyPm 운동과 마하티르 전 총리의 신임투표 연기 등 무히딘 정부는 정당성을 의심 받아왔다(연합뉴스 2020/05/14). 이런 상황에서 UMNO 인사들의 부패를 감싸주는 행보는 무히딘 정부의 투명성까지 의문스럽게 한다. 국민신뢰와 정당성을 확보하고 안정적으로 정국을 운영하기 위해선 무히딘 총리의 투명한 정치 행보가 필요해 보인다.

참고문헌

성혜미. 2020. "말레이시아 새 총리 '난 배신자 아니야… 과반지지 받았다'". 『연합뉴스』 (03월 03일).

_____. 2020. "말레이시아 마하티르, 코로나 사태로 '정권 복귀' 기회 못 잡아". 『연합뉴스』(05월 14일).

임국정. 2020. "말레이시아 새 총리 취임… 정치권 '배신의 역사' 또 반복되나". 『세계일보』(03월 02일).

France-Presse, Agence. 2020. "Malaysia Drops Another High-Profile Corruption Case". *The Jakarta Post* (June 09).

Ng, Eileen. 2020. "Malaysian Prosecutors Drop Second High-Profile Graft Case". *The Diplomat* (June 09).

10차(2020년 6월 말~7월 말)

임다원

7월 9일, 인도인민당의 카슈미르 지역 당 지도부 셰이크 와심 바리(Sheikh Wasim Bari) 가족이 테러로 살해당해 나렌드라 모디총리 및 정계 인사들이 애도를 표했다(NDTV 2020/07/09).

인도네시아에서는 성폭력 근절 법안에 대해 여야를 막론한 지지가 이어졌으나 7월 14일 하원이 해당 법안을 국가입법계획에서 철회했다(The Jakarta Post 2020/07/14). 한편 인도네시아 하원은 국내 근로자 보호 법안도 국가입법계획에서 제외해 노동단체연합의 비판을 받고 있다(The Jakarta Post 2020/07/17).

말레이시아에서는 사바 주의 총재인 샤피 아프달(Shafie Apdal)이 야권 연합 대표에 출사표를 던졌다(Bloomberg 2020/07/14).

7월 10일 진행된 싱가포르의 총선에서 인민행동당이 93석 중 83석을 차지했으나 야당인 노동자당이 총 10석을 차지하면서 역대 가장 많은 의석을 가져가 사실상 패배라는 분석이 나오고 있다(연합뉴스 2020/07/12). 한편 리셴양(Lee Hsien Yang)이 전진싱가포르당에 지지를 표했으나 한 석도 얻지 못하며 리셴룽(Lee Hsien Loong) 총리가 속한 인민행동당의 승리로 끝났다(연합뉴스 2020/07/11).

리셴룽 장기 집권에 생긴 균열, 싱가포르 민심 표출

2004년부터 장기 집권하던 리 총리의 인민행동당이 7월 10일 실시된 총선에서 사상 처음으로 득표율 90%를 밑돌아 노동당(Woker's Party)에게 10석을 내줬다(CNN 2020/07/11).

유례없는 선거 결과에 대해 전문가들은 의석수와 관계없이 사실상 리 총리가 속한 인민 행동당의 패배라고 분석하며 이는 리 총리와 인민행동당의 장기집권에 대한 국민들의 불만이 표출됐기 때문이라고 해석했다(이투데이 2020/07/12). 이번 선거 투표율은 95.81%로 마무리됐는데(The Straits Times 2020/07/16), 높은 투표율은 싱가포르가 의무투표제를 실시하기 때문이며 총선이 곧 민심인 이유기도 하다(오마이뉴스 2020/06/23). 그런 와중 25일 리 총리가 코로나19를 이유로 또다시 은퇴를 연기했다(머니투데이 2020/07/25). 이런 행보는 싱가포르가 선거 절차와 다원주의, 정부의 기능성, 정치 참여, 정치 문화, 시민과 언론의 자유나 인권 등을 평가하는 2019 민주주의 지수에서 66위에 그치게 했다(연합뉴스 2019/01/10).

앞서 설명한 이유로 야당에 주어진 의석은 '고작' 10석이 아닌 변화를 향한 국민들의 의지다. 그럼에도 리 총리는 또다시 장기집권에 대한 열망을 드러냈다. 리 총리가 국민들의 목소리에 귀 기울여 싱가포르의 오래된 정치에 변화가 있길 바란다.

참고문헌

김승욱. 2019. "英 EIU '민주주의' 순위서 한국 세계 21위". 『연합뉴스』(01월 10일).

변효선. 2020. "싱가포르, 장기집권에 국민 피로감 표출…야당, 총선서 사상 첫 두 자릿수 의석". 『이투데이』(07월 12일).

이봉렬. 2020. "싱가포르 집권 여당은 왜 늘 이길까". 『오마이뉴스』(06월 24일).

이지윤. 2020. "'16년 집권' 리셴룽 싱가포르 총리, 은퇴 연기 시사". 『머니투데이』(07월 25일).

Kurohi, Rei. 2020. "Singapore GE2020: Over 4,700 Votes Cast by Citizens in Polling Stations Abroad". *The Straits Times* (July 16).

Pokharel, Sugam. 2020. "Singapore's Ruling Party Won Another General Election, But Its Support Fell to a Near Record Low". *CNN* (July 11).

11차(2020년 7월 말~8월 말)

임다원

　8월 5일, 인도의 나렌드라 모디 총리가 인도인민당의 핵심 선거 공약이었던 아요디야 신전 건립을 시행하기 위해 아요디아 사원을 방문했다(CNN 2020/08/05).

　한편 인도네시아 법과 인권부가 행정부를 지지한 노동당(Working Party) 인사에게만 당 권력을 부여해 논란이 일고 있다(The Jakarta Post 2020/08/08). 인도네시아 농민들은 국영기업과의 토지분쟁을 해결하기 위해 행진을 시작했다(The Jakarta Post 2020/07/17).

　말레이시아에서는 나집 라작(Najib Razak) 전 총리의 부패 혐의가 유죄로 결정되어 집권 여당인 통일말레이국민조직 내 분열 조짐이 보이기 시작했다(Nikkei Asian Review 2020/08/15). 또한, 무히딘 야신 총리는 청년들의 입장을 대변하기 위해 상원에 청년 대표를 임명할 것이라 밝혔다(Malay Mail 2020/08/15).

　싱가포르의 리셴룽 총리는 조기 총선 결과 야당의 의석이 늘어나자 여당인 국민행동당(People's Action Party, PAP) 의원들에게 야당의 질문 공세에 대비하라는 내용의 서한을 전달했다(The Straits Times 2020/08/01).

‖‖‖

청년 상원 의원 임명, 말레이시아 청년 정치 암흑기 벗어나나

　무히딘 야신 총리가 청년층의 입장을 대변하기 위해 상원 의원에 청년 대표를 임명할 것이라고 말했다(Malay Mail 2020/08/15).

　이러한 청년 정치의 확대는 2018년 말레이시아 희망연대의 핵심 공약이었는데, 당시 야권이던 희망연대는 같은 해 총선에서 공약을 기반으로 청년층 표의 75%를 가져갔다(연합뉴스 2018/09/20). 이후 공약 실천을 위해 2019년 7월 청년의 범위를 기존 15~40세에서 15~30세로 좁히고 투표 연령도 21세에서 18세로 하향 조정하였다(최서연, 2020). 이런 행보로 청년층의 압도적인 지지를 얻을 수 있었던 이유를 살펴보면, 전체 의석의 70% 이상이 50세 이상이었기에 청년층을 대표할 수 없었고 공립대학 학생들은 정치활동이 금지되어 있어 정치 참여 기회가 제한되어 있었기 때문이다(BBC 2018/05/05). 무히딘 총리가 꾸준히 청년 정치를 확대하는 것도, 같은 맥락에서 청년층의 지지를 의식한 것으로 보인다.

2017년, 말레이시아 청년의 70%는 투표를 통해 변화를 이끌 수 없으며, 국회는 자신들을 대변하지 못한다고 답했었다(BBC 2018/05/05). 그로부터 3년이 지난 지금, 다양한 청년 정책 확대와 그들에게 주어진 투표권이 실제 정치 효능감 향상으로 이어졌길 바란다.

참고문헌

최서연. 2020. 말레이시아 청년세대, 현실의 문제와 새로운 희망 사이에서. Diverse Asia, 3(1).

황철환. 2018. "말레이 선거연령 21세 →18세 낮추기로… 청년참정권 강화". 『연합뉴스』 (09월 20일).

Lin, Mayuri. 2018. "Malaysia's Youth Have Power They Won't Use". *BBC* (May 05).

Tan, Ben. 2020. "Muhyddin: Youth to Get Rep in Parliament". *Malay Mail* (August 15).

제2장

아시아 II의 개관 및 쟁점

선거

〈말레이시아〉 2019년 11월 16일

• 탄중 피아이에서 국민전선의 승리는 희망연대 정부에 경종을 울렸다

(The Straits Times 11.17)

- 11월 16일 탄중 피아이의 보궐선거에서 야권연합인 국민전선이 승리했는데 선거 이전부터 야권연합의 승리는 예견되어 있었다. 보궐선거운동 행사장에서 작년 선거 당시 엄청난 인파를 끌어모은 여권연합 희망연대 지지자들의 참여는 저조한 반면 국민전선의 참여율은 높았다. 선거운동에서 나타난 여야연합 참여율의 대조적인 모습과 보궐선거에서 희망연대의 패배는 대다수의 유권자들이 선거 공약을 제대로 이행하지 못한 희망연대에게 분노하고 실망한 것을 선거를 통해 심판했다고 할 수 있다. 말라야 대학교 정치 분석가 무하마드 아스리 모드알리(Muhammad Asri Mohd Ali)는 탄중 피아이에서 국민전선이 우승할 수 있었던 가장 큰 요인은 희망연대 그 자체이며, 유권자들은 희망연대가 지키지 못할 약속을 잘 한다는 것을 깨달았다고 말했다. 유권자들은 선거를 통해 지난 555일 동안 정부의 성과에 대한 불만을 표현했고 상당수의 유권자가 마하티르 빈 모하맛 총리에서 안와르 이브라힘으로의 권력 이양을 원하고 있다. 아왕 아즈만(Awang Azman) 교수는 "마하티르가 안와르에게 권력을 빨리 넘

겨주라는 요구가 강해지면서 마하티르의 지도력이 악화되고 있다"고 말했다.

〈인도네시아〉 2019년 12월 11일

• 정치 왕조? 조코위 사위, 메단 시장 출마 선언   (The Jakarta Post 12.11)

– 2020년 북 수마트라에서 열리는 메단 시장 선거에 출마하는 조코 위 대통령의 사위 바비 아프피프 나수션은 12월 3일 민주항쟁당(PDI-P)의 북부 수마트라 지부에 후보자 지명 양식을 제출하면서 대통령의 가족이 정치 왕조를 형성하고 있다는 추측에 대해 반박했다. 또한 조코 위 대통령의 장남 기브란 라카부밍 라카도 조코 위 대통령이 시장으로서 정치에 입문한 지역인 중부 자바 주수라카르타의 시장 선거에 출마할 예정이다. 바비와 기브란은 전(前) 수라카르타와 자카르타의 시장이었던 조코 위를 국가의 원수로 이끈 민주항쟁당에 주목함으로써 조코 위 대통령의 발자취를 따르고 있다. 이에 북 수마트라 대학교 정치학 프로그램 책임자 워지오(Warjio)는 바비나 기브란의 지명에는 아무런 문제가 없지만 결국 이러한 현상이 정부를 지배하게 될 정치 왕조의 형성으로 이어지기 때문에 윤리적인 면에서 문제가 된다고 지적하며, 결과적으로 많은 자격을 갖춘 인물들이 지도자가 될 기회를 갖지 못해 자국의 민주주의 발전에 위험하다고 말했다. 또한 그는 이전의 정권들에서는 이와 같은 사례가 없었는데 대통령의 아들과 사위가 의석을 다투는 것은 조코위 정권에서나 가능하다고 비판했다.

〈인도네시아〉 2020년 01월 18일

• 조코위, 아들과 사위를 위해 선거운동을 하지 않겠다고 맹세

(The Jakarta Post 01.18)

– 2020년 내 예정된 시장선거에 장남과 사위가 출마한 가운데 조코 위도도 대통령이 그들을 위해 선거운동을 하지 않겠다고 국민에게 맹세했다. 조코위의 장남인 기브란 라카부밍 라카는 수라카르타의 시장선거에 공식 출마했고, 사위 바비 나수션은 북수마트라에서 열리는 메단 시장선거에 출마할 예정이다. 조코위 대통령은 "선거는 경쟁이므로 모든 경기에서 그들이 이기거나 질 수 있다"고 하며, 자신은 할 일이 많아서 그들을 위해 선거운동을 하지 않을 것이라고 다시 한번 입장을 표명했다.

또한 조코위 대통령은 아들과 사위가 시장선거에 출마하여 자신의 이름으로 정치 왕조를 세우려 한다는 추측을 일축하며, 그들이 당선되든 아니든 결론적으로는 국민이 판단할 것이라고 말했다. 다시 말해서, 정치 왕조는 없고 선거는 국민의 선택에 관한 것이며 국민이 원하지 않는다면 그들은 당선되지 않을 것이라고 밝혔다.

〈말레이시아〉 2020년 01월 19일
· 정책연구소가 말하는 와리산 당이 키마니스에서 패배한 이유　　　(Malay Mail 01.19)
– 말레이시아의 사바 키마니스 보궐선거에서 야권연합 국민전선의 통일말레이국민조직의 디투크 모하미드 알리민(Datuk Mohamad Alamin)이 여권연합 희망연대의 지역당 사바 와리산 당(Sabah Warisan Party)의 카림 부장(Karim Bujang)을 2,029표 차이로 승리했다. 테렝가누 전략·청렴 연구소(Terengganu Strategic and Integrity Institute, TSIS)의 완 매트 술라이만(Wan Mat Sulaiman)은 와리산 당의 패배 주요 원인 중 하나는 사바 임시 패스(Sabah Temporary Pass, PSS)의 시행에 대한 유권자들의 부정적인 감정이라고 밝히며, 유권자들이 이번 선거에서 높은 투표율을 통해 불쾌감을 표출했다고 말했다. 또한 애국심을 고수하며 야권연합 국민전선 지도자들의 잘못을 폭로하는 와리산 당의 선거전략은 키마니스 유권자들에게 영향을 미치지 못했으며, 선거 기간 중 키마니스에 범 말레이시아 이슬람당(Parti Islam Se-Malaysia, PAS)이 존재했던 것이 야권에게 큰 도움을 주었다고 밝혔다. 완 매트는 "결론적으로 키마니스 보궐선거 결과는 희망연대가 14대 총선에서 얻은 지지를 유지하는 데 큰 문제에 직면해있다는 분명한 신호"라고 말했다.

〈싱가포르〉 2020년 01월 19일
· 싱가포르 야권, 탄쳉복의 전진싱가포르당이 여권의 표를 분산하길 원해
　　　　　　　　　　　　　　　　　　　　　　　　　　　(Straits Times 01.19)
– 싱가포르의 야권은 2021년 4월까지로 예정된 다음 선거에서 탄쳉복의 전진싱가포르당이 인민행동당의 표를 분열시키기를 바라고 있다. 싱가포르 제1당의 탄지사이(陈如斯·Tan Jee Say)는 언론과의 인터뷰에서 탄쳉복의 역할이 "말레이시아에서 마하티르가 말레이 유권자들의 표를 분열시킨 것과 같다"고 묘사했다. 2018년 말레이시

아 총선에서 국민전선이 이끄는 통일말레이국민조직, 범 말레이시아 이슬람당, 마하
티르 빈 모하맛의 희망연대(PH)라는 세 갈래로 말레이 유권자들의 표가 나뉘었기 때
문이다. 또한 탄지사이는 "탄쳉복 박사가 인민행동당의 표만 분산시키고 야권의 표
는 분열시키지 않기를 바란다"고 말했다. 한편 싱가포르 제1당, 민주진보당, 인민역
량당, 개혁당은 11개의 야당을 8개로 줄이면서 4당 동맹을 계획하고 있으며, 소수 야
당들은 아직 동맹을 등록하지는 않았지만 여전히 다른 정당들과 대화 중이다. 인민
역량당의 고맹셍은 야권이 지난 선거 동안 현실과 타협하여 "느슨한 연합"을 유지해
왔지만, 앞으로의 선거에서 조금이라도 좋은 결과를 얻기 위해서는 공통된 정책 강
령을 기반으로 한 동맹이 필요하다고 강조했다.

〈인도〉 2020년 02월 11일
• 인도 여당, 델리 주 선거 '완패'…지역 정당이 '재석권'   (연합뉴스 02.11)
– 2월 11일 인도 델리 주(州)의회 선거에서 지역 정당인 보통사람당이 70석 중 62석
을 차지하고, 모디 총리가 이끄는 인도인민당이 8석을 얻으며 압도적인 표 차이로
패했다. 인도인민당은 최근 다른 주의회 선거에서 잇따른 패배로 재집권에 실패했
고, 경기 침체, 시민권법 개정 관련 전국 시위 등의 난관을 돌파하기 위해 수도권 선
거에서의 압승이 꼭 필요한 상황이었다. 인민행동당과 모디 총리, 아미트 샤 내무부
장관은 적극적으로 유세하며 델리 선거에서 총력전을 펼쳤으나 기대에 미치지 못한
결과를 거두었다. 이에 대해 전문가들은 생활 환경 관련 공약과 함께 힌두 민족주의
를 강조한 인도인민당이 여성 대상 공짜 버스 제공, 식수·전력·교육·의료 환경 개
선 등 서민 맞춤형 정책에 더 공을 들인 보통사람당을 넘지 못했다고 분석했다. 그
럼에도 인도인민당의 선거전략이 도움이 되었다고 할 수 있는 증거로 인도인민당은
2015년 선거에 비해 이번 선거에서 5석 증가했고, 보통사람당은 지난 선거에 비해 5
석 감소했으며, 이번 선거에서 더 많은 유권자들이 인도인민당에 투표하여 2015년
여론 조사에서 7%p 오른 약 39%로 정당의 투표 점유율을 높였다.

〈인도네시아〉 2020년 02월 06일
• 민주당, 수라카르타 시장 선거에서 조코위 아들 지지 선언   (The Jakarta Post 02.06)

- 인도네시아의 중도정당인 민주당은 2020년 예정된 중앙 자바 수라카르타 시장선 거에서 조코위 대통령의 장남 기브란에 대한 지지를 선언했다. 민주당 수라카르타 지부의 수프리얀토(Supriyanto) 대표는 새로운 정부를 원하는 그들을 위해 기브란이 젊은 후보자로서 목표를 위해 신속하게 프로그램을 수행할 수 있을 것이라 믿기 때 문에 기브란을 무조건적으로 지지할 것이라 말했다. 이에 기브란은 모든 이들의 지 지를 환영하며 가능한 모든 도움을 받겠다고 말했다. 또한 복지정의당(Prosperous Jus- tice Party, PKS), 국민계몽당(Partai Kebangkitan Bangsa, PKB) 및 통일개발당(Partai Persatuan Pembangunan, PPP)도 공개적으로 기브란의 선거 입찰에 대한 지지를 보여 주었다. 한 편 기브란뿐만 아니라 조코위 대통령의 시위인 바비 나수션도 북수마트라 메단에서 시장 선거에 출마하며, 조코위 대통령의 가문이 정치 왕조를 건설하고 있다는 비판 을 받자 조코위 대통령은 이를 부인했다.

〈인도네시아〉 2020년 03월 12일
• 조코위의 사위, 메단 시장 선거 공식 출마를 위해 투쟁민주당에 합류

(The Jakarta Post 03.13)

- 조코 위도도의 사위로 알려진 바비 나수션이 지난 12일, 공식적인 투쟁민주당 소 속 의원이 됐다. 이는 2020년 9월 북수마트라에서 열리는 메단 시장 선거 출마를 위 함이다. 그는 투쟁민주당에 가입한 이유가 장인어른인 조코위 대통령의 발자취를 따 르기 위함이라 밝혔다. 또한 시장 선거 지원을 받기 위해 당에 속해야 한다는 요구사 항은 없었다며, 이번 결정은 단순히 장인어른의 뒤를 따르기 위함이라고 말했다. 바 비 나수션은 선거에서 다른 당의 지지를 받기를 희망한다며 "투쟁민주당 소속이지 만, 모든 당의 지지를 얻어 메단 시장으로서 메단을 개발하고 건설했으면 한다"는 뜻 을 밝혔다. 북수마트라 투쟁민주당 지부 책임자는 투쟁민주당에는 선거에 출마할 당 의원이 두 명이며, 둘 모두 시장 후보로 지명될 가능성이 크지만 이에 대한 결정은 의장과 함께할 것이라 전했다. 또한 누가 당 대표 후보로 지명될 것인지에 대해선 의 장 외에 알고 있는 사람이 없다는 점을 분명히 했다. 동시에 협력의 중요성을 강조했 는데 "투쟁민주당는 연정을 추구하며 지금은 협력이 필요한 때"라는 의사를 전달했 다. 지난당 골카르와 민족민주당(NasDem)은 바비 나수션을 지지한 바 있다. 민족민

주당의 경우 최근 당내 조사에서 바비 나수션이 지지도 1위를 차지함에 따라 바비를 지지하기로 했다.

〈싱가포르〉 2020년 03월 13일

• 선거구 해산 보고서와 함께 싱가포르 선거가 다가오다 　　　　　(Bloomberg 03.13)

– 3월 13일, 싱가포르의 선거구해산보고서가 발표됐다. 시의회 선거부에 따르면 보고서에는 선거구 획정이 29개에서 31개로 증가했다고 명시됐다. 또한 기존 89석이던 하원 의석은 4석 더 많아져 93석이 된다. 선거구해산보고서 발표는 몇 달 내로 총선이 시행될 것임을 알리는 신호다. 지난 2015년 총선의 경우, 7월에 해산 보고서가 나오고 11월에 투표가 진행됐다. 보고서가 발표된 후에는 의회가 해산되고 선거 영장(Write of election)이 발부되는 과정을 거친다. 이는 총리의 조언에 따라 대통령이 결정하며, 결정되기까지는 보통 며칠에서 몇 주가 걸린다. 대통령이 선거 영장을 발부하면, 지명일(Nomination Day)이나 선거 운동 기간을 거쳐 최종적으로 총선이 시행된다. 이번 총선에서는 여당인 인민행동당이 승리할 것으로 예상된다. 인민행동당은 리셴룽 총리의 부친이자 건국 총리인 리콴유(李光耀·Lee Kuan Yew)가 공동 창립한 당으로 1965년 싱가포르의 독립 이후 정권을 잡고 있다. 또한 지난 2015년 선거에서도 의회 다수석을 차지했으며 여전히 높은 지지율을 보인다. 반면, 싱가포르의 야당은 분열된 상황이기 때문에 이번 선거에서도 인민행동당이 여당이 될 것으로 보인다.

〈싱가포르〉 2020년 03월 15일

• 싱가포르 야당, 코로나19에도 불구하고 선거를 진행하는 정부를 규탄 (Reuters 03.15)

– 싱가포르의 야당들이 정부에게 코로나19 바이러스의 종식 전까지 총선 실시 중단을 촉구하고 있다. 싱가포르는 지난 13일, 선거구 재편성을 진행했는데 이는 일반적으로 선거가 임박했음을 의미한다. 비록 정부가 선거 날짜를 정한 것은 아니지만, 이전에 진행된 두 번의 총선 모두 선거구 보고서가 발표된 후 3개월 이내에 치러졌다. 싱가포르의 경우, 2021년 초까지 국민투표를 실시해야 하는 상황이다. 리셴룽(Lee Hsien Loong) 총리의 인민행동당은 싱가포르의 독립 후 반 세기동안 통치해 왔다. 반면 야당은 정부가 바이러스의 종식을 기다려야만 한다고 말했다. 새로 출범한 전진

싱가포르당(Progress Singapore Party)의 대표인 탄쳉복 대표는, 260만 명 이상의 유권자들이 투표소와 대규모 유세에서 바이러스에 노출 될 것이라 우려했다. 그는 유명 야당 정치인이자 전 인민행동당 인사로, "코로나19 바이러스는 대규모로 유행할 수 있다. 때문에 이 시기에 총선을 치르는 걸 고려해선 안 된다"고 규탄했다. 싱가포르 민주당도 바이러스가 종식되기 전 선거를 진행하는 것은 "바이러스 종식을 위해 싸울 귀중한 자원을 잃는 것이며, 국민의 건강과 행복을 위태롭게 한다"고 말했다. 또한 "민주당은 인민행동당이 무책임한 행동을 자제할 것을 요구한다"고 덧붙였다. 앞선 두 당 모두 현재 국회에 의석이 없는 상태다.

〈인도네시아〉 2020년 04월 14일

• 정부와 하원, 올해 지방선거 투표일을 12월 9일로 재조정 해(The Jakarta Post 04.15)
– 정부와 하원은 코로나19 사태로 인해 올해 있을 지방 선거 투표일을 당초 9월에서 12월 9일로 재조정하기로 합의했다. 국회의원과 관련 이해 당사자들은 토요일에 실시된 제2 하원 위원회 공청회에서, 내무부 장관 티토 카르나비안(Tito Karnavian), 총선거위원회(General Elections Commission, KPU), 선거감독기관(Elections Supervisory Agency, Bawaslu), 선거조직윤리위원회(Election Organization Ethics Council, DKPP)의 의견을 들은 뒤 해당 사항을 결정했다. 정부는 270개 지역에서 동시에 실시되는 투표일 연기의 법적 근거를 마련하기 위해 이를 담은 규정 초안을 발표할 예정이다. 아흐마드 돌리 쿠르니아(Ahmad Doli Kurnia) 제2위원회 의장은 "2020년 지방선거를 2020년 12월 9일로 연기하자는 정부의 제안을 하원 위원회가 승인했다"고 밝혔다. 2016년 지방 선거법은, 2020년 동시지방선거 투표일을 9월 23일로 명시하고 있다. 그러나 코로나19가 발생하고 전국적으로 4,000명 이상의 확진자가 나오자 총선거위원회는 선거 실시 전 2020년 12월 9일, 2021년 3월 17일, 2021년 9월 29일 등 세 가지 대체 투표일을 제안했었다. 총선거위원회는 지방선거를 연기할 권한은 없고, 선거 단계 연기만 가능하다. 선거 일정에 대한 권한은 하원에게 있다. 국제 민주주의 및 선거 지원 연구소(International Institute for Democracy and Electroral Assistance, International IDEA)에 따르면, 사스 대유행 때도 많은 나라들이 선거를 연기했으며, 30개국에서 최소 12번의 총선과 20번의 지방선거가 지연됐었다.

〈인도네시아〉 2020년 06월 20일

• 위대한 인도네시아 운동당이 시장 선거에 프라보우의 조카를 내세워

(The Jakarta Post 06.20)

— 위대한 인도네시아 운동당의 소속 의원 라하유 사라스와티(Rahayu Saraswati)가 다가오는 탕에랑슬라탄 시장 선거에 출마하기 위해 삼촌인 프라보워 수비안토(Prabowo Subianto) 당대표로부터 공식 승인을 기다리고 있다. 사라 의원은 당 집행위원회의 지지를 확보한 상태다. 탕에랑슬라탄 지부의 위대한 인도네시아 운동당 집행위원회는 사라 의원을 2020년 지방선거의 당 후보로 지지해 왔고, 당 집행위원회도 이를 승인했다. 사라 의원의 공식 입후보에는 프라보워 당대표의 승인이 필요하며, 프라보워는 당대표로서 지역 선거에서 경쟁하는 후보들에 대한 최종 결정권을 갖고 있다. 정당이 당 후보를 지지하기 위해선, 최소 의회 전체 50석의 20%인 10석이 필요하다. 위대한 인도네시아 운동당은 탕에랑슬라탄에 8개의 의석을 가지고 있어 다른 정당과의 연합을 통해 후보를 지지해야 하며 연합 파트너들에 대한 언급은 거부하고 있다. 사라 의원은 2014년부터 2019년까지 하원의원을 지냈으며, 2019년 국회의원 선거에 재출마했으나 의석을 확보하지 못했었다. 탕에슬랑은 올해 12월 동시 지방선거에서 새 지도자를 선출할 예정인 270개 지역 중 하나로 현 부시장과 부통령의 딸인 시티 누르 아지자(Siti Nur Azizah) 등 많은 예비후보가 출마 선언을 한 바 있다.

〈싱가포르〉 2020년 06월 23일

• 싱가포르 7월 10일 선거 실시 확정, 의회 해산돼 (The Straits Times 06.23)

— 리센룽 총리가 6월 23일, 코로나19가 비교적 안정된 가운데 총선을 치러 정권을 위임하겠다고 밝혔다. 리센룽 총리는 TV로 중계된 대국민 연설에서 이번 선거가 이전 선거와 다를 바 없을 것이며 "선출된 정부는 싱가포르를 위해 중대한 결정을 내릴 것이고 국민의 삶과 생계에 영향을 미칠 것이며 정부 임기인 5년 이상으로 수년간 싱가포르의 미래를 책임지게 될 것"이라고 전했다. 할리마 야코브 대통령은 23일 의회를 해산하고 선거 영장을 발부했다. 공천일은 6월 30일이며 투표일은 7월 10일로 결정됐다. 리센룽 총리는 선거가 끝나고 새로운 정부가 들어서면 코로나19를 비롯해 경제, 일자리 문제 등에 초점을 맞추고 일할 수 있다고 말했다. 또한 코로나19

가 끝날 때까지 선거를 미루는 대안에 대해 정부의 임기가 끝나는 내년 4월 전에 코로나19가 끝날 것이란 보장이 없으며 전문가들에 따르면 1년 이내로 백신이 나올 수 없을지도 모른다는 입장을 밝혔다. 덧붙여 헌법상 늦어도 2021년 4월 이내로 선거를 치러야 한다고 지적했다. 이번 선거 유세 기간 동안 후보자들은 시민들과 만날 수 있으며 온라인 유세도 가능하다. 다만 물리적인 선거 집회 대신 TV를 통해 유권자들에게 직접 말할 기회가 더 많아질 예정이다.

〈말레이시아〉 2020년 07월 14일

· 말레이시아의 새로운 야당 지도자, 선거 준비 완료   (Bloomberg 07.14)

– 말레이시아 야권의 마하티르 빈 모하맛 전 총리와 안와르 이브라힘(Anwar Ibrahim) 전 총리 사이 갈등이 교착 상태에 빠진 가운데 이에 대한 해결책으로 새로운 인물의 등장에 무게가 실리고 있다. 샤피 아프달 와리산 당의 대표는 갈등의 해결책으로 자신을 내세우며 동말레이시아 출신 첫 총리를 목표로 야당 대표에 출사표를 던졌다. 전 총리 마하티르는 95세로 안와르에게 권력을 이양하겠다는 약속과 함께 총리에 부임했다. 그러나 둘 사이의 갈등이 지속되자 그는 2020년 2월 갑작스럽게 사임했고 이후 무히딘 야신이 국왕에 의해 총리로 임명된 바 있다. 샤피 아프달은 "선거합시다, 왜 못해요?"라며 신임투표를 제기했다. 또 "무히딘 야신의 의회는 사실상 중단되어 있다"고 비판하기도 했다. 아프달은 현재 야당 총리 후보가 되기 위해 여타 야당들과 대화를 이어가는 중이다. 말레이시아에서는 말레이반도에 위치한 주들이 정치와 경제에 있어서 주된 역할을 수행하고 있고, 반면 동말레이시아 주인 사바와 사라왁은 자치권의 증대와 부의 공정한 분배를 요구하고 있다. 샤피 아프달은 현 사바 주의 총재이자 국무부 장관을 겸임하고 있다.

〈싱가포르〉 2020년 07월 10일

· 싱가포르 리셴룽 총리에 반기 든 동생 결과는?   (연합뉴스 07.11)

– 10일 치러진 싱가포르 총선에서 대중의 관심을 끌었던 리셴룽 총리와 동생 리셴양 간 '형제의 난'은 리 총리의 승리로 끝났다. 리 총리가 이끈 여당 인민행동당이 93석 중 83석을 차지한 반면, 리셴양이 입당해 지지를 호소한 전진싱가포르당은 한 석

도 확보하지 못했기 때문이다. 이번 총선은 국부로 불리는 선친 리콴유(Lee Kuan Yew) 전 총리의 유훈을 둘러싸고 수년 전 벌어졌던 형제간 갈등이 선거판으로 옮겨붙은 자리였다. 1965년 독립 이래 싱가포르 정·재계를 사실상 주물러온 리콴유 초대 총리 집안 형제간 파열음은 2017년 불거졌다. 동생들은 리 총리가 사후에 자택을 허물라는 유언을 어기고 이를 정치적 도구로 활용하면서 '왕조 정치'를 꿈꾼다고 주장했다. 이들은 리 총리가 아들에게 권좌를 넘겨주려 한다고도 주장했다. 리 총리는 동생 가족에 의한 유언장 조작설을 제기했고, 리셴양은 다시 국부펀드 테마섹 최고경영자이자 형수인 호칭(Ho Ching)이 선친의 문서를 절도한 의혹이 있다고 맞서는 등 양측 간 갈등은 회복될 수 없을 정도로 깊어졌다. '형제의 난'은 이번 총선에서 활화산으로 타올랐다. 리 총리는 '총선 판 형제의 난'에 관심이 집중되자 선거는 싱가포르의 미래를 위한 것이지, 집안싸움에 관한 것이 아니라며 거리를 뒀다. 그러나 리셴양은 왜 후보로 나서지 않았느냐는 언론 질문에는 "싱가포르 정치계에 또 다른 리(Lee)씨는 필요 없다"며 형을 정면으로 겨냥했다.

〈싱가포르〉 2020년 07월 10일
• '여당 심판' 싱가포르 총선, 총리 승계 구상에 영향 줄까

(Reuters 07.12; 연합뉴스 07.12 재인용)

- 10일 치러진 싱가포르 총선에서 집권 여당인 인민행동당에 민심이 경고장을 던진 것으로 나타나면서 리셴룽 총리의 승계 구상에 영향을 미칠지 주목된다. 1965년 이후 모든 총선에서 승리한 인민행동당은 이번에도 93석 중 83석을 챙기며 이겼지만, 야당인 노동자당에 역대 가장 많은 10석을 내줘 사실상의 패배라는 분석이 나온다. 로이터 통신은 예상 밖의 총선 결과로 리 총리의 총리직 승계 구상에 영향이 있을 수 있다는 정치 분석가들의 전망이 있다고 12일 보도했다. 이번 선거의 압승을 통해 다음 세대 지도자들이 차기 정부를 이끌 발판이 마련되기를 바랐지만, 이 구상에 차질이 생겼다는 지적이다. 리 총리도 개표 결과가 나온 직후 기자회견에서 "이번 결과는 제가 희망했던 강력한 권한 이임은 아니다"라며 실망감을 감추지 않았다. 전문가들은 야당인 노동자당의 선전이 리 총리의 승계 구상에 더 많은 물음표를 제기할 것이라고 내다봤다. 특히 리 총리 후임으로 지목된 헹스위킷(Heng Swee Keat) 부총리가 사

실상 첫 여론 시험대인 이번 총선에서 득표율 53.41%로 간신히 의석을 지킨 점을 전문가들은 주목한다. 헹 부총리는 이번 총선을 앞두고 선거구를 이스트 코스트 집단 선거구(Group Representation Constituency. GRC)로 옮겨 인민행동당 팀을 이끌었다. 결과는 승리였지만, 2015년 총선에서 노동자당을 상대로 인민행동당 팀이 승리했을 때 기록한 60.73%보다 7% 포인트 이상 득표율이 하락했다.

정책·입법

〈인도〉 2019년 09월 27일

· 카슈미르가 말하게 하다   (CNN 09.27)

– 8월 5일 나렌드라 모디 총리의 힌두민족주의 정부는 카슈미르에 자체 헌법과 법 제정 등 자치권을 부여하는 헌법 제370조의 폐지를 일방적으로 발표하며 특별자치권을 박탈했다. 헌법 제370조의 폐지로 카슈미르 지역 주민들은 외부로부터 완전히 단절되었고 인도 정부는 수만 명의 군대를 카슈미르에 파견했다. 또한 시장이 폐쇄됨에 따라 식량과 의약품이 부족하며, 대중교통 운행 중단, 학교 폐쇄, 통행금지, 전화와 인터넷 회선 차단, 수천 명의 사람들이 대규모 체포로 구금되는 등의 셧다운 조치로 카슈미르 지역 주민들은 정상적인 일상생활이 어려워졌다. 또한 카슈미르 관련 가짜뉴스가 넘쳐나고 있는 상황에서 인도정부는 야간 공습, 고문, 언론보도 중단, 시위 진압을 폭력적인 조치를 실시하며 인권침해를 자행하고 있다. 이러한 조치를 취하고 있는 인도 정부에게 파키스탄 정부는 카슈미르 분쟁에 대한 평화적 해결을 요청하고 있다.

〈인도〉 2019년 10월 03일

· 카르나타카 정부, 불법이민자를 퇴치하기 위한 국가시민명부등록제도 제안

(The Times Of India 10.04)

– 인도인민당정부는 국가시민명부등록제도를 도입하여 남부에 있는 카르나타카 주에서 불법이민자를 색출할 것을 제안했다. 카르나타카는 국경을 넘어 많은 사람들이 정착하고 있는 주 중 하나로 현재 4만 명 이상의 허가증이 없는 불법 방글라데시 이

민자가 있다. 정부는 불법 이민자에 관한 필요한 정보를 수집하여 카르나타카 주에 먼저 국가시민명부등록제도 도입을 위한 예행연습을 시작했다. 카르나타카에서 경찰이 합법적·불법적 이민자의 명단을 준비하기 시작했으며, 이것은 국가시민명부 등록제도를 전국적으로 시행할 것이라는 아미타 샤 내무부 장관의 최근 연설에 대한 응답이라고 볼 수 있다. 경찰이 불법이민자 명단을 준비한 이후 카르나타카 지도자 들은 아미타 샤 내무부 장관을 만나서 명단에 대해 의논해야 한다. 또한 정부는 뱅갈 루루에 불법 이민자를 수용하기 위한 구금 센터를 설치할 것을 제안했다. 호텔, 커피 관련 업계는 이러한 조치로 노동력의 유출을 우려하고, 야권은 카르나타카 수해 위 기에서 시선을 돌리려는 전략이라고 말한다.

〈인도〉 2019년 11월 09일

• 인도 대법원, '사원분쟁' 힌두교 승리···무슬림과 충돌 우려　　　　　　　(연합뉴스 11.09)

– 아요디아 시는 힌두교와 이슬람의 종교 갈등의 진원지로 인도 대법원이 아요디아 사원 부지가 본래 힌두교 소유이기 때문에 부지 2.77에이커 전체를 힌두교 측에 주 고, 이슬람교 측은 모스크를 짓기 위한 5에이커의 대체 부지를 받을 것이라고 판결 하며, 힌두교와 이슬람교의 '아요디아 사원 분쟁'에서 힌두교의 승리를 선언해 유혈 충돌 재발 우려가 커졌다. 힌두교는 이곳이 라마의 탄생 성지이며 본래 힌두교의 사 원이 있었고 16세기 초 무굴제국 초대 황제 바부르가 그 자리에 '바브리 이슬람사원' 을 세웠다고 주장하며 라마의 사원을 다시 세워야 한다고 요구하지만, 이슬람교는 그 곳이 라마의 탄생지인지 확실하지 않다고 맞서왔다. 이번 판결로 두 종교 간 갈등 이 예상되어 인도 경찰은 전국의 보안을 강화하고 뉴델리의 대법원 주변과 아요디아 시에 수천 명의 경찰을 배치했으며 SNS에 선동하는 글을 게시한 사람 등 500명 이상 을 구금했다고 밝혔다. 나렌드라 모디총리는 트위터에 "대법원이 어떤 판결을 내리 든 누군가의 승리나 패배가 되지 않을 것"이라며 "이번 선고가 인도의 평화와 단결을 강화하길 바란다"고 호소했다.

〈인도네시아〉 2019년 11월 12일

• 인도네시아 공무원, 새로운 반(反)급진주의적 조치에 착잡한 심정

(The Jakarta Post 11.27)

- 11월 12일 발표된 정부기관 내 급진주의 억제를 위한 공동법령은 공무원이 소셜 미디어에서 국가 이념인 판차실라(Pancasila), 1945년 헌법, 국가 표어인 다양성의 화합(Bhinneka Tunggal Ika)과 정부에 대한 혐오 발언 등이 담긴 의사 표현을 금지하고 있다. 이에 따라 공무원은 이 문제와 관련된 게시물에 '좋아요'를 누르거나 찬성하는 댓글과 게시물을 공유할 수 없다. 정부는 법령발표와 함께 이를 위반한 공무원을 고발할 수 있는 온라인 포털 사이트 aduanasn.id(ASN)를 개설했다. 이에 13,000명 이상의 팔로어를 가진 공무원이자 활발한 트위터 사용자인 아마드 타우피크(Ahmad Taufiq)는 "이 법령은 다양한 해석이 가능하고 이를 시행하는 사람들 중 맥락을 이해하지 못하는 경우가 발생하여 언론의 자유를 침해할 수 있다"고 말했다. 또한 익명을 요구한 내무부 공무원은 공동법령이 공무원들을 억압하는 정부 도구로 사용될 가능성이 있다고 말했다. 그는 공동법령이 의미와 범위가 명확하지 않은 주제를 규제하고 있으므로 정부는 '판차실라, 1945년 헌법, 인도네시아 공화국에 대한 증오'의 정확한 의미, 정의와 범위를 제공해야 하고 그럼에도 불구하고 법적 관점에서 볼 때 매우 결함이 있어 정부 탄압의 도구일 뿐이라고 말했다.

〈말레이시아〉 2019년 11월 07일
• 말레이시아, 동성 성행위 시도 남성 5명에게 징역형, 태형, 벌금형 선고

(The Straits Times 11.07)

- 말레이시아 종교법원이 동성 간 성행위를 시도한 혐의로 기소된 남성 5명에게 징역형, 태형, 벌금형을 선고했다고 언론과 인권단체가 밝혔다. 동성 성행위에 관한 유죄판결이 드물지만 무슬림이 다수인 말레이시아의 이슬람법하에서 동성 간 성행위는 불법이다. 셀랑고르 샤리아 고등법원은 자연의 질서에 반(反)하는 성교를 시도했다는 이유로 남성 4명에게 징역 6개월, 태형 6대, 4,800링깃(약 135만 원)의 벌금을 선고했고 또 다른 남성 1명은 같은 범죄로 7개월의 징역과 태형 6대 그리고 4,900링깃(약 138만 원)의 벌금을 선고받았다. 말레이시아의 3200만 명 인구 중 말레이계 이슬람 교도들이 60% 이상을 차지하고 있는데 무슬림에게 민법과 함께 적용되는 이슬람 형법 및 가족법이 포함된 이중 트랙 법률 시스템이 이번 판결에 적용되었다. 이번 사건

은 최근 몇 달 동안 말레이시아의 성소수자 공동체(Lesbian, Gay, Bisexual, Transgender, LGBT)에 대한 불관용이 커질 것을 우려하는 가운데 발생했다. 성적 권리 단체 펠랑기(Pelangi)의 회장 누만 아피피(Numan Afifi)는 터무니없는 관결로 성소수자 공동체가 공포감을 갖는 환경을 조성할 수 있다고 말했다.

〈인도〉 2019년 12월 14일

• 印 주정부 '강간범 처벌 패스트트랙' 도입…21일이면 사형선고   (연합뉴스 12.14)

– 최근 인도 각지에서 잔혹한 성범죄가 발생한 가운데 남부 안드라프라데시 주(州) 정부가 '강간범 처벌 패스트트랙' 법안을 통과시켰다. 12월 초 인도에서 증언차 법원에 가던 성폭행 피해자가 피의자들로부터 불태워져 사망한 사건과 하이데라바드, 비하르, 트리푸라 등의 지역에서도 여성을 집단 성폭행한 뒤 불태운 사건이 잇따라 발생했다. 이에 성폭행 근절을 요구하는 시위가 전국적으로 확산되었고 일부 시위대는 피해자가 당한 것처럼 범인들도 불태우라고 요구하는 등 강력한 처벌이 필요하다고 주장했다. 이러한 최근 성범죄와 관련한 대중의 반응 등을 고려하여 안드라프라데시 주 총리인 예두구리 산딘티 자간모한 레디(Yeduguri Sandinti Jaganmohan Reddy)는 '강간범 처벌 패스트트랙' 법안을 추진했다. 이 법안은 여성과 어린이를 대상으로 강력 성범죄를 저지른 이가 입건되면 특별 법원 등을 통해 21일 만에 사형까지 선고할 수 있고, 사건 조사와 1심 재판 절차에 배정된 기간은 각각 7일과 14일이다. 안드라프라데시 주는 인도의 주 정부 중 최초로 성범죄 관련 형량을 최대 사형으로 강화했고 이 법안은 한 사건이 처리되는데 길게는 10년 이상이 걸리기도 하는 인도의 재판 현실을 고려해 보면 획기적인 제도이다.

〈말레이시아〉 2019년 12월 14일

• 말레이 총리 "내년 이후도 총리직 유지 가능성"…며칠 만에 말 바꿔   (연합뉴스 12.14)

– 마하티르 총리가 자신의 퇴임 시기와 후임 문제를 두고 불과 나흘 만에 상당히 다른 발언을 했다. 12월 10일 로이터 통신과의 인터뷰에서도 마하티르 총리는 "중간에 총리직을 넘기기로 약속했고, 그렇게 할 것"이며 "다만, 아시아태평양경제협력체(Asia-Pacific Economic Cooperation, APEC) 정상회의 전에 넘기면 방해가 될 수 있다"고 말

하여 구체적인 시기는 말하지 않았지만, 내년 11월 아시아태평양경제협력체 정상회의를 치르고 나면 총리직을 이양하겠다는 뜻으로 해석되었다. 또한 마하티르 총리는 안와르 이브라힘의 성폭행 혐의와 상관없이 총리직을 그에게 넘길 것이라고 말했다. 그러나 12월 14일 카타르에서 열린 도하 포럼에서 마하티르 총리는 내년에 총리직을 그만둘 것이냐는 질문에 "이전 정부가 남긴 중요 문제를 해결하고 나면 총리직에서 물러나겠다"고 말하며 구체적인 퇴임 시기를 언급하지 않았고, 후임 문제와 관련해서도 누가 적임자인지 보장할 수 없다고 했다. 이는 나흘 전의 인터뷰 내용을 상당 부분 뒤집는 발언으로 마하티르 총리는 그간 안와르를 둘러싼 여러 혐의에도 불구하고 그를 후임으로 지명하겠다고 여러 차례 공언했지만 이제 한 발 빼는 듯한 태도를 보이고 있다.

〈인도네시아〉 2020년 01월 21일

• 인도네시아 '노동·규제개혁' 옴니버스 법안…노동계 반발 　　　　(연합뉴스 01.21)
- 인도네시아 정부는 일자리 창출과 투자 유치를 위해 노동법 등 80여 개 법률의 1,200개 조항을 일괄 수정하기 위한 '옴니버스 법안'을 곧 국회에 제출할 예정이다. 이 법안은 노동 개혁과 규제개혁에 초점이 맞춰져 있는데 수정할 조항의 대부분은 사업허가 과정을 단순화하기 위한 것이고, 외국인 자본투자와 토지 조달, 최저임금 등 고용과 관련한 규정도 수정한다고 한다. 특히 세계에서 가장 후하다는 평가를 받는 퇴직급여 규정을 손볼지에 관심이 쏠려있는데 정부는 퇴직급여가 기업인들에게 부담이라고 보고, 실업급여를 도입하는 대신 퇴직급여 규정을 손보는 방안을 검토했다. 노동계는 "노동자들을 희생시켜 법안을 통과시킬 수는 없다"며 자카르타 국회 앞에서 대규모 시위를 개최하는 등 반발하고, 인도네시아 노동조합연맹(Indonesian Trade Union Confederation, KSPI)은 '노동권을 침해하는 법안'이라며 처리 강행 시 파업 가능성을 경고했다. 조코위 대통령은 "법을 하나하나 뜯어고치려면 50년은 걸릴 것"이라며 "국회에서 빨리 처리해 주면 국민과 기업, 중소기업에 대한 서비스가 개선되고, 경제 성장에 엄청난 도움이 될 것"이라고 말했다.

〈인도〉 2020년 01월 10일

· 인도 대법원, 카슈미르 인터넷 셧다운에 대한 검토 명령　　　　　(Aljazeera 01.11)

– 인도 대법원은 10일 인도령 카슈미르 지역에서의 인터넷 서비스 중단에 대해 1주일 이내에 재검토할 것을 당국에 명령했다. 정부는 2019년 8월 5일 카슈미르의 자치권을 박탈하며 심각한 의사소통과 보안 폐쇄를 강요한 이후 카슈미르 지역의 인터넷 서비스는 중단되었고, 이는 민주주의 국가에서 인터넷 서비스 관련 규제가 시행된 가장 긴 기간이었다. 또한 정부는 이미 중 무장된 카슈미르 지역에 수만 명의 추가 병력을 파견하여 전면적인 통행금지령을 내렸고 수천 명을 체포하며 사실상 모든 통신을 차단했다. 이후 당국은 규제를 완화하며 도로 봉쇄를 해제하고 유선전화와 휴대전화 서비스는 복구됐지만, 인터넷은 복구되지 않았다. 이에 대해 정부는 통신 서비스 중단이 분리주의자들에 의한 폭력을 막기 위한 것이라고 말했으나, 대법원은 헌법 제19조에 근거하여 어떤 정부도 임의로 인터넷 셧다운을 시행할 수 없고 인터넷 통신의 무기한 정지가 통신 규칙을 위반한다고 말했다. 또한 인터넷 접속의 자유는 기본권이며 인터넷 셧다운이 발언과 표현·언론의 자유를 침해하므로 이에 대해 정부가 독단적으로 권력을 행사할 수 없다고 밝혔다.

〈인도네시아〉 2020년 02월 24일

· 직업창출에 관한 옴니버스 법안 안내　　　　　(Jakarta Post 02.24)

– 2월 12일 정부는 일자리 창출에 관한 옴니버스 법안을 하원에 제출했는데 이 법안은 100일 이내에 심의에서 결론을 내려야 해서 논란이 되고 있다. 조코위 대통령은 외국 투자자들과 기업들을 위해 인도네시아에서 사업 수행의 용이성을 개선하고 투자를 유치하기 위해 옴니버스 법안을 발의했다. 그러나 노동단체들은 그들의 권리, 보수 및 고용 보장의 잠재적 감소를 이유로 이 법안에 반대하고, 환경운동가들은 덜 엄격한 환경 영향 분석과 건축 허가 요건이 지속 불가능한 성장을 초래할 것이라고 경고했다. 또한 이 법안은 중앙정부의 역할이 더 강력해져서 민주주의의 견제와 균형 메커니즘에 위험을 초래할 수 있다는 비판을 받고 있다. 그러나 기업들은 옴니버스 법안을 환영하고 있는데 법안의 내용이 외국인 투자에 개방적이고 노동시장이 더 유연해질 수 있도록 사업허가를 합리화하는 데 초점을 맞추고 있기 때문이다. 일자

리 창출에 관한 옴니버스 법안은 73개의 법을 개정하며, 기업과 교육에서부터 할랄 인증제와 지방 정부 권한에 이르기까지 광범위한 문제를 다루기 때문에 인도네시아의 기업뿐만 아니라 국민들에게도 큰 영향을 미칠 것으로 예상된다.

〈싱가포르〉 2020년 02월 12일

• 전진싱가포르당, 창당 이후 최초로 공공정책 제안   (Straits Times 02.12)

– 싱가포르의 야당 전진싱가포르당은 창당 이후 처음으로 상품·서비스세 인상 반대 정책과 장기 인프라 프로젝트에 관련된 내용을 포함하는 경제정책을 담은 정책 제안을 발표했다. 전진싱가포르당은 발표한 성명서에서 "앞으로 최소한 향후 5년 내 상품·서비스세와 기타 수수료가 추가로 인상되지 않도록 권고한다"고 밝히며, "생활비, 주택 및 의료 비용 증가, 이민자들과의 일자리 경쟁, 증가하는 사회적 불평등과 같은 이슈들에 대한 국민들의 우려를 강력한 재정 상태를 기반으로 한 지속 가능한 장기 정책을 통해 해결해야 한다"고 발표했다. 예를 들어, 창이(Changi)공항 제5터미널과 같은 장기 인프라 사업은 민간기업 자체의 재정 및 상업적 가치를 기반으로 해야 하며, 이를 위한 증세를 요구하지 말아야 한다고 말했다. 또한 현재 진행 중인 코로나 바이러스 사태에 대한 대처로 국민과 국내 기업을 돕기 위해 정부가 즉각적이고 단기적인 구제방안을 제시해야 하며, 관광 분야뿐만 아니라 교통, 소매업, 식음료 산업 등 광범위한 분야에 도움이 필요하다고 말했다.

〈말레이시아〉 2020년 03월 02일

• 말레이시아 새 총리 "난 배신자 아니야…과반지지 받았다"   (연합뉴스 03.03)

– 말레이시아의 새 총리로 무히딘 야신이 임명됐다. 그는 3월 2일 진행된 대국민 담화를 통해 자신이 배신자가 아니며 의회 과반 지지를 받았다고 주장했다. 무히딘은 전 총리 마하티르 빈 모하맛과 오래된 정치 파트너다. 마하티르 전 총리는 무히딘과 함께 만든 말레이시아원주민연합당이 야당과 손잡으려 하자 지난달 24일 총리직을 사퇴했었다. 마하티르는 당초 다수 지지를 모아 다시 총리로 취임할 계획이었다. 하지만, 국왕이 무히딘을 새 총리로 지명하자 "무히딘에게 배신당했다. 하원의원 과반수인 114명이 나를 지지했다"며 문제를 제기했다. 이에 마하티르 지지자들을 중심

으로 온라인에서 무히딘을 반대하는 해시태그(#NotMyPM) 달기 운동이 벌어지고 있다. 무히딘 새 총리는 이날 담화를 통해 "내게 화난 사람들이 있다는 것을 알고 있다. 하지만, 나는 배신자가 아니다"라며 "나는 의회 과반수 지지를 얻어 지명됐다"고 말했다. 이어 "나는 총리직을 탐내지 않았다. 마하티르와 안와르 이브라힘 두 후보 모두 과반수 지지를 얻지 못하자 사태를 수습하기 위해 나섰을 뿐"이라고 덧붙였다. 본래 마하티르는 2018년 총리직에 취임하면서 2~3년 뒤 안와르 이브라힘 인민정의당(PKR) 총재에게 총리직을 넘겨주겠다고 약속했었다.

〈인도네시아〉 2020년 04월 15일

• 투쟁민주당과 민족민주당이 옴니버스 일자리 법안에서 노동 조항 삭제를 요구해

(The Jakarta Post 04.15)

– 조코 위도도 대통령의 연립정당인 투쟁민주당과 민족민주(NasDem)이 여론의 반대가 거세지자 일자리 창출에 대한 옴니버스 법안에서 노동규정을 취하하도록 정부를 압박했다. 국회 입법위원회(Baleg)는 14일, 아일랑가 하르타토(Airlangga Hartarto) 경제부 장관, 야소나 라올리(Yasonna Laoly) 법률 및 인권 장관, 아이다 파우지야(Ida Fauziyah) 인력부 장관 등이 참석한 가운데 청문회를 열었다. 투쟁민주당 계파이자 국회 입법위원회의 부의장인 리케 디야 피탈로카(Rieke Diah Pitaloka)는 청문회에서 "법안의 주요 내용은 오로지 인도네시아에서의 사업 편의성을 높이고 투자를 유치하는 것뿐"이라고 주장했다. 유권자가 대체로 노동자 계층인 투쟁민주당은 시작부터 법안의 추진을 꺼려왔다. 옴니버스 법안에 대한 국민들의 반발을 예로 들며, 법안을 빠르게 추진해선 안 된다고 주장한 유일한 당이기도 하다. 국회입법위원회의 부의장인 민족민주당 윌이 아디타야(Willy Aditya)는 리케 부의장의 말을 인용하며, 옴니버스 법안에 노동 조항 대신 노동법이나 산업 분쟁 해결법 개정과 같은 다른 법률 개정이 포함되어야 한다고 말했다. 민족민주당의 터우픽 바사리(Taufik Basari) 의원은 정부가 현재 상황에 맞춰 기존 초안을 평가해 달라고 요청했다. 그는 "우리는 경제가 정상일 때 초안을 받았다. 이후 코로나19에 따른 새로운 경제적 산출이 필요해 보인다. 정부가 새로운 초안을 제출하길 희망한다"고 말했다.

〈싱가포르〉 2020년 04월 07일

• 싱가포르, 전염병 가운데 선거 안전 수칙을 도입해 　　　　　　(Bloomberg 04.07)

— 싱가포르 정부는 코로나19가 유행하는 가운데 치러질 예정인 총선을 위해 유권자
와 후보자들의 안전을 보호 하는 방안을 담은 새로운 법안을 의회에 도입했다. 7일
에 도입된 새로운 법안은 코로나19로 인해 격리 명령을 이행 중인 유권자가 자신의
선거구 밖에서 투표할 수 있도록 하는 내용이 담겨있다. 또한 후보자가 자가 격리 명
령을 받거나 코로나19로 인해 입원한 경우 대리인에게 권한을 부여해 그들을 대신
해 지명서류를 제출할 수 있게 했다. 선거관리위원회는 성명을 통해 "선거 절차를 검
토하고, 보건부의 권고 사항을 준수해 필요한 예방 조치를 취하고 있다"고 밝혔다.
"코로나19 사태 속에서 총선이 치러질 경우 유권자와 후보자 그리고 선거 관리들의
건강은 보호될 거다"라고 덧붙였다. 부서 관계자는 "이번 조치를 통해 자가 격리 대
상자가 선거 때 다른 사람들과 섞이지 않을 것"이라고 전했다. 비록 언제 선거가 치
러질지는 명확하지 않지만, 리셴룽 총리는 지난 달 기자들에게 선거가 실시될 가능
성을 배제하지 않겠다고 전했다. 코로나19 사태 속 선거 실시는 싱가포르 민주당으
로부터 비판을 받고 있다. 또한, 민주당에 따르면 여론조사에서 "바이러스와의 싸움
에 필요한 자원과 가치를 빼앗아 국민의 건강과 행복을 위태롭게 할 것"이라고 비판
받기도 했다.

〈인도네시아〉 2020년 05월 12일

• 하원이 횡령에 대한 우려 가운데 코로나19 대응 정부령을 통과 시켜

　　　　　　　　　　　　　　　　　　　　　　　　　　(The Jakarta Post 05.12)

— 하원이 예산 유용과 횡령 우려로 규제를 철회하라는 국민들의 반발이 거세졌음에
도 불구하고 정부의 긴급 코로나19 지출 배정 권한을 확대하는 정부령을 통과시켰
다. 정부령 1/2020은 코로나19와 관련된 추가 지출을 배정할 수 있도록 허용하고,
"성실하고 법에 따라" 행동하기만 한다면 공무원을 법적 혐의로부터 보호하며, GDP
정상 범위 3% 한계를 초과해 국가 재정 적자를 늘릴 수 있게 한다. 푼한 마하라니
(Puan Maharani) 하원 의장은 20일에 열린 하원 본회의에서 "8개의 정당이 규정 통과에
동의했고, 복지정의당이 이의를 제기했다"고 밝혔다. 정부령이 시행되면, 중앙정부

는 대통령령을 통해 예산에서 코로나19 지원을 위한 자금을 더 많이 배정할 수 있어 하원의 승인이 필요 없어진다. 이에 정부는 코로나19 대책으로 경제회복을 위해 246억 달러의 예산을 지출할 예정이다. 스리 물랴니 인드라와티(Sri Mulyani Indrawati) 재무부 장관은 이날 회의에서 "전 세계 모든 나라가 재정 역량에 따라 비상조치를 취해야 한다"고 밝혔다. 한편 정부령은 운동가들과 시민사회단체들의 비난을 촉발시켰다. 특히 정부가 코로나19의 경제적 영향에 대응하기 위해 투입하는 재원을 국가 손실이 아닌 '경제적 비용'으로 간주하도록 규정한 27조에 대한 반대 의견이 분분하다. 인도네시아 대학의 법학부 헌법센터는 국가 예산을 결정할 수 있도록 한 제12조를 인용해 대통령의 권력을 과하게 확대시킬 수 있다고 밝혔다.

〈말레이시아〉 2020년 05월 14일
• 말레이시아 마하티르, 코로나 사태로 '정권 복귀' 기회 못 잡아

(The Star 05.14; 연합뉴스 05.14 재인용)

– 94세로 세계 최고령 국가 정상이었던 마하티르 빈 모하맛 전 말레이시아 총리가 '정권 복귀'를 노리고 있지만, 코로나19 때문에 기회를 잡지 못하고 있다. 5월 14일 일간 더 스타 등에 따르면 말레이시아 하원의장은 마하티르 전 총리의 요청을 받아들여 18일 하루만 열리는 국회에 무히딘 야신 현 총리 신임투표를 하기로 했다가 이를 다음 국회로 미뤘다. 의회와 정부는 코로나19 사태가 완전히 해소되지 않았고, 코로나19 대응이 우선이라며 이번 국회에는 국왕의 연설만 하기로 정했다. 다음 국회는 7월 13일부터 8월 27일까지 열리지만, 신임투표를 언제 할지는 정해지지 않았다. 이에 마하티르 전 총리는 "통상 국회에서 국왕 연설이 끝나면 토론도 하고 표결도 하는데 이번에는 하지 않겠다고 한다"며 "무히딘 총리는 규정을 따르지 않았다"고 비판했다. 이어 "무히딘 불신임을 위한 발언 기회를 기다렸는데, 내가 하원에서 발언하는 것을 막으려는 시도가 있는 것 같다"며 "이게 무슨 정부냐"고 덧붙였다. 마하티르는 올해 2월 '총리직'을 두고 자신이 속한 정당과 다른 당들이 이합집산을 시도하자 전격 사퇴한 뒤 과반수 지지를 얻어 다시 총리에 취임하려는 승부수를 띄웠다. 하지만, 압둘라 국왕이 자신이 아닌 무히딘을 새 총리로 지명하자 무히딘이 과반 지지를 받는 게 맞는지 의회 신임투표를 하자고 요구해 왔다. 당초 하원은 3월 중순 열릴

예정이었으나 코로나19가 터지면서 지금까지 미뤄졌고, 새 정부가 코로나19 대응에 집중하면서 총리직을 둘러싼 정치 공방이 뒤로 밀려난 상황이다.

〈인도네시아〉 2020년 07월 14일

- **인도네시아 하원, 성폭력 근절 법안 철회해** (The Jakarta Post 07.14)

− 성폭력 근절 법안을 지지하는 여성 인권 운동이 증가하고 있는 가운데 14일, 하원이 국가입법계획의 우선순위 목록에서 성폭력 근절 법안을 철회했다. 이에 더 많은 정치인들이 법안 발의에 대해 공개적인 지지 의사를 밝히고 있다. 가장 먼저 국민민주당(NasDem)이 나섰다. 국민 민주당의 타우픽 바사리(Taufik Basari) 의원은 법안이 우선순위 목록에서 삭제된 직후 2021년 우선순위 목록에 성폭력 근절 법안을 포함하기 위해 노력할 것이라 발표했다. 해당 법안은 이슬람 기반 정당인 번영 사법당과 통합개발당(United Development Party, PPP)이 일부 조항을 반대해 논란이 되고 있다. 그들은 법안이 LGBT의 신분, 간통죄, 비전통적인 성적 지향의 합법화를 지지하는 것이라고 주장했다. 또한 현재까지 국민 민주당 외 다른 정당들은 법안에 대한 공식적 지지는 표하지 않았다. 그러나 수년 간 하원에서 해당 법안 통과를 추진했던 일부 연합의원들은 국민 민주당의 발의에 찬성을 표했다. 이들 중 한 명으론 집권 여당인 인도네시아 투쟁 민주당의 디야 피탈로카(Diah Pitaloka)가 있다. 더불어 법안을 찬성하는 목소리도 점점 커지고 있는데 이전 입법 기간에는 투쟁 민주당과 위대한 인도네시아 운동당(Gendria) 등 두 개의 계파만 법안을 찬성했었으나 국민민주당과 골카르(Golkar) 등의 일부 당원들이 법안을 찬성했다.

〈인도네시아〉 2020년 07월 16일

- **인도네시아 하원, 국내 근로자 보호 법안 심의에 제동을 걸어**

(The Jakarta Post 07.17)

− 올해 국가입법계획에 국내 노동자 법안을 포함해 찬사를 받은 하원이 16일, 법안 심의에 제동을 걸어 운동가들의 비판을 받고 있다. 16일 본회의에서 하원은 발의안 목록 중 국내 노동자 법안을 삭제했다. 앞서 7월 1일, 하원 입법 기구(House Legislation Body, Baleg)는 하원 다수파의 지지를 기반으로 7월 16일 본회의에서 법안을 승인하

기로 합의했었다. 그러나 15일 하원 운영위원회 포럼에서 하원 의장들이 법안의 '행정적 이유'에 대해 반대 의사를 표했다. 한편 투쟁 민주당과 골카르 등의 거대 파벌이 법안을 반대해 왔으며 특히 투쟁 민주당은 법안 심의를 연기할 것을 구체적으로 요구했다. 이에 노동단체 연합은 "거대 파벌들의 법안 부결은 국내 노동자에 대한 봉건적 차별을 잘 보여 준다"고 비판했다. 법안에는 국내 노동자의 직간접 채용에 관한 조항과 이들 권리 등 몇 가지 핵심 사항들이 담겨 있다. 특히 교육권, 건강보험 및 직장 재해 보험권 등이 포함되어 있다. 예컨대 노동자에 교육을 하지 않은 기관은 작게는 경고, 크게는 허가 취소까지 행정 제재를 받을 수 있다. 또한 고용주나 기관이 차별 대우를 하거나 노동자를 착취해 유죄가 인정될 경우 8년 이하의 징역 또는 $8,562 (USD) 이하의 벌금형에 처해진다.

〈인도〉 2020년 08월 05일

• 모디 총리, 아요디아 분쟁에 초석을 쌓기 시작해 (CNN 08.05)

– 모디 총리가 정치 문화적으로 분열이 잦은 아요디아 사원에 방문해 힌두교 사원의 건립 토대를 마련했다. 모디 총리는 8월 5일 우타르프라데시 주의 아요디아 사원에서 종교 신자 135명을 포함한 175명의 고위 인사들과 함께 은으로 된 벽돌 초석을 쌓았다. 아요디아 사원의 종교 갈등은 16세기부터 시작됐는데, 16세기 초 힌두교도들이 무슬림의 라마 탄생 성지를 허물고 이슬람 사원인 모스크를 세웠으니 다시금 라마 사원으로 되돌려야 한다고 주장했다. 갈등이 심화되며 힌두교 극단주의자들이 1992년 부지에 있던 이슬람 바브리 사원을 파괴했고 전국적 폭동으로 2,000명 이상이 사망했다. 이후 수년간의 법정 다툼 끝에 2019년 11월 인도 대법원은 힌두 단체들에게 아요디아 성지에 사원을 지을 수 있게 허가를 내줘 사실상 분쟁을 종식시켰었다. 한편 아요디야에 신전을 짓는 것은 인도인민당의 핵심 선거 공약이었다. 일각에서는 모디 총리와 여당인 인도 인도인민당의 정책이 힌두 민족주의 성향을 강화시키고 힌두교와 무슬림 간의 갈등을 심화시킨다고 비판하기도 했다. 인도인민당이 지금의 정치기반을 확보할 수 있었던 것도 아요디아 문제에서 기인했는데, 1992년 폭동이 일어나기 전 우타르 주 선거에서 종교 분쟁을 통해 절반 이상의 의석을 확보했었다.

〈말레이시아〉 2020년 08월 04일

• 말레이시아 여당, 나집 라작에 대한 유죄 판결로 인해 분열

(Nikkei Asian Review 08.15)

— 나집 라작 전 말레이시아 총리의 1MDB(1 Malaysia Development Berhad) 스캔들에 대한 유죄 판결이 나옴에 따라 여당 연합의 분열이 암시되고 있다. 집권 여당인 통일말레이국민조직은 17일 무히딘 야신 현 총리의 정치 동맹인 국가동맹(Perikatan Nasional)에는 가입하지 않고, 말레이시아 이슬람당(Malaysian Islamic Party)과의 협력 강화를 추진할 것이라고 밝혔다. 통일말레이국민조직이 당장 연합에서 탈퇴하지 않고 무히딘 정부를 지지할 방침인 가운데, 그들과 거리는 두겠다는 신호를 보낸 것이다. 이러한 결정은 무히딘 총리의 국회 내 영향력에 의존해 연정 내 주도권을 잡으려는 의도로 분석된다. 나집 전 총리는 1MDB 스캔들과 관련된 직권남용, 배임, 돈세탁 등의 혐의로 유죄관결을 받았으며 징역 12년과 벌금 5,000만 달러에 가까운 형을 선고받았다. 현재 하원 의석을 차지하고 있지만, 관결이 뒤집히지 않는다면 다음 선거에는 출마할 수 없을 것으로 예상된다. 때문에 무히딘 총리에게 의회 해산을 보류하도록 압력을 가하는 한편, 재출마를 위해 항소를 통한 관결 번복을 준비하고 있다. 무히딘은 관결 직후 성명을 내 나집 전 총리의 영향력을 견제하는 한편 독립된 사법부와 법치의 중요성을 강조했다.

〈말레이시아〉 2020년 08월 15일

• 무히딘, 의회를 구성할 젊은 의원들을 영입   (Malay Mail 08.15)

— 무히딘 야신 총리는 정부가 말레이시아 청년층의 입장을 대변하기 위해 상원 의원에 청년 대표를 임명할 것이라고 발표했다. 그는 상원에 청년대표를 임명해 그들이 의회에서 일할 수 있게 할 것이라고 말했으며, 말레이시아 청년 위원회(Malaysian Youth Council, MYC)가 정부에게 청년 특별 자문회의를 구성하자고 한 제안도 동의했다. 더불어 "정부는 여러 방면에 있어 청소년의 역할을 인지하고 있다. 최근 말레이시아 청소년 협의회를 만나 청소년 지도부와 정부 발전을 위한 공동 이해에 초점을 맞춘 바 있다"고 전했다. 무히딘 총리는 전국 청년의 날 기념행사를 시작하며 정부가 단계적으로 경제를 재개하기로 결정함에 따라 청년층을 포함한 말레이시아의 실업

률이 감소하기 시작했다고 말했다. 그 근거로 지난 6월, 15에서 30세 사이의 청년 실업률이 9.7%로 나타나 5월 실업률인 10%보다 0.3%p 하락했다는 사실을 말했다. 더불어 말레이시아 청년들도 계획한 바와 같이 국가가 경제를 회복할 수 있도록 노력할 필요가 있다고 전했다.

〈싱가포르〉 2020년 08월 01일

• 리셴룽 총리, "여당은 더 많아진 야당의 공세에 대비해라"   (The Straits Times 08.01)

– 리셴룽 총리는 8월 1일, "국민행동당 의원들이 더 많아진 야당 의원들의 날카로운 질의와 강력한 토론에 대비하길 기대한다"고 말했다. 그는 여당 의원들의 처신과 관련된 서한에서 야당과 이해심을 갖고 관계를 맺으며, 그들에게 의견을 명확히 전달하고, 야당의 의견을 면밀히 살피라고 전했다. 또한 여당 의원들은 정부 정책에 찬성이나 반대 견해를 솔직하게 표현하고, 토론하는 동안에는 자유롭게 또 확신을 가지고 입장을 전달하라고 말했다. 리 총리는 총선이 끝난 직후 국민행동당 의원들에게 보낸 서신에서도 주장을 적극적으로 밀고 나가라고 권고했었다. 더불어 선출된 의원들에게 의원으로서 예의를 지키고, 정확한 사실만을 말할 것이며 소셜미디어에 게재하는 글들은 당과 긴밀하게 연관될 수 있음을 기억하라고 충고했다. 또 소셜미디어를 통해 다른 이들을 공격하지 말고 청중들의 감정을 민감하게 살피며 소셜미디어는 단지 한 가지 방법일 뿐이니 국민의 요구에 부응하고 직접적인 소통창구를 만들어야 한다는 점을 상기시켰다.

여론 · 시민사회 · 전자민주주의

〈싱가포르〉 2019년 10월 02일

• 싱가포르, 논란이 되는 '가짜뉴스'법이 발효되다   (Aljazeera 10.02)

– 온라인상의 거짓·조작 방지법은 10월 2일에 발효되어 소셜 미디어 업체에 허위 사실을 알리는 게시물 옆에 경고문을 부착하고 일부 콘텐츠를 삭제하도록 지시, 일부 웹 사이트를 차단하는 등의 권한을 부여한다. 이 법은 언론의 자유를 억압하는 데 사용될 수 있다는 경고에도 불구하고 발효되었으며, 광범위한 반대에도 불구하고 싱

가포르 당국은 이러한 조치가 사회분열과 국가 기관에 대한 불신을 조장할 수 있는 거짓의 유통을 중단시키기 위해 필요하다고 주장한다. 이 법에 따르면 악의적이며 싱가포르의 이익을 해치는 행위라고 판단될 경우, 기업들은 최대 72만 달러의 벌금을 물고 개인은 최대 10년의 징역형이 선고된다. 야당은 법안에 의한 조치들이 쉽게 정치화될 수 있음을 우려하고 법원이 허위 컨텐츠를 판단하는 결정권을 가지고 있어야 한다고 주장한다. 또한 아시아 인터넷 연합(Asia Internet Coalition)은 법안이 표현의 자유와 개인의 권리를 축소시킬 것이라며 반대했다. 싱가포르는 세계 언론 자유 지수(Press Freedom Index)에서 180개국 중 151위이다.

〈말레이시아〉 2019년 10월 09일
- 말레이시아 의회는 가짜뉴스를 범죄로 만드는 법을 폐기했다   (Aljazeera 10.10)
– 가짜뉴스 방지법이 2018년 한 차례의 실패에도 불구하고 1년 만에 폐기되었다. 가짜뉴스 방지법은 가짜뉴스로 간주된 것을 유포하면 당국으로부터 6년 동안 징역형 혹은 50만 링깃(12만 달러)의 벌금형을 선고받을 수 있다는 내용을 담고 있다. 인권단체는 이 법이 억압적이며 나집 라작 전 총리가 부패와 관리 소홀의 혐의를 은폐하기 위해 사용했다고 비난하고 있다. 하원은 2018년 8월 법의 폐지안을 표결에 부쳤으나 나집 전 총리가 속해있는 국민전선이 장악하고 있는 상원에 의해 폐지안이 부결되었다. 그러나 올해 두 번째 시도 끝에 10월 9일 하원에서 다수결로 폐지안이 통과되었다. 국가인권감시기구(Human Rights Watch)의 부국장 필 로버트슨(Phill Roertson)은 "가짜뉴스법의 폐지는 오래 전부터 기다려온 반가운 소식"이라고 말했다. 이에 비해 이웃나라인 싱가포르는 비슷한 법안을 통과시켰으며, 태국은 온라인 컨텐츠를 감시하기 위해 가짜뉴스센터를 열 계획이다.

〈싱가포르〉 2019년 12월 05일
- 구글 "싱가포르 총선 전 정치광고 안 싣는다"…野 "정부에 굽신"   (연합뉴스 12.05)
– 수개월 내 치러질 것으로 예상되는 싱가포르의 총선에서 구글이 정치광고를 싣지 않기로 하여 논란이 일었다. 야당인 싱가포르민주당(SDP)은 구글이 정치광고를 싣는 것을 거부했다고 밝히며 폴 탐비아(Paul Tambyah) 당 대표가 구글 측에 보낸 이메일 서

한에서 야권은 국민들에게 그들의 메시지를 전달하기 위해 소셜미디어와 인터넷에 많이 의존해 왔는데 새로운 구글의 정책은 걱정스럽고 매우 실망스럽다는 의사를 내비쳤다. 이에 대해 구글 측은 '온라인 정치광고의 투명성을 위한 직업 규약'에 의해 규제되는 광고를 받아들이지 않았다고 밝혔는데 '직업 규약'은 논란 속에서 지난달 발효된 '온라인상의 거짓과 조작으로부터의 보호법'의 일부분이다. 싱가포르민주당과 또 다른 야당인 전진싱가포르당은 구글의 정책이 선거를 앞두고 유권자들로부터 정보를 빼앗을 것이며 미디어는 정부에 의해 지배당하고 있고 이제는 소셜 미디어까지 굽신거리고 있다는 점이 그들을 매우 낙담시키고 있다고 비판했다. 50년 이상 장기집권 중인 인민행동당에 대해 우호적으로 평가하는 기존 매체에 대항할 홍보의 장으로 인터넷 공간을 활용해 온 야권은 구글이 싱가포르 정부의 눈치를 보고 있다며 우려했다.

〈말레이시아〉 2020년 02월 19일

• 사바 지역 법정에서 최초로 인공지능(AI)의 도움을 받아 형을 선고 (Malay Mail 02.19)
– 말레이시아 사법부는 코타키나발루 치안법원에서 인공지능(AI) 기술을 처음으로 이용해 형량을 선고했다. 법원은 4건의 사건에 대한 인공지능 시스템의 권고를 검토한 뒤 유죄를 인정한 2명의 피고인에게 형량을 선고했다. 사바와 사라왁의 대법원장 탄 스리 웡(Tan Sri David Wong)은 세계 최초로 이러한 기술을 사용하여 피고가 인공지능으로부터 형량을 들은 후 유죄를 인정할 기회를 주었고, 인공지능을 통해 정보에 입각한 결정을 내릴 수 있었으며 이전보다 일관되고 효율적으로 판결을 내릴 수 있도록 사법제도가 개선되었다고 말했다. 인공지능의 역할은 시간을 절약하기 위해 2014년에서 2019년 사이 법원 데이터베이스를 통한 우선순위 정보에 근거해 권고사항만 제공할 뿐 최종 결정권은 판사에게 있다. 사법 시스템에 있어서 법원 간 형량 차이가 세계적으로 문제가 되고 있는데 인공지능을 사용해서 데이터를 분석하면 일관성을 확보할 수 있고, 치안판사가 제출물을 듣는 동안 이전 사례를 조회할 필요가 없으므로 진행 속도를 높일 수 있다는 장점이 있다. 비록 현재는 인공지능이 마약 소지와 강간이라는 두 가지 범죄에만 사용되고 있지만, 결국 법원 심리에 효율성을 향상시키기 위해 민사소송에도 인공지능이 사용될 것이라고 전망했다.

〈말레이시아〉 2020년 04월 01일

• 말레이시아 여성부 "코로나 봉쇄 기간, 남편에게 잔소리 말라"

(The Star 04.01; 연합뉴스 04.01 재인용)

– 말레이시아 여성가족개발부가 코로나19 예방 팁이라며 봉쇄 기간 집에서 남편에게 잔소리하지 말고, 화장하고 있으라고 여성들에게 권고했다가 뭇매를 맞았다. 1일 일간 더스타 등에 따르면 여성가족개발부는 인스타그램 등 SNS에 '여성 코로나19 예방'(#WanitaCegahCOVID19) 해시태그를 단 몇 장의 포스터를 올렸다. 첫 번째 포스터에는 간편복 차림으로 집에 있지 말고 화장을 하고 옷을 갖춰 입으라고 돼 있다. 또 다른 포스터는 부부가 빨래를 너는 그림을 그린 뒤 남편이 잘못했을 때 유머를 섞어 도라에몽의 익살스러운 목소리를 흉내 내서 말하고, 잔소리를 피하라고 적었다. 세 번째 포스터는 여성들더러 화가 나더라도 먼저 1부터 20까지 숫자를 세라고 권고한다. 마지막 포스터는 남성이 소파에 앉아 있는 그림을 그린 뒤 집안일에 도움이 되지 않는다고 비난하지 말고 가르쳐주라고 여성들에게 권고했다. 포스터를 본 네티즌들은 '시대착오적, 성차별적 포스터'라며 격한 반응을 쏟아냈다. 한 여성 네티즌은 "코로나19 때문에 집에 갇혀 있으면서 많은 여성이 가정 폭력의 위기에 처해 있다"며 "여성부라면 여성들이 어떻게 옷을 입고 화장할지 캠페인할 것이 아니라 가정폭력 대책을 내놔야 하지 않느냐"고 지적했다. 여성가족개발부 장관은 포스터가 논란이 되자 "앞으로는 신중한 자세를 유지하겠다"고 사과하고, 해당 포스터를 삭제했다. 말레이시아에서는 이동제한령이 길어지면서 고용 불안으로 인한 스트레스, 집안에서 24시간 생활하는 데서 오는 갈등으로 가정 폭력이 급증할 것이란 우려가 나오고 있다. 실제로 말레이시아 정부의 학대 피해자를 돕는 '핫라인' 전화에는 이동제한령 시행 후 2천 통 이상 전화가 왔고, 이는 평상시의 두 배가 넘는다고 현지 매체들은 보도했다.

〈인도네시아〉 2020년 05월 13일

• 사이버 감시단, 사이버 위협에 대비해 인도네시아 보안 강화 촉구

(The Jakarta Post 05.13)

– 인도네시아는 코로나19뿐만 아니라 사이버 공격이라는 위험에 처해있다. 코로나

19로 인해 기업과 사무직 근로자들이 온라인 플랫폼을 이용하고, 새로운 사용자들이 유입되며 해커들이 해킹을 할 수 있는 완벽한 기회가 생겼다. 사이버 공격은 경제적 손실을 일으킬 뿐만 아니라 통신에 이용되는 주요 인프라에도 지장을 주기 때문에 공격 범위가 넓다. 최근엔 두 번의 공격이 있었다. 국가정보통신기술위원회(NICT Council)의 인터넷 세미나엔 외설적 이미지가 올라왔으며 인도네시아 국내 전자상거래 유니콘 토코피디아(Tokopedia) 사용자 1,500만 명의 데이터가 유출됐다. 문제는 코로나19와 관련된 민감한 보건 데이터들이 사이버 공격에 취약할 수 있으며 인도네시아 정부는 누가 데이터에 접근할 수 있는지, 어떻게 그러한 불법적 데이터 접근을 막고 있는지를 공개하지 않아 투명성이 결여되어 있다. 정책 연구소의 우디 자파르(Wahyudi Djafar) 부국장은 "인도네시아에 통용되는 사이버 규제는 코로나19 기간 중 사이버 공격의 폭풍을 대비할 만큼 충분하지 않다"고 말했다. 또한 하원에서 오래 기다려온 정보보호법안 심의가 있을 때까지 사이버 범죄에 대항할 수 있도록 정부가 전자정보거래법과 기타 관련 규정의 사용을 최적화해 달라고 요청했다. 정보 통신부 장관 조니 G. 플레이트(Johnny G. Plate)는 사이버 보안을 강화하고 개인 데이터를 보호할 것이라고 말하며 국민 개개인의 정기적 비밀번호 변경을 당부했다.

〈싱가포르〉 2020년 04월 28일
- 싱가포르 진보당, 같은 당 의원들에 대한 가짜 뉴스를 만든 의원 추방

(The Straits Times 05.02)

— 4월 28일 싱가포르 진보당이 가짜 뉴스를 만든 다니엘 테오 의원을 제명했다. 테오는 다양한 플랫폼을 통해 유포된 해당 동영상에서 "싱가포르 진보당 소속 10명의 의원이 서구의 진보적 소식통에게 자금을 지원받고 있으며 싱가포르 국민당(Singapore People's Party, SPP) 의장과 툼핑진(Thum Ping Tjin) 역사학자와 함께 일한다"고 주장했다. 동영상에는 의원 개개인 이름을 모두 호명됐으며 말하는 이는 가면을 쓰고 음성을 변조했다. 스트레이트 타임즈는 영상에서 이름이 불린 레이몬드(Raymond)와 싱가포르 국민당의 라비 필레몬(Ravi Philemon)을 포함한 의원들이 경찰 보고서를 작성한 것으로 추정하고 있다. 이 중 필레몬 의원은 페이스북을 통해 동영상에 나온 이야기가 모두 거짓이라고 밝혔다. 레이몬드의 변호사 역시 동영상에서 제기된 의혹은

전혀 근거가 없으며 거짓이라고 말했다. 싱가포르 진보당 대변인은 "내부의 수사가 완료됐으며, 해당 의원의 제명을 결정했다"고 덧붙였다. 다니엘 테오 의원은 이 사실을 싱가포르 진보당 대표 탄쳉복에게 시인했다. 탄쳉복은 "다니엘이 당에서 사퇴하고 싶다는 의사를 전했으나, 중앙집행위원회는 만장일치로 그를 즉각 제명하기로 했다"며 "당의 명성에 해가 갈 수 있는 루머나 추측을 사전에 방지하기 위해 단호한 조치를 취했다"고 말했다.

〈싱가포르〉 2020년 06월 08일
• 싱가포르, 선거 기간 중 가짜뉴스 단속을 위해 권한 대행 실시

(The Straits Times 06.08)

– 16개 사무부처와 총리실 소속 각 부처가 선거 기간 동안 온라인 허위 및 조작 방지법에 따라 장관의 권한을 행사하게 된다. 선거영장이 발부되면 장관들의 권한은 정지되지만, 온라인 허위 및 조작 방지법하에서 각 부처 장관들이 미리 지정해둔 고위 공무원에 한해 권한 대행이 가능하다. 온라인 허위 및 조작 방지법은 선거 영장이 발부된 날부터 시작해 투표가 끝나는 날까지 유효하다. 한편 5월 24일 발간된 공고에는 차기 선거 기간에 대한 구체적인 날짜가 제시되지 않은 상태다. 리센룽 총리를 비롯한 19명의 각료는 현재 권한을 대행할 대체 당국을 임명했으며 따라서 이들이 해당 부처의 업무를 수행할 수 있게 됐다. 온라인 허위 및 조직 방지법은 선정위원회나 청문회 등 1년여의 공개 협의를 거친 끝에 2019년 5월 통과한 법안으로, 장관들에게 온라인 허위사실을 삭제 또는 정정하고 허위사실을 유포하는 계좌나 사이트를 차단할 수 있는 권한을 부여한다. 장관의 결정에 불복하는 사람은 고등법원에 항소할 수 있으며 이르면 9일 안으로 항고에 대한 심사가 들어간다.

〈인도네시아〉 2019년 09월 30일
• 인도네시아에서 권리제한과 혼외정사 금지 법안 발의하여 수천 명 시위

(The New York Times 09.30)

– 9월 30일 부패방지법과 형법개정안의 중단을 위해 의회 주변과 도시 전역에 걸쳐 수천 명의 시위자들이 모였다. 9월 17일 의회에서 반부패위원회(Komisi Pemberantasan

Korupsi, KPK)의 독립성과 권한을 제한하기 위해 부패방지법 개정안을 통과시켰으며 동성애자, 혼전 성관계, 낙태 금지와 대통령 모욕죄 등 개인의 인권과 언론의 자유를 침해하는 형법 개정안을 표결에 부치려고 해서 논란이 되고 있다. 이에 대항하여 학생들이 시위를 주도했고, 조코위 대통령은 표결에 부칠 예정이었던 형법 개정안을 다음 회기로 연기하였다. 그러나 시위대는 논쟁이 되고 있는 형법 및 부패방지법 개정안이 자국을 비관용적이며 억압적인 사회로 바꿀 것이라 우려하며, 개정안 연기와 보류가 아닌 취소를 요구하고 있다. 또한 조코위 대통령이 학생 지도자들과의 만남을 주선했으나 학생 지도자들은 대중에게 공개하지 않는 만남이라 거절했고, 시위대는 대통령에게 7가지 요구에 동의할 것을 발표했다. 이번 시위는 1998년 민주화 시위 이후 가장 큰 규모라고 평가받고 있다.

〈인도네시아〉 2019년 10월 08일
• 인도네시아, 서 파푸아 지역에서 독립적인 조사 추진　　　　　　　(Aljazeera 10.08)
－ 8월 중순 서 파푸아는 다른 지역에서 온 인도네시아 인들이 파푸아 원주민에 대한 인종차별과 빈곤 지역의 자치권 요구로 인해 대규모 시위가 발생했다. 대부분이 무슬림인 타 지역 인도네시아인과 멜라네시아인이면서 기독교인 파푸아 원주민들 간의 차별에 대하여 토착 파푸아 인들은 중앙 정부에 대항하여 몇 년간 무장 반란을 일으켰다. 조코위 대통령은 폭력시위에 진정을 호소하면서도 수천 명의 병력을 투입해 사태 수습에 힘쓰고 있다. 이번 시위로 인해 33명의 사망자가 발생했고, 16,000명 이상의 파푸아인과 다른 지역 주민들은 폭력시위를 피해 집을 떠나야 피신했다. 국제 인권감시기구(Human Rights Watch, HRW)는 인도네시아 당국이 서 파푸아에서 시위에 의한 33건의 사망을 독립적으로 조사하여 정부군이 시위를 어떻게 처리했는지 검토해야 한다는 성명서를 발표했다. HRW의 아시아 책임자 브래드 아담스(Brad Adams)는 독립적인 조사가 무장단체와 보안세력의 폭력 남용을 저지하는 것에 도움이 될 것이라고 말했다.

〈인도네시아〉 2019년 11월 01일
• '믿어주세요' 조코위, KPK법 개정안 철회 계획 취소　　　(The Jakarta Post 11.01)

– 조코 위 대통령은 반부패법 개정안을 철회하는 방안을 검토하겠다고 했지만 재임 후 개정안의 통과를 허용하여 비난을 받았다. 그는 논란이 되고 있는 반부패법 개정안을 철회하지 않는 대신 청탁금지법 감독위원회 설립을 가속화할 것이라고 말했다. 감독위원회는 부패척결위원회의 수사를 통제할 수 있는 권한을 갖는데 이것은 반부패법의 가장 논란이 되고 있는 조항 중 하나이기 때문에 전국적인 반대시위로 이어졌다. 개정안에 따르면 부패척결위원회의 모든 직원들은 공무원이어야 하며 수사 시 감독위원회로부터 도청 영장을 발부받아야 한다. 또한 감독위원회는 1년 안에 수사가 마무리되지 않은 사건을 취하고 부패척결위원회의 독자적인 수사관 채용을 철회할 것을 요구하고 있기 때문에 사실상 부패척결위원회가 정부 기구로 전락하게 된다. 더욱이 조코 위 대통령은 정식 선발 절차 없이 감독위원회의 위원들을 직접 선출할 것이며 새로운 부패척결위원회 위원들과 함께 감독위원회 위원들이 12월에 출범할 것이라고 말했다.

〈싱가포르〉 2019년 11월 19일
• 통상산업부 장관, 싱가포르에서 홍콩 식 시위 일어날 가능성 있어

(The New Straits Times 11.19)

– 싱가포르 찬춘싱 통상산업부 장관은 홍콩이 민주화 시위대와 경찰 간의 폭력사태가 한계점에 도달했다고 말하며, 싱가포르 정부가 현실에 안주하여 주의하지 않으면 비슷한 상황이 자국에서도 쉽게 발생할 수 있음을 경고했다. 대중 시위에 대한 싱가포르의 제한적인 법에 따라 경찰 허가 없이는 집회가 불법이고 참가자는 벌금을 물게 되기 때문에 현재 싱가포르에서는 시위가 드물다. 또한 10월에 발효된 후 논란이 되고 있는 가짜 뉴스법이 언론의 자유를 제한하고 단속하기 위해 사용될 수 있다고 우려한다. 찬춘싱 장관은 정치 지도자들이 정당의 이익보다 국민의 이익을 우선시하고, 정부는 "현재와 지금"과 같은 단기적인 문제보다 장기적인 문제에 초점을 맞춰야 하며 갈등을 해결하기 위해 폭력을 사용하지 말아야 한다고 말했다. 찬춘싱 장관의 이와 같은 발언은 싱가포르가 2021년 4월까지 실시해야 하는 조기 선거 발표가 예상됨에 따라 나온 것으로 그는 60년 동안 싱가포르 정치를 지배해 온 집권당인 인민 행동당이 승리할 것으로 크게 기대하고 있다.

〈인도〉 2019년 12월 22일

• 모디 총리, 계속되는 시위에도 반무슬림 법이 아니라고 말한다　　　(Aljazeera 12.22)

– 12월 초 의회에서 통과된 시민권 개정안은 파키스탄·아프가니스탄·방글라데시에서 종교적 박해를 피해 인도로 온 힌두교, 불교, 기독교, 시크교, 자인, 파르시 신자에게 시민권을 부여한다는 내용을 담고 있는데 여기서 이슬람교도들을 배제하여 문제가 되었다. 나렌드라 모디 총리는 무슬림을 배제한 개정안에 반대하는 시위가 계속되고 있음에도 불구하고 12월 21일 총선집회에서 새로운 시민법은 종교적 차별을 하지 않는다고 옹호하며 비평가들이 '거짓과 공포'를 퍼뜨리고 있다고 비난했다. 모디 총리는 시민권 개정안이 종교적인 편견을 갖지 않고 무슬림들에게 어떠한 영향도 미치지 않을 것이라고 했으나 비평가들은 이 법안이 인도의 세속적인 헌법을 위반하는 것이며, 2억 명의 무슬림들을 소외시키려는 모디 정부의 노력이라고 비판했다. 시민권 개정안 반대 시위는 북동부 아삼 주에서 시작되어 전국으로 확산되었고, 공포탄과 최루탄을 사용하는 경찰의 폭력적 대응으로 1,500여 명이 체포되었으며 23명의 사망자가 발생했다. 이에 따라 정부는 뉴델리의 전화망과 인터넷 서비스, 전철역을 폐쇄하고 대규모 시위의 허가를 취소했다.

〈인도네시아〉 2019년 12월 19일

• 인도네시아에서 독립운동가 6명 반역죄로 재판　　　(Straits Times 12.19)

– 인도네시아 대통령궁 앞에서 평화 시위를 벌이던 서파푸아 독립운동가들 중 분리주의의 상징으로 사용하는 아침 별 깃발(Morning Star Flags)을 흔들었다는 이유로 학생 5명과 인권운동가 1명이 반역 혐의로 재판을 받았다. 그들은 자카르타 지방법원에서 재판을 받는데 인권 운동가들과 서파푸아 출신 학생들이 법정을 가득 채웠다. 검찰은 피고인들이 시위 중 연설에서 인도네시아 정부가 서파푸아 독립을 위한 국민투표를 실시해야 한다고 요구하며, 서파푸아 지역을 인도네시아에서 분리할 음모를 꾸몄다는 이유로 이들에게 반역죄를 적용해 무기징역을 선고했으나 피고인 6명은 그들의 잘못을 부인했다. 이 사건은 인도네시아의 통치를 반대하고 있는 서파푸아 지역에 대한 인도네시아의 민감성을 부각시켰다. 서파푸아는 인도네시아와 인종적·문화적으로 구별되는 지역으로 유엔(United Nations, UN)의 관리하에 있다가 1969

년에 인도네시아에 편입되었다. 이후 파푸아와 서파푸아 두 지역으로 나뉘어 낮은 수준의 반란이 계속되었고 최근 몇 년 동안 서파푸아 지역의 학생들을 중심으로 이 지역에 대한 자기 결정권을 요구하는 목소리가 커지고 있어 인도네시아 정부의 불안감을 야기하고 있다.

〈인도〉 2020년 01월 12일

• '모디는 돌아가라': 인도 시위대, 모디 총리의 콜카타 방문 비난   (Aljazeera 01.12)

- 2019년 12월 시민권 개정안(Citizenship Amendment Act, CAA)이 의회를 통과한 이후 전국 각지에서 시위와 충돌이 발생한 와중에 니렌드라 모디총리가 콜카타를 방문하자 약 3만 명의 시위대가 그의 방문을 반대했다. 시민들은 콜카타의 공항에 몰려들어 "모디는 돌아가라"는 플래카드를 들고 "우리는 파시즘에 반대한다"고 외치며 저항했다. 또한 마마타 바네르지(Mamata Banerjee) 서벵골 주지사는 모디 총리에게 국가의 더 큰 이익을 위해 시민권 개정안의 폐지를 요청한 후 거리로 나가 시위에 가담했다. 비평가들은 시민권 개정안이 국민의 약 15%를 차지하는 이슬람 교도 중 대다수를 무국적자로 만들 수 있는 국가시민명부등록제도의 전조라고 비판했는데, 대부분의 가난한 시민들은 그들의 국적을 증명할 서류가 없기 때문이다. 이에 대해 모디 총리는 정부의 개정안에 반대하는 사람들이 정부를 그릇된 길로 이끌고 있다고 주장하며, 인도인민당은 개정안이 차별적이지 않으므로 잘못된 정보를 불식시키기 위해 가정방문 캠페인을 시작했다. 시민법 개정안 철회를 요구하는 반대 시위는 계속되고 있으며 현재까지 27명의 사망자가 발생했다.

〈말레이시아〉 2020년 02월 24일

• 말레이시아 국왕, 마하티르 모하맛 총리의 사임 수락   (Financial Times 02.25)

- 24일 갑작스럽게 사의를 표명한 마하티르 총리는 새로운 지도자가 임명되기 전까지 임시 총리로 있을 것을 국왕으로부터 요청받았다. 이에 마하티르 총리는 당 대표직도 사임했고 그의 소속 당은 여권연합 희망연대에서 탈퇴를 선언하며, 마하티르 총리를 계속 지지하겠다고 발표했다. 마하티르 총리의 이러한 극적인 움직임은 안와르 이브라힘에게 권력을 물려주겠다고 한 약속에 의구심을 품게 한다. 마하티르 총

리는 2018년 5월 취임 후 2~3년만 총리직을 수행한 뒤 안와르 이브라힘에게 권좌를 넘기겠다고 약속했지만, 이미 여러 차례 권력이양을 철회했었기 때문에 이번 사임 발표가 그의 정치 경력 혹은 총리 임기 기간의 종료를 의미하는 것인지 분명하지 않다. 마하티르 총리의 사임에 대해 유라시아그룹 동남아시아 대표 피터 뭄포드(Peter Mumford)는 "마하티르가 차기 총리 자리를 기대한다면 그는 유력한 차기 총리가 될 것이며, 말레이시아 정계는 현재 실질적인 대안이 거의 없어 정치적 위험도는 계속 높아질 것"이라고 말했다. 또한 스트레이츠타임스 등 일부 언론에서는 마하티르 총리의 사임에 대해 안와르에게 총리직을 이양하지 않으려는 전략이라고 추측하고 있다.

〈인도〉 2020년 03월 01일

· 인도 뉴델리 시민권법 시위 사망자 46명으로 증가

(NDTV 03.02; 연합뉴스 03.04 재인용)

－ NDTV 등 현지 언론에 따르면 지난달 23일부터 이달 1일까지 뉴델리 북동부 지역에서 발생한 시민권법 시위로 46명이 사망한 것으로 집계됐다. 시위는 지난달 24~25일에 격렬하게 발생한 뒤 잦아들었지만 이후 시위 현장 인근 곳곳에서 시신이 발견되고 있다. 시위에서는 총격전이나 이슬람 사원 공격 등 무력 마찰이 빚어졌으나 인도 당국이 강경 대응에 나서 지난달 26일부터는 다소 누그러진 상태였다. 그러나 무력 마찰로 인한 부상자 수가 200명이 넘는 등 시민권법과 관련된 갈등은 극심하게 나타나고 있다. 경찰은 시위 주동자 130여 명을 체포한 상태다. 시위에서 다수의 사망자가 나온 것은 시민권법 개정안을 두고 찬성하는 힌두교도와 반대하는 무슬림·대학생 중심 반대파 간의 갈등 때문이다. 힌두 민족주의 성향인 여당 인도인민당의 일부 정치인이 적극적으로 시위를 선동했고 이에 무슬림이 저항하며 충돌이 거세졌다. 개정안은 파키스탄·아프가니스탄·방글라데시에서 종교적 박해를 피해 인도로 와 불법 체류 중인 힌두교도, 불교도, 기독교도 등 6개 종교 신자에게 시민권 획득의 길을 열어줬다. 더하여 이들의 시민권 획득 자격 기간도 단축했다. 하지만 여기에 무슬림이 빠지면서 소수 집단과 대학생 등이 크게 반발했고 힌두교도들도 시민권법 찬성 시위로 맞대응을 벌이고 있다.

〈인도네시아〉 2020년 03월 09일

• 족자카르타에 나온 학생과 노동자들이 옴니버스 법안을 반대해

(The Jakarta Post 03.09)

– 3월 9일, 수백 명의 학생과 노동자, 예술가들이 족자카르타 거리에 속속 모였다. 이는 논란이 되는 일자리 창출에 관한 옴니버스 법안의 심의 중단을 요구하는 시위였다. 이날 연합의 대변인은 "국회가 옴니버스 법안을 반대하는 사람들을 대변하지 못했기 때문에 하원 의원에겐 자격이 없음을 알리기 위해 나왔다"고 밝혔다. 시위 당일, 비가 내림에도 불구하고 시위대는 "옴니버스 법을 중단하라", "정권은 선거 기간에만 국민을 인정한다"와 같은 구호를 외치기도 했다. 그들은 옴니버스 법안이 민주주의와 환경 또 노동자의 이익을 해칠 것이라고 주장한다. 또한 족자카르타 등지에 모인 국민의 목소리를 듣지 못한다면 시위는 자카르타로 향할 것이라 전했다. 욕자카르타에 있는 독립노동조합연맹(Independent Workers Unions)의 사무국장 알리 프라세티요(Ali Prasetyo)는 "노동자들이 일자리 창출 법안을 반대하는 이유는 대폭 완화된 아웃소싱 법 규제 때문이다"라며 "이 규정은 근로자들을 평생 계약직으로 만들 것이다"고 말했다. 옴니버스 법안은 학생과 노동자뿐만 아니라 법률 전문가에게도 비판받아왔다. 지난달 진행된 한 토론에서는, 법률 전문가들이 옴니버스 법안의 초안이 "투명하지 않다"고 결론짓기도 했다. 욕자카르타에 위치한 가자마다 대학교(Gadjah Mada University) 법학전문대학원의 한 전문가는 "정부는 규제를 간소화했다고 투자자들이 올 것이라고 생각하면 안 된다"라며 "옴니버스 법안은 투자자들에게 있어 실질적 이득을 줄 수 없다. 왜냐하면, 투자자들은 천연자원 규제 문제를 해결해야 하는데 이에 관한 규정은 최소 26개이며 이를 개선하지 않는다면 이득이 되지 않는다"라고 전했다.

〈인도〉 2020년 04월 12일

• 인도, 코로나 바이러스가 부채질 중인 종교 갈등   (The New York Times 04.12)

– 인도 보건부 장관이 이슬람 신학교가 코로나19를 퍼트렸다며 거듭 비난했다. 또한 인도인민당 인사들은 무슬림들이 "인간 폭탄", "코로나 지하드"라고 발언해 전국적으로 반 이슬람 공격이 잇따르고 있다. 이슬람들은 바이러스 전파자로 낙인 찍

혀 이웃들이 그들을 보고 뜬금없이 공격을 하거나 도망가는 실정이다. 힌두 민족주의 성향의 모디 총리가 이끄는 정부 아래 무슬림은 연이은 차별 대상이었다. 코로나19 이후 무슬림의 상황이 악화된 건, 정부의 차별적 주장 뒤에 진실이 있었기 때문이다. 인도 공무원들은 코로나19 케이스 1/3이 지난 3월 열린 '니자무딘 이슬람 종교 집회'와 관련이 있다고 추정했다. '니자무딘 이슬람 종교 집회'는 다국적 이슬람 선교 운동이다. 지난 3월 초, 운동의 일환으로 4000명 이상의 무슬림이 모여 함께 잠을 자고, 기도한 뒤 인도 전역으로 흩어졌기에 코로나19 확산 원인으로 꼽혔다. 인도이슬람센터 이사장은 "정부가 비난 게임을 해선 안 된다"며 "언론 브리핑에서 확진자 종교에 근거한 사례를 말하면 큰 분열을 야기한다"고 말했다. 그는 "코로나 바이러스는 아마 사라질 거다. 그러나 공동체의 불화는 이 일이 끝나도 사라지기 어렵다"고 덧붙였다. 몇몇 힌두 민족주의 정치인들과 그들의 지지자들은 이 기회로 모디 정부하에서 몇 년 간 쌓아온 반 이슬람 정서에 말뚝을 박았다. 극우 민족주의 정당인 마하라슈트라 주 마라타족 정당(Maharashtra Navnirman Sena)의 라즈 태 커레이(Raj Thackeray)는 지역 언론을 통해 "니자무딘 이슬람 종교 집회 참여한 사람들은 총살당해야 한다"고 말했다.

〈인도〉 2020년 04월 15일
• 인도 봉쇄 연장에 일용직 노동자 수천 명 시위…감염 확산 우려

(Times of India 04.15; 연합뉴스 04.15 재인용)
– 인도 정부가 코로나19 확산 억제를 위해 국가 봉쇄 조치 연장을 결정하자 전국 곳곳에서 일용직 노동자가 시위에 나섰다. 15일 타임스오브인디아 등 현지 언론에 따르면 전날 모디 총리가 14일 종료 예정이던 봉쇄 조치를 다음 달 3일까지 연장하겠다고 발표하자 인도 최대 경제도시 뭄바이에서는 수천 명의 일용직 노동자와 빈민들이 시위를 벌였다. 건설 현장 등에서 떠돌며 일하거나 슬럼가에 사는 이들은 반드라 기차역 인근에 몰려와 고향으로 돌아가고 싶다고 목소리를 높였다. 봉쇄령으로 일자리를 잃고 당장 생계가 어려운 상황에서 19일 더 관련 조치가 연장되자 도시를 떠날 수 있게 해달라는 것이다. 이날 시위에는 식품 지원을 원하는 빈민들도 가세했다. 봉쇄 조치가 내려지면 학교, 교통 서비스, 산업시설이 모두 폐쇄된다. 주민 외출과 주

간 이동도 제한된다. 이들 노동자는 고향으로 돌아가는 차편 등을 지원해달라고 요청했고 경찰은 몽둥이로 구타하며 해산에 나섰다. 이 과정에서 수천 명이 마구 뒤엉키는 등 '사회적 거리 두기'는 완전히 무시됐다. 마스크를 쓰지 않은 시위 참가자도 많았다. 현지 언론은 감염에 무방비로 노출된 사람이 많은 등 이날 매우 위험한 상황이 연출됐다고 지적했다. 비슷한 상황은 이날 중부 하이데라바드, 서부 수라트 등 다른 대도시에서도 빚어졌다. 고향으로 돌아간 노동자의 관리 과정에서도 여러 문제가 발생하고 있다. 주정부는 바이러스 확산을 막기 위해 이들을 격리 시설에 머물게 하고 있지만, 무단이탈이 잦기 때문이다. 상당수는 밤에 집으로 돌아가 가족과 지내다가 낮에는 무상 배식이 이뤄지는 격리시설로 되돌아오는 것으로 전해졌다. 이 과정에서 바이러스가 확산할 가능성이 크다고 현지 언론은 보도했다.

〈인도〉 2020년 05월 05일

• 인도 신규 확진 3,900명…'봉쇄 완화' 하루 만에 코로나 폭발했다

(Times of India 05.05; 중앙일보 05.05 재인용)

- 인도가 3월 25일부터 시행해온 전국 봉쇄 조치를 완화한 지 하루 만에 코로나19 확진자가 폭발한 것으로 나타나 현지에서 우려의 목소리가 나오고 있다. 5일 현지 언론에 따르면 이날 기준 지난 24시간 동안 인도의 신규 코로나 확진자는 3,900명, 코로나19 사망자는 195명으로 나타났다. 이는 지금까지 보고된 하루 확진자 수 최대치로 현지 언론은 급격히 늘어난 확산세를 우려하고 있다. 인도 정부는 4일 봉쇄 조치 일부를 완화했다. 4일을 전후해 인도 일부 지역에서 코로나19 확산세가 더 가팔라졌지만, 영국 타임지에 따르면 인도 정부는 확산세를 코로나19 오관했다기보다는 봉쇄 장기화에 따른 경제 문제를 외면할 수 없는 상황에 이른 것으로 보인다. 구자라트주는 5주째 이어진 봉쇄 조치로 일자리를 잃은 노동자들의 시위가 벌어지기도 했다. 구자라트의 경제 도시 수랏에서는 4일 일자리를 잃은 노동자들이 정부의 대책을 요구하는 시위 도중 경찰에게 돌을 던지는 등 충돌 사태가 빚어졌다. 인도 정부는 코로나19 확진자가 거의 없는 지역을 중심으로 규제를 완화하고 있다. 하지만 규제 완화 하루 만에 역대 최대치의 감염자 수가 나오면서 우려와 경고의 목소리가 나온다. 인도 보건당국 관계자는 5일 이런 상황과 관련해 "코로나19는 잘 관리되고 있다"고

말했다.

〈인도〉 2020년 05월 16일
• 인도, 코로나19 기세를 몰아 모디 총리 지지율 상승　(The New York Times 05.16)
– 최근 여론조사에 따르면, 나렌드라 모디 총리의 지지율이 80~90%를 넘어섰다. 그러나 이는 코로나19로 인한 경제 위기가 반영되지 않은 결과로 보인다. 미국의 온라인 설문조사 전문 업체 'Morning Consult'는 모디 총리의 지지도가 80%로, 트럼프 대통령, 푸틴 대통령, 메르켈 총리, 보리스 존슨 총리 등을 크게 웃돌고 있다고 밝혔다. 타임즈오브인디아의 또 다른 여론조사에서는 조사 대상자의 93.5%가 모디 총리가 코로나19를 효과적으로 해결하고 있다고 답했다. 해당 설문엔 코로나19 봉쇄 조치에 반발하는 이주 노동자들이 참여하지 않았을 것으로 예상된다. 코로나19가 퍼지기 전, 모디 총리는 반 정부 시위로 인해 어려움에 직면해 있었다. 그러던 중 코로나19로 인해 국가 위기 사태가 발생하자 모디 총리를 중심으로 뭉쳤고 이로 인해 지지율이 90%까지 치솟게 된 것이다. 이번 주부터는 상황이 달라지는데, 거의 두 달간 지속한 폐쇄가 끝나고 인도 경제가 개방되면 수백만 명이 일자리를 잃고 거리로 쏟아져 나오는 등 경제 위기가 더 분명하고 가시적으로 나타날 것이다. 런던 경제 학교의 정치학자 수만트라 보세는 "모디 총리는 수년간 인도의 '경제 메시아'를 자칭하며 온건파와 중상층으로부터 결정적 지지를 받아왔다"며 "경제 악화에서 벗어날 수 없게 된다면 '메시아'는 총을 들이밀게 될 수 있다"고 말했다.

〈인도〉 2020년 06월 18일
• 인도와 중국의 국경 분쟁으로 인해 인도 내 중국 불매 운동 확산
　　　　　　　　　　　　　　　　　　　　(The New York Times 06.18)
– 인도와 중국 국경에서 벌어진 전투로 스무 명의 인도 병사가 중국군에 의해 숨진 가운데, 반중 정서와 분노의 물결이 인도 전역에 거세게 일고 있다. 인도 장관은 중국 음식점의 폐쇄를 요구했으며 다른 고위 공무원들도 중국 기업과의 계약을 검토 중이다. 시민들은 거리에 나와 중국산 제품을 부수는 등 분노를 표출했다. 모디 총리는 인도보다 군사력이 앞서는 중국과 갈등을 지속하는 것을 꺼려하는 듯 보이지만,

모디 총리의 정치 브랜드가 강해지는 인도 이미지에 기인하기에 분쟁에서 물러서지 않을 것으로 보인다. 모디 총리는 6월 12일 TV 연설에서 "인도는 평화를 원한다. 그러나 도발이 있다면 인도는 적절한 대응을 할 수 있다"고 말했다. 모디 총리는 궁지에 몰릴 때마다 인도의 민족주의 물결을 통해 문제를 해결해 왔다. 코로나19가 발병했을 때, 사람들이 봉쇄조치에 순응한 것이 같은 맥락이다. 또한 2019년 파키스탄이 테러단체와 연계해 자산폭탄테러를 감행해 인도 준군사조직이 공격당했을 때도 파키스탄을 공습하고 이를 토대로 몇 달 후 재선에서 압승을 거뒀다. 그러나 인도 역시 중국의 힘이 파키스탄과 다르다는 점을 알기 때문에 인도의 새로운 중국 봉쇄 전략은 외교와 경제를 비롯한 광범위한 분야를 포함하고 있다. 문제는 중국 상품에 대한 불매운동이 쉽지 않아 보인다는 점이다. 인도인들이 사용하는 대부분의 제품은 중국에서 만들어졌으며 인도와 중국의 무역은 2000년 30억 달러에서 2018년 950억 달러 이상으로 성장했다.

〈인도네시아〉 2020년 06월 08일
• 인도네시아, 코로나19가 민주주의에 대한 불만으로 이어져 (The Jakarta Post 06.08)
– 코로나19로 인해 조코위 행정부와 민주주의 전반에 대한 불만이 증가했음에도 불구하고 조코위 대통령의 지지율은 여전히 높은 것으로 나타났다. 전국 34개 지방 1,200명을 대상으로 실시한 이번 설문조사에서 조코위 행정부의 코로나19 대응에 대해 56.4%가 만족한다고 응답해, 2월 비슷한 조사에서 만족한다고 답한 70.8%보다 큰 폭으로 줄어들었음을 확인할 수 있었다. 또한, 민주주의에 대한 만족도 역시 2월보다 현저히 떨어졌음을 알 수 있었는데, 2월 중 민주주의에 만족한다는 응답이 75.6%로 나타났지만 이번 조사에선 49.5%에 그쳤다. 이에 대해 설문조사를 실시한 인디케이터(Indikator)사의 부르누하딘(Burhanuddin) 전무는 "지난 16년 동안 민주주의 만족도가 가장 낮은 수준"이라고 전했다. 그러나 조코위 행정부에 대한 불만이 커짐에도 불구하고 조코위 대통령의 지지율은 2월 69.5%에서 66.5%로 소폭 하락하는 데 그쳤다. 더불어 해당 조사는 코로나19 대응을 위한 대규모 사회 제약(PSBB)을 완화하는 것에 대해 저소득층의 경우 완화 계획을 지지하는 반면 고소득층은 지지하지 않아 국민들 사이 의견이 분분한 것을 발견했다.

〈말레이시아〉 2020년 06월 09일

• 말레이시아 검찰, 두 번째 고위층 뇌물 사건 취하 　　　　　(The Diplomat 06.09)

– 6월 9일, 말레이시아 검찰이 3월 새 정부가 들어선 이후 두 번째로 전직 국가 지도자에 대한 46건의 부패 혐의를 취하했다. 현 사바 주의 수상인 무사 아만은 2018년 선거에서 패배한 통일말레이국민조직의 장관 중 한 명이었다. 그리고 2020년 3월, 통일말레이국민조직은 새로 집권한 연립 정부의 일부가 됐다. 무사 수상은 사바에서의 목재 양허와 관련된 30가지의 부패 혐의와 16가지의 돈세탁 혐의로 인해 검찰 조사를 받는 중이었다. 그는 자신에 대한 혐의가 정치적 의도였다고 주장하며, 이번 철회가 정의의 승리라고 주장했다. 야당 의원들은 검찰의 무사 수상 혐의 기각이 당혹스럽고 실망스럽다는 의견을 표했다. 뉴욕에 본부를 둔 국제인권감시기구는 "무히딘 야신 총리와 그의 임명직 정부가 권력을 잡기 위해 얼마나 몸을 굽힐 준비가 돼 있는지를 보여줬다"고 비판했다. 아시아 인권단체 부국장은 "무히딘 총리 아래서 인권에 대한 존중과 지배구조가 최악의 상황으로 후퇴하고 있다"는 입장을 밝혔다. 무사 수상에 대한 무죄는 검찰이 리자 아지즈(Riza Aziz)에 대한 돈세탁 혐의를 기각한 지한 달도 안 돼 결정됐다. 리자는 나집 라작 전 총리의 의붓아들로 부인과 함께 부패 혐의로 기소됐었다.

〈인도〉 2020년 07월 08일

• 인도인민당 당 지도부, 테러리스트에 의해 사망해 　　　　　(NDTV 07.09)

– 7월 9일 인도인민당의 카슈미르 지역 당 지도부 셰이크 와심 바리와 그의 아버지, 형제가 테러리스트에 의해 살해됐다. 와심바리의 가족 셋 모두 인도 인민당의 당 지도부 소속이었으며 경찰은 테러범의 신원이 확보됐다고 발표했다. 경찰에 따르면 이번 테러의 배후는 파키스탄에 근거지를 둔 테러 조직 자이쉬-이-모하메드(Jaish-e-Mohammed)이다. 이번 사건을 계기로 와심바리와 그의 가족을 보호하는 임무가 주어졌던 경찰 10명이 체포됐다. 경찰청장은 "직무유기와 생명보호 실패에 대해 강경하게 맞서고 있다"밝혔다. 한편 지텐드라 싱(Jitender Singh) 장관에 따르면 모디 총리가 가족에게 애도를 표하고 살인 정황에 대해 물었다고 알려졌다. 자갓 프라카시 나다(Jagat Prakash Nadda) 인도 인민당 당 대표는 "이 일은 당에 큰 손실이며 그의 가족에게

깊은 애도를 표한다. 그들의 희생이 헛되지 않을 것이라고 확신한다"고 트위터를 통해 입장을 밝혔다. 잠무 카슈미르 당(Jammu & Kashmir National Conference)의 오마르 압둘라(Omar Abdullah) 등 정치인들의 애도와 테러에 대한 비난 역시 이어졌다.

〈인도네시아〉 2020년 08월 08일

• **인도네시아 노동당의 분열, 야당의 입지를 좁혀**　　　　　(The Jakarta Post 08.08)

– 인도네시아의 노동당 내부에서 대표직을 둘러싼 갈등이 이어진 가운데 조코 위도도 대통령의 지지를 받는 인사가 승리하며 갈등이 마무리됐다. 수하트로(Soeharto) 전 대통령의 아들 후토모 도미 만다라 푸트라(Hutomo Tommy Mandala Putra)는 2016년 본인이 창당한 노동당의 주도권을 상실했으며 그에게 도전하던 무슈디 푸르워프란드조노(Muchdi Purwoprandjono) 전 국가정보원 차장이자 전 육군 특수부대 사령관이 정부의 지지를 확보했다. 두 의원이 조코위 대통령의 리더십에 대한 입장 차로 다투고 있던 와중 법과 인권부가 무슈디에게 당권을 부여했기 때문이다. 법과 인권부는 정당 지도자에게 권한을 부여할 수 있다. 조코위 정책을 거침없이 비판한 토미와 달리 무슈디는 임기 초부터 조코위를 지지해 왔으며 결국 토미와의 갈등에서 조코위 정부의 지지를 받게 됐다. 전문가들은 인도네시아 정치 체제가 일반적으로 강하게 정부를 비판할 수 없게 되어 있다고 지적했는데, 토미가 내분에서 패배한 후 신당을 창당해도 정부를 견제할 수 있는 당으로 발전하거나 공익을 대변할 가능성은 낮다고 분석했다. 조코위 행정부는 정부를 지지하는 인사들을 지원해 주며 입법부 내에서 정부를 비판하는 목소리를 줄여왔다. 전문가들은 인도네시아의 정치 풍토 자체가 살아남기 위해선 연립여당의 일부가 되어야 한다고 지적했다. 재원이 부족하기 때문에 하원 내 정당들은 국민을 대변해 정부를 비판하는 대신 여당과 합심할 수밖에 없는 것이다.

〈인도네시아〉 2020년 08월 11일

• **인도네시아 농민, 조코위에게 토지 분쟁 해결을 요구하기 위해 행진**

(The Jakarta Post 07.17)

– 국영기업과의 토지 분쟁을 해결하기 위해 수백 명의 농부들이 조코 위도도 대통령

을 향해 수천 킬로미터를 거쳐 행진을 시작했다. 약 170명의 농부들은 대통령을 만나기 위해 고향에서 1,812km를 걸어와 45일간의 여정을 마치고 일요일 자카르타에 도착했다. 농민들은 국영 재배 회사(PT Perkebunan Nusantara II, PTPN II)와 수년간 토지 분쟁을 벌이고 있으며 "우리 중 많은 사람들은 집과 농장을 잃고 젖소에 의지해 생계를 이어왔다. 그러나 지역 행정부에서 별다른 해결책을 제시하지 못하고 있어 자카르타를 향해 행진하기로 결정했다. 우리는 평화 행진을 통해 의견 개진으로 인한 피해를 최소화했다"는 입장을 밝혔다. 농민들은 20일, 자카르타 중부에 위치한 메르데카 궁전 앞에서 시위를 벌일 계획이다. 농민들은 자카르타에 도착한 뒤 PTPN II, 국유기업, 하원 관계자 등과 간담회를 진행했으나 별다른 해결책을 제시받지 못했다고 밝혔으며 "우리는 조코위 대통령이 분쟁을 해결해 주길 바란다"는 입장을 밝혔다. 농업개혁컨소시엄(Profile of Consortium for Agrarian Reform, KPA)은 이번 갈등이 조코위 대통령의 농업개혁 공약에 나쁜 선례로 남을 것이라 전하며 정부가 더 많은 농부들이 희생양이 되는 것을 막기 위해서라도 가능한 빨리 분쟁을 해결하길 희망한다는 의사를 밝혔다.

제3부

유럽 I의 동향 및 쟁점

집권세력의 분열과 제3당의 도전

제1장
유럽 I의 개관 및 쟁점

1차(2019년 9월 말~10월 말)

백혜민

스페인에서는 4월 28일 조기 총선 전 여당인 사회노동당(Spanish Socialist Workers' Party, PSOE)이 야권을 상대로 연립정부 구성을 시도했음에도 불구하고 페드로 산체스(Pedro Sánchez) 임시 총리가 의회 신임을 얻는 데 실패하면서, 11월 10일 다시 네 번째 총선이 치러지게 되었다(Jacobin 2019/10/18).

10월 26일 독일 사회민주당(Social Democratic Party of Germany, SPD)의 새로운 당 대표 선거를 앞두고 연합정부인 기독민주당(Christian Democratic Union of Germany, CDU)이 사회민주당과 연합을 계속 이어갈지 귀추가 주목된다. 과반을 넘는 후보자가 없을 경우 11월에 결선투표가 이뤄진다(Reuters 2019/10/23).

영국에서는 10월 23일 보리스 존슨(Boris Johnson) 총리와 노동당(Labour Party) 대표가 브렉시트(Brexit) 법안 처리 일정에 대해 논의했으나 합의점을 찾지 못했다(연합뉴스 2019/10/24). 존슨 총리는 하원에 의사결정계획안을 내놨으나 부결되어 유럽연합에 브렉시트를 추가 연기해달라고 요청해야 했다(연합뉴스 2019/10/24).

유럽연합(European Union, EU)은 2019년 7월 새로운 의장이 선출된 후 유럽연합 집행위원회(European Commission) 위원들에 대한 인사청문회가 실시되었으나 3명의 지명자가 통과하지 못해 인준 투표가 연기됐고 이에 11월 1일 차기 집행위의 출범도 미뤄졌다(뉴시스 2019/10/17).

스페인, 페드로 산체스의 임시 총리직은 언제까지

2019년 4월 28일 조기 총선에서 '절반의 승리'를 거둔 뒤 과도내각을 이끌고 있는 스페인 총리 페드로 산체스가 의회 신임을 얻는 데 실패하면서 11월 10일 네 번째 총선을 치르게 됐다(뉴스1 2019/09/18).

2015년 12월과 2016년 6월의 총리 조기 총선에서 중도우파 국민당(Partido Popular, PP)이 제1당에 모두 올랐으나 과반의석을 확보하지 못하여 2019년 4월에 조기 총선이 재진행되었고, 4월 총선에서는 산체스 총리 대행이 이끄는 사회노동당이 기존의 제1당을 제치고 제1당에 올랐지만 역시 과반의석 확보는 실패하였다(연합뉴스 2019/09/18). 포데모스(Podemos), 복스(Vox) 등 신생 정당의 등장으로 스페인 양당체제가 붕괴되어 과반의석을 차지하기 힘들어진 사회노동당은 42석을 확보하고 있는 급진좌파정당 포데모스를 상대로 연합 정부 구성을 위한 협상을 벌였지만, 일부 각료직을 내놓지 않는다면 지지할 수 없다며 맞서고 있어 협상이 결렬된 바 있다(연합뉴스 2019/09/11).

11월에 총선이 다시 실시되더라도 각종 여론조사에서는 사회노동당이 과반의석을 확보하기는 힘들 것으로 전망한다. 그러나 하루빨리 정치적 해법을 모색하여 안정된 정부를 구성해 고질적인 정국 불안을 해소하기를 기대해 본다.

참고문헌

강형우. 2019. "스페인 좌파정당 간 경정 구성 실패…11월 다시 총선". 『연합뉴스』(09월 18일).

김용래. 2019. "스페인 좌파정당간 연정 현상교착…재총선 가능성 커져". 『연합뉴스』(09월 11일).

한상희. 2019. "스페인 11월10일 총선 또 치른다…' 4년새 4번째'". 『뉴스1』(09월 18일).

2차(2019년 10월 말~11월 말)

스페인에서는 4월 총선 후 사회노동당과 포데모스의 연립정부 협상 결렬로 11월 10일 총선을 다시 치렀으나 사회노동당이 또 과반을 넘지 못했다(The Economist 2019/11/14). 그러나 이번에 포데모스는 결국 카탈루냐의 분리독립 운동 저지와 극우 세력의 확산을 막기 위해 11월 12일 사회노동당과의 연립정부 구성에 합의했다(연합뉴스 2019/11/13).

프랑스에서는 10월 3일 이슬람으로 개종한 경찰관 미카엘 하폰(Mickacl Harpon)이 동료를 척살한 이후 이슬람 공포증이 증가해 이에 따른 후폭풍이 일고 있다(Independent 2019/11/04). 이로 인해 프랑스 상원은 수학여행을 가는 동안에는 여자들의 히잡 착용 금지에 관한 법안을 추진하고 있다(Independent 2019/11/04).

독일에서는 10월 27일 튀링겐주 지방선거에서 독일을 위한 대안(Alternative for Germany, AfD)이 지난 선거의 2배가 넘는 지지율을 기록하며 집권당 기독민주당을 제치고 제2당으로 급부상했다(The Guardian 2019/10/27). 기민당은 제3당으로 전락해 앙겔라 메르켈(Angela Merkel) 총리와 유력한 후계자 기민당 대표의 입지가 흔들리고 있다(The Guardian 2019/10/27).

||||||||||||||||||||||||||||||||||||||||||||||||||||||||||||||||||||||||||||||||

독일 연방하원 상임위원장, 행실 논란으로 사상 최초 해임

11월 13일 극우 정당 독일을 위한 대안 소속의 슈테판 브란트너(Stephan Brandner) 법사위원장이 찬성 37명, 반대 6명으로 연방의회 70년 역사상 최초로 해임되었다(The Algemeiner 2019/11/14).

브란트너는 10월 9일 독일 할레의 유대교 회당에서 발생한 극우 및 반유대주의적 테러와 관련해 "총살된 2명은 독일인인데 왜 정치인들이 유대교와 이슬람 회당에서 초를 들고 주위를 맴도느냐" 묻는 사람의 트윗을 리트윗해 물의를 일으켰고, 10월 31일 독일의 인기 가수 우도 린덴베르크(Udo Lindenberg)가 연방정

148 지역 다양성과 사회 통합 (VI)

부 훈장을 받은 것에 대해 예수를 배신해 '유다의 보상'을 받은 것이라고 트윗해 또다시 구설수에 올랐다(JTA 2019/11/14). 이에 기민당은 브란트너가 트윗을 통해 고위직에 부적합한 행동을 했다고 말했으며(The Algemeiner 2019/11/04) 해임안 가결에 대해 "선동과 증오에게 보내는 명백한 신호"라고 밝혔다(연합뉴스 2019/11/14).

브란트너가 자신의 의견을 소신껏 표출하는 것은 좋았으나 그는 시민이기 이전에 국회의원이다. 민주주의 사회에서 자신의 의견을 표현하는 것은 자유지만 최소한 고위직이라면 선동과 증오와 같이 사회적 통합을 저해하고 분열을 야기하는 행동은 하지 않아야 할 것이다.

참고문헌

윤재준. 2019. "獨 극우 법사위원장, 反유대주의 발언으로 해임돼". 『연합뉴스』(11월 14일).

Huggler, Justin. 2019. "German Parliamentray Committee Ousts AfD Chairman over Anti-Semitism". *The Telegraph* (November 13).

Oster, Marcy. 2019. "Far-right German Lawmaker Ousted as Committee Chair over Comments Condemned as Anti-Semitic". *JTA* (November 14).

The Algemeiner. 2019. "German Far-Right Leader Stirs Controversy with Antisemitic 'Judas' Tweet Aimed at Popular Musician". (November 04).

_____. 2019. "Far-Right German Politician Booted From Key Parliamentary Post Following Antisemitic 'Judas' Tweet". (November 14).

3차(2019년 11월 말~12월 말)

백혜민

스페인에서는 12월 19일 분리주의자 상징물을 철거하라는 선거관리위원회의 지시에 불응한 혐의로 기소된 카탈루냐 수반 킴 토라(Quim Torra)에 대해 고등법원이 공직을 수행하기 적합하지 않다며 18개월의 공직 수행 금지 판결을 내렸다. 이와 같은 결과로 카탈루냐 내의 민족주의 감정이 더 고조될 것 같다(The Local 2019/12/ 19).

프랑스에서는 1995년 이후 25년 만에 연금개혁 관련한 가장 큰 파업이 4주째 이어지고 있다. 정부는 42개에 달하는 퇴직연금 제도를 단일 체제로 개편을 추진 중이나 노동자들은 오히려 불공평할 것이라며 대규모 집회를 열고 있다(The Local 2019/12/20).

영국에서는 12월 12일 조기 총선에서 보리스 존슨의 보수당(Conservative and Unionist Party)이 하원에서 과반 의석을 획득하며 압도적으로 재집권에 성공하면서 브렉시트의 가능성이 커졌다(CNN 2019/12/13).

유럽연합에서는 12월 1일 새로운 유럽연합 집행위원장 우르줄라 폰데어라이엔(Ursula von der Leyen)과 상임의장 샤를 미셸(Charles Michel)이 기후변화 대응을 최우선 목표로 공식 출범했다. 또한, 영국 정치사상 221명이라는 가장 많은 수의 여성 의원이 하원에 입성했다(APNEWS 2019/12/02).

‖‖

사회적 통합을 이루기 위한 마크롱 대통령의 솔선수범

프랑스에서는 1995년 이후 25년 만에 12월 5일부터 정부의 단일 국가연금 체제 도입과 관련해 파업이 진행 중이다. 논란이 되고 있는 국가연금 체제는 정부가 고령화로 인한 인구구조 변동에 알맞은 연금제도의 재설계와 현재 직종과 직능별로 다른 42개의 체제를 포인트제로 단일화하는 것이다(France24 2019/12/23).

이번 연금체제가 도입된다면 적은 연금을 위해 더 오래 일해야 하며 연금을 많이 받고 적은 급여를 받는 공무원에게는 불공평할 것이라며 개편안의 폐기를 주장하는 대규모 집회가 열렸다. 이로 인해 철도와 대중교통 파업으로 교통·물류난이 발생하고 있고 교원노조 파업의 여파로 학교도 휴교하고, 성수기인 성탄절 시즌에 파리의 관광 매출이 60% 감소하며 경기도 타격받고 있다(연합뉴스 2019/12/18). 이에 에마뉘엘 마크롱(Emmanuel Macron) 대통령은 본인도 변경될 연금체제를 적용받겠다며, 퇴임 후 지급되는 퇴직연금뿐 아니라 전직 대통령에게 자동 부여되는 헌법재판소 종신 위원 자격도 포기하기로 했다(연합뉴스 2019/12/22).

특별연금을 없애고 개편된 제도를 본인에게도 적용하겠다는 것은 쉽지 않은 결정이었을 것이다. 프랑스 역대 최연소 대통령답게 제도 개편에 솔선수범하는 모습을 보인 그의 행동은 다음 정치인들의 행보에 큰 영향을 미칠 것이다.

참고문헌

김용래. 2019. "프랑스 전국서 연금개편 반대 3차대회…총파업·교통난 계속". 『연합뉴스』(12월 18일).
_____. 2019. "마크롱, 총파업 타개 고심하다 "대통령연금·헌재위원직 포기"". (12월 22일).
France24. 2019. "French Unions and Government Set Negotiations over Pension Reform for Early January". (December 23).

4차(2019년 12월 말~2020년 1월 말)

백혜민

스페인에서는 1975년 민주화 이후 최초 좌파 연립정부가 1월 7일 공식 출범하였다. 페드로 산체스 총리는 2019년 4월 임기 시작 이후 내각을 구성하지 못하고 있었으나 여당인 사회노동당과 급진좌파 포데모스가 연합하며 9개월 만에 정부 구성에 성공했다(The Guardian 2020/01/12).

프랑스에서는 2012년, 2017년 대선에서 두 차례 패배했던 극우정당 국민연합(Rassemblement National, RN)의 대표 마린 르 펜(Marine Le Pen)이 1월 16일 신년 기자회견을 통해 2022년 차기 대선에 공식 출사표를 던졌다(Express 2020/01/17). 세 번째로 대권에 도전하는 르 펜은 기자회견을 통해 국가를 다시 부흥시키고 국민 통합을 이루겠다고 밝혔다(Express 2020/01/17).

독일에서는 1월 16일 제3정당인 녹색당(The Greens)의 약진이 두드러지고 있다. 여론조사기관에 따르면 녹색당의 지지율이 여권 연합과 동일한 29%를 차지했다. 이를 바탕으로 실제 투표 결과를 예상해 본 결과, 여권 연합 기독민주당·기독사회당(Christian Socialist Union, CSU)이 27%, 다음으로 녹색당이 23% 순으로 나타났다(Inforsurhoy 2020/01/21).

페드로 산체스, 끝내 연립정부 구성 성공

1월 7일 여당인 사회노동당과 포데모스가 167명의 찬성, 165명의 반대, 18명의 기권으로 연립정부 구성에 성공하였다. 이번 연정은 1975년 스페인 민주화 이후 최초의 좌파 연립정부이며, 2019년 4월 산체스 총리 집권 이후 9개월 만에 내각 구성에 성공한 것이다(The Local 2020/01/08).

산체스 총리가 새로운 연합정부를 구성하여 내각을 출범하기까지 쉽지 않았다. 중도우파 국민당이 총선에서 제1당의 자리를 차지하기도 했고, 사회당이 제1당에 오른 적도 있었으나 포데모스, 복스 등 신생 정당의 등장으로 양당 체제가 붕괴되어(연합뉴스 2019/09/11) 과반 의석 확보에 연이어 실패해 4년 새 다섯 번의 총선을 치렀다(The Washington Post 2020/01/08). 이번 연정 구성 성공에는 카탈루냐 좌파공화당(Esquerra Republicana de Catalunya, ERC)의 공이 컸다. 분리 독립 문제에 대한 공식 대화를 추진하기로 함에 따라 기권표를 던진 것이 도움이 됐다(The Washington Post 2020/01/08).

새로운 연정의 의석수는 과반 의석 175석에서 20석 부족한 상황으로 향후 정국 운영의 어려움이 예상되지만 산체스는 연립정부 구성이 쉽지 않았던 만큼 현 정부가 해체되지 않게 스페인의 좌파 정당들과 연대를 이어가야 할 것이다.

참고문헌

김용래. 2019. "스페인 좌파정당간 연정 협상교착…재총선 가능성 커져". 『연합뉴스』(09월 11일).

Rolfe, Pamela, and Chico Harlan. 2020. "Spain's Parliament Backs New Left-Wing Government in Vote". *The Washington Post* (January 08).

The Local. 2020. "Pedro Sanchez Sworn in as Head of Spain's First Coalition Government since 1936". (January 08).

5차(2020년 1월 말~2월 말)

백혜민

2월 10일 독일에서는 앙겔라 메르켈 총리의 유력한 후계자 안네그레트 크람프-카렌바우어(Annegret Kramp-Karrenbauer) 기독민주당 대표가 튀링겐주(州) 총리 선출과정에서 극우정당의 개입을 막지 못한 것에 대해 책임감을 가지고 차기 총리 후보직에서 불출마하기로 선언했다(The New York Times 2020/02/11).

영국에서는 사지드 자비드(Sajid Javid) 재무장관이 2019년 12월 보리스 존슨 총리의 당선 이후의 첫 내각 개편에서 연임에 실패하였다(BBC 2020/02/14). 그는 현재의 보좌관 팀을 모두 해체하고, 총리 특별 보좌관으로 팀을 다시 꾸리라는 존슨 총리의 요구를 거절하였으며, "사퇴 외에는 다른 옵션이 없었다"며 2월 13일 재무장관직에서 돌연 사퇴하였다(BBC 2020/02/14).

2월 20일 유럽연합 27개국 정상들은 2021년부터 2027년까지 장기 예산안에 대해 논의했으나(The Guardian 2020/02/21) 브렉시트로 인한 750억 유로의 예산 부족을 해결하는데 앙겔라 메르켈 독일 총리 및 기존에 추가 납입을 주로 했던 주요 국가들이 추가 납입을 거부하여 회원국 간 의견 대립이 발생하고 있다(The Guardian 2020/02/21).

독일의 차기 총리 공백이 유럽에도 영향

앙겔라 메르켈 독일 총리는 2018년 10월 29일 베를린 기자회견에서 "임기가 끝나면 어떠한 정치적 견해도 내놓지 않겠다"며 2021년에 정치계에서 완전히 은퇴하기로 했다(BBC 2018/10/29). 하지만 메르켈이 지명했던 유력 후계자 안네그레트 크람프-카렌바우어가 2월 10일 총리 후보직에서 불출마를 선언함에 따라 독일에는 차기 총리 후보자가 없어 불안감이 일고 있다(The Guardian 2020/02/14).

2월 5일 튀링겐주에서 자유민주당(Free Democratic Party, FDP) 토마스 켐메리히(Thomas Kemmerich)가 주 총리로 선출되자 크람프-카렌바우어가 극우정당의 개입을 막지 못한 것에 책임을 지고 차기 총리 후보직에서 사퇴하였다(연합뉴스 2020/02/11). 이는 독일의 지도자 부재로 이어지고 유럽에도 큰 영향을 미친다. 특히 독일은 2020년 하반기부터 유럽연합 순회의장국으로 '브렉시트 후속 협상'과 '유럽연합 그린 딜'과 같은 안건을 맡아 이끌어야 한다. 가디언은 "독일의 현 문제가 2020년 상반기까지 해결되지 않으면 유럽연합에 문제가 발생할 수 있다"고 경고했다(서울신문 2020/03/02).

메르켈 총리의 "새로운 장을 열어야 한다"는 바람처럼 하루빨리 독일에 새로운 지도자가 나타나 안정적이고 변화하는 세상에 맞는 독일을 구축하고, 유럽연합을 적극적으로 이끌어 새로운 정치적·외교적 판도를 펼치길 바란다.

참고문헌

안석. 2020. "獨, 메르켈 후계자 못 찾으면… EU 리더십마저 흔들린다". 『서울신문』(03월 02일).

이광빈. 2020. "메르켈의 선택 실패…독일 집권당 총리후보 구도 '지각변동'". 『연합뉴스』(02월 11일).

Hill, Jenny. 2018. "Angela Merkel to Step Down as German Chancellor in 2021". *BBC* (October 29).

Oltermann, Philip. 2020. "Fears Grow That CDU Crisis in Germany Could Spread across EU". *The Guardian* (February 14).

6차(2020년 2월 말~3월 말)

3월 15일 프랑스에서 제 1차 지방선거가 열렸다. 선거의 최대 관심사였던 파리 시장 선거에서 사회당(Socialist Party) 소속 안 이달고(Anne Hidalgo) 후보가 약 30%의 지지를 이끌어 내며 우위에 올랐다. 또한 1차 선거 연기를 강력하게 주장했던 마린 르 펜의 극우정당 국민연합은 프랑스 북부 인근과 남부 칸 근처에서 승리를 거두었다(Euronews 2020/03/16).

2020년 2월 5일 튀링엔주에서 주 총리 선거가 개최되었는데 극우 성향의 독일을 위한 대안이 제1당인 좌파당(Die Linke) 소속의 보도 라멜로우(Bodo Ramelow)를 떨어트리기 위해 선출과정을 좌지우지 하자 주 의회는 3월 4일 총리 재선거를 실시하였다. 결국 소수 좌파 연합 정당인 좌파당, 녹색당, 사회민주당의 지지를 받은 보도 라멜로우가 주 총리로 당선되었다(Politico 2020/03/05).

3월 17일 유럽연합이 코로나 바이러스로 인해 유럽 국경 폐쇄를 선언하면서 앞으로 30일 동안 외국인들은 여행과 같은 비필수적인 이유로 유럽에 들어 올 수 없게 되었다. 따라서 유럽 내에서 국경을 자유롭게 넘나들 수 있었던 배경인 솅겐조약(Schengen Agreement)이 이미 효력을 잃었다는 평가를 받고 있다(뉴시스 2020/03/18).

‖‖

국민 건강 고려하지 않은 프랑스 정부의 지방선거 강행과 역대최저투표율

3월 15일 프랑스에서는 제1차 지방선거를 앞두고 코로나19 확산을 막기 위해 강도 높은 수준의 방역을 실시했지만 투표율은 작년 선거보다 20%p 떨어진 46%로 집계되었다(Euronews 2020/03/16).

코로나19로 인해 선거를 연기해야 한다는 여론에도 불구하고 무리하게 강행된 지방선거는 53.5~56%라는 역대 최고 수준의 기권율을 보여 주었다(연합뉴스

2020/03/16). 결국 사태가 악화되자 에마뉘엘 마크롱 대통령은 대국민담화에서 결선 투표를 연기하겠다고 밝혔다(연합뉴스 2020/03/17).

투표는 주권을 행사하는 수단으로 대의민주주의에서 중요한 의미를 갖는다. 마크롱 대통령의 선거 강행은 참정권을 보장한 것일 수 있지만, 다른 한편으로는 코로나로 인한 국가재난사태 속에서 국민들의 건강을 크게 고려되지 않은 경솔한 선택일 수도 있다. 이번 지방선거는 마크롱 대통령의 집권 전반기와 후반기를 가르는 분기점에서 치러지는 만큼 현 정부에 대한 프랑스 국민의 중간평가이기 때문에 이러한 선거 강행이 국민들로 하여금 결선투표에서 어떠한 선택을 하게 할지 주목된다.

참고문헌

김용래. 2020. "코로나19 사태 속 프랑스 지방선거, 참여도 역대 최저수준". 『연합뉴스』 (03월 16일).

_____. 2020. "마크롱 "집에 있어달라" 강력호소…지방선거 미루기로". 『연합뉴스』(03월 17일).

Euronews. 2020. "Record Low Turnout in French Municipal Elections amidst Coronavirus Fears". (March 16).

7차(2020년 3월 말~4월 말)

송민지

스페인에서 2020년 5월부터 최저 소득 보장 제도가 실시된다. 이는 사회노동당과 포데모스가 2019년 12월부터 제시한 안건이다. 코로나19로 국민들의 경제적 환경이 어려움에 처하자 소득이 낮은 가정을 보장하기 위해 약 55억 유로를 활용할 예정이다(EL PAIS 2020/04/19).

앙겔라 메르켈 총리와 기독민주당이 코로나19와 관련해 늑장 대응이라고 비판받았지만 이후 기자회견에서 최악의 경우를 대비한 강력한 메시지를 남기고, 국경폐쇄와 공공 생활 제한 조처를 내리는 등 문제 해결에 힘쓰고 있다(연합뉴스 2020/04/19).

영국 도미닉 라브(Dominic Rabb) 외무장관이 "서둘러 조치를 완화한다면 지금까지의 모든 희생과 진전을 물거품으로 만들 위험이 있다"고 지적하면서 코로나19의 확산을 막기 위해 봉쇄조치를 3주 연장하겠다는 입장을 밝혔다(연합뉴스 2020/04/17). 야당은 이에 동의하면서도 사태 해결을 위한 전략의 필요성을 강조했다(연합뉴스 2020/04/17).

메르켈 총리와 여당, 코로나19로 지지율 반등 성공

독일 앙겔라 메르켈 총리와 집권당인 기독민주당은 네 번째 연임에도 불구하고 반 난민을 주장하는 극우 정당에 밀려 지방선거와 유럽의회 선거에서 계속해서 성과를 내지 못했다(연합뉴스 2020/04/19).

하지만 코로나19와 관련한 메르켈 총리의 의료체계 대응 및 경제 대응이 높게 평가받으면서, 4월 2일 공영방송 ARD가 실시한 여론조사에서 코로나19에 대한 정부의 대응에 대해 긍정적인 응답이 63%에 달했다. 또한 기독민주당의 지지율은 2주 전 조사보다 3%p 상승한 38%로 총선 직전인 2017년 8월 이후 가장 높은 수치를 기록했고(연합뉴스 2020/04/19), 메르켈 총리의 지지율은 3월 초 이후 11%p

상승한 79%로 집계되었다(글로벌이코노믹 2020/04/24).

　여당은 지지율 하락, 당 대표직 사퇴, 차기 총리 후보자의 공백 등으로 인해 다음집권 가능성이 희미해졌고, 이에 메르켈 총리는 정계 은퇴 의사를 내비치기도 했다(YTN 2019/05/17). 하지만 국가 위기 속에서 그녀는 사회적 거리유지를 호소했고, 대국민 연설에서 국민들의 경각심을 일깨웠다. 이번 메르켈 총리의 대처를 통해 지도자가 국민들에게 신뢰를 얻는 한 사례를 확인할 수 있었다.

참고문헌

김경수. 2020. "코로나19 사태로 각국 지도자 지지율 급등…트럼프, 아베, 보우소나루는 예외". 『글로벌이코노믹』(04월 24일).
이광빈. 2020. "내리막길 메르켈, 코로나19로 부활…늑장대응 딛고 지지율 급등". 『연합뉴스』(04월 19일).
YTN. 2019. "메르켈 총리, 2021년 정계 은퇴 의사 재확인". (05월 17일).

8차(2020년 4월 말~5월 말)

송민지

스페인에서 코로나19 비상사태 연장대응과 관련해 자유를 향한 반정부 시위가 열렸다. 사회적 거리두기에도 불구하고 시위는 전국적으로 번졌고, 거리는 시민들로 거리가 가득 찼다(EL PAIS 2020/05/19). 특히 극우정당 복스의 마드리드 지역 당수와 의회대변인이 시위에 모습을 드러내는 등 시민들과 함께 페드로 산체스 총리의 퇴진을 요구했다(EL PAIS 2020/05/19).

프랑스 집권당 레퓌블리크 앙마르슈(La République En Marche)의 하원 의원들이 잇따라 탈당하면서 하원 절대다수당 지위를 상실했다(연합뉴스 2020/05/26). 이미 지난주부터 17명의 의원이 중도를 약속했던 에마뉘엘 마크롱 대통령이 정부를 보수적으로 운영한다며 탈당한 상황이고, 이는 하반기 집권에 있어 적지 않은 영향을 줄 것으로 보인다(연합뉴스 2020/05/26).

영국 정부가 단계적 완화와 함께 노동자들의 복귀를 권장했지만, 노동자 집단과 노동조합은 안전한 업무 복귀와 관련된 세부적인 조항이 누락되었다며 이를 비판했다(CNN 2020/05/11). 이들은 출퇴근 시 대중교통을 사용하면 위험에 노출될 것이라고 주장했고, 기업들 역시 노동자의 업무복귀가 혼란을 야기할 것이라며 지적했다(CNN 2020/05/11).

코로나19 속 스페인 정치권의 분열과 야당의 역할

스페인에서 코로나19 비상사태 연장대응 관련 자유를 향한 반정부 시위가 열렸고, 시위대는 "페드로 산체스 총리는 보건위기 상황을 제대로 알리지 않고, 시민들을 자택에 감금하는 등 권리를 침해했다"며 사퇴를 촉구했다(뉴시스 2020/05/24).

또한 복스, 국민당 등 야당들은 5월 초부터 정부의 비상사태 연장안에 대해 반대투표를 진행했으며(Euro Weekly News 2020/05/24), 복스의 대표 파블로 카사도

(Pablo Casado)는 총리는 잔혹한 감금상태 없이는 코로나19에서 국민들을 지켜내지 못한다며 비판했다(France24 202005/21). 그러나 이런 비판에도 총리는 "6차 연장은 우리의 의무이기 때문에 연구하고 있다"고 밝혔고(Euro Weekly News 2020/05/24), 시위가 불법은 아니지만 보건당국이 발표한 기준과 규칙, 결정을 존중해달라고 주장했다(뉴시스 2020/05/24).

스페인에서 정부 퇴진 시위가 발생했다. 야당은 정부를 견제하고, 시위를 통한 다양한 이념 주장 역할을 수행해야 하지만, 현재 국가가 비상사태인 만큼 지도자들은 비방을 자중하고, 선동이 아닌 통합된 모습으로 문제를 해결하기 위해 많은 노력을 해야 한다.

참고문헌

뉴시스. 2020. "스페인 극우 "산체스 총리가 자유 침해"⋯ '드라이브 인' 시위". (05월 24일).

France24. 2020. "Spain to Extend Lockdown to June 6 despite Outcry from Protesters and Right-Wing Opposition". (May 21).

Sappal, Pepi. 2020. "Spain's PM Ponders Need for Potential Sixth Lockdown Extension until End of June". *Euro Weekly News* (May 24).

9차(2020년 5월 말~6월 말)

송민지

6월 21일, 스페인 정부가 코로나19로 인한 국가비상사태를 종료하면서 '새로운 정상 사태'에 진입함에 따라 국민들이 국내 및 유럽 내부를 자유롭게 오고갈 수 있게 되었다. 하지만 정부가 발표한 직장에서의 예방 매뉴얼과 채용 등 새로운 규제와 기존의 안전거리 유지, 마스크 착용 등 부분적 규제는 유지되며, 이는 코로나19 백신이 만들어지기 전까지 지속될 예정이다(EL PAIS 2020/06/20).

프랑스에서는 의료종사자들이 2019년 11월 정부가 발표한 의료 부분 개선 방안 약속을 지키라며 시위를 벌였고, 특히 고질적 문제인 낮은 임금과 인력 부족에 대해 강력히 문제를 제기했다(연합뉴스 2020/06/17). 대부분의 시위는 평화적으로 진행됐지만 앵발리드에서는 경찰과의 마찰이 발생하는 등 폭력적인 모습이 보이기도 했다(연합뉴스 2020/06/17).

유럽의회의원들은 코로나19가 장기화되자 셍겐지역의 빠른 회복을 주장했고, 이를 위해선 국가 간 신뢰를 재구축해야 한다고 말했다(Euro News 2020/06/19). 또한 의원들은 의회와 회원국들에게 복구를 위한 노력을 요구했고, 특히 시민자유위원회 위원장은 자유로운 이동과 연대가 유럽연합이 추구하는 가치라며 셍겐지역의 중요성을 강조했다(EuroNews 2020/06/19).

반인종차별에 앞장 선 독일 시민과 베를린

베를린 주에서 경찰을 포함한 공공기관이 시민을 차별하지 못하도록 하는 차별금지법이 통과되었으며, 이는 기존 독일의 차별금지법이었던 일반 평등 치료법의 한계와 세계적인 반인종차별 시위에 탄력을 받아 승인되었다(Deutsche Welle 2020/06/04).

사회민주당, 좌파당, 녹색당으로 구성된 베를린의 연합 정부는 새로운 금지법이 효과적일 것이라고 기대를 내비쳤고(Deutsche Welle 2020/06/04), 베를린의 더크

베렌트(Dirk Behrendt) 법무부 장관 역시 이 법이 제도적 인종차별에 의한 심각한 문제들을 다룰 수 있을 것이라고 말했다(The Mayor EU 2020/06/08). 하지만 호르스트 제호퍼(Horst Seehofer) 연방정부 내무장관은 차별금지법으로 인해 모든 경찰들이 차별을 자행한다고 의심을 받고, 피해를 볼 것이라고 주장하기도 했다(연합뉴스 2020/06/20).

베를린 주 정부가 차별과 관련해 기존 법을 재검토하고, 이를 보완할 새로운 법을 제정했다. 이는 나치를 통해 차별이 낳는 해악을 경험했던 독일의 아픔을 반복하지 않겠다는 의지와도 같다. '조지 플로이드 사건'을 계기로 사회적 규제를 실시한 독일이 다른 국가들에게도 모범이 될 수 있을지 기대해 본다.

참고문헌

이광빈. 2020. "베를린시의 차별금지법 도입에 내무장관 "경찰 피해" 반발". 『연합뉴스』 (06월 20일).

Deutsch Welle. 2020. "Berlin Passes First German State Anti-Discrimination Law". (June 04).

Stoyanov, Anton. 2020. "Berlin Becomes First German State with Its Own Anti-Discrimination Law". *The Mayor EU* (June 08).

10차(2020년 6월 말~7월 말)

송민지

7월 12일, 스페인 갈리시아와 바스크에서 지방선거가 열렸고, 지역에서 오랫동안 여당의 자리를 유지했던 국민당과 바스크 국민당(Basque Nationalist Party) 소속 후보들이 연임에 성공했다(EL PAIS 2020/07/13). 그러나 집권여당인 포데모스는 갈리시아에서 의회 의석을 모두 잃었고, 바스크에서는 의석의 과반을 잃는 등 선거의 참패를 겪었다(EL PAIS 2020/07/13).

코로나19로 연기되었던 프랑스 2차 지방선거가 6월 28일 진행되었고, 1차 선거 당시 여러 도시에서 많은 지지를 얻었던 녹색당을 비롯한 좌파 진영이 2차 선거에서도 좋은 성과를 낸 반면, 집권 여당인 레퓌블리크 앙마르슈는 리옹, 보르도 등 주요 대도시에서 패배했으며, 투표율은 41.7%에 불과했다(BBC 2020/06/29).

영국 재무부 장관 리시 수낙(Rish Sunak)이 코로나19를 위해 힘쓰는 의사, 교사, 경찰 등을 비롯한 공공부문 근로자들의 임금을 인상하겠다고 발표했다. 그러나 안넬리제 도드(Anneliese Dodds) 의원은 이번 임금 인상으로 오랫동안 유지되었던 임금 동결을 만회할 수는 없다며 비했고, 노동당 하원 의원 역시 제대로 된 임금 인상을 기대하긴 어려울 것이라는 입장을 밝혔다(BBC 2020/07/21).

프랑스 여당의 내각개편, 성폭행 혐의로 물들어

6월 28일, 프랑스에서 제2차 지방선거가 치러졌고, 3대 도시인 파리, 마르세유, 리옹에서 좌파 진영 후보가 시장으로 당선되었다(경향신문 2020/07/18). 투표율은 41.7%로 최저를 기록했으며, 야당의 승리로 끝난 선거는 여당의 내각 개편으로 이어졌다(경향신문 2020/07/18).

지방선거의 참패로 좌파와 손을 잡을 것이라는 여론에도 에마뉘엘 마크롱 대통령은 우파 정당인 공화당 소속 장 카스텍스(Jean Castex) 새 총리와 함께 2기 내각을 출범시켰다(연합뉴스 2020/07/03). 하지만 과거에 있었던 신임 내무 장관 제랄드 다르마냉(Gerald Darmanin)의 성폭행 혐의와 신임 법무부 장관 에릭 뒤퐁 모레티(Eric Dupond-Moretti)의 성차별 발언이 재조명 되면서 수백 명의 시민들이 사퇴 시위를 벌였다(중앙일보 2020/07/14).

더불어 페미니스트를 자처해 온 마크롱 대통령이 무죄 추정 원칙과 함께 임명을 번복하지 않을 것이라 밝혀 국민으로부터 많은 분노를 사고 있는 상황이다(시사저널 2020/07/23). 선거의 패배로 개편된 내각인 만큼 국민의 의견을 적극적으로 수용하는 자세가 필요하다. 따라서 하반기 집권에서도 대통령의 고집스러운 태도가 계속된다면 여당의 난항이 이어지지 않을까 예상해 본다.

참고문헌

김용래. 2020. "프랑스, 총리 전격 교체…지방선거 참패 후 국정쇄신 모색". 『연합뉴스』(07월 03일).

이민정. 2020. "성폭행 의혹에 성차별 발언 신임장관들…마크롱 흔든 佛 개각". 『중앙일보』(07월 14일).

정환보. 2020. "코로나와 선거, 민주주의의 위기와 기회". 『경향뉴스』(07월 18일).

최정민. 2020. "마크롱에 성난 프랑스 시민 "당신, 이제 해고야"". 『시사저널』(07월 23일).

11차(2020년 7월 말~8월 말)

송민지

스페인에서 금융 비리 의혹에 휩싸인 후안 카를로스 1세(Juan Carlos I) 전 국왕이 해외로 망명하자 8월 4일, 페드로 산체스 총리는 왕실의 결정을 존중한다는 입장을 보였다(EL PAIS 2020/08/04). 반면, 포데모스는 전 국왕의 망명을 비난하며, 철저한 비리 조사를 요구하는 등 연립정부 내 상이한 입장이 나타났다(EL PAIS 2020/08/04).

8월 18일, 앙겔라 메르켈 총리가 기독민주당의 차기 총리 후보로 거론되는 아르민 라셰트(Armin Laschet)를 만나기 위해 회의에 참석했다(The Straits Times 2020/08/18). 한편, 여당은 코로나19로 무산되었던 당 대표 선거를 12월에 개최할 예정이라고 밝혔다(The Straits Times 2020/08/18).

영국에서 코로나19로 각종 입학시험이 취소되자 정부가 새로운 성적 평가 방식을 도입했으나, 수많은 학생들이 하향 조정된 결과를 받게 되면서 런던에서 대규모 시위가 발생했다(CNN 2020/08/17). 이에 대해 8월 17일, 개빈 윌리엄슨(Gavin Williamson) 교육부 장관은 새로운 성적 평가 방식에 결함이 있음을 인정하고, 학교에서 재평가할 수 있도록 조치를 취하겠다고 밝혔다(CNN 2020/08/17).

||||||||||||||||||||||||||||||||||||||||||||||||||||||||||||||||||||||||||||||||||||||||||||

독일 기독민주당, 총리 후보 찾기 난항

앙겔라 메르켈 총리가 연임을 하지 않겠다는 입장을 다시 한 번 내비치면서 그의 후계자 자리를 둘러싸고 많은 관심이 모이고 있다(연합뉴스 2020/06/05).

특히 사회민주당은 올라프 숄츠(Olaf Scholz) 재무장관을 총리 후보로 등록했고, 타 정당과의 연대를 언급할 만큼 차기 총리직에 대한 강한 욕심을 드러냈다(뉴시스 2020/08/11). 반면, 메르켈 총리의 소속 정당인 기독민주당에선 안네그레트 크람프-카렌바우어가 당 대표직을 사퇴하고(파이낸셜 뉴스 2020/06/05), 유력한 후보였던 마르쿠스 죄더(Markus Söder) 바이에른 주 총리가 불출마 선언을 하는 등 정작 후보자 자리가 공석으로 유지되고 있다(서울경제 2020/08/03).

　각종 주들을 방문해 회의에 참석하는 등 메르켈 총리의 후보자를 찾기 위한 정치적 움직임이 시작되었지만 뚜렷한 결과는 나오지 않은 상황이다(The Straits Times 2020/08/18). 야당의 행보와 달리 기독민주당에서 총리 후보자를 찾지 못한다면 오랫동안 유지했던 여당의 자리가 위태로워질 수 있다. 내년에 있을 총선에서 승리하기 위해 여당은 보다 적극적인 후보자 찾기를 시작해야 한다.

참고문헌

박성규. 2020. "메르켈 후계자 '안갯속'…쥐더도 총리 도전 않기로". 『서울경제』(08월 03일).
이재준. 2020. "독일 연정 참여 사민당, 메르켈 후임 총리후보에 숄츠 재무 지명". 『뉴시스』(08월 11일).
홍예지. 2020. "獨 메르켈 "5연임 없다…은퇴 결정 확고". 『파이낸셜 뉴스』(06월 05일).
홍준석. 2020. "메르켈 "총리 5연임 안한다…매우 확고해". 『연합뉴스』(06월 05일).
The Straits Times. 2020. "Germany's Merkel Weighs in on Succession in Visit to Industrial Heartland". (August 18).

제2장

유럽 I의 주요 동향

선거

〈스페인〉 2019년 10월 12일

• 스페인에서 4년 새 네 번째의 선거 열려   (BBC 09.17)

- 페드로 산체스 총리의 사회노동당이 정부로부터 4월 28일 총선에서 충분한 내각 지지를 받지 못함에 따라 11월 10일에 4년 새 네 번째인 재선거를 하기로 결정됐다. 스페인 국왕 펠리페 6세(Felipe VI)는 야권의 정당 지도자들과 이틀간 총리 후보에 대해 협의를 했지만 아무런 합의점도 찾지 못했다. 사회노동당은 임시 총리 체제하에서 과반의석을 얻기 위해 급진좌파 정당인 포데모스와 연립 정부를 구성하려고 협상을 벌였지만, 거절당한 사실이 있으며 만약 포데모스가 사회노동당을 지지해 주는 상황이 온다면 스페인 사상 최초의 좌파연립정부가 구성되는 것이다.

〈독일〉 2019년 10월 23일

• 독일의 사회민주당, 메르켈 연합의 운명을 결정하는 리더 선정   (Reuters 10.23)

- 독일의 사회민주당은 10월 26일 새로운 당대표 선출 결과를 발표하겠다고 밝혔고 이에 관해 앙겔라 메르켈 총리는 기독민주당과 사회민주당이 연합정부를 꾸리고 있는 상황에서 계속해서 보수파 사회민주당과의 연합을 계속해서 이어갈지 말지 결정

해야 한다. 연합정부를 이어가지 않는다면 조기 선거나 소수정부의 구조가 나타날 수 있다. 최근 사상 최저치의 결과를 보였던 사회민주당은 약 14%로 약 27%인 메르켈의 보수당 기독민주당보다 훨씬 낮은 투표율을 보이고 극우파 독일을 위한 대안을 겨우 앞서고 있는 상황이다. 여론조사원에 따르면 10월 26일에 과반의 후보자가 없으면 11월 말에 결선 투표가 이뤄질 것이라고 내다본다. 12명의 후보자는 보수 연립을 바라고 있으며 Manfred Guellner 여론 조사원에 따르면 선거에서 중도주의자인 올라프 숄츠가 앞서있었을지도 모르지만, 의원들이 결선투표에서 그를 대항해 다른 좌파상대를 지지한다면 26일 선거에서 그가 완전히 당선되기는 힘들 것이다. 어느 당이 승리하든지 간에 사회민주당은 당에 대한 지지율을 회복하기 위해서 총력을 다해야 할 것이다.

〈스페인〉 2019년 11월 10일
• 스페인 총선에서 페드로 산체스 또 과반의석 확보 못해   (The Economist 11.14)
– 11월 10일 총선에서 페드로 산체스 임시 총리가 이끄는 사회노동당이 하원 350석 정원에서 120석(28%)을 획득하며 제1당의 지위를 다시 차지했지만, 과반 의석 176석 이상에 다시금 못 미쳐 의석 확보에 실패했다. 지난 4월 28일 총선에 비해 사회노동당은 3석이 줄은 반면, 제1야당 국민당은 66석에서 88석으로 급증하였고, 4월 총선에 원내로 처음 진입한 극우 정당 복스는 24석에서 2배 이상인 52석(15.1%)의 성과를 내며 시민당(Ciudadanos)을 제치고 제3의 스페인 정치 세력이 됐다. 다시 화두가 되는 카탈루냐의 분리 독립에 대해 복스가 정부에게 분리주의자들과 불법 이민자들의 복지 혜택에 대해 더 강경해야 한다며 지속해서 주장해온 모습이 복스의 부상으로 이어진 것으로 보인다. 4월 총선과 달리 11월 총선에서는 사회노동당과 35석을 차지한 포데모스가 연립정부를 구성하더라도 과반이 되지 않아 산체스는 다른 지역 기반의 소수 정당이나 카탈루냐 분리 독립을 지지하는 의원들을 설득해 과반의석을 확보하도록 해야 한다.

〈스페인〉 2019년 11월 12일
• 스페인 좌파, 총선 이틀 만에 연립정부 구성 전격 합의   (연합뉴스 11.13)

- 11월 12일 사회노동당 대표 페드로 산체스 임시 총리와 포데모스 당 대표 파블로 이글레시아스(Pablo Iglesias)가 연립정부 구성에 협력한다는 문서에 서명하였고 내각 각료 배문 문제는 차후에 협의하기로 했다. 4월 28일 총선 후의 연정 협상에서는 두 정당의 각료 배분에 대한 갈등으로 협상이 결렬되어 총선을 11월 10일 다시 치를 수밖에 없었다. 이글레시아스 포데모스 대표는 카탈루냐의 분리 독립 운동을 저지하고 이번 총선에서 제3당으로 떠오른 복스 등 극우 세력의 확산을 막을 것이라고 말했다. 연정 협상이 최종적으로 이뤄진다면 1975년 스페인 민주화 이후 최초의 연립정부이다. 하지만 11월 10일 총선에서 사회당은 120석, 포데모스는 35석을 획득해 합해도 155석으로 과반의석인 175석에서 20석이 부족해 중도우파 시민당, 급진좌파 마스 파이스(Más País), 바스크 국민당 등 소수 정당과 추가적인 연립정부 협상을 위해 노력해야 한다. 스페인 언론에서는 사회노동당과 포데모스의 연정 구성의 합의 모습을 보고 이글레시아스는 부총리의 유력한 후보라고 바라봤다.

〈영국〉 2019년 12월 12일

• 영국 총선에서 보리스 존슨의 보수당 과반 의석 확보　　　　　　　(CNN 12.13)

- 12월 12일 영국 조기 총선 결과 보수당이 압도적인 승리로 재집권에 성공했다. 이 결과는 브렉시트 완수의 단일 공약으로 선거운동을 하겠다는 보리스 존슨의 전략을 입증했다. 금요일 오후까지 보수당은 하원 의석 650석 중 365석을 확보해 노동당의 203석을 훨씬 앞질렀다. 브렉시트 반대 공약으로 보수당 집권을 막으려 했던 자유민주당(Liberal Democrats)은 11석, 스코틀랜드 국민당(Scottish National Party, SNP)은 48석을 얻으며 전략이 실패하였고 존슨은 하원의원 과반수를 차지하며 1월 말에 브렉시트를 위한 길이 비교적 편해졌다. 또한, 영국 정치사상 가장 많은 수의 여성 의원이 하원에 입성했다. 2017년의 역대 최대 기록 208석에서 이번 선거 결과 650인 중 34%의 221명의 여성 하원이 당선됐다.

〈독일〉 2019년 12월 08일

• 기독민주당, 연합 회담 앞두고 사회민주당 비난　　　　　　　(Reuters 12.08)

- 11월 30일에 치러진 사회민주당 결선 투표에서 당선된 노르베르트 발터-보르얀

스(Norbert Walter-Borjans), 자스키아 에스켄(Saskia Esken) 공동대표가 연합정부의 재협상을 요구함에 따라, 기독민주당 대표 안네그레트 크람프-카렌바우어는 기독민주당·기독사회당 연합과 사민당의 협상 회담을 앞두고 12월 8일 독일 주간지 빌트 암 존탁과의 인터뷰에서 "사회민주당은 대연정에 보다 진정성 있게 참여하라"며 경고했다. 그리고 이에 더해 "대연정은 나라를 위한 것이지 집권당의 트라우마 치료법이 아니다"고 강하게 비판했다. 독일 연방하원 709석 중 기민·기사당 연합은 246석을 차지하고 있고 153석을 확보한 사민당이 연정에서 탈퇴하면 기민·기사당 연합은 하원 과반 의석을 상실해 소수 정부로 전락하고야 만다. 18개월 동안 유지되고 있는 연정의 붕괴는 많은 사람이 독일을 위한 대안의 힘을 두려워하고 있는 상황에서 유럽의 최대 경제 불안정을 가할 수 있는 소수 정부나 조기 총선을 이끌 수 있다. 조기 총선을 감행할 경우 메르켈 총리는 임기를 다 채우지 못한 채 총리직에서 물러나게 될 가능성도 높다.

〈프랑스〉 2020년 01월 16일

• 마린 르 펜, 2022년 프랑스 대선 출마 선언 (Express 01.17)

– 1월 16일 프랑스 대통령 에마뉘엘 마크롱의 최대 라이벌인 극우 국민연합 대표 마린 르 펜이 2022년 대통령 선거에 출마하기로 공식 발표하였다. 그는 같은 날 신년 기자회견에서 "프랑스인들은 미래를 바라봐야 한다"며 "국가를 다시 회복시키는 야심 찬 대안을 제시하고 국민 통합을 이루겠다"고 덧붙였다. 마린 르 펜은 2017년 대선의 결선투표까지 진출에 성공했지만, 전체의 3분의 1표를 얻으며 마크롱에게 패배하였다. 차기 대선은 2022년 4월 예정이며 대선에 출마하기 위해서 르 펜 입후보는 이미 확고한 지지를 받고 있어도 2021년에 예정된 국민연합의 당 대회에서 공식 승인을 받아야만 한다. 르 펜은 향후 대선을 포함하면 2012년, 2017년 이어 세 번째 대선에 도전하는 것이다.

〈영국〉 2020년 01월 21일

• 영국 노동당 필립스 의원, 당대표 경선 참여 중단키로 (연합뉴스 01.22)

– 1월 21일 영국 노동당 당대표 후보 제스 필립스(Jess Phillips) 의원이 경선 참여 포기

의사를 밝혔다. 버밍엄 동부 야들리 지역구의 의원인 그는 "노동당은 노조와 당원, 의원 등 모든 이들을 하나로 단결시킬 수 있는 후보를 뽑을 필요가 있다"라면서 본인은 적임자가 아니라고 말했다. 필립스 의원은 향후 노동당 대표 투표에서 누구를 지지할지 아직 밝히지는 않았으나 가디언은 키어 스타머(Keir Starmer) 의원이 그의 지지자 대부분을 흡수할 것으로 예상했다. 그의 경선 참여 포기 선언으로 당대표 후보에는 스타머와 레베카 롱 베일리(Rebecca Long-Bailey), 에밀리 손베리(Emily Thornberry), 리사 낸디(Lisa Nandy) 4명의 의원이 남았다. 이들은 입후보를 위해 하원 및 유럽의회의 22명 의원 이상의 지지를 받았어야 했으며, 한 달 내에 다시 노동당 지역구위원회에서 5% 이상 혹은 노조 두 곳을 포함한 세 곳 이상의 노동당 제휴 기관의 추천을 받아야만 자격 요건에 충족된다. 필립스 의원은 노조와 지역구위원회의 지지를 확보하는 데 어려움을 겪어 낙마 결정을 내린 것으로 보인다. 노동당 대표 및 부대표 경선 투표는 2월 21일부터 시작하며, 4월 4일 최종 당선 결과가 발표될 예정이다.

〈프랑스〉 2020년 02월 16일

• 파리시장 집권당 후보에 보건 장관 낙점 　　　　　　　(The New York Times 02.16)

– 프랑스 집권당 레퓌블리크 앙마르슈의 유력했던 파리시장 후보자 벤자맹 그리보(Benjamin Griveaux)가 러시아 공연 예술가 표트르 파블렌스키(Pyotr Pavlensky)에 의해 성(性)적인 동영상이 소셜 미디어에 유출돼 2월 14일 후보직을 사퇴했다. 따라서 2월 16일 아녜스 뷔쟁(Agnes Buzyn) 프랑스 보건 장관이 새로운 파리시장 후보자로 지명됐다. 그리보의 사퇴로 인해 재선을 노리고 있던 현 파리시장인 사회당의 안 이달고와 집권당 후보 뷔쟁은 여성 2강의 강력한 경쟁 구도를 이룰 것으로 전망된다. 프랑스 지방선거는 3월 15일에 진행되며 1차 투표에서 과반을 득표한 후보자가 나오지 않으면 2차 투표에서 1·2위 득표자의 승부를 가리는 결선투표제가 치러진다.

〈독일〉 2020년 02월 10일

• 독일 메르켈 총리의 승계 위기가 유럽 지도자 부재로도 이어져

　　　　　　　　　　　　　　　　　　　　　(The New York Times 02.11)

– 유력했던 앙겔라 메르켈 독일 총리의 후계자 안네그레트 크람프-카렌바우어의

사퇴로 인해 독일 정치가 깊은 혼란에 빠질 것으로 예상된다. 이에 대해 유럽에서는 독일의 리더십과 관련해서 비판이 나오고 있다. 기독민주당 대표 크람프-카렌바우어는 2월 10일 튀링겐주 총리 선출과정에서 자유민주당 토마스 켐메리히가 당선되자 극우정당의 개입을 막지 못한 것에 책임을 지고 차기 총리 후보직에서 사퇴하기로 밝혔다. 전문가들은 독일에는 현재 유력한 차기 총리 후보자가 없는 상황이기에 내부에 정치적 불안이 일어나 혼란이 유럽까지 이어질 것으로 바라보고 있다. 기후변화에 따른 위기, 영국의 브렉시트, 미국과 중국의 패권 대결 등 급변하는 국제 정세 속에서 유럽연합의 핵심 국가인 독일이 유럽에서 적극적인 역할을 해야 한다는 의견이 많으나 역사적 과실 때문인지 메르켈 총리는 14년의 집권 기간 동안 회피성을 띠는 위기 대처 모습을 보여 많은 비판을 받았다. 하지만 독일이 향후의 총리 문제로 수개월 동안 내부 문제에만 매진할 것으로 예상돼 유럽연합이 직면한 난제에 대해서는 해이해질 것으로 보여 회원국들의 불만이 더 커질 것으로 보인다.

〈영국〉 2020년 02월 15일
· 에밀리 손베리 의원, 영국 노동당 대표 경선서 탈락   (BBC 02.15)
– 2월 15일 에밀리 손베리 의원이 자격 요건에 미달하여 노동당 대표 경선에서 탈락하였다. 손베리 의원은 후보자 추천 마감 날짜인 14일 자정까지 노동당 지역구위원회 31곳의 지지를 받았으나 33곳의 기준에 못 미쳐 경선에서 떨어졌다. 정당 규칙에 따라 후보자들은 5%를 차지하는 세 개의 노동조합 및 제휴 기관 혹은 33곳의 노동당 지역구위원회의 지지를 받아야 한다. 결과적으로 제러미 코빈(Jeremy Corbyn)을 승계할 노동당 대표 후보자들은 키어 스타머와 레베카 롱 베일리, 리사 낸디로 총 3명이 남아있다. 세 사람은 모두 노조와 제휴 기관의 충분한 추천을 받아 자격 요건에 부합된 상태이다. 투표는 2월 24일부터 4월 2일까지 하며 당선 결과는 이틀 뒤인 4월 4일에 발표될 예정이다.

〈프랑스〉 2020년 03월 15일
· 코로나바이러스 속, 프랑스 지방선거 낮은 투표율 기록   (Euronews 03.16)
– 코로나 바이러스로 인해 선거를 연기해야 된다는 여론을 비집고 3월 15일 프랑

스에서 1차 지방선거가 열렸다. 이번 선거의 핵심이라 할 수 있는 파리 시장선거에서 사회당 소속 안 이달고 후보가 약 30%의 많은 지지를 얻으며 우위에 올랐다. 제 2 도시 마르세유에서는 집권 25년 만에 물러나는 우파 정당 대중운동연합(Union for a Popular Movement)의 장 클로드 고댕(Jean-Claude Gaudin) 시장의 뒤를 잇는 후보인 만큼 좌파 후보의 선전은 많은 놀라움을 안겨주었다. 또한 선거 연기를 강력하게 주장했던 마리 르 펜의 국민연합은 프랑스 북부 인근의 헤닌-베아몬트, 남부 칸 근처의 프레수즈에서 승리를 거두었다. 추가 확산을 방지하기 위해 정부는 줄에 선 사람들 사이의 간격을 1미터로 유지하고, 투표용 기계에 소독할 수 있는 젤과 물티슈를 배치했다. 하지만 이러한 조치에도 불구하고, 투표율은 지난 2014년 지방선거 1차 투표보다 약 20%p 떨어진 46%로 집계되었다.

〈독일〉 2020년 03월 04일
- **독일 튀링겐 주에서 좌파 총리 재출마**   (Politico 03.05)
- 지난 2월 튀링겐주 총리 선거에서 좌파당 소속 후보인 보도 라멜로우를 떨어트리기 위해 극우정당 독일을 위한 대안이 자유민주당, 기독민주당과 협력한 것이 밝혀지면서 3월 4일 재투표가 실시되었다. 특히 독일 정치의 금기사항과도 같은 극우파와의 협력 대상이 앙겔라 메르켈 총리의 기독민주당임이 밝혀지면서 독일 정계에 많은 충격을 안겨주었다. 이번 사건에 대해 메르켈 총리는 용서할 수 없는 일이라며 유감을 표했고, 기독민주당 당 대표의 사임과 2월 선거에서 당선한 자유민주당 후보 토마스 케머리치의 사퇴가 이어졌다. 재투표 결과 소수 좌파 연합 정당인 좌파당, 녹색당, 사회민주당의 지지를 받은 라멜로우가 1, 2차 투표에서 90명의 의원 중 42표라는 과반에 가까운 표를 얻었다. 재투표에서는 기독교민주당이 기권한 덕분에 그는 보다 수월하게 승리할 수 있었다. 독일을 위한 대안의 튀링겐 지도자인 비욘 회케(Björn Höcke)가 경쟁상대로 거론되었지만 3차 투표에서 찬성 42표, 반대 23표, 기권 20표로 승리하면서 보도 라멜로우가 튀링겐 주 총리로 당선되었다.

〈독일〉 2020년 04월 14일
- **기독민주당 당 대표 선거 12월까지 연기해**   (Reuters 04.14)

– 독일 총리 앙겔라 메르켈의 기독민주당이 코로나19로 인해 당의 새 지도자 투표를 12월까지 연기한다고 안네그레트 크람프−카렌바우어는 밝혔다. 또한 당은 이미 지난 4월 지도자를 선출하기 위한 특별 회의를 취소했으며, 12월 정기 회의가 열리기 전까지 결정이 이뤄지지 않을 가능성이 높아 보인다고 DPA 통신은 전했다. 지난 2월 독일 정치의 금기를 깨고 극우정당과의 협력했다는 스캔들로 인해 안네그렌트 크람프−카렌바우어가 당대표 선거에 출마하지 않기 때문에 당을 이끌 후보로는 메르켈의 라이벌이었던 프리드리히 메르츠(Friedrich Merz) 전 총리와 아르민 라셰트 주 총리로 좁혀진다. 메르켈 총리가 5선을 노리지 않겠다고 밝힘으로써 새롭게 기독교 민주당의 지도자가 될 사람은 차기 선거에서 총리로 출마할 가능성이 높지만, 2021년 10월까지 바이에른 기독교사회연합(Christian Social Union)이 동의를 얻어내야 한다.

〈스페인〉 2020년 07월 12일

- 바스크, 갈리시아 지방 선거, 유권자들 기존 여당 지지   (EL PAIS 07.13)

– 7월 12일, 코로나19로 연기되었던 지방선거가 스페인 갈리시아와 바스크에서 열렸다. 갈리시아에서는 국민당 소속 알베르 누녜스 페이조(Albert Núñez Feijóo) 총리가 4번째 연임에 성공했고, 집권 여당인 포데모스는 지역 의회 의석을 모두 잃는 참패를 겪었다. 또한 아나 폰톤(Ana Pontón)이 이끄는 갈리시아 국민블록(Galician Nationalist Bloc)이 여성 유권자들에게 지지를 얻으면서 갈리시아에서 두 번째로 큰 야당 지위를 얻게 되었다. 한편, 바스크에서는 바스크 국민당 소속 이니고 우르쿨루(Iñigo Urkullu)가 약 40%의 득표율로 현직 총리 자리를 유지하게 되었고, 파블로 카사도의 지지를 받는 국민당 소속 카를로스 이투르가이즈(Carlos Iturgaiz)는 선거에서 패하게 되었다. 국민당과 시민당의 연합정부 수립은 실패로 끝이 났고, 바스크에서도 포데모스는 의석의 과반을 잃었다.

〈프랑스〉 2020년 06월 28일

- 프랑스 지방선거: 2차선거에서 녹색당 선전   (BBC 06.29)

– 6월 28일, 프랑스에서 제2차 지방선거가 진행되었다. 파리에서는 안 이달고 후보가 시장직 연임에 성공했고, 릴에서는 마르틴 오브리(Martine Aubry)가 가까스로 재선

에 성공했다. 또한 1차 선거 당시, 마르세유, 보르도, 낸시 등 전반적으로 여러 도시에서 많은 지지를 얻었던 녹색당을 비롯한 좌파 진영이 2차 선거에서도 좋은 성과를 내었다. 반면, 집권 여당인 레퓌블리크 앙마르슈는 리옹, 스트라스부르트, 보르도, 베산손 등 주요 대도시에서 승리하지 못했고, 중도좌파 신문사 르몽드(Le Monde)가 에마뉘엘 마크롱 대통령을 "반대의 주요 세력"이라 표현할 만큼 여당의 성적은 부진했다. 한편, 코로나19 속 마스크 착용을 비롯한 조치들로 인해 투표율은 약 40%에 불과했고, 대통령은 이러한 낮은 투표율에 심려를 표했다.

〈프랑스〉 2020년 07월 03일

• 프랑스, 총리 전격 교체…지방선거 참패 후 국정쇄신 모색　　　(연합뉴스 07.03)

‒ 에마뉘엘 마크롱 대통령이 장 카스텍스를 새 총리로 임명했다. 이번 지방선거에서 여당이 참패하고, 좌파 진영이 많은 지지를 얻으면서 좌파 성향이 강한 이를 찾을 것이라는 여론이 우세했으나, 모든 이의 예상을 깨고 우파 공화당(Les Républicains) 소속 정치인과 손을 잡았다. 카스텍스 신임 총리는 2011년 공화당 소속 니콜라 사르코지 (Nicolas Sarkozy) 대통령 재임 시 엘리제궁에서 대통령 수석보좌관을 지냈고, 최근에는 코로나19 확산을 막기 위해 시행되었던 각종 봉쇄조치 해제 방안을 현 정부에 조언하기도 했다. 마크롱 대통령은 "프랑스는 매우 어려운 경제 위기를 준비하고, 새로운 길을 열어야 한다"며 새로운 내각과 함께할 2기 정부의 목표가 경제임을 시사했다. 한편, 코로나19를 수습하는 과정에서 대통령보다 10%p 앞선 지지를 얻기도 했던 에두아르 필리프(Edouard Philippe) 전 총리는 지방선거 결과에 따라 르아브르 시장직을 수행할 예정이다.

정책·입법

〈영국〉 2019년 10월 23일

• 英존슨 총리‒코빈 노동당 대표, 브렉시트 법안 일정 합의도 불발　　　(연합뉴스 10.24)

‒ BBC에 의하면 10월 23일 오전 보리스 존슨 영국 총리는 제러미 코빈 노동당 대표와 만나 브렉시트 법안 처리 일정 논의에서 합의점을 찾지 못했다고 한다. 전날 존

슨 총리는 유럽연합과의 새 브렉시트 합의가 반영된 유럽연합 탈퇴 협정 법안을 사흘 내로 신속하게 처리하기 위해 의사 일정 계획안을 제시했지만, 찬성 308표, 반대 322표로 부결됐다. 이에 텔레그래프는 이달 31일까지 영국이 유럽연합을 떠나겠다는 존슨의 꿈이 물거품 돼버렸다고 판단한다. 코빈 대표는 정부가 브렉시트 입법안을 검증할 수 있도록 합리적인 일정을 내보이면 이를 논의할 수 있다고 말했다. 유럽연합 정상회의(European Council) 상임의장 도날트 투스크(Donald Tusk)는 '노 딜' 브렉시트를 기피하기 위해 유럽연합 27개국 정상들을 설득해 영국의 브렉시트 연기 요청을 받아들이도록 하겠다고 밝혔다. BBC는 "유럽연합은 브렉시트 연장에 대한 입장을 정하는 데 서두르지 않을 것"이라며 합의에 도달하는 데 시간을 가질 것으로 봤지만 반대로 텔레그래프는 10월 25일까지 유럽연합이 브렉시트 연기를 승인할 수 있다고 전망했다.

〈유럽연합〉 2019년 10월 16일

- 새 EU 집행위 출범, 12월로 연기···유럽의회, 인준투표 연기 　　　　(뉴시스 10.17)

– 10월 16일 AP, AFP 등에 따르면 유럽회의가 27명의 집행위원단 중 3명의 지명자가 인사청문회를 통과하지 못하면서 오는 23일 예정됐던 유럽연합 집행위원장에 대한 인준 투표를 미뤘다. 더해서 11월 1일로 예정됐던 차기 집행위의 출범도 같이 연기됐다. 유럽의회(European Parliament) 대변인 자우메 두크(Jaume Duch)는 새로운 집행위가 12월 1일 업무를 시작할 수 있도록 시간 맞춰 투표하겠다며 프랑스, 헝가리, 루마니아 3명의 새 집행위원 지명자를 이른 시일 내 지명하기를 희망했다. 지난 10일 에마뉘엘 마크롱 프랑스 대통령이 후보자로 실비 굴라르(Sylvie Goulard)를 지명했지만 반대 82표, 찬성 29표, 기권 1표를 받으며 부결되었고 그는 "굴라르는 정치 게임의 희생자"라며 유감을 표했다. 현 집행위원장 장클로드 융커는 차기 유럽연합 집행위의 출범이 연기되며 11월 말까지 업무를 처리하게 되었다. 유럽연합에서는 지난 2004년과 2010년에도 집행위원의 인준이 통과되지 않아 새 집행위 출범이 연기된 바 있다.

〈독일〉 2019년 10월 27일

• 극우 독일을 위한 대안 지방선거서 제2당으로 급부상 (The Guardian 10.27)

− 10월 27일 독일 튀링겐 주 지방선거 결과 독일을 위한 대안이 지난 선거의 지지율 10.6%의 2배가 넘는 23.4%를 기록하며 기독민주당을 제치고 제2당으로 급부상했다. 사회민주당과 연합을 구성하고 있던 집권 기독민주당은 11%p 이상 하락해 22.5%를 득표하였고 제3당으로 전락하는 참패를 맛봤다. 이번 선거로 인해 앙겔라 메르켈 독일 총리와 유력한 후계자 안네그레트 크람프−카렌바우어 기민당 대표의 입지가 흔들리게 됐다. 독일 통일 이후 30년 정도 지난 지금도 옛 서독에 비해 옛 동독 지역은 2등 시민이라고 느끼고 있고 열악한 경제 환경으로 서독 중심의 중앙 정부에 반감을 지니며 메르켈 정부의 난민 정책에도 반대하는 모습이다. 독일을 위한 대안의 성과는 국민들의 우파 정부에 대한 반감과 반난민 정책을 추구하는 독일을 위한 대안의 모습이 결합된 것으로 보인다. 제1당의 자리는 옛 동독 공산당에 기반을 둔 좌파당이 31%를 득표하며 차지했다. 그러나 이번 선거 결과 세 당을 더해도 과반에 못 미쳐 연정 구성이 다소 어려운 상태이다.

〈프랑스〉 2019년 11월 04일

• 바욘 모스크 공격은 프랑스 이슬람 공포증의 최신 징후 (Independent 11.04)

− 10월 3일 이슬람으로 개종한 미카엘 하폰이 동료 경찰관 4명을 척살한 뒤 일어난 시위와 잔혹한 맞대응의 일부로 3일 뒤 우익 정치인이 프랑스 디종에서 히잡을 쓰고 의회에 참석한 학부모는 며칠 전의 경찰관 살인사건을 보고 용납할 수 없는 모습이라며 히잡을 벗거나 의회에서 나가게 하라고 지방의회 의장에게 지시했다. 더해서 10월 28일 프랑스 상원은 수학여행을 가는 동안에는 여자들이 히잡을 착용하는 것에 반대하는 법안을 추진하기 시작했고 프랑스 도시 바욘에서는 80대 남자가 이슬람 회당인 모스크에 방화하려다 실패해 노인들에게 총격을 가한 사건이 있었다. 용의자는 극우 정당 국민연합 소속으로 밝혀졌다. 같은 날 에마뉘엘 마크롱은 파리 엘리제 궁전에서 종교적 극단주의에 맞서기 위해 노력을 가하자고 설득하기 위해 무슬림 지도자와 만남 중이었다. 2011년 프랑스는 공공장소에서 얼굴 전체의 베일 착용을 금지했으며 공무원의 히잡 착용도 금지했다.

〈유럽연합〉 2019년 11월 20일

• 도날드 투스크, 새로운 EPP 대표로서 EU가치에 대한 '싸움'　　　(EUobserver 11.20)

－ 11월 말에 유럽연합 정상회의 상임의장직의 임기를 마치는 도날드 투스크가 유럽의회에서 가장 큰 정당 그룹 유럽인민당(European People's Party, EPP)에서 당 대표로 지명 받았으며 11월 20일 93%의 지지율로 선출되었다. 도날드 투스크를 이은 차기 상임의장은 전 벨기에 총리 출신인 샤를 미셸로 12월 1일부터 직위를 수행할 예정이다. 같은 날 도날드 투스크 또한 2013년부터 두 번의 임기를 수행한 조셉 다울(Joseph Daul)을 계승하여 유럽인민당의 대표로서 책임을 다할 것이다. 유럽인민당은 헝가리의 집권당 피데스(Fidesz)와의 끝나지 않은 전투 속에서 새로운 지도자와 함께 유럽의회에서 정당 그룹의 두 가지 주요 문제인 유럽연합의 확대 과정과 기후변화에 맞서서 일할 각오가 되어 있다고 말했다.

〈영국〉 2019년 12월 17일

• 英, 'EU와 완전결별' 법으로 못 박는다…"전환기간 연장 없다"　　　(연합뉴스 12.17)

－ 영국 총리 보리스 존슨은 원활한 브렉시트 이행을 위해 예정대로 2020년 12월 31일에 이행 기간을 종료하고 완전한 브렉시트를 위해 유럽연합에 연장을 요구하지 않는다는 조항을 추가하는 탈퇴 협정 법안을 마련할 것이라고 말했다. 12월 12일 존슨 총리가 이끄는 보수당이 과반 의석을 획득한 만큼 법안 통과에는 큰 문제가 없을 것으로 예상된다. 당초에는 당내 브렉시트 강경론자 의존도가 낮아진 만큼 존슨 총리가 향후 유럽연합과 보다 밀접한 관계를 위해 '소프트 브렉시트'(Soft Brexit)로 방향을 틀 수도 있다고 했지만, 그는 브렉시트 지지자들을 계속 붙잡기 위해 견고한 입장을 고수했다. 일각에서는 전환 기간 연장 배제가 오히려 양측의 협상 합의 가능성을 높일 수 있다는 분석도 내놓고 있다. 브렉시트 전환 기간 연장은 없다고 의지를 다지는 영국 정부와 달리 전환 기간은 11개월로 촉박한 데에 비해 자유무역협정(Free Trade Agreement, FTA)을 비롯해 무역, 안보, 외교정책, 교통 등 영국과 유럽연합이 협상할 분야가 상당히 많아 유럽연합 내부에서는 전환 기간 연장이 불가피할 것으로 보는 시각이 많다.

〈스페인〉 2019년 12월 19일

• 카탈루냐 수반 킴 토라, 선거관리위원회의 지시에 불응한 혐의로 공직수행 금지

(The Local 12.19)

— 지난 3월 스페인 선거관리위원회는 총선을 앞두고 카탈루냐 자치정부 수반 킴 토라에게 바르셀로나의 카탈루냐 자치정부 청사 등 공공건물에서 카탈루냐의 분리 독립의 상징물과 노란 리본 등의 철거를 지시했다. 노란 리본은 카탈루냐에서 분리 독립을 추진했다가 투옥된 분리주의자들의 석방을 요구하는 정치적 상징물이다. 킴 토라는 법원에서 노란 리본 등의 상징물은 정의에 대한 열망이기 때문에 철거하지 않았다고 말했다. 이에 킴 토라는 불응한 혐의로 지난 7월 기소되었고 12월 19일 고등법원은 선거 캠페인 동안 킴 토라가 분리주의자의 상징물을 철거하지 않았기 때문에 공직을 수행하기 적합하지 않다고 판단하여 18개월의 공직 수행 금지 판결을 내렸다. 이 결과는 카탈루냐 내의 민족주의 감정을 더욱 격렬하게 만들 것으로 보인다. 수개월이 걸리겠지만 이번 판결은 스페인 대법원에서 확정돼야 효력을 지닌다. 카탈루냐 의회와 그 지역 정부는 분리주의 정당에 의해 지배되고는 있지만, 지역 자체는 여전히 깊게 분열되어 있고 최근의 위기는 분열을 더 악화시켰다.

〈유럽연합〉 2020년 01월 15일

• EU, 브렉시트 후 유럽연합 위원회 구성원 수 바뀌어　(European Parliament 01.15)

— 1월 15일 유럽의회 의원들은 의회의 20개 위원회와 2개의 소위원회의 규모에 대해서 투표했다. 유럽의회 총회의 투표에 이어 유럽의회는 위원회와 소위원회에 있는 구성원의 수를 새롭게 바꿨다. 유럽의회에 따르면 환경, 공중위생 및 식품 안전은 5석, 국제 무역은 2석, 산업, 연구 및 에너지 부분에서는 6석이 더 증가된다. 이는 영국이 브렉시트를 하는 즉시 바로 적용될 것으로 보인다. 앞서 말한 증가 예상 의석들은 브렉시트에 따른 회원국 간 의석 재구성에 따라 새로운 의회 구조가 결정되면 확정될 예정이다. 새로운 유럽의회 의원들의 최종 명단은 회원국이 보낸 공식 통고를 기반으로 결정된다.

<스페인> 2020년 01월 07일

• 스페인 총리 페드로 산체스 좌파 연정 후 평정을 요구　　　　(The Guardian 01.12)

– 좌파 연정의 구성안을 통과시키는 데까지는 절대 쉽지 않았다. 2019년 4월부터 페드로 산체스 정부 출범 후 9개월 동안 내각을 구성하지 못하고 있던 산체스는 1월 7일 167명의 찬성, 165명의 반대, 18명의 기권표로 간신히 새로운 정부를 구성하였다. 이번 연립정부 출범 과정에서는 결정적으로 카탈루냐 분리 독립을 주장하는 카탈루냐 좌파공화당의 기권표의 도움이 컸다. 분리 독립 문제에 대한 공식 대화를 추진하기로 함에 따라 기권표를 던진 것이다. 이들의 기권표로 중도좌파인 사회노동당과 급진좌파인 포데모스가 새로운 좌파 연립정부 출범에 성공하였으며 이는 1975년 스페인 민주화 이후 최초의 연립정부이다. 산체스는 연립정부 구성 성공에 대한 수많은 정치적 논쟁과 분열 및 말다툼에 지쳤다면서 취임 준비를 위해 평정을 유지하라고 촉구했다.

<스페인> 2020년 02월 11일

• 스페인 정부, 안락사 합법화를 향한 첫 고비 통과　　　　(APNEWS 02.12)

– 새로운 연립정부 구성 이후 여당 사회노동당은 안락사와 의사의 보조가 전제되면 자살을 합법화할 수 있는 법안을 추진 중이다. 집권당은 우파와 가톨릭의 반대에도 불구하고 안락사 합법화 관련 법안을 1년 새 벌써 세 번째 제출하고 있다. 이번에 제안된 법률은 불치병 환자가 요청할 경우에 적용되며, 더해서 환자 보호자의 동의 여부를 2차 확인 후에만 절차가 시작된다는 내용이 포함되어 있다. 또한 의사가 환자를 안락사할 의무는 없으며 원치 않을 경우 거부할 권리가 있다는 내용도 있다. 2월 11일 스페인 의회에서는 여당이 제출한 법안을 201명의 찬성, 140명의 반대로 안건 상정에 성공하여 이를 보건위원회에서 다루기로 하였다. 살바도르 일라(Salvador Illa) 보건 장관은 안락사법이 6월까지는 제정되기를 바란다고 말했다. 스페인에서 안락사가 최종 논의를 거쳐 합법이 되면 벨기에, 룩셈부르크, 네덜란드에 이어 안락사를 허용한 유럽연합 회원국의 4번째 국가가 된다.

〈유럽연합〉 2020년 02월 21일

• 유럽연합 회원국 정상들, 브렉시트의 €750 억 예산 공백에 의견 대립

(The Guardian 02.21)

– 1957년 창설된 유럽연합의 전신, 유럽경제공동체(European Economic Community, EEC)에 1973년에 합류했던 영국이 47년 만에 유럽연합 회원국 중 최초로 유럽연합을 탈퇴했다. 영국의 브렉시트 후 2월 20일에 유럽연합 27개 회원국 정상들은 브뤼셀 정상회의에서 2021년부터 2027년까지 유럽연합 장기 예산안을 두고 논의했다. 유럽연합은 공동체 장기 예산 계획인 '다년도재정운용계획'을 논의했고, 이는 7개년 계획으로 유럽연합의 주요 정책, 행정 등으로 쓰인다. 영국의 브렉시트로 750어 유로의 예산 공백을 두고 앙겔라 메르켈 독일 총리 및 기존에 추가 납입을 주로 했던 주요 국가들이 추가 납입을 거부하고 있어 정상들 간 의견 대립이 발생하고 있다. 유럽연합은 만장일치제도로 회원국 전체의 승인과 유럽의회의 동의가 필요하다. 올해는 영국의 유럽연합 탈퇴로 인하여 영국의 공백을 메꿔야 하므로 회원국 간 예산 협상이 더 힘겨워졌다. 회원국 정상들은 유럽연합 장기 예산과 관련해 두 차례 정상 회담을 치렀으며 두 번째 정상 회담은 3월에 있을 것으로 예상된다.

〈스페인〉 2020년 03월 13일

• 카탈루냐 총리, 중앙 정부에게 전 지역 고립 요청   (EL PAIS 03.14)

– 3월 13일 스페인 자치지방인 카탈루냐 총리 킴 토라는 TV연설을 통해 코로나 사태로 인한 지역 고립의 중요성을 강조했다. 세계적으로 유행하는 코로나 바이러스의 영향으로 카탈루냐 지방 정부는 노인 요양소 방문이나 주민 방문은 물론 장례식까지 여러 사회적 활동을 제한하고 있다. 이에 더해 주요 국경 인프라 제한 권한이 없는 카탈루냐는 중앙 정부에 지원을 요청했다. 감염의 진행이 과감한 행동을 야기한다며 항구, 공항, 철도를 통한 입국을 중단해야 한다고 주장했다. 또한 그는 스페인 총리 페드로 산체스에게 주요 교통 거점 폐쇄와 관련해 승인을 요청했으며, 내각으로부터 응답을 기다리고 있는 중이라고 밝혔다. 이번 연설을 통해 감염자와 사망자의 증가 추세로 인한 중앙 정부 지원 요청은 필수적 노력임을 상기시켰다. 현지 경찰들 역시 카탈루냐를 고립시킬 준비는 충분히 되었으나, 마드리드 중앙정부로부터 명령을 받

기 전까지 어떠한 움직임도 하지 않을 것이라는 입장을 표명했다.

〈영국〉 2020년 03월 02일

• 1차 미래관계 협상, 영국과 유럽연합 간의 '심각한' 차이 존재해 (CNBC 03.05)

- 1월 31일 영국의 브렉시트 이후, 벨기에 브뤼셀에서 미래관계에 대한 첫 논의가 열렸다. 영국과 유럽연합의 목표는 2020년 말 이전에 새로운 보안 협정은 물론 새로운 상업적 관계를 구축하는 것이다. 하지만 경쟁 규칙부터 어업, 영국과 EU 간의 미래 관계 관련까지 두 입장의 차이가 좁혀지지 않고 있다. 특히 무역에서 합의를 도출해내지 못한다면 그들의 무역은 세계무역기구(World Trade Organization, WTO)의 규정을 적용받게 될 것이다. 특히 보리스 존슨 영국 총리는 포괄적 경제무역협정(Comprehensive Economic and Trade Agreement, CETA) 협정을 원하고 있다. 포괄적 경제무역협정은 북미와 EU가 7년의 협상에 걸쳐 2014년에 체결한 협정으로 이는 캐나다와 EU 사이의 대부분의 관세를 없애는 데 성공했다. 하지만 아멜리 드 몽찰린(Amelie de Montchalin) 프랑스 유럽연합 사무처장은 이에 대해 반대 입장을 표명하며 협정 방법을 채택하는 것 역시 쉽지 않을 것으로 보인다. 영국은 2022년까지 전환기를 연장할수 있지만 올해 안으로 회담을 끝내고 싶다는 입장을 EU에게 내비쳤다.

〈유럽연합〉 2020년 03월 17일

• 시험대 오른 '하나의 유럽' …30일간 EU국경폐쇄·의료물자 수출제한 등

(뉴시스 03.18)

- 1985년 셍겐조약 체결 이후, 유럽연합 내에서 서로 국경을 자유롭게 넘나들며 하나의 생활권, 하나의 유럽을 만들어냈다. 그러나 코로나 바이러스가 유럽을 강타하면서 프랑스, 이탈리아와 같은 유럽연합 내 주요 국가들에 이어 유럽연합이 유럽의 국경을 폐쇄하겠다고 발표했다. 앞으로 30일 동안 외국인들은 비필수적인 이유로 유럽에 들어올 수 없게 되었다. 독일과 폴란드 국경에서는 각종 서류를 심사받고 건강상태를 확인 받아야만 입국을 허가하고 있다. 유럽연합 비회원국의 진입 통로인 폴란드가 국경을 닫자 리투아니아, 에스토니아는 자국민을 본국으로 데려오기 위해 많은 노력을 쏟고 있다. 라트비아 외무장관은 심각한 경제난을 겪고 있다며 상품 흐

름의 필요성을 호소했고, 이미 프랑스와 독일, 체코 등은 마스크 수출을 제한하기도 했다. 특히 위기의 이탈리아에 손을 내민 것이 중국이라는 점도 주목할 만하다. 이와 같은 참사에 유럽연합 지도부는 긴급 물품을 수송하는 차량을 위한 특별 차선을 만들기로 합의했지만 이미 솅겐조약은 효력을 잃었다는 평가가 지배적이다.

〈스페인〉 2020년 04월 15일

• 스페인 최저 소득 보장 제도에 55억 유로의 가격표 붙어 (EL PAIS 04.19)

− 작년 12월 30일, 연합정부인 사회노동당과 포데모스가 제시한 최저소득 보장제도 계획이 코로나19 위기로 인해 탄력을 받았다. 이 계획은 영구적인 시스템이 될 것으로 기대되며, 스페인 재정 책임 독립국장을 지낸 호세 루이스 에스크리바(José Luis Escriva)와 사회노동당의 마리아 예수스 몬테로(Maria Jesuss Montero) 재무장관이 이끄는 포용사회보장부가 설계하고 있다. 최저소득 보장제도의 총 비용은 스페인 월 연금 지급의 절반에 해당되는 금액인 약 55억 유로로 추산되었고, 소득이 없거나 낮은 가정의 소득을 보장하기 위한 일반적인 매커니즘을 가지고 있다. 약 300만 명 내외의 국민들이 혜택을 받을 것으로 보이는 이 제도에서 수혜자는 수개월의 기간 동안 근무하면서 급여를 받을 수 있게 된다. 수급자는 모든 가계 소득에 대한 분석을 받게 되며, 스페인에서 처음으로 총 자산에 대한 검토가 실시된다. 코로나19가 경제에 미치는 영향을 감안해 이 제도는 5월 달에 바로 도입된다.

〈영국〉 2020년 04월 16일

• '아직 때가 아니다'…영국, 코로나19 봉쇄조치 3주 연장 (연합뉴스 04.17)

− 코로나바이러스의 확산을 막기 위해 봉쇄조치를 3주 연장하겠다고 도미닉 라브 외무장관은 밝혔다. 영국의 '코로나19법 2020'에 따르면 정부는 전문가 조언에 따라 조치 상태에 대해서 3주마다 평가해야 한다. 따라서 라브 장관의 결정은 보리스 존슨 총리가 지난 달 20일부터 가게들의 영업을 중단시키고, 국민들의 외출을 자제시킨 것의 연장선상이라 볼 수 있다. 구체적으로 라브 장관은 바이러스 확산이 국민보건서비스의 능력 내에서 해결이 가능해야 하고, 치명률과 감염률이 관리할 수 있는 수준으로 떨어져야 한다고 설명했다. 또한 코로나19 검사역량 및 개인보호장비 공

급역량이 미래 수요를 충족할 수 있어야 하며, 향후 제2의 사태를 초래하지 않아야 한다고 강조했다. 그는 "터널 끝에 빛이 있지만 우리는 세계적 대유행에 있어 매우 미묘하고 위험한 단계에 있다"면서 "서둘러 조치를 완화한다면 지금까지의 모든 희생과 진전을 물거품으로 만들 위험이 있다"고 지적했다. 야당은 조치 연장은 동의하나 이를 해결하기 위해 명확한 전략 역시 필요하다고 강조했고, 특히 노동당 예비내각 보건장관인 조나단 애쉬워스(Jonathan Ashworth) 의원은 다음에 어떤 조치를 취할지 정부가 분명한 입장을 보이는 동시에 현재의 봉쇄조치에서 '검사 및 추적 전략'으로 이동해야 한다고 주장했다.

〈유럽연합〉 2020년 04월 17일

• 코로나19: 유럽연합 농어민을 돕기 위한 긴급 조치 실시

(European Parliament 04.20)

– 유럽연합은 코로나19로 피해를 입은 농어민을 돕기 위한 긴급 조치를 승인했다. 식품 생산업자의 경우 중요 물자를 수송하는 차량의 순환이 가능한 그린 레인의 도입으로 농수산물 국경 흐름의 지연이 해소됐지만, 여전히 수경업, 농업, 어업 분야 등은 어려움을 겪고 있다. 그들은 노동자들의 자유로운 이동의 중단으로 노동력 부족에 시달리고 있으며, 줄어든 생산량에 의해 물가가 많은 영향을 받고 있다. 이에 따라 식당과 호텔이 문을 닫으면서 소비자들까지 잃고 있는 상황이다. 어촌계와 양식업자의 경우 항만의 물류난, 수산물 운송 운임 인상, 비 유럽연합 국가들과의 무역 제한, 가격 폭락, 검역으로 인한 승무원 교대 제한 가능성 등에 직면해 있는 상황이다. 따라서 유럽연합은 국가의 지원과 유럽해양수산기금(European Marry and Fisheries Fund, EMFF)을 통한 지원책 도입 등 여러 긴급대책을 마련했다. 또한 농업분야를 위해서 코로나19 이후에도 장기적 예산 지원의 필요성을 강조했고, 유럽 농업 기금은 최대 20만 유로의 운영 비용을 충당하기 위해 낮은 금리와 같은 유리한 조건의 대출이나 보증을 허용하기로 했다. 이에 더해 농부들에게 직접적으로 제공되는 금전적 지원 및 농촌개발비 지원기한을 2020년 6월 15일까지 1개월 연장하고, 10월 중순부터 지급을 확대하자고 제안했다.

〈영국〉 2020년 05월 07일

• 영국 노동자 집단과 노동조합, 봉쇄완화규정 명확성 요구 (CNN 05.11)

− 영국 기업과 노동자들이 정부의 코로나19 완화 정책에 기업들이 안전한 업무 복귀를 위해 어떻게 준비해야 하는지에 대한 중요한 세부 사항들이 누락되어 있다며 비판했다. 보리스 존슨 총리가 5월 10일 폐쇄완화 관련 입장을 발표하면서, 건설, 제조업 등 일부 업종 종사자들의 복직 장려가 잇따르고 있다. 그러나 노동조합은 대중교통을 피하라는 정부의 권고를 따른다면 일을 할 수 없을 것이라며 주의를 촉구했다. 프란체스 오그라디(Frances O'Grady) 무역연합회의 사무총장은 트위터에 "많은 노동자들이 불안하고 혼란스러울 것"이라며 정부가 노동자들을 어떻게 안전하게 지킬지에 대한 지침을 발표하지 않았다고 지적했다. 몇몇 기업 로비 단체들도 개정된 규정이 어떻게 적용되어야 하는지에 대한 정부의 명확화를 요구해 왔다. 아담 마셜(Adam Marshall) 영국 상공회의소(The British Chamber of Commerce, BCC) 사무총장은 성명을 통해 "기업들은 영국 전역의 모든 국가와 협력하고 명확한 지침으로 지원을 받는 단계적 규제 완화에 대한 구체적인 계획을 볼 필요가 있다"고 말했다.

〈영국〉 2020년 05월 11일

• 영국 협상대표 "EU, 낮은 품질의 무역협정 원해" 비판 (연합뉴스 05.20)

− 영국이 미래관계 협상이 교착상태로 이어지자 유럽연합을 비판했다. 19일 로이터 통신에 따르면 데이비드 프로스트(David Frost) 수석보좌관은 미래관계 협상이 영국의 기대에 못 미친다고 지적했다. 그는 "현재 협상 전반적으로 제안된 것은 긴밀한 경제적 파트너 간의 공정한 자유무역 관계가 아니다. 유럽연합은 우리의 법과 제도에 대한 전례 없는 감독권을 가지는 상대적으로 낮은 품질의 무역협정을 원하고 있다"고 밝혔고, 마이클 고브(Michael Gove) 영국 국무조정실장도 "우리가 더 이상 회원이 아닌데도 유럽연합은 근본적으로 우리에게 자신들의 클럽 규칙을 준수할 것을 요구하고 있다"고 지적했다. AFP 통신에 따르면 고브 국무조정실장은 유럽연합이 영국 어장에 대한 접근권과 공정경쟁환경과 관련한 요구를 계속하고 있다며, "정책에 있어 상당한 차이가 있다"고 전했다. 그는 합의의 가능성도 함께 시사했고, 영국 정부는 유럽연합의 태도 변화를 촉구하면서 무역협정을 포함한 각종 법률문서 초안을 공개

했다.

〈유럽연합〉 2020년 05월 12일

• 코로나19로 인한 셴겐지역 통제: 유럽연합이 할 수 있는 것은 무엇인가?

(European Parliament 05.19)

– 코로나19 확산을 막기 위해 각국이 국경을 닫으면서 유럽 내부를 넘나드는 자유를 잃는 듯했지만, 유럽의회의원들이 셴겐지역 회복의 필요성을 주장하고 나섰다. 탄자 파존(Tanja Fajon) 셴겐 조사 시민자유위원회 위원장은 이제 유럽연합이 개입할 때가 왔다며, 노동자와 같이 중요한 부분을 우선으로 이동의 자유를 회복할 수 있도록 위원회가 핵심적인 역할을 맡아야 한다고 주장했다. 셴겐 조사 시민자유위원회는 셴겐지역의 국가들에게 국경을 개방할 것을 요구했고, 궁극적으로 유럽연합 전역의 모든 국경을 개방하여 원활하고, 안전한 이동을 가능하게 하기 위해 노력하고 있다. 5월 12일, 시민자유위원회 셴겐 현황 토론에서 탄자 파존은 "셴겐의 청렴성을 회복하지 못하면 유럽 프로젝트를 심각하게 위태롭게 할 것"이라고 말했으며, 유럽의회 의원들 역시 향후 국경 통제가 매우 제한적이길 희망하고, 셴겐 지역의 복원을 강력히 주장하고 있다.

〈프랑스〉 2020년 05월 26일

• 프랑스 집권당, 탈당 이어져 절대다수당 지위 상실 (연합뉴스 05.26)

– 프랑스 집권당인 레퓌블리크 앙마르슈가 계속되는 의원들의 탈당으로 577석 중 281석으로 줄면서 하원 절대다수당 지위를 상실했다. 르 파리지앵 등 프랑스 언론에 따르면, 5월 26일 올리비에 벡트(Olivier Becht) 의원 등 7명의 여당 하원의원이 탈당한 후 '함께 행동'(Act Together)이라는 신당에 합류했다. 그러나 벡트 의원은 여당의 정책을 지원하고, 신당이 민주 운동당(MoDem)에 이어 연합정부의 새로운 축이 될 것임을 기대했다. 이미 지난주부터 중도를 지향하겠다고 약속한 대통령이 정부를 보수적으로 운영하고 있다며 17명의 의원이 빠져나가면서 집권당은 하원의 절대다수당 지위를 상실했지만, 그들은 여전히 대적할 상대가 없다며 원내1당의 위엄을 주장하고 있다. 그러나 잇따른 여당의원들의 탈당이 남은 에마뉘엘 마크롱 대통령의 후반부 집

권에 많은 영향을 미칠 것으로 보인다. 한편, 오독사(Odoxa)-CGI(Consensus Indicates Potential)가 발표한 통계자료에 따르면 대통령 지지율이 한 달 전보다 7%p 하락한 35%로 원점으로 돌아왔다.

〈스페인〉 2020년 06월 14일

• '새로운 정상 사태'에 진입한 스페인, 무엇이 변화할까?　　　　　　(EL PAIS 06.20)

– 스페인에서 코로나19에 대비해 실시한 국가비상사태가 종료되고, 6월 21부터 '새로운 정상 사태'가 실시된다. 이로 인해 스페인 내부뿐만 아니라 유럽연합과 솅겐 지역까지 자유롭게 오고 갈 수 있게 되었고, 그 외 국가들도 7월 1일부터 이동이 가능하게 된다. 그러나 모든 부분에 있어서 제한이 완화된 것은 아니다. 코로나19 확산이 줄어들고는 있지만 정부는 1.5m의 안전거리를 유지할 수 없을 경우 반드시 마스크를 사용하도록 하고, 지키지 않으면 최고 100유로의 벌금을 부과한다는 왕실령을 승인했다. 또한 주거와 건강 시스템 간의 지속적인 조정, 직장에서의 예방과 위생대책의 채용, 공항에서의 건강관리 등 다양한 부분의 규제를 새로 발표했다. 한편, 갈리시아는 6월 15일부터 이미 생활 여러 부분의 제한을 완화했고, 마드리드는 7월 5일까지 클럽을 폐쇄하는 등 연방 정부들이 그들만의 새로운 법률을 제정하기도 했다. 이 제도는 치료법이나 백신이 만들어지기 전까지 유지될 예정이다.

〈독일〉 2020년 06월 17일

• 베를린시의 차별금지법 도입에 내무장관 "경찰 피해" 반발　　　　(연합뉴스 06.20)

– 호르스트 제호퍼 연방정부 내무장관이 베를린의 차별금지법이 경찰에 얼마든지 피해를 줄 수 있다며 문제를 제기했다. 베를린 시당국은 최근 시민이 소득, 종교, 성정체성, 연령 등의 이유로 경찰과 검찰, 학교, 관광서 등 공공기관으로부터 차별당할 경우 손해배상을 받을 권리를 담은 '차별금지법'을 도입했다. 이는 사회민주당과 녹색당, 좌파정당으로 이뤄진 베를린 연립정부가 연방 법인 일반평등대우법만으론 차별 현상을 막는 데 한계가 있다고 판단한 결과인데, 특히 미국에서 발생한 백인 경찰의 과잉진압이 세계적으로 이슈가 되면서 차별금지법 통과에 많은 영향을 미쳤다. 독일의 연방주 내무장관들이 19일 미국의 인종차별적 경찰 진압을 비판하는 공동성

명을 제출했지만, 제호퍼 내무장관은 경찰 전체가 차별을 자행한다고 의심받을 수 있다면서 보호차원에서 베를린시에 경찰관 지원을 투입하지 않겠다며 반발했고, 로렌츠 카피어(Lorenz Caffier) 메클렌부르크-포어포메른주 내무장관도 이에 동의하는 뜻을 밝혔다.

〈유럽연합〉 2020년 06월 19일
• 유럽의회의원, 국경을 넘는 자유로운 이동이 신속하고, 완전하게 복귀될 것을 요구해
(EU News 06.19)

– 6월 19일, 유럽의회의원들이 셴겐 지역의 신속한 복구를 주장했다. 유럽 통합의 상징 중 하나인 자유로운 이동을 보장하고, 코로나19 이후 경제 회복을 위해선 셴겐 지역이 보장되어야 한다는 것이다. 그들은 여전히 남아있는 셴겐 지역 내부의 국경 통제와 이로 인한 영향에 대해서 우려를 표했고, 국가 간 상호 신뢰 회복이 필수적이라고 강조했다. 특히 후안 페르난도 로페스 아길라르(Juan Fernando López Aguilar) 시민자유위원회 위원장은 "내부적인 국경 규제가 점점 더 풀리고 있다는 것은 좋은 소식이지만, 방식에 있어서는 아쉬운 점이 많다. 완전한 기능을 갖춘 셴겐의 복귀 없이는, 회복으로 가는 디딤돌을 놓치는 것과 같다. 자유로운 이동, 차별 없는 상호 신뢰와 연대는 유럽연합의 가장 중요한 핵심가지이다"라는 입장을 보였다. 또한 유럽의회의원들은 의회와 회원국들에게 셴겐 지역 복구를 위한 노력을 늘릴 것을 권고했고, 불가리아, 루마니아, 크로아티아를 셴겐 지역에 포함시키기 위한 조치를 취할 것을 요구했다.

〈유럽연합〉 2020년 06월 22일
• EU 의회 의장: 보리스 존슨 총리는 브렉시트 협상에서 타협점 찾기를 원치 않는 것 같다
(The Guardian 06.25)

– 데이비드 사솔리(David Sassoli) 유럽의회 의장이 보리스 존슨 총리는 브렉시트 회담에서 타협할 의사가 없고, 열정이 없다며 비판했다. 특히 6월 22일에 있었던 무역 및 안보 거래 회담 후 존슨 총리는 7월 말까지 브뤼셀과 합의할 이유가 없다는 입장을 밝히자, 이에 사솔리 의장은 가디언과의 인터뷰에서 "큰 열의를 보지 못하고 모든 당

사자를 만족시키는 합의를 이끌어 내겠다는 강한 의지가 보이지 않아 매우 걱정스럽다"며 확실한 합의의 필요성을 강조했다. 또한 미셸 바니에르(Michel Barnier) 유럽연합 수석 브렉시트 협상 대표는 규제 균등성을 거론하며 7, 8월에 있을 회담에서 완벽한 타협을 할 용의가 있다고 강조했지만 영국은 합의 기간 연장에 반대한다는 입장을 내놓았다. 사솔리 의장은 "코로나19로 협상하는 데 있어 많은 시간을 들였기에 오히려 좋은 기회가 될 수 있었다"며 안타까움을 보였고, 영국이 유럽연합의 대답을 재촉한다며 비판했다. 양 측은 노동과 사회적 조건, 영국 해역 접근 등 다양한 합의 쟁점에 놓여있는데, 최근 협상에서도 유의미한 결과를 이끌어 내지 못했다.

〈독일〉 2020년 07월 08일

• 기독민주당, 여성할당제 계획 어떻게 세우는가   (The Local Germany 07.08)
– 독일의 여당 기독민주당이 여성할당제를 제안했다. 이는 당내 여성 대표성을 높이기 위한 제도로, 만약 12월에 있을 연방회의에서 최종 승인이 된다면 2021년부터 기독민주당 내 의원 중 최소 30%가 여성으로 채워질 예정이며, 2023년에는 40%, 2025년에는 50%로 점차 비율이 증가될 것으로 예상된다. 현 기독민주당 대표는 안네그레트 크람프-카렌바우어로 여성이 당을 이끌고 있지만, 그 외 여성 의원은 1/4에 불과하기 때문에 기독민주당이 이와 같은 제안을 한 것으로 보인다. 또한 이는 주 선거, 유럽 의회 선거에도 적용될 예정이고, 이미 좌파당, 녹색당 등 다양한 정당들은 비슷한 정책을 도입한 상황이다. 그러나 기독민주당 경제위원장인 아스트리드 햄커(Astrid Hamker)는 "현재 독일 총리, 유럽연합 집행위원장, 당대표, 그리고 연방부처 5개 중 3개의 장이 여성인데 기독민주당에서 굳이 이런 논의를 할 필요가 있는지 모르겠다"며 "메르켈 총리의 경제접근법도 그렇고, 크람프-카렌바우어 당대표의 당 운영방식도 그렇고, 다소 의욕만 넘치고 비현실적인 면이 있다"며 비판의 날을 세웠다.

〈영국〉 2020년 07월 21일

• 코로나19: 약 90만 명 공공부문 근로자의 임금 인상   (BBC 07.21)
– 영국 재무부 장관인 리시 수낙이 코로나19를 위해 기여한 약 90만 명의 공공 부문 근로자들의 임금을 인상하겠다고 발표했다. 교사와 치과의사가 각각 3.1%, 2.8%로

가장 높은 임금 인상이 예상되며, 사법부와 고위 공무원들은 2%, 잉글랜드와 웨일스의 경찰, 교도관, 경찰청 직원은 2.5%, 군대는 2% 정도 인상될 예정이다. 그러나 영국 의학 협회(British Medical Association, BMA)는 이보다 더 높은 인상을 희망했다며 불만을 내비쳤고, 노동당 소속 안넬리제 도드 의원은 임금 인상은 좋은 소식이지만 약 10년 동안 유지되었던 임금 동결을 만회할 정도는 아니라고 말했다. 또한 노동당 하원의원이 결국 제대로 된 임금 인상을 기대하긴 어렵다며 비판했고, 킷 말트하우스(Kit Malthouse) 범죄 및 치안부 장관 역시 정부의 임금 인상은 사회복지사와 같은 민간 부분 노동자들이 제외된다는 입장을 밝혔다.

〈유럽연합〉 2020년 07월 23일
• 유럽의회가 승인하기 위해서는 장기예산안 개선 필요   (EU News 07.23)
– 유럽의회가 유럽연합이 합의한 장기예산안에 대해 받아들일 수 없다는 입장을 보였다. 이는 코로나19로 큰 경제적 타격을 입은 회원국을 위한 기금으로, 7월 17일부터 나흘간 진행된 브뤼셀 본 회의에서 채택되었다. 이에 대해 의회는 앞선 5월 유럽연합에게 제안했던 코로나19 회복 기금을 받아들인 것은 역사적인 조치라고 언급했으나, 장기적인 관점에선 불충분한 제도라며 지적했다. 또한 의회 지도자들은 유럽연합이 기금 마련을 위해 제시한 보건, 문화 등 다양한 지원 부분에서의 대규모 예산 삭감에 대해 유감을 표했다. 따라서 의회는 2021년부터 새로 시행될 유럽연합 장기예산안에 대해 합의가 이루어질 때까지 결의안을 보류하겠다고 밝혔다. 이에 더해 유럽연합 장기 예산안 중간 개정이 적어도 2024년 말까지는 이뤄지길 희망하고 있으며, 개정안에는 2025년부터 2027년까지 사용될 예산의 상한선과 기후 및 생물다양성을 위한 목표 등이 포함되어야 할 것이라고 강조했다.

〈프랑스〉 2020년 08월 18일
• 코로나19 확산 방지 위해 사무실 내 마스크 착용 강화   (France24 08.18)
– 프랑스 정부가 코로나19 확산을 막기 위해 직장 내 마스크 착용 의무화 법안을 발의했다. 이미 대중교통과 상점, 관공서 등 밀폐된 공공장소에서는 마스크 착용 의무화가 실시되고 있지만, 직장에서는 고용주의 재량에 맡겨왔다. 법적 강제성이 없었

던 만큼 그동안 노동조합들은 적극적으로 정부에 코로나19 확산 방지를 요구했고, 루브르 박물관 등 다양한 곳에선 노동자들을 보호하고자 하는 노력이 없다며 많은 사람들이 직장을 그만두기도 했다. 한편, 의학 전문가들은 코로나19를 담배 연기에 비유하며 모든 밀폐된 공간에서의 마스크 착용 의무화를 정부에 강력히 촉구했다. 이에 엘리자베스 보른(Élisabeth Borne) 노동부 장관은 9월부터 회의실, 복도 등 모든 실내 근무 공간에서 마스크 사용이 체계적으로 이루어질 것이라고 밝혔다. 이는 공중 보건 위원회의 조언에 근거한 것으로, 법안 발의에 있어 노동계와 기업계 대표들을 만나 함께 논의한 것으로 밝혀졌다.

〈영국〉 2020년 08월 07일

• 브렉시트: 영국 정부, 북아일랜드 기업 위해 3억5500만 파운드 지원 약속

(The Guardian 08.07)

– 영국 정부가 북아일랜드 기업들을 위한 3억 5500만 파운드 규모의 경제 정책을 발표했다. 이는 브렉시트 전환기간 종료를 앞둔 영국이 유럽연합 관세 동맹을 탈퇴함으로써 만들어질 북아일랜드와 영국 간 관세 국경으로 빚어질 혼란을 최소화하기 위함이다. 이제까지 영국의 물품을 수입했던 북아일랜드 기업들은 관세, 보안 및 운송 양식을 작성해야만 했는데, 마이클 고브 국무조정실장이 영국 정부가 기업들을 대신해 각종 서류 절차를 대신 수행하겠다는 입장을 발표했고, 이를 원활히 할 디지털 기술 개발에도 힘쓰겠다고 밝혔다. 또한 8월 7일 북아일랜드의 수도 벨파스트를 방문한 고브 장관은 평화와 번영, 화해 프로젝트를 위해 3억 파운드를 추가적으로 지원하면서 "기업과 계속 교류하고 유럽연합과 협의가 진행됨에 따라 기업들이 대비할 수 있도록 노력하겠다"며 말했고, 기업 대표들도 이를 환영하는 뜻을 보였다. 이 정책은 다음 달부터 진행될 예정이다.

〈영국〉 2020년 08월 17일

• 영국 정부 입학시험 결과 재평가 결정

(CNN 08.17)

– 정부가 학생들이 기존의 예상 점수를 받을 수 있도록 알고리즘을 폐지했다. 코로나19로 대학 입학시험인 A 레벨 (A Level)과 중등교육자격검정시험(General Certificate of

Secondary Education, GCSE)이 취소되자, 교육당국은 정부차원의 대체 점수 평가 방식인 알고리즘을 도입했다. 그러나 자격시험감독청(Office for Qualification and Examination Regulations)에 의하면 알고리즘을 사용함으로써 A 레벨 점수를 받은 학생 중 40%가 예상에 비해 한 등급씩 낮게 나오는 등 20만 건 이상의 결과가 하향 조정되었다. 이에 대해 학생들이 대규모 시위를 벌였고, 자격시험감독청 위원장인 로저 테일러(Roger Taylor) 역시 "정부는 학생들의 불확실성을 해소하고, 2주 안에 교사들이 학생들의 점수를 새로 매길 수 있도록 조치를 취해야 한다"는 입장을 밝혔다. 결국 8월 17일 개빈 윌리엄슨 교육부 장관은 학생들에게 사과했고, 정부 차원에서 도입된 알고리즘이라는 평가 방식에 있어 불공정함이 있음을 인정하며, 학생들의 평가를 다시 학교에게 맡기기로 결정했음을 밝혔다.

〈유럽연합〉 2020년 08월 18일
· 코로나19: 유럽연합 집행위원회, 2020년 유럽 문화 수도 2021년까지 연장 제안

(EU News 08.18)

− 유럽연합 집행위원회가 코로나19로 다양한 프로그램과 행사를 취소해야 했던 크로아티아 리제카(Rijeka)시와 아일랜드 골웨이(Galway)시에게 2020년 유럽 문화 수도(European Capital of Culture)로서의 해를 2021년 4월 30일까지 연장할 것을 제안했다. 또한 유럽 문화 수도로서의 해를 노비 사도에겐 2021년에서 2022년으로, 티미소아라와 예레프시나는 2021년에서 2023년으로 연기할 것을 제안했다. 유럽 문화 수도로 지정되면 세계에 도시를 알리고, 적극적인 참여와 발전에 기여할 수 있는 만큼 마리야 가브리엘(Mariya Gabriel) 위원은 코로나19로 리제카와 골웨이는 2020년 유럽 문화 수도 프로그램을 실행할 수 없었다며 안타까움을 보였고, 두 도시 모두 수도의 해를 연장함으로써 그들의 가능성을 최대한 활용하길 바란다는 입장을 보였다. 또한 마르가리티스 스히나스(Margaritis Schinas) 위원도 마음을 열고, 다양한 관객과 예술가를 환영하는 것이 문화 수도로서의 역할이며, 리제카와 골웨이는 문화 수도로서 기회를 얻을 자격이 있다고 말했다.

여론·시민사회·전자민주주의

〈프랑스〉 2019년 10월 3일

• 흉기 난동 이후, 프랑스 경찰은 급진주의자 동료들을 경계   (Reuters 10.11)

- 프랑스 경찰청 내 4명의 직원이 동료 직원인 미카엘 하폰에 의해 척살당한 사건이
발생해 경찰청은 보안 검토의 일환으로 고위 경찰관의 이슬람 지지자들에 대한 내부
조사를 다시 시작하도록 결정하였다. 또한 프랑스 국가 내부에 이슬람 조직자들의
보안 서비스 침투 방지 방법 조사가 진행 중에 있다. 이슬람으로 개종한 사실이 있는
하폰은 2015년 1월 일어났던 이슬람 총잡이들이 샤를리 에브도(Charlie Hebdo) 풍자
잡지 직원 12명을 죽인 것에 대해 희생자들을 경멸한 사실이 있고 이를 들은 동료가
상사에게 보고할 진술서를 만들었지만 하폰이 직접적으로 사람들에게 위협을 가한
적이 없고 급진의 증거가 없다는 이유로 진술서는 받아들여지지 않고 아무런 조치
또한 내려지지 않았다. 에마뉘엘 마크롱 프랑스 대통령의 당 의원 에릭 폴리앗(Eric
Poulliat)은 종교적 혹은 민족적 소속 관련된 사람을 무시해야 했고 모든 동료는 다른
사람들과 똑같이 여겨져야 하며 만약 동료가 어느 정도의 선을 넘어선다면 넘어가지
않도록 해야 한다고 말했다.

〈스페인〉 2019년 10월 14일

• 스페인 야권, 총선 앞두고 카탈루냐 위기 '호재'   (연합뉴스 10.20)

- 10월 14일 카탈루냐 분리 독립을 추진했다가 기소된 9명의 자치정부 전 지도부에
게 스페인 대법원이 징역 9~13년의 중형을 내려 카탈루냐 일대에서 대규모 독립 찬
성 시위 중 일부 폭력 양상이 나타났다. 야권은 조기 총선을 20여 일을 앞두고 주요
도시들에서의 분리 독립 요구와 반정부 여론과 관련해서 정부와 집권 사회노동당을
집중하여 공격할 모양새다. 최근 일간지 엘 문도의 여론조사에 따르면 중도좌파 사
회노동당이 하원 전체 350석에서 현 의석수 1석이 빠진 122석을 가져갈 것으로 예상
됐다. 반면 중도우파 국민당은 32석이 늘어난 98석을 확보할 것으로 분석됐으며, 우
파의 이런 약진은 카탈루냐 문제를 놓고 스페인 정부가 적극적으로 대처하지 않았다
는 인식이 기반한 것으로 해석된다. 마드리스 카를로스 3세 대학의 파블로 시몬(Pablo

Simon) 교수(정치학)는 자신의 블로그에 올린 글에서 "질서유지와 영토 통합성의 문제는 사회당에 승리의 고리가 된 적이 한 번도 없다"면서 "총선에서 카탈루냐 위기는 정치적 양극화를 심화해 극우 복스나 급진 분리주의 정당 등 급진 정파들에 유리하게 작용할 것"이라고 예상했다.

〈영국〉 2019년 11월 19일

- **최근 여론조사에서 보리스의 보수당이 앞서 코빈 큰 타격** (Express 11.19)

- 12월 12일 영국 조기 총선을 앞두고 ICM에서 11월 15일부터 18일까지 영국 성인을 대상으로 실시한 여론조사에서 보리스 존슨의 보수당이 제러미 코빈의 노동당을 10%로 앞서는 결과를 보였다. 보수당은 2018년 9월 이래로 최고 지지율인 42%를 받았고 노동당은 32%를 받았다. 2017년 영국과 웨일스에서 있었던 선거에서는 9%p 차이로 보수당이 노동당을 이겼고 그 외 지역에서도 보리스 존슨의 지지율은 증가할 가능성이 높다. 보리스 존슨은 11월 19일 TV토론 개최 전에 제러미 코빈에게 브렉시트 사안에 관한 확실한 입장을 요구하는 편지를 보냈으며 토론 당일 그는 제러미 코빈에게 모든 노동당 의원들이 그의 정책을 지지한다는 것을 보장하라고 요구했다. 그렇지 않다면 스코틀랜드 국민당의 지지를 받고 있는 노동당은 내년에 브렉시트 2차 국민투표, 스코틀랜드 분리독립 2차 주민투표가 진행돼 국가가 혼란스럽고 또다시 브렉시트가 지연되는 상황에 이를 것이라며 국가가 나아가기 위해서는 오직 보수당만이 브렉시트를 완수할 수 있다고 주장했다.

〈프랑스〉 2019년 12월 17일

- **프랑스 정부와 파업 노동자들 사이에서 협상 보이나?** (The Local 12.20)

- 프랑스에서 12월 5일부터 3주가 넘도록 1995년의 연금개혁 총파업 이후 가장 큰 파업이 25년 만에 일어나고 있다. 현재 프랑스에는 직종과 직능별로 42개의 서로 다른 퇴직연금 제도가 존재한다. 이에 프랑스 정부는 불공평하고 복잡한 체제를 포인트제를 기반해 단일 국가연금 체제로 개편하고 고령화로 인한 인구구조 변동에 알맞게 연금제도의 재설계를 추진 중이다. 하지만 노동·시민단체들은 위 방안에 따르면 적은 연금을 위해 더 오래 일해야 하며 연금을 많이 받고 적은 급여를 받는 공무원에

게 불공평할 것이라며 개편안의 폐기를 위해 대규모 집회를 열고 있다. 이로 인해 프랑스에는 철도와 대중교통 파업으로 인해 교통·물류난이 발생하고 있고 교원노조 파업의 여파로 학교도 휴교하고, 성수기인 성탄절 시즌에 파리의 관광 매출이 60% 줄면서 경기에도 타격받고 있다.

〈EU〉 2019년 12월 01일

- 새로운 EU 지도자들은 기후 변화 해결 강조 　　　　　　　　　　(APNEWS 12.02)

－ 12월 1일 28개국에서 영국의 브렉시트 가능성에도 불구하고 기후변화의 해결을 최우신 목표로 하며 유럽통합을 증진시키겠다는 새로운 유럽연합의 지도자들이 공식 출범하였다. 장 클로드 융커(Jean-Claude Juncker)을 대신하여 여성 최초로 전 독일 국방부 장관 우르줄라 폰데어라이엔이 새롭게 유럽연합 집행위를 이끌고, 동시에 도날드 투스크를 계승하여 전 벨기에 총리 샤를 미셸 또한 유럽연합 정상회의 상임의 장으로서 공식 일정을 수행한다. 이 둘은 벨기에 브뤼셀에서 열린 EU의 헌법인 리스본 조약 10주년 기념식에 참가하면서 5년 임기의 시작을 알렸다. 폰데어라이엔 위원 장은 유럽연합이 2050년에 최초의 기후 중립 대륙이 되었으면 좋겠고, 유럽이 이를 주도하고 있고 우리는 우리의 세상을 위해 야망을 품어야 한다는 것을 알고 있다고 말했다.

〈프랑스〉 2019년 12월 05일

- 프랑스 총파업 47일 만에 파리 교통 정상화 　　　　　　　　　　(Forbes 01.19)

－ 프랑스 정부가 현재 직종과 직능별로 각각 다른 퇴직연금의 제도를 포인트제에 기초하여 하나로 통합하겠다고 한 이후 2019년 12월 5일부터 연금개편 반대 총파업이 진행되고 있다. 노동조합은 해당 제도에 대해 "더 오래 일하게 하고 연금은 덜 주겠다는 것"이라고 비판했다. 결국 총파업 47일 만에 파리교통공사 최대노조인 자율노조연맹은 1월 18일 조합원의 투표 결과 오는 20일 월요일부터 교통 정상화를 결정했다. 유로뉴스에 따르면 파업자들은 임금을 받지 못하고 있고 노조들은 파업 자금을 위해 기부금을 모으고 있어 금전적이 어려움이 있다. 이들은 파업의 중단은 일시적일 뿐, 다시 힘을 모아 다른 방법으로 파업을 진행할 것이라고 강조했다. 노동조합은

에마뉘엘 마크롱 프랑스 대통령이 2월 의회 토론에 앞서, 연금 법안을 정부에 공식 제출하는 날인 1월 24일 같은 날에 총파업 결의대회를 다시 진행할 예정이라고 말했다. 이에 프랑스 국철과 파리교통공사도 참여 의사를 밝혀 또다시 교통에 혼란을 빚을 것으로 보인다.

〈독일〉 2020년 01월 16일

- **독일녹색당, 여론조사서 집권당과 동등한 지지율 얻어** (Infosurhoy 01.21)
- 1월 16일 독일 공영방송 ZDF의 여론조사 기관에 따르면 녹색당이 여권 연합인 기독민주당·기독사회당과 29%로 같은 지지율을 기록했다. 이를 바탕으로 실제 투표 결과를 예상해 본 결과 앙겔라 메르켈 총리의 기독민주당·기독사회당 연합이 27%, 다음으로 녹색당이 23% 순으로 나타났다. 그 외 사회민주당과 독일을 위한 대안은 14%, 좌파당은 9%, 자유민주당은 7%를 기록했다. 유일하게 기독민주당·기독사회당 연합과 녹색당이 분데스탁 내에서 과반수를 확보했다. 대부분의 응답자는 녹색당의 정치적 미래에 대해서 "녹색당의 중도 진입이 특히 유망하다"고 생각하고, 오직 10%만이 "좌파 노선이 더 성공적"일 것이라고 믿었다. 더해서 전체 응답자 중 36%만 "녹색당이 독일 정부를 이끌 수 있다"고 믿는다고 분석됐다.

〈영국〉 2020년 01월 24일

- **런던 경찰의 안면 인식 카메라 설치가 불러온 논란** (TIME 01.24)
- 런던 경찰이 새로운 안면 인식 카메라를 설치하기로 하면서 사생활 침해논란이 제기되고 있다. 런던 경찰청은 "안면 인식 기술을 통해 용의자들의 얼굴과의 일치 여부를 확인하고, 일치할 경우 용의자의 실시간 위치를 경찰에 바로 알릴 것"이라며 시스템의 운영 방식에 대해 설명했다. 영국 법원은 이와 같은 기술 사용에 대해 법에 어긋나지 않는다고 결정을 내렸지만, "빅 브라더 워치(Big Brother Watch)"와 같은 사생활 보호 관련 단체들은 이와 같은 결정이 "감시 국가의 확장이자 시민적 자유에 대한 중대한 위협"이라며 즉각적인 항의에 나섰다. 실제로 영국은 중국을 제외한 그 어떤 나라보다 1인당 가장 많은 숫자의 감시 카메라가 설치된 국가이기도 하다. 2019년 5월, 미국 샌프란시스코에서는 사생활 침해에 대한 우려로 인해 안면 인식 기술의 사

용이 금지된 바 있다. 런던 경찰의 치안정감(Assistant Commissioner)은 보도자료를 통해 중범죄자들에 한해서만 기술을 활용하고, 안면 인식 시스템은 CCTV나 다른 이미징 시스템과 연결되지 않은 독립적인 시스템일 것이라고 밝혔지만, 사생활 보호 관련 단체들은 여전히 불안감을 표시하고 있다.

〈영국〉 2020년 02월 13일

• 영국 내각 개편에 따라 재무장관 사지드 자비드 사임　　　　　　　　　　(BBC 02.14)

− 2019년 12월 보리스 존슨 영국 총리의 당선 이후 첫 내각 개편에서 연임이 예상됐던 사지드 자비드 재무장관이 "사퇴 외에는 다른 옵션이 없었다"고 말하며 2월 13일 돌연 사퇴했다. 자비드는 현재의 보좌관 팀을 모두 해체하고, 총리 특별 보좌관으로 다시 팀을 꾸리라는 존슨 총리의 요구를 받아들이지 않았다. 그의 후임으로는 리시 수낙 재무부 수석 부장관이 지명되었다. 자비드 장관은 자신의 사임서에 존슨 총리의 요구를 거부한 것에 대해 "신뢰할 수 있는 팀을 갖는 것이 리더로서 중요하다고 생각한다"고 설명하였다. 여론에서는 도미니크 커밍스(Dominic Cummings) 보좌관이 자비드 장관과 다툼에서 완전히 승리하고 재무부의 완벽한 통제를 위해서 리시 수낙 및 자신의 사람들로 팀을 꾸렸다는 관측도 나오고 있다.

〈유럽연합〉 2020년 03월 12일

• 그리스−터키 국경 위기: 망명제도 개혁 실패로 인한 피해 난민들에게 돌아가

(LSE 03.25)

− 2016년 유럽연합과 터키가 난민협정을 체결했다. 하지만 시리아에서 터키 병사들이 사망하고, 유럽연합으로부터 충분한 원조를 받지 못하면서 2월 27일, 터키 레젭 타입 에르도안(Recep Tayyip Erdo an) 대통령은 '그리스−터키 국경'을 개방하겠다고 발표했다. 이로 인해 그리스에 많은 망명자들이 유입되면서 그리스 경찰들은 최루탄, 물대포, 스턴트 수류탄을 사용하는 등 국경에서 폭력에 직면하게 되었다. 유럽연합은 국경 개방에 대해 개인의 정치적 목적을 위해 난민을 기회로 삼았다며 터키 대통령을 비판했다. 그러나 유럽연합의 대부분의 회원국들 역시 그리스에서 발생하는 난민들의 폭력에 묵인했다. 유럽공동체 망명

제(Common European Asylum System)가 제대로 기능하지 못한 탓이다. 이번 위기에 대해 유럽연합 옐바 요한슨(Ylva Johansson) 내무장관은 몇몇의 회원국들과 함께 1500명을 그리스에서 이주시킬 것을 약속하고, 그리스 난민 수용소에서 자국으로 귀국하는 개인들에게 2000유로를 제공하기로 했다.

〈프랑스〉 2020년 04월 20일
• 프랑스 정부 코로나19로 인해 신뢰도 급락   (RFI 04.22)

– 4월 20일과 21일 해리스 인터렉티브(Harris Interactive)가 프랑스 각 지역 18세 이상 928명을 대상으로 여론조사가 실시했다. 이는 코로나19로 인한 폐쇄 조치에 대해 프랑스인들의 대처 방법을 측정하기 위한 다섯 번째 주간 여론조사로, 이에 따르면 대다수의 국민들은 외출 자제를 잘 실천하고 있고, 53%는 경제 회복에 대해 긍정적인 의견을 보여 주었다. 또한 93%는 19세 이상 양성반응을 보인 사람들이 가정이나 호텔에서 격리조치를 해야 한다는 데 동의했고, 응답자 중 94%는 대중교통에서의 마스크 착용 의무화를 지지했다. 하지만 지난 4월 13일 에마뉘엘 마크롱 대통령이 5월 11일부터 폐쇄조치를 완화하겠다는 발표 이후로 국민들이 불안감을 느끼면서 정치적 신뢰도는 하락세를 보였다. 지난 여론조사와 비교했을 때 8%p 하락한 45%만이 정부가 감금 해제 시기와 관련된 신뢰성 있는 정보를 가지고 있다고 답했고, 57%는 정부가 코로나19 위기 초기에 해야 할 필수적 조치를 취하지 않았다고 응답했으며, 실시하고 있는 조치가 너무 과하다고 대답한 응답자는 9%에 불과했다.

〈독일〉 2020년 04월 14일
• 내리막길 메르켈, 코로나19로 부활…늑장대응 딛고 지지율 급등   (연합뉴스 04.19)

– 국내외적으로 계속해서 입지가 위축되었던 독일 총리 앙겔라 메르켈이 코로나19를 계기로 존재감이 부상했다. 그동안 반 난민 정서 등을 활용한 극우 정당 속에서 메르켈 총리가 이끌어온 기독민주당·기독사회당 연합은 부진한 성적표를 받았다. 또한 안네그레트 크람프–카렌바우어가 올해 초 사임하면서 메르켈 총리의 숙적인 프리드리히 메르츠가 당권에 가까워지게 되었고, 2018년 10월 기독교민주당 대표직을 내려놓은 메르켈의 입지는 수세에 몰리게 되었다. 코로나19 인해 지역사회 감염

이 진행이 된 후에도 옌스 슈판(Jens Spahn) 보건장관에게 지휘봉을 넘겨 많은 비판을 받기도 했다. 하지만 메르켈은 지난달 11일 기자회견을 열어 최악의 경우를 대비한 강력한 메시지를 남겼고, 이후에도 16개 연방주 총리들과 협의해 지난달 15일 국경 폐쇄, 16일 공공 생활 제한 조처를 내렸다. 또한 기자회견과 대국민담화에서 사회적 거리 유지와 시민 연대를 호소했다. 이렇듯 전과 달리 빨라진 대응 조치로 메르켈과 집권당의 지지율은 꾸준히 상승했고, 16일 공영방송 ARD의 여론조사 결과 연합 정부의 지지율은 38%로 2주 전 같은 조사보다 3% 포인트 뛰어올라 총선 직전인 2017년 8월 이후 가장 높은 수치를 기록했다.

〈스페인〉 2020년 05월 18일

• 스페인에서 사회적 거리두기에도 불구하고 반 정부 시위 열려 　　　(EL PAIS 05.19)

– 살라망카 지역의 누녜스 데 발보아 거리에서 시작된 코로나19 대처 관련 반정부 시위가 몬클로아, 차마르틴, 파세오 데 라 카스텔라나 등 다른 지역까지 확산됐다. 특히 다음 완화 단계로 넘어가는 요구안을 거절당한 마드리드에서는 시위가 더욱 격렬해져 5월 18일 마드리드 페라즈 거리의 사회노동당사 밖에 200여 명의 시위대가 모여 "산체스, 이 범죄자야!"라고 외치며 페드로 산체스 총리의 퇴진을 요구했다. 한편 파서 데 라 하바나에서는 500여 명의 시위대가 행진을 벌이며 정부에 사퇴를 촉구했고, 애국가가 연주되자 "자유"를 외쳤으며, 극우정당 복스의 마드리드 지역 당수인 로시오(Rocío) 수도원장과 복스의 의회 대변인인 이반 에스피노사 데 로스 몬테로스(Iván Espinosa de los Monteros)가 모습을 나타내기도 했다. 5월 18일, 복스 정치 행동위원회가 개최한 가상 기자회견에서 당 대변인인 호르헤 부샤데(Jorge Buxadé)는 "우리는 스페인 사람들에게 자유를 주고, 자유를 행사하도록 격려하고 있다"고 말했고, "또한 그것들은 시위가 아니다. 국기를 들고 걷고 자유를 요구하는 스페인 사람들이다"라고 설명했다.

〈독일〉 2020년 05월 16일

• 유럽 내 코로나19 피로감, 독일 단계적 완화 반대 시위 야기 　　　(CNBC 05.18)

–독일 정부의 코로나19 정책과 제한 조치에 반대하는 시위가 16일 베를린, 뮌헨, 슈

투트가르트 등 각 도시에서 잇따라 벌어졌다. 시위대는 독일 정부 정책을 비민주적인 정책이라며 분노했고, 시민 자유에 대한 제한, 과학적 근거가 없는 마스크 착용 등에 대한 불신을 이유로 시위를 진행했다. 슈투트가르트에는 5000명 이상이 모였으며, 경찰은 사회적 거리 두기 조치를 유지하기 위해 시위대를 다른 장소로 안내해야 했다고 공영방송 도이체 벨레(Deutsche Welle)가 보도했다. 또한 로이터 통신에 따르면 베를린에서는 1000명 이상의 경찰이 여러 장소에서 시위대에 배치되었다. 폐쇄 반대 시위는 독일이 공공생활에 대한 규제를 점차 완화했음에도 불구하고 지속되었다. 유럽 내부에서 사망자가 적은 편인 독일이지만, 앙겔라 메르켈 총리와 정부는 천천히 조치를 해제하고 감염률이 높아지면 다시 규제를 가하겠다는 등 신중한 태도를 보이고 있다. 이런 가운데 극우 극단주의자들이 폐쇄 반대 정서를 악용하고 있다는 우려가 커지고 있으며, 실제로 독일 국내정보기관 분데스람트 퓌르 베르파성스추츠(Bundesamt für Verfassungsschutz)의 토마스 할덴왕(Thomas Haldenwang) 사장은 "우리는 극단주의자들, 특히 우익 극단주의자들이 시위를 악용하고 있는 추세를 보고 있다"고 말했다.

〈프랑스〉 2020년 06월 16일

• 프랑스 의사·간호사들 "공공의료 투자확대" 대규모 시위　　　　(연합뉴스 06.17)

– 의사, 간호사, 간병인 등 보건·의료부문 종사자들이 공공의료 투자 확대와 국·공립병원 직원들의 임금 인상, 장비와 인력 확대 약속을 지키라며 파리, 마르세유, 스트라스부르 등에서 시위를 벌였다. 흰 가운을 입은 의료종사자들이 대부분 평화적으로 시위를 진행했지만, 종합 군사문화시설인 앵발리드 앞에선 일부 검은 복장의 시위대가 경찰에 돌을 던지고 차량에 불을 지르는 등 폭력 시위가 나타나기도 했다. 코로나19로 수도권과 동부 그랑데스트 지방에서 의료시스템이 포화상태에 이르러 '의료붕괴' 위기까지 거론된 프랑스는 그동안 꾸준히 의료 분야에 대한 지원을 줄이면서 많은 문제점이 드러난 상태다. 특히 간호사 초임이 평균 월 1천500유로로, 경제협력개발기구(OECD) 회원국 중 최하 수준이기 때문에 시위대는 낮은 임금과 고질적인 인력 부족에 대해 강력하게 문제를 제기하고 있다. 2019년 11월 프랑스 정부는 의료 인프라 개선에 15억 유로 투입, 간호사와 간병인 등 공공의료 종사자 4만 명에게 1인

당 연 800유로의 특별상여금 지급 등의 방안을 발표했다.

〈영국〉 2020년 06월 23일

• '긴장 풀면 안 돼'…영국 의료계, 바이러스 제2 확산 대비 경고　　　(연합뉴스 06.24)

— 6월 24일, 영국 의료계가 코로나19 봉쇄조치 완화 조치에 대해 정치권에 공동서한을 보냈다. 추가 확산의 가능성이 있는 만큼 대응에 주의를 기울여야 한다는 것이다. 이에 영국 의학 협회, 왕립외과의사학교, 왕립내과의사학교 등의 수장과 의학 전문지 '란셋' 편집자 등이 서명했다. 의료 전문가들은 향후 코로나19에 대한 상황을 예측하기 어렵고, 지역 빌빌 가능성이 높기 때문에 '제2의 물결'을 대비해야 한다고 주장했다. 따라서 경제회복이나 부족한 인프라 문제들을 해결하기 위해 정치권의 초당적인 움직임이 필요하다고 호소했고, 일간 가디언은 확실한 코로나19 추적 방법이 마련되지 않은 상태에서 사회적 거리 두기를 완화하고, 실내 영업을 재개할 경우 발생할 추가 감염에 대한 우려를 나타냈다. 한편, 6월 23일 보리스 존슨 총리는 7월 4일부터 식당, 카페, 호텔 등의 영업을 허용하고, 사회적 거리 두기 기준을 기존의 2m에서 1m 이상으로 완화하겠다는 입장을 밝혔다.

〈스페인〉 2020년 08월 04일

• 전 국왕의 스페인 망명으로 견해가 나뉘어진 정당들　　　(EL PAIS 08.04)

— 비밀 계좌를 이용해 돈 세탁 혐의에 휩싸인 후안 카를로스 1세 전 국왕이 해외로 망명하자, 연립정부 내 정당 간 이견이 발생했다. 8월 4일 정례 기자회견에서 사회노동당 소속 페드로 산체스 총리는 왕실과 행정부 간의 대화는 매우 신중하게 이루어지고 있고, 왕실과 전 국왕의 결정을 지지한다는 입장을 표명했다. 그러나 연립정부에 속해있는 또 다른 정당, 포데모스는 전 국왕의 비리 관련 조사가 진행 중임에도 스페인을 떠난 것은 명백한 잘못이라며 비난했다. 포데모스의 지도자인 파블로 이글레시아스는 전 국왕의 해외 망명은 국가 원수로서 품위 없는 행동이며, 스페인 시민과 민주주의를 위해서 전 국왕은 국민 앞에서 조사를 받아야 한다는 입장을 트위터에 밝혔다. 또한 포데모스는 금융 비리를 철저히 조사하고, 진실을 밝히기 위해 모든 수단을 강구할 것이라며 강경한 의지를 내보였고, 지방 정부인 카탈루냐의 총리 킴

토라 역시 부패를 피해 도망친 전 국왕을 비난했다.

〈독일〉 2020년 08월 18일

• 메르켈 총리 계속해서 산업 중심지 방문 　　　　　　(The Straits Times 08.18)

– 앙겔라 메르켈 총리가 후계자 자리를 두고 정치적 움직임을 보이기 시작했다. 메르켈 총리는 내년을 마지막으로 더 이상의 연임은 없다고 밝힌 가운데, 8월 18일 노르트라인 베스트팔렌 주에서 열리는 각료회의에 참석했다. 이는 차기 총리 후보에게 힘을 실어주기 위함이라는 추측을 불러일으키고 있다. 글로벌 시장조사업체 칸타르에 따르면 차기 총리직 후보에 현 연립정부인 기독민주당, 기독사회당이 36%의 지지를 얻으면서 유력함을 드러냈고, 독일 사회민주당은 18%, 녹색당은 16%에 그쳤다. 또한 후보에 대해서는 바이에른 기독교 사회연합 소속 마르쿠스 죄더가 38%, 독일 사회민주당 소속 올라프 숄츠 재무장관이 29%, 독일 기독교 민주연합 소속 프리드리히 메르츠가 19%를 얻었다. 한편, 여당은 코로나19로 무산되었던 당 대표 선거가 12월에 있을 예정이라고 밝혔다.

제4부

유럽 II의 동향 및 쟁점

민주주의의 후퇴, 극우정당, 그리고 시민들의 저항

제1장

유럽 II의 개관 및 쟁점

1차(2019년 9월 말~10월 말)

정혜원

　10월 13일 폴란드 총선 결과, 집권 여당인 법과정의당(Prawo i Sprawiedliwość, PiS)이 43.6%의 득표율로 과반을 차지하여 정권을 유지하게 되었다(Euronews 2019/10/15). 총선을 앞두고 야당들은 시민연단(Platforma Obywatelska, PO)을 중심으로 연합을 구성했으나, 수장인 스와보미르 누만(Sławomir Neumann)이 녹취 스캔들에 휘말려 사임하면서 선거에서 패배하였다(TVP INFO 2019/10/06).

　헝가리에서는 10월 13일 지방선거가 실시되었고, 그 결과 피데스-기독민주국민당(Fidesz-Kereszténydemokrata Néppárt, Fidesz-KDNP) 연합이 모든 주의회에서 승리를 거뒀으나 대부분의 시의회에서는 민주연합(Demokratikus Koalíció, DK) 등으로 구성된 야당 연합이 승리했다(Hungary Today 2019/10/14).

　한편 우크라이나에서는 돈바스(Donbass) 지역의 친(親)러시아계 독립주의자들이 지속적으로 자치권을 요구하며 우크라이나군과 교전을 벌임에 따라 볼로디미르 젤렌스키(Володимир Олександрович Зеленський) 대통령이 자유선거를 통해 그들의 자치권을 인정하는 '스타인미어 협정(Steinmeier Formula)'에 서명하였다(RFE/RL 2019/10/02). 그러나 우크라이나 민족주의자들은 돈바스 지역 선거에 대한 러시아의 개입을 우려하고 있다(RFE/RL 2019/10/02).

‖‖

선거의 공정성 훼손을 야기하는 폴란드 여권의 언론 장악

10월 13일 폴란드 총선을 앞두고 잇달아 야당의 불법행위에 대한 의혹이 제기된 가운데, 국영방송 또한 이를 반복적으로 보도했다(The Guardian 2019/10/11). 이것이 총선 결과에도 영향을 미쳤고, 결국 현 여당인 법과정의당이 43.6%의 높은 득표율로 의회의 과반을 차지하며 승리했다(Politico 2019/10/13).

선거 직전 언론은 야당진영의 극우연합 지도부가 불법행위를 논의한 내용의 녹취파일뿐만 아니라(WP 2019/10/09), 야당 연합 수장인 누만이 당원의 불법행위를 언급하고 과거 자신의 지지기반 지역을 비난한 내용의 음성녹음을 폭로했다(TVP INFO 2019/10/06). 이에 대해 외부 전문가들은 집권여당이 국가 소유 미디어를 선거 캠페인에 사용하고 있다는 의혹을 제기하고 있는 상황이다(The New York Times 2019/10/11).

물론 이러한 스캔들의 원인을 제공한 야당은 자신들의 행위에 책임을 질 필요가 있다. 그러나 여당이 국영 언론을 선거 캠페인에 이용하는 행위는 선거의 공정성 훼손으로 이어질 수 있다. 따라서 야당은 이번 폭로 사건과 같은 일이 재발하지 않도록 자체적으로 검열하는 한편, 여당의 언론통제 및 탄압을 저지하기 위한 움직임을 보여야 할 것이다.

참고문헌

Cienski, Jan, and Zosia Wanat. 2019. "Poland's PiS Wins Election, But Its Grip On Power Is Weakened". *Politico* (October 13).

Davies, Christian. 2019. "'Cruder Than The Communists': Polish TV Goes All Out For Rightwing Vote". *The Guardian* (October 11).

Gruca, Radoslaw. 2019. "Tak Konfederacja Dzieli Pieniądze z Przyszłej Subwencji. Ujawniamy Treść Tajnego Spotkania Partii Korwin-Mikkego". *WP* (October 9).

MK, ADOM. 2019. "Neumann Rezygnuje z Kierowania Klubem Parlamentarnym

PO-KO". *TVP INFO* (October 6).

Santora, Marc, and Joanna Berendt. 2019. "Poland's State Media Is Government's Biggest Booster Before Election". *The New York Times* (October 11).

2차(2019년 10월 말~11월 말)

11월 5일 폴란드에서는 여당인 법과정의당의 사법개혁안이 유럽연합(European Union, EU)의 평등법과 법치주의 가치를 위반한다는 이유로 유럽사법재판소(European Court of Justice, ECJ)로부터 법안 철회를 요구받았으나, 폴란드 정부는 사법체제의 책임성 강화를 위해 이를 강행하겠다고 밝혔다(DW 2019/11/19).

헝가리에서는 10월 13일 실시된 지방선거를 앞두고 부패 스캔들에 휘말려 논란을 일으킨 전(前) 죄르시장 졸트 보르카이(Zsolt Borkai)가 재선에 성공했음에도 불구하고 11월 6일 피데스(Fidez)를 탈당하고 시장직에서 사임했다(Hungary Today 2019/11/06).

우크라이나에서는 전(前) 행정부 수장인 안드리 포트노프(Andriy Portnov)가 자신의 부패혐의를 조사하는 언론집단의 활동을 중단시키려는 목적으로 기자들의 개인정보를 유출하고 위협을 가한 것에 대해 언론활동 보장법 위반 혐의로 11월 7일 경찰 조사를 받게 되었다(RFE/RL 2019/11/07). 한편 여당인 국민의 종(Слуга народу)은 11월 10일 개최한 전당대회를 통해 올렉산드르 코니옌코(Олександр Корнієнко)를 새로운 당수로 선출했다(UNIAN 2019/11/10).

||||||||||||||||||||||||||||||||||||||||||||||||||||||||||||||||||||||||||||||||||||||||

사법개혁 논란으로 드러난 폴란드 여야의 무책임한 태도

부패 근절을 목적으로 한 폴란드 정부와 여당인 법과정의당의 사법개혁 활동은 매년 논쟁의 대상이 되고 있다.

폴란드는 2017년 판사 임명 기관인 사법의회(Krajowa Rada Sądownictwa)의 구성원을 의회가 선발하겠다고 하여 유럽이사회(European Council)로부터 이를 중단하지 않을 경우 폴란드의 유럽연합 투표권을 철회하겠다는 경고를 받았고, 당시 수도인 바르샤바에서는 시민들의 집단 시위가 발생하기도 했다(BBC 2017/07/20). 2019년 총선에서 또다시 승리한 법과정의당은 남녀 판사의 은퇴연령을 각각 다르게 낮추고 대통령의 비준에 따라 은퇴에 임박한 판사의 임기를 연장하겠다는 법안을 상정하였는데, 이것이 유럽연합의 평등법을 위반하고 법치주의 가치를 훼손한다고 판결한 유럽사법재판소는 해당 법안의 철회를 요구했다(DW 2019/11/19).

그러나 2019년의 사법개혁안이 재차 폴란드에 대한 국제적 비난을 불러왔음에도 불구하고 국내 사회가 이에 무관심한 태도를 보이는 것은 야당의 부진한 정치활동이 원인으로 파악된다(Jacobin 2019/11/04). 따라서 야당은 총선의 패배 여파에서 벗어나 여당의 부당한 정책 활동을 견제하고 시민들의 관심을 이끌어 내는 등 제 역할을 다헤야 할 것이다.

참고문헌

BBC. 2017. "Poland Court Bill: Parliament Votes for Judicial Reforms". (July 20).
DW. 2019. "Poland Pushes Controversial Court Reforms Despite EU Ruling". (November 19).
Konat, Grzegorz. 2019. "How Poland's Failed Transition Fed the Nationalist Right". *Jacobin* (November 04).

3차(2019년 11월 말~12월 말)

정혜원

12월 14일 폴란드에서는 제1야당인 시민연단이 바르샤바에서 전당대회를 개최하였고, 하원 부의장인 말고르자타 키다와-블론스카(Malgorzata Kidawa-Blonska)를 2020년 5월 대선 후보로 선출했다(The First News 2019/12/14). 한편 12월 20일 의회에서는 시민 수천 명의 반대 시위에도 불구하고 여당인 법과정의당의 주도로 정부가 사법개혁에 반대하는 판사를 해고시킬 수 있는 법안이 통과되었다(Forbes 2019/12/20).

헝가리는 12월 10일 집권당 연합 피데스-KDNP(Kereszténydemokrata Néppárt)가 10월 총선에서 야당 연합에 패배한 것을 계기로 의회 내 초당파적 집단 형성 금지법을 제정했다(Hungary Today 2019/12/11).

우크라이나에서는 12월 9일 동부 지역을 둘러싸고 벌어진 우크라이나와 러시아의 갈등을 조정하기 위해 볼로디미르 젤렌스키 대통령이 프랑스 파리에서 개최된 노르망디 4자회담에 참석하였고, 양국이 합의점을 찾지는 못했으나 이를 해결하겠다는 의지를 국제사회에 보여 주었다(The Ukrainian Weekly 2019/12/13). 한편 의회는 12월 19일 유권자들이 투표 시 정당뿐만 아니라 정당의 후보까지 선택할 수 있는 새로운 선거법을 제정했다(Kyiv Post 2019/12/19).

<hr>

헝가리, 민주주의 수호를 위한 시민사회와 야당의 노력 필요

헝가리의 집권당 연합 피데스-KDNP는 10월 13일 총선에서 당파적 이익이라는 한계를 뛰어넘고 협력한 야당 진영에게 패배했다(BBC 2019/10/14). 이에 위협을 느낀 여당은 12월 10일 의회 내 초당파적 집단 형성을 금지 법안을 통과시켜 야당 진영을 통제하겠다는 강력한 의지를 드러냈다(Hungary Today 2019/12/11).

뿐만 아니라 여당은 12월 11일 빈곤층의 의료복지 수혜를 제한할 수 있는 사회보장법을 통과시켰으며(Hungary Today 2019/12/13), 12월 12일에는 문화부문에 대한 정부의 지원을 감축하고 검열을 시행하겠다는 법을 제정했다(TRT World 2019/12/16). 이에 헝가리 시민들과 야당 정치인들은 여당의 정책에 반대하는 시위를 벌였으나 큰 효과를 발휘하지 못했다(Hungary Today 2019/12/10).

헝가리 정부의 규제활동은 피데스가 정권을 처음 장악한 2010년부터 계속되고 있다(The New York Times 2019/12/23). 이러한 여당의 지속적인 비민주적 행보를 제지하기 위해서는 헝가리 사회가 단합하여 보다 적극적으로 반대 의견을 개진해 나가야 한다. 또한 이것이 유럽연합의 가치를 훼손하고 있다는 점에서 국제사회의 관심을 촉구하기 위한 야당의 노력이 요구되는 바이다.

참고문헌

BBC. 2019. "Budapest Election: Hungary's Orban in Shock Defeat". (October 14).

Cseresnyés, Péter. 2019. "Governing Parties Pass Stricter Regulations for Forming Parliamentary Groups". *Hungary Today* (December 11).

_____. 2019. "Public Healthcare: Not Paying Contribution for 3 Months Results in End of Free Service". *Hungary Today* (December 13).

Erlanger, Steven. 2019. "What Should Europe Do about Viktor Orban and 'Illiberal Democracy?'". *The New York Times* (December 23).

TRT World. 2019. "Hungary Passes 'Culture Law', Prompting Fears of Censorship". (December 16).

Vass, Ábrahám. 2019. "Thousands Protest Against Theater Bill, despite Softening". *Hungary Today* (December 10).

4차(2019년 12월 말~2020년 1월 말)

정혜원

폴란드에서 5월에 치러질 대선을 앞두고 전 국민을 대상으로 실시된 대선 후보 지지율 조사 결과, 여당인 법과정의당 소속 현임 대통령 안제이 두다(Andrzej Duda)가 45.4%로 1위를 차지했으며, 제1야당인 시민연단의 후보 말고르자타 키다와—블론스카가 22.7%로 2위에 올랐다(Onet 2020/01/20).

헝가리는 1월 9일 국가 인구 감소 현상에 대응하기 위해 오르반 빅토르(Orbán Viktor) 총리와 여당 피데스가 주도하여 추진하고 있는 출산율 증진 정책의 일환으로 무료 인공수정 시술을 제공하겠다고 발표했다(BBC 2020/01/10).

우크라이나에서는 1월 13일 볼로디미르 젤렌스키 대통령이 의원의 입법권을 보장하기 위해 의회 내 대리투표 처벌 법안을 승인했다(112 Ukraine 2020/01/13). 한편 1월 15일 올렉시 혼차루크(Олексій Гончарук) 총리가 젤렌스키 대통령을 비난하는 음성녹음파일이 유출되어 논란을 일으키자 17일에 사직서를 제출했다(UNIAN 2020/01/17). 그러나 젤렌스키 대통령은 그에게 한 번 더 기회를 주겠다며 사표 수리를 거부했고, 각 부처의 장관들과 만나 국가기관에서의 정보 유출 사태에 대한 조사를 지시했다(UNIAN 2020/01/17).

폴란드 야권, 2020 대선을 통해 국내 극우주의 기조를 변화시키기 위한 협력 필요

폴란드의 극우 대중주의 정당인 법과정의당이 2015년 총선을 통해 하원을 장악한 이후 지속적으로 비민주적인 정책들을 추진해오자(The Globe Post 2020/01/30), 시민들은 결선투표제로 이루어지는 2020년 5월 폴란드 대선에서 야당이 승리하여 국내 극우주의 기조에 변화를 일으키길 희망하고 있다(Balkan Insight 2020/01/14).

그러나 시민들의 바람에도 불구하고, 법과정의당의 후보로 출마한 현임 대통령 안제이 두다가 극우집단의 강력한 지지를 바탕으로 국내 여론조사에서 지지율 1위 자리를 유지함에 따라 연임에 성공할 것이라 예상되고 있다(Onet 2020/01/12). 그에 맞서는 야당 후보들은 결선에 진출할 수 있는 2위 자리를 두고 경쟁하며 오히려 서로의 지지율을 하락시키고 있다(Balkan Insight 2020/01/14). 게다가 두다는 이를 이용하여 본인의 국수주의 정책을 선전하고 극우집단을 집결시키는 등 계속해서 지지율을 높이고 있다(TVP 2020/01/22).

이러한 상황에서 야권이 대선에서 승리하기 위해서는 경쟁이 아닌 협력을 통해 여당의 극우주의 정책에 제재를 가하겠다는 공동의 목표를 설정해야 하며, 시민들의 반대 의견을 대표할 수 있는 야권 단일 후보를 내세워야 할 것이다.

참고문헌

AB, ME. 2020. "Prime Minister: I Agree with Małgorzata Kidawa-Błońska". TVP (January 22).

Ciobanu, Claudia. 2020. "Poland 2020: A Crunch Year for Populists' Grip on Power". Balkan Insight (January 14).

Ford, Nicolè M. 2020. "'Muzzle Law' Ends Poland's Ability to Call Itself A Democracy". The Globe Post (January 30).

Onet. 2020. "New Presidential Poll. Duda at The Head, A Far Place in Hołownia". (January 12).

5차(2020년 1월 말~2월 말)

정혜원

2월 5일 폴란드 의회는 결선투표제로 진행되는 대통령 선거의 1차 투표일이 5월 10일로 결정되었음을 발표했다(New Europe 2020/02/06). 그리고 2월 15일 여당인 법과정의당의 대선 후보이자 현임 대통령 안제이 두다는 수도 바르샤바에서 개최된 법과정의당의 전당대회를 통해 대선 캠페인의 시작을 공식적으로 선언했다(WNP.PL 2020/02/15).

헝가리에서는 2월 4일 교원노조가 집결하여 국수주의 이념을 강요하는 새로운 교과과정 도입에 반대하는 시위를 벌였다(Reuters 2020/02/05). 한편 2월 13일 헝가리의 총리 오르반 빅토르는 현재 의회 내에서 의견이 분분한 정책들을 추진하기에 앞서 시민들의 의견을 수렴하고 정책의 정당성을 확보하고자 전 국민 여론조사를 실시하겠다고 발표했다(Hungary Today 2020/02/13).

우크라이나에서는 2월 11일 볼로디미르 젤렌스키 대통령이 반(反)부패 정책의 일환으로 우크라이나의 억만장자 사업가와 연관된 대통령 비서실장 안드리 보단(Андрій Богдан)을 해임했다(Bloomberg 2020/02/11). 2월 20일 의회위원회는 언론집단의 반발에도 불구하고 새로운 미디어 검열 법안을 철회하지 않기로 결정했다는 사실을 발표했다(112 International 2020/02/20).

――

헝가리 극우 여당의 국수주의 이념 교과과정 도입의 위험성

극우 여당 피데스가 공교육을 통해 학문의 자유를 억압하고 국수주의 사상을 선전하려 시도하자 시민들의 반발이 거세지고 있다.

이미 여당은 2019년 7월 국내 모든 사립 초중고교의 교육과정을 인정하지 않겠다는 법안을 통과시켜 헝가리의 교육체계를 뒤흔든 바 있다(Index 2019/07/12). 당시 시민들은 학생들을 볼모로 삼아 교육과정을 통제하려 하는 정부에 대항하여 시위를 벌였고, 야당 의원들 또한 합동 기자회견을 열어 여당이 헌법에 명시된 국민의 기본권을 훼손하고 있다고 주장했다(Hungary Today 2019/09/02). 그럼에도 불구하고 여당은 2020년 1월 국수주의 이념에 편향된 내용으로 구성한 새로운 국가핵심교과과정(Nemzeti Alaptantervet, NAT) 도입 계획을 발표했으며, 2020년 9월 학기부터 적용될 예정임을 알렸다(Hirado 2020/01/31). 이에 시민들은 즉각 반대 의견을 개진했으나(Reuters 2020/02/05), 정부는 학생들의 애국심을 높임으로써 국가 발전에 기여할 수 있을 것이라고 답할 뿐이었다(Hungary Today 2020/02/21).

여당이 계속해서 국수주의 이념이 반영된 교육 개편 활동을 추진함에 따라 향후 헝가리 사회를 이끌어 나갈 미래세대가 편향적 사상을 가질 위험성이 증가하고 있다. 따라서 이를 저지하기 위한 국내사회의 지속적인 노력이 요구되는 바이다.

참고문헌

Cseresnyés, Péter. 2019. "Demonstration Against Recent Education Law Amendment". *Hungary Today* (September 02).

Dunai, Marton. 2020. "Hungarian Teachers Say New School Curriculum Pushes Nationalist Ideology". *Reuters* (February 05).

MTI. 2020. "Elkészült a Módosított Nemzeti Alaptanterv". *Hirado* (January 31).

MTI-Hungary Today. 2020. "Minister Kásler: New Nat'l Curriculum 'Child-Focused, Patriotic'". *Hungary Today* (February 21).

RA. 2019. "Megszavazta a Parlament az Alternatív Oktatást Nehezítő Köznevelési Törvénycsomagot". *Index* (July 12).

6차(2020년 2월 말~3월 말)

정나라

3월 12일 폴란드의 여론 조사기관인 CBOS는 올해 5월 10일에 예정된 대통령 선거에서 현 안제이 두다(Andrzej Duda)대통령이 어떤 후보와 양자대결하더라도 승리할 것이라고 밝혔다(The First News 2020/03/12). CBOS는 두다가 주요 라이벌로 언급되는 제 1야당 시민연단의 말고자타 키디와 블론스카와(Malgorzata Kidawa-Blonska)와의 대결에서도 54% 대 29%의 차이로 승리할 것으로 전망하였다(The First News 2020/03/12).

헝가리에서는 헝가리 공영 미디어(MTVA) 본부가 기자들에게 정치적으로 민감한 주제를 쓴다면 편집자의 사전 동의를 얻도록 지시해 논란이 되었다(Hungary Today 2020/03/03). 이에 헝가리 공영 미디어는 편집 과정의 일환이며, BBC의 표준을 따르고 있어 문제가 되지 않는다고 반박했다(Hungary Today 2020/03/03).

한편 우크라이나 의회가 알렉세이 곤차룩(Олексій Валерійович Гончарук) 총리의 사임안을 승인함에 따라 내각이 총사퇴했다. 이날 우크라이나 의회는 곤차룩 총리 사임안 의결 뒤 곧바로 데니스 슈미갈(Денис Анатолійович Шмигаль)부총리를 그의 후임으로 임명했다(Kyiv Post 2020/03/04). 곤차룩 총리는 정부 주요 관계자 비공개회의에서 젤렌스키 대통령의 경제 지식을 문제 삼는 발언을 한 사실이 알려지면서 사의를 표명한 것으로 보인다(Kyiv Post 2020/03/04).

총리 교체를 위한 젤렌스키의 압력 행사

3월 3일에 우크라이나 젤렌스키 대통령은 곤차룩 총리의 사임을 승인했다(Tass 2020/03/04). 곧바로 슈미갈 부총리가 후임으로 임명되었다(Tass 2020/03/05).

곤차룩 총리는 올해 1월에 젤렌스키 대통령의 경제 지식을 문제삼는 발언이 온라인에 유포되자 사임 의사를 밝혔다(아시아경제 2020/01/17). 하지만 젤렌스키 대통령은 "지금은 정치적으로 나라를 흔들 때가 아니다"라고 말하며 사의를 반

려했다(France24 2020/01/17). 그러나 그 후 젤렌스키는 공개적으로 곤차룩 총리의
성과에 불만족을 표시했으며(Kyiv Post 2020/03/04), 2월 중순에는 총리 교체를 위한
회담도 가졌다(Kyiv Post 2020/03/04). 결국 총리 사임에 대한 투표 전 의회를 방문한
젤렌스키 대통령은 "정부는 새로운 브레인이 필요하다"며 의회가 사임을 승인해
줄 것을 요청했다(Alijazeera 2020/03/05).

대통령의 요청은 의원들이 자신의 뜻대로 행동하게 하기 위한 압력이 될 수 있
다. 대통령이 총리 인사에 영향을 미치는 것은 대통령과 총리가 서로 독립성을
가진다는 이원집정부제의 원칙을 해칠 수 있다(정만희, 2011). 따라서 대통령에게
의회가 자유로운 의사결정을 내릴 수 있도록 존중하는 노력이 요구되는 바이다.

참고문헌

성기호. 2020. "우크라이나 총리, '악성 녹음파일'에 사임". 『아시아경제』(01월 17일).

정만희. 2011. 이원정부제 정부형태의 검토. 동아법학. (52), 143-187.

France24. 2020. "Ukraine's President Zelensky Refuses PM's Resignation Amid Tape
  Scandal". (January 17).

Sorokin, Oleksiy. 2020. "Parliament Accepts Resignation of Prime Minister Honcha-
  ruk". *Kyiv Post* (March 5).

Tass. 2020. "President Vladimir Zelensky, according to Lawmaker Alexander Kachura,
  Nominated Denis Shmygal as the Next Prime Minister". (March 04).

_____. 2020. "Ukraine's Parliament Approves New Cabinet in Package Vote". (March
  05).

7차(2020년 3월 말~4월 말)

정나라

폴란드 의회에서는 코로나19 사태 속 5월 12일 대통령선거를 앞두고 우편으로 선거가 가능하게 하는 선거법 개정안을 통과시켰다(Politico 2020/04/07). 한편 야당인 시민연단은 여당인 법과정의당이 안제이 두다(Andrzej Duda) 대통령의 재선에 유리하도록 선거를 진행하기 위해 반칙을 하고 있다고 주장했다(Politico 2020/04/07).

헝가리에서는 3월 30일, 총리에게 코로나 바이러스로 인한 비상 사태를 무기한 연장할 수 있을 뿐만 아니라 새로운 법률을 만들 수 있도록 입법권을 부여했다(Aljazeera 2020/03/30). 이에 헝가리 권리 단체들은 지난 10년간 헝가리를 통치한 오르반 빅토르 총리의 권력 장악을 우려했다(EURACTIV 2020/04/03).

한편 우크라이나에서는 부패 척결과 국가 비즈니스 발전을 돕기위한 볼로디미르 젤렌스키 대통령의 핵심 목표의 일환으로 27개 분야에서 온라인 공공 서비스가 적용된다(Kyive Post 2020/04/03). 이는 2024년까지 모든 정부의 서비스가 웹포털 디아(Diia)를 통해 시민들에게 제공될 예정이다(Kyive Post 2020/04/03).

‖‖

에스토니아, 에너지 보안과 디지털 분야 전략적 단점 극복 시도

전자정부 시스템의 선두 주자로 여겨지는 에스토니아(한국일보 2018/07/11)가 에너지 보안과 디지털 네트워크 및 전송링크의 전략적 단점을 보안하기 위해 삼해(三海) 이니셔티브 투자 기금(Three Seas Initiative Investment Fund, 3SIIF)에 합류했다(The Baltic Times 2020/04/17).

삼해 이니셔티브 투자 기금은 교통, 에너지 및 디지털 인프라 프로젝트를 지원하고자 발트해, 흑해 및 아드리아해 사이에 위치한 12개의 유럽 국가들이 참여하는 금융 상품으로(The Baltic Course 2020/02/27), 경제와 디지털 인프라의 개발을 가속화하여 지역 경제 성장을 촉진하고 통합된 유럽의 비전을 발전시키도록 설계되었다(ERR 2020/03/26). 우크라이나의 외무부 장관 우르마스 레인살루(Urmas Reinsalu)는 투자 기금에 가입하는 것이 에너지와 디지털 네트워크 영역에서 전략적 단점을 극복하기 위한 추진력을 제공할 것이라고 기대감을 표현했다(The Baltic Times 2020/04/17).

에스토니아는 디지털 국가로 선도적으로 전환을 통해 북유럽 내에서 ICT강국으로 부상했다(ZDNet Korea 2018/10/10). 투자 기금 합류를 통해 더 다양한 분야의 디지털 기술의 적용이 가능해지고 전자정부 형태가 강화될 것으로 기대되는 바이다.

참고문헌

임유경. 2018. "에스토니아가 전자영주권 제도 도입한 이유". 『ZDNet Korea』(10월 10일).

허경주. 2018. "블록체인 입은 전자정부 'e-에스토니아'". 『한국일보』(07월 11일).

BC, Riga. 2020. "Three Seas Initiative Investment Fund (3SIIF) - Financial Instrument Supporting Infrastructure Projects in Transport, Energy and Digitalisation Sectors in CEE Region". *The Baltic Course* (Feburary 27).

BNS. 2020. "Three Seas Initiative summit postponed to October due to Coronavirus". *ERR* (March 26).

Polskie Radio. 2020. "Estonia Joins Three Seas Initiative Investment Fund". *The Baltic Times* (April 17).

8차(2020년 4월 말~5월 말)

정나라

 5월 21일, 폴란드 정치권은 5월 10일 예정이었던 대통령 선거가 코로나19 확산 방지를 위한 통제 조치와 우편 투표의 방법 및 시기에 대한 논쟁이 계속되자 선거 날짜를 6월 28일로 연기했다(AP 2020/05/21).

 한편 우크라이나 볼로디미르 젤렌스키 대통령은 개혁 정책에 동력을 주기 위해 전(前) 조지아 대통령인 미하일 샤카슈빌리(Mikheil Saakashvili)를 국가 개혁 위원회의 수장으로 임명했다(연합뉴스 2020/05/08).

 5월 12일, 에스토니아에서는 미래 네트워크 개발에 필요한 통신 장비의 보안 검토를 위해 화웨이 법(Huawei Law)을 승인했다(Reuters 2020/05/12). 이는 에스토니아가 무인 차량에서 군사 통신 등 중요 기능을 담당하는 5G 서비스를 출시한 이후 사이버 공격이나 스파이 활동에 대한 위협이 증가했음을 인식했기 때문이라고 알려졌다(Intellinews 2020/5/14).

공정성 결여된 폴란드의 우편 투표, 공정한 선거 방안 모색 필요

 폴란드 정부는 코로나19가 지속되자 대통령 선거를 연기하기로 합의함에 따라(BBC 2020/05/07) 오는 6월 28일에 선거가 치러질 예정이다(New Europe 2020/05/22).

 폴란드의 우편투표는 전례 없는 방식으로 투표의 정당성을 훼손하거나 실수가 발생할 수 있다는 우려를 꾸준히 받았으며(Politico 2020/04/07), 코로나19 확산 방지를 위해 선거운동이 금지되어 두다의 경쟁자들에게 불리한 상황임에도 불구하고(Quartz 2020/04/30) 집권여당인 법과정의당은 5월 10일에 예정 되었던 선거일을 고수하려 했다(New Europe 2020/05/22). 이에 야당은 여당의 주장이 공중보건보다 정치적 이득을 취하려는 의도가 담긴 것이라며 비판했다(New Europe 2020/05/22). 일각에서는 여당이 코로나19로 인한 위기 사태가 두다의 재선을 위한 도움이 되기 바라고 있다고 비판했다(AP 2020/04/07). 하지만 여당은 비판자들이 요구하는 민주적이고 공정한 우편 투표를 실시하기 위한 적절한 법안을 준비하지 못했다(Aljazeera 2020/05/07).

여당이 선거 승리를 위해 우편 투표를 감행하고자 했다면, 야권과 국민의 우려를 반영하여 우편 투표 제도를 보완했어야 한다. 하지만 선거 직전까지 공정성 문제는 계속되었고, 이는 결국 선거 연기로 이어졌다. 여야는 선거 연기로 확보된 시간 동안 충분한 논의를 통해 민주적인 선거가 진행될 수 있도록 노력해야 할 것이다.

참고문헌

Aljazeera. 2020. "Poland Postpones Presidential Vote Amid Coronavirus Lockdown". (May 07).

BBC. 2020. "Poland's Presidential Poll Postponed over Coronavirus". (May 07).

Gera, Vanessa, Monika Scislowska. 2020. "Polish Parliament Approves Election Only bu Postal Vote". *AP* (April 07).

Kozlowska, Hanna. 2020. "Poland's Election Is Days Away-and It's Already in Comeplete Disarray". *Quartz* (April 30).

Pavlovska, Elena. 2020. "Polish Govt Plans to Hold Presidential Election June 28". *New Europe* (May 22).

Wanat, Zozia. 2020. "Polish Government Rams Through Electoral System Changes". *Politico* (April 06).

9차(2020년 5월 말~6월 말)

정나라

6월 28일 폴란드 대선의 출구조사 결과, 집권 여당인 법과정의당의 후보 안제이 두다가 43%를 득표하고 시민연단의 대선주자 라파우트 샤스코프스키(Rafal Trzaskowski)가 30%를 득표할 것이라고 예상됨에 따라 과반 이상의 득표를 한 후보가 없어 7월 12일에 결선 투표가 시행될 예정이다(The Guardian 2020/06/28).

헝가리에서는 정치 안건 설정을 위한 국가 여론 조사가 실시될 예정이다 (Balkan Insight 2020/06/09). 정부는 본 여론조사의 목적이 코로나19 대책 마련이라고 밝혔으나(Balkan Insight 2020/06/09), 오르반 빅토르 총리와 적대적 인물인 헝가리 출신의 미국 억만 장자 자선가 조지 소로스(George Soros)와 불법 이민자 등에 대한 질문이 포함되어 논란이 되고 있다(Euobserver 2020/06/10).

한편 우크라이나에서는 내무부 장관 아르센 아바코프(Arsen Avakov)의 사임을 촉구하는 시위가 열렸는데 시위 참가자들은 아바코프가 6년의 임기동안 권력을 남용하고 경찰 개혁을 방해했다고 주장했다(Radio Free Europe Radio Liberty 2020/06/05).

||||||||||||||||||||||||||||||||||||||||||||||||||||||||||||||||||||||||||||||||||||

우크라이나 정부,
권력 균형과 법 질서 체계 마련을 위한 조치 필요

5월 말에 벌어진 경찰관의 강간 사건과 키예프 지역에서의 총격 사건이 발생한 후 수백 명의 시민들이 내무부 장관 아바코프의 해임을 요청하는 시위에 참석했다(Radio Free Europe Radio Liberty 2020/06/03).

우크라이나에서 내무부 장관은 경찰부터 방위군에 이르기까지 법 집행 기관을 통제할 수 있는 권한을 가진다(Radio Free Europe Radio Liberty 2020/06/03). 아바코프가 내무부 장관을 역임하는 6년 동안 권력의 범위를 의회까지 확대하고 경찰 조직의 투명성 제고와 정치권으로부터 독립을 의미하는 경찰 개혁을 방해한 것에 대하여 국민들의 불만이 끊이지 않았고, 5월 말 경찰관의 강간 사건이 발생하면서 전국적인 대규모 시위가 벌어졌다(Radio Free Europe Radio Liberty 2020/06/ 03). 이에 개혁파와 비정부 감시단체들이 아바코프의 해임 건의안을 제시했고(Kyiv Post 2020/06/17), 의회인 최고 라다(Verkhovna Rada)의 법 집행위원회는 이 건의안을 국회에 등록하기로 합의했다(Kyiv Post 2020/06/17).

아바코프의 재임 기간 동안 그를 견제하는 정치 세력이 존재하지 않았다. 국민들의 시위로 내무부 장관직에 대한 논의가 활발히 진행되는 지금, 정부는 적절한 조치를 취하여 권력의 균형을 바로잡고 부패한 경찰 및 범죄 집단으로부터 국민을 보호하는 법질서 체계를 마련해야 할 것이다.

참고문헌

Miller, Christopher. 2020. "Calls For Dismissal of Ukraines Powerful Interior Minister Grow Louder After Alleged Police Pape, Gangland Shooting". *Radio Free Europe Radio Liberty* (June 03).

RFE/PL's Ukrainian Service. 2020. "Hundreds Rally In Kyiv Demanding Interior Ministers Resignation". *Radio Free Europe Radio Liberty* (June 03).

Sorokin, Oleksiy. 2020. "Parliament to Vote on Firing Interior Minister Avakov". *Kyiv Post* (June 17).

_____. 2020. "Experts Agree That Avakov Has Failed Police Reform In Ukraine". *Kyiv Post* (June 19).

10차(2020년 6월 말~7월 말)

7월 12일에 시행된 폴란드 대통령 결선 투표에서 집권 여당인 법과정의당 소속 안제이 두다가 51.03%를 득표해 시민연단의 라파우트 샤스코프스키가 득표한 48.97%를 2%p 차이로 이겨 재선에 성공했다(The New York Times 2020/07/13).

한편 헝가리에서는 2019년 다뉴브강 유람선 참사에 대한 정부의 잘못을 비판적으로 다뤄온 독립 매체 인덱스가 돌연 편집장을 해고했다(국민일보 2020/07/24). 사측은 편집장 해고에 대해 광고 수익의 감소를 이유로 들었지만(연합뉴스 2020/07/26), 일각에서는 국가의 방송 및 미디어 산업에 대한 통제를 강화하기 위한 정부의 정치적 압력이 작용했다고 주장했다(Euronews 2020/07/25).

덴마크 인민당(DPP, Folkepartiy)의 소렌 에스페르센(Søren Espersen) 의원은 시민권이 없는 경우 "국가 안보에 관한 업무에 외국인은 일할 수 없다"고 주장했다(DR 2020/07/10). 이에 집권 여당인 사회민주당은 시민권의 소유 여부가 국가에 대한 충성을 보장하는 것은 아니라고 반박했다(DR 2020/07/10).

덴마크, 외국인과 자국민의 공존 모색을 위한 정책 마련 필요

야당인 극우 정당 덴마크 인민당 소속 소렌 에스페르센 의원이 덴마크 시민권이 없는 경우 국가 안보에 관한 업무에 외국인이 일할 수 없다고 주장했다(DR 2020/07/10).

덴마크는 최고의 복지 국가 중 하나로 언급되지만 2015년 총선에서 우파연합의 승리로 잉게르 스토이베르크(Inger Støjberg)가 이민부 장관으로 임명된 뒤 꾸준히 인종 차별 정책을 제시했다(시사인 2018/12/21). 또한, 덴마크 인민당은 망명 신청이 거부된 난민 100명을 외딴 무인도에 격리하는 계획을 추진하는 등 외국인에 대한 과격한 정책을 펼치는 당으로 알려져 있다(국제뉴스 2018/12/07). 이에 사회민주당은 "시민권이 없는 외국인들이 국가에 대한 충성을 나타내는 데 문제가 없다"며 인민당의 의견에 반대했다(DR 2020/07/10).

덴마크 통계청의 발표에 따르면 2060년에는 이민자가 13%를 차지할 것으로 예상된다(Naked Denmark 2018/11/29). 덴마크의 정당들은 공통적으로 반이민 정책을 내세우고 있으나 국가 내에서 반이민 정책에 저항하는 시민들의 규모가 작지 않다(경향신문 2015/09/13). 따라서 외국인과 자국민의 공존은 피할 수 없는 시대적 흐름이며 정당들은 사회를 통합하기 위한 정책을 마련해야 할 것이다.

참고문헌

설동훈. 2015. "[시론] 한국은 유럽난민과 무관할까". 『경향신문』(09월 13일).
안상욱. 2018. "2060년께 이민자가 덴마크 인구 13% 차지한다". 『Naked Denmark』(11월 29일).
이종태. 2018. "난민을 외딴섬에 가두겠다는 이 사람". 『시사인』(12월 21일).
조현호. 2018. "덴마크, 난민 무인도 격리 계획으로 논란". 『국제뉴스』(12월 07일).
Al-Adhami, Adnan. 2020. "Dansk Folkeparti: Her må udenlandske statsborgere ikke arbejde". *DR* (July 10).

11차(2020년 7월 말~8월 말)

정나라

8월 7일, 폴란드에서 인권 운동가 마르고트 수토비츠(Margot Szutowicz)의 구금을 반대하는 대규모 시위가 열렸다(Reuters 2020/08/08). 그러자 경찰은 "경찰차를 파손하는 등 시위대가 공격적으로 행동했다"며 시위대 48명을 연행했다(연합뉴스 2020/08/09). 야당과 인권단체들은 경찰의 마르고트 체포를 비난했으며, 유럽연합은 폴란드 집권여당의 사법부 장악과 반(反) 여성인권 행보에 대해 비판했다(연합뉴스 2020/08/09).

한편 8월 13일 헝가리 야당들은 2022년 총선에서 피데스 정당에 대항하기 위해 106개 선거구에서 단일 후보를 내기로 합의하고 승리할 경우 연립 정부를 구성할 것이라고 발표했다(EURACTIV 2020/08/14).

벨라루스에서는 8월 9일 대선 결과 알렉산더 루카셴코(Alexander Lukashenko) 대통령이 6기 집권에 성공했다(BBC 2020/08/17). 시민들은 94년부터 이어진 루카셴코 대통령의 장기집권에 반대하는 대규모 시위를 벌였으며 유럽연합은 벨라루스 대선 결과를 인정할 수 없고 경찰의 폭력 진압에 문제가 있다며 벨라루스 정부에 제재를 가하겠다고 경고했다(한국일보 2020/08/20).

벨라루스, 철권 통치 종식을 위한 움직임의 시작

8월 9일 벨라루스 대선 이후 루카셴코 대통령의 6연임에 반대하는 대규모 시위가 지속되고 있다(해럴드경제 2020/08/20).

루카셴코는 집권을 시작한 94년부터 개헌을 단행하며 종신 집권의 길을 열었지만 4선에 성공했던 2010년부터 부정 선거 의혹이 제기되면서 정권에 반대하는 시위가 시작됐다(연합뉴스 2015/10/12). 6기 연임을 앞둔 이번 선거에서 야권은 루카셴코가 선거운동에 행정력을 동원하는 등 편법을 사용했다고 주장했지만 루카셴코는 80%에 육박하는 득표율로 연임에 성공했다(연합뉴스 2020/08/10). 유럽

이사회는 8월 19일 긴급회의를 열어 "벨라루스 선거가 공정하게 진행되지 않아" 선거 결과를 인정할 수 없다고 밝혔지만(NBC News 2020/08/19), 이에 루카셴코는 "80% 이상의 득표율 조작이란 있을 수 없다"며 반박했다(연합뉴스 2020/08/17).

폴란드, 체코 등 인근 국가 정상들이 벨라루스의 재선거를 지지하고 있으며 세계 각국에서 벨라루스를 응원하는 연대 시위가 벌어지고 있다(SBS News 2020/08/20). 루카셴코는 자유 언론과 야권을 탄압하며 26년동안 집권을 이어왔는데(연합뉴스 2020/08/10), 2010년부터 지속된 벨라루스 국민들의 열망처럼 루카셴코의 철권 통치 종식과 민주주의 체제의 확립이 이루어지길 바란다.

참고문헌

김혜영. 2020. "EU "벨라루스 대선 결과 인정 못 해…곧 제재 부과". 『SBS News』(08월 20일).

박도제. 2020. "10일 연속 벨라루스 대통령 퇴진 시위…EU 연대 속 재선거 실시 요구". 『헤럴드경제』(08월 20일).

유철종. 2015. "5기 집권성공 루카셴코 벨라루스 대통령 대서방 유화정책 펼까". 『연합뉴스』(10월 12일).

_____. 2020. ""벨라루스 대선서 장기집권 루카셴코 79% 넘는 득표율로 압승"(종합)". 『연합뉴스』(08월 10일).

_____. 2020. "벨라루스 수십만 명 대선 불복시위…루카셴코 지지자는 맞불집회(종합)". 『연합뉴스』(08월 17일).

_____. 2020. "'유럽의 마지막 독재자' 루카셴코, 대선승리로 30년 이상 집권길". 『연합뉴스』(08월 10일).

Suliman, Adela. 2020. "Neither Free nor Fair: European Leaders Endorse Sanctions over Belarus Election". *NBC News* (Aug 19).

제2장
유럽 II의 개관 및 쟁점

선거

〈폴란드〉 2019년 10월 13일

• **폴란드 총선: 최종 결과 법과정의당이 근소한 차이로 과반수 획득**   (Euronews 10.15)

- 10월 13일에 시행된 폴란드 총선 결과, 여당이자 극보수주의 정당인 법과정의당이 의회 과반수를 차지하게 되었다. 10월 14일 저녁 선거관리위원회가 발표한 자료에 따르면, 법과정의당의 총선 득표율은 2015년 37.6%에서 2019년 43.8%로 상승하였으며 하원 460석 중 235석을 획득하게 되었다. 시민연단을 중심으로 형성된 대규모의 야당 연합은 24.1%의 득표율로 134석을 차지하여 2위에 머무르게 되었다. 좌파 정당 연합(Unia Lewicy)은 49석을, 폴란드 인민당(Polskie Stronnictwo Ludowe, PSL)과 반체제주의 정당인 쿠키스 15(Kukiz 15)는 합하여 30석을 얻은 것으로 나타났다. 한편 2019년 상반기에 형성된 극우 연합(Konfederacja Wolność i Niepodległość)은 11석을 가져갔다. 법과정의당이 하원에서 다수당을 유지함에 따라 4년의 임기가 추가되면서, 여당은 사법제도와 미디어, 그리고 정부기관에 대한 개혁을 계속해서 시행할 수 있게 되었다. 그러나 상원의 경우 법과정의당은 2015년에 비해 11석이 줄어 든 48석을 획득함에 따라 과반을 유지하지 못하게 되었고, 이로 인해 법안 제정이 지연될 것을 우려하고 있다.

〈헝가리〉 2019년 10월 13일

• 피데스의 완전한 통제가 무너지며 야당이 희망을 얻다　　　(Hungary Today 10.14)

– 13일에 시행된 헝가리의 지방선거 결과 피데스–기독민주국민당 연합이 19개의 주의회에서 전부 과반을 차지하게 되었다. 그러나 23개 도시의 시장의 경우 2014년에는 피데스가 20명, 야당이 총 3명을 당선시켰으나, 2019년에는 피데스가 13명, 민주연합 등 좌파 자유주의 정당들로 구성된 야당 연합이 10명을 당선시키면서 집권여당인 피데스와 총리인 오르반 빅토르는 기존의 독점적 지배력을 상실하게 되었다. 특히 수도인 부다페스트(Budapest)의 시장이 피데스 소속의 이스트반 타를로스(István Tarlós)에서 야당 연합 소속의 그레고리 크리스마스(Gergely Karácsony)로 변한 것이 피데스의 가장 큰 패배로 여겨지고 있다. 뿐만 아니라 부다페스트시의 23개 지역구청장 중 야당 연합 소속은 14개 지역구에서 승리한 반면, 피데스는 9개 지역구에서 승리하며 5년 전에 비해 11개의 지역구를 잃게 되었다. 결국 야당 연합이 수도 의회의 과반을 차지함에 따라 오르반은 국민총소득의 1/3을 차지하고 있는 부다페스트시를 완전히 통제하지 못하게 되었다. 전문가들은 야당이 전국적인 연합을 형성한 것과 더불어 선거 캠페인 말기에 발생한 피데스 소속 의원의 스캔들이 야당 연합의 승리 요인으로 작용했을 것이라 보고 있다.

〈헝가리〉 2019년 09월 30일

• 현임 피데스 소속 시장의 성관계 영상 유출 및 부패 혐의 논란 (Hungary Today 10.07)

– 지방선거를 이주일 앞둔 9월 30일, 익명의 블로거가 현임 피데스 소속 죄르시(Győr) 시장인 졸트 보르카이의 마약, 매춘 및 기타 범죄 행위를 폭로하겠다고 하여 논란이 일고 있다. 블로그에 게시된 내용에 따르면, 현재 시장 선거에 출마중인 보라카이가 죄르시에서 가장 영향력 있는 사업가 중 한명인 졸탄 라코스팔비(Zoltán Rákosfalvy)와 2018년에 아드리아해로 요트 여행을 떠나 마약 사용 및 매춘 행위를 벌였다고 한다. 이에 대한 증거로 보르카이가 어린 여성들과 성행위를 하는 사진이 유명한 포르노 사이트에 게시되기도 했다. 그러나 마약 사용을 포함한 기타 범죄행위는 여전히 의혹으로 남아있는 상태이다. 이러한 폭로 사건이 발생하자 보르카이는 직전의 선거 캠페인 행사를 취소하는 한편 자신에게 제기된 혐의를 부인했으나, 얼

마 지나지 않아 해당 인물이 자신임을 인정했다. 그러나 보르카이는 제시된 자료가 일부 조작되었다고 주장하며 시장 선거 후보에서 사임할 의지가 없음을 밝혔다. 이번 선거 캠페인 사상 가장 큰 스캔들이 발생함에 따라 선거의 귀추가 주목되고 있다.

〈우크라이나〉 2019년 11월 10일

• 국민의 종을 이끌어 갈 새로운 당수 선출　　　　　　　　　　(UNIAN 11.10)

- 11월 10일 키예프에서 개최된 우크라이나 여당인 국민의 종의 전당대회에서 당원들의 만장일치로 올렉산드르 코니엔코가 새로운 당의 수장으로 선출되어 향후 4년간 당수직을 역임하게 되었다. 당수 투표에 앞서 전(前) 당수인 드미트리 라주코프(Dmytro Razumkov)가 사임한 것에 대해 일각에서는 라주코프가 10월 25일 의회회의에서 우크라이나 동부 분쟁지역 자치권 보장 협정에 반하는 의견을 말한 것이 국민의 종의 실질적 최고 권위자이자 해당 협정에 서명한 볼로디미르 젤렌스키 대통령의 심기를 불편하게 만들어 당수 자리에서 물러나게 되었다는 의견을 전했다. 한편 당원들의 만장일치로 새로운 당수가 된 코니엔코는 국민의 종이 성장을 위한 새로운 단계에 도달했다고 말하며, 당을 개선함으로써 국민의 종이 국가를 발전시키는 정치적 해결책을 찾을 수 있도록 만들겠다는 포부를 드러냈다. 또한 코니엔코는 자세한 내용은 밝히지 않았으나 국민의 종이 우크라이나의 정당법을 개정하기 위한 계획을 진행 중이라고 알렸다. 이 외에도 국민의 종은 전당대회를 통해 당의 연례 보고서, 당원 변경 사항, 그리고 병합영토지역 선거에 대한 내용을 다루었다.

〈폴란드〉 2019년 12월 14일

• 폴란드의 야당이 대선 후보를 선출하다　　　　　　　　(The First News 12.14)

- 12월 14일 폴란드의 제1야당인 시민연단이 바르샤바에서 개최한 전당대회를 통해 2020년 5월 대통령선거에 나설 후보로 하원 부의장 말고르자타 키다와−블론스카를 선출했다. 전당대회에서 키다와−블론스카는 총 345표를 받아 125표를 얻은 자섹 자스코약(Jacek Jaskowiak)을 이기고 시민연단의 대선 후보로 선출되었다. 키다와−블론스카는 당선 연설을 통해 현임 대통령이자 여당인 법과정의당의 대선 후보가 될 것이 유력한 안제이 두다에 맞서 반드시 승리하겠다는 포부를 밝혔다. 시민연단

의 당수인 그르체고르츠 셰티나(Grzegorz Schetyna)는 키다와—블론스카에 대한 지지를 선언하며 그녀가 시민연합(Koalicja Obywatelska, KO – 시민연단, 현대당, 자주당, 녹색당)뿐만 아니라 야당 전체를 대표하는 후보가 되길 바란다고 말했다. 이 외에도 시민연단은 2020년 1월 25일에 당수 선거를 실시하겠다고 밝혔다. 당수 선거에 출마하겠다고 선언한 인물들은 시민연단의 부위원장인 보리스 부드카(Borys Budka), 상원의원 보그단 즈로예프스키(Bogdan Zdrojewski), 그리고 하원의원 조안나 무카(Joanna Mucha)이다. 현 당수인 셰티나가 재임에 도전할 것인지는 밝혀지지 않았다.

〈폴란드〉 2020년 02월 05일

• 폴란드, 대선 1차 투표일 5월 10일로 결정 (New Europe 02.06)

– 2월 5일 폴란드 하원 의장 엘주비에타 비테크(Elzbieta Witek)가 바르샤바에 위치한 폴란드 국회의사당에서 기자회견을 열어 결선투표제로 진행되는 폴란드의 대통령 선거 1차 투표일이 5월 10일로 결정되었음을 발표했다. 현재까지의 대선 후보 지지율 여론조사에서는 현임 대통령이자 극우 여당인 법과정의당 소속의 안제이 두다가 선두를 달리고 있다. 그러나 제1야당인 시민연단의 후보로 나선 마우고자타 키다바브원스카(Małgorzata Kidawa-Błońska)가 1차 투표를 통과하고 5월 24일 결선투표에 진출할 가능성이 높아지면서 두다의 결선 진출이 불확실해지고 있는 상황이다. 이외에도 폴란드 인민당의 브와디스와프 코시니아크카미시(Władysław Kosiniak-Kamysz), 좌파연합(Lewica Razem, LR)의 로베르트 비에드론(Robert Biedroń), 극우연합 자유독립연맹의 크쥐시토프 보사크(Krzysztof Bosak), 그리고 무소속 후보로 나선 폴란드 저널리스트 시몬 호워브니아(Szymon Hołownia)가 결선진출권을 두고 경쟁할 예정이다.

〈폴란드〉 2020년 02월 15일

• 안제이 두다, 바르샤바 전당대회에서 대선 캠페인 개시 선언 (WNP.PL 02.15)

– 2월 15일 폴란드의 수도 바르샤바에 위치한 할라 엑스포에서 극우 여당 법과정의당의 대선 후보이자 현임 대통령인 두다가 공식적으로 대선 캠페인의 시작을 알렸다. 두다는 법과정의당의 대선후보로 확정되기에 앞서, 2월 초 루바토우시(市)에 방문하여 주민들과 대화하는 과정에서 대선에 출마할 예정이라고 밝힌 바 있다. 그리

고 많은 이들이 예상한 바와 같이 법과정의당은 두다를 당의 대선 후보로 선정했다. 그러나 폴란드 선거법에 따라 두다의 대선 출마에 동의하는 시민 10만 명의 서명을 수집해야만 정식 후보로 등록될 수 있다. 때문에 법과정의당은 시민들에게 두다를 선전하고 당의 지지집단을 결집시키고자 15일 바르샤바에서 전당대회를 개최한 것이다. 전당대회에 참석한 법과정의당의 정치활동가들은 두다의 이름을 연호하며 그의 선거 캠페인 출범을 환영했다. 그러나 전당대회가 개최된 건물 앞에 집합한 수십 명의 반(反)두다 집단은 두다와 여당의 비민주적 정책을 비난하는 여러 구호를 외치며 두다의 대선 출마에 반대하는 시위를 벌였다. 그럼에도 불구하고 두다는 전(前) 총리, 전(前) 내무부장관 등으로 이루어진 강력한 선거운동원을 중심으로 대선 후보 등록 요건을 충족시키기 위해 계속해서 캠페인을 펼쳐 나갈 예정이다.

〈폴란드〉 2020년 3월 12일
• 안제이 두다, 재선 성공할 것으로 예상 　　　　　　　　　　　(The First News 03.12)
– 여론 리서치 기관 CBOS는 올해 5월 10일에 예정된 대통령 선거에서 현(現) 대통령인 두다의 재선 성공을 예견하며, 어떤 후보와 양자대결하더라도 두다가 승리한다고 밝혔다. 두다는 여당인 극우성향의 법과정의당에 소속되어 있으며, 그의 주요 라이벌은 제1야당인 중도우파 시민연단 소속 키다와 블론스카와로 언급된다. 본 여론조사에 따르면 두다와 키다와 블론스카와가 양자대결한다면 54% 대 29%의 지지 차이로 두다가 승리할 것으로 예상된다. 좌파연합당의 지도자인 로버트 비드로 앙(Robert Biedron) 후보와 대결하게 될 시에도 두다는 27% 대 56%로 승리하게 된다. 무소속 후보인 지몬 홀로니아(Szymon Holownia)는 비드로 앙과 같은 수준의 득표할 수 있는데, 두다는 홀로니아와 대결할 경우 비드로 앙과 대결할 상황보다 2% 낮은 54%의 유권자를 끌어 모을 것이다. 폴란드는 결선투표제를 실시하고 있기 때문에 1차 선거에서 가장 높은 지지를 받은 후보가 유효 투표의 절반 이상을 얻지 못한다면 5월 24일에 2차 선거가 실시 될 것이다.

〈덴마크〉 2020년 02월 01일
• 조세핀 포크(Josephine Fock)에 대한 반대로 대안 당원 대거 탈당 　　　　(DR 03.09)

- 2020년 2월 1일, 대안당의 새로운 대표 선출을 위한 선거에서 창당자인 우페 엘베크(Uffe Elbæk)를 이기고 조세핀이 새로운 대표가 되었다. 선거 3주 후, Information Daily는 2015년부터 2018년 사이에 조세핀이 공공장소에서 거친 언행을 사용하며 빈번하게 다른 사람과 갈등을 일으킨다는 기사를 제출했다. 그러자 그녀는 다른 사람들을 속였다는 비난을 받았으며, 이후 몇 명의 당원들이 비난을 확대해 폭력적인 성향을 문제 삼았다. 이러한 논란이 일자 3월 1일 집행 이사회는 조세핀이 지도자에 적합한지를 논의하기 위해 소집되었다. 그러나 7일, 집행위원회 17명 중 10명이 조세핀에 대한 지원을 표명하며 "조세핀과 함께 일하기를 기대하며, 덴마크 정치에서 더 강력한 대안이 되기 위해 정당을 발전시키겠다"고 자신감을 보였다. 이에 대해 당 집행 의원회 소속 5명의 의원 중 우페, 라스무스 노르드크비스트(Rasmus Nordqvist), 수전느 짐머(Susanne Zimmer), 시칸다르 시디크(Sikandar Siddique)가 대안당을 나가게 되었다. 짐머는 "정치 지도자와 신뢰할 만한 협력이 필요하지만, 나는 그렇게 느끼지 않는다"라며 탈당 이유를 설명했다. 시디크는 "대안을 선택한 이유와 다르게, 더 이상 대안당에서 소수의 사람들의 목소리가 반영되지 않는 것 같다"고 덧붙였다. 결국 당 집행 위원회에는 토르스텐 겔즈(Torsten Gelj)이 유일한 잔존자로 남게 되었다.

〈폴란드〉 2020년 04월 06일

• 코로나19 확산으로 대통령 선거 우편 투표로 진행 (Politico 04.07)

- 4월 6일 월요일에 폴란드의 집권 여당인 법과 정의당은 5월 10일 대선을 몇 주 앞두고 선거 시스템에 극적인 변화를 일으켰다. 코로나19 전염을 우려하여 우편 투표로 선거를 진행하겠다는 선거법 개정안 투표가 통과 된 것이다. 그 결과 법과 정의당은 물리적인 투표소 없이 우편으로 대통령 선거를 시행할 수 있게 되었다. 법에 따르면 폴란드 우체국은 주소지를 기준으로 투표용지를 유권자들에게 전달해야 한다. 투표 용지를 파괴하는 것은 3년 징역형에 처할 수 있으며, 유권자들은 특별히 준비된 박스에 투표 용지를 넣어야 한다. 이에 재선을 준비하고있는 두다 대통령은 "개인적으로 우편 투표에 대한 아이디어가 흥미롭다고 생각한다"며 "우리는 이런 선거가 필요하다"고 입장을 밝혔다. 한편 야당인 시민연단 코로나19로 인한 봉쇄 조치가 선거 운동을 불가능하게 만들었다고 불평하면서, 두다의 재선에 유리하게 선거를 진행하

기 위해 법과 정의당이 반칙을 하고 있다고 주장한다. 비평가들은 폴란드가 전례없는 선거로 인해 투표의 정당성을 훼손하거나 실수가 발생할 것을 우려하고 있다.

〈폴란드〉 2020년 05월 21일

• 폴란드 정부, 6월 28일로 대통령 선거 연기 (AP 05.21)

- 5월 21일 마테우슈 모라비에츠키(Mateusz Morawiecki) 총리는 5월 10일 예정이었던 대통령선거가 코로나19 확산을 방지하기 위한 통제 조치와 우편 투표의 방법 및 시기에 대한 논란을 이유로 전격 연기되었다고 밝혔다. 마테우슈 총리는 대통령 선거 날짜가 안제이 두다 대통령의 임기인 8월 6일을 감안하여 6월 28일로 결정되었다고 전했다. 연립 여당은 전체 우편 투표제를 주장했지만 익명성 보장 및 투표 조작 가능성 문제가 계속 제기되어왔고, 공정성 있는 선거 실시를 위해 필요한 법안이 준비 되지 않았었다. 선거가 연기됨에 따라 현재 국회에서는 투표소에서 투표하는 방식과 우편 투표제를 병행하는 방법이 논의 중이다. 이에 마테우슈 총리는 "우리는 헌법상의 의무를 이행하고 헌법에 따라 선거를 실시하기를 원한다"고 언급했다. 한편 야당은 시민연단의 대선주자였던 말고자타 키데와 블론스카와 후보가 여론조사 지지도가 낮아 물러나고 바르샤바 시장인 라파우트 샤스코프스키로 교체하였다. 그럼에도 여전히 두다 대통령이 최근 여론 조사에서 32%의 지지로 선두를 달리고 있으며, 라파우트는 25% 지지를 얻어 2위에 머무르고 있다.

〈폴란드〉 2020년 06월 14일

• 두다 선거 캠프, 허위 사실 유포로 라파우트 후보 고소 (TVP INFO 06.22)

- 6월 14일, 두다의 주요 라이벌로 언급되는 시민연단의 대선주자 라파우트가 브로츠와프 시장에서 진행된 연설에서 "오늘날 폴란드에서는 거의 백만 명의 국민들이 일자리를 잃었다. 그런데 정부는 그들을 위해 무엇을 하고 있는가?"라고 발언한 것에 대해 두다 대통령의 선거 캠프는 사실이 아니라며 바르샤바 지방 법원에 고소장을 제출했다. 두다측은 라파우트를 고소하는 동시에 모든 언론사에 정정 보도를 요구했으나 법원이 고소를 기각함에 따라 이 요청이 받아들여지지 않았다. 법원은 정치인이 집회 도중 사용한 구어체에서 나온 폭넓은 발언의 일부라는 점을 언급하며

판결의 정당성을 설명했다. 또한, 2020년 5월에 폴란드에 실업자로 등록된 사람이 백만 명 이상 있다고 지적하면서, 어느 시점에 적어도 백만 명이 일자리를 잃은 것은 사실이므로 두다측이 문제 삼은 "오늘날"이라는 라파우트의 진술이 잘못되지 않았다고 설명했다. 따라서 라파우트 연설의 대부분은 허위가 아니라는 것이 법원의 주장이다. 한편 두다의 선거캠프는 이 판결에 동의하지 않는다며 항소할 것이라고 밝혔다.

〈폴란드〉 2020년 06월 28일
· 대통령선거 출구조사 결과 결선 투표가 진행될 것으로 예상　　　(The Guardian 06.28)
- 폴란드 대통령 선거 출구 조사 결과, 재선에 도전한 두다 대통령이 43%를 득표하고 시민연단의 라파우트 후보가 30%를 득표할 것으로 나타났다. 이에 따라 1차 투표에서 과반을 얻은 후보가 없으므로 7월 12일에 결선 투표가 진행될 예정이다. 두다는 4월 여론조사에서 1차 투표에서 과반 이상의 득표를 얻어 재선에 성공할 것으로 전망되었으나, 제 1야당인 시민연단이 선거 연기 이후 대선주자를 라파우트 후보로 교체함에 따라 두다의 지지율에 변화가 생기기 시작했다. 또한, 두다의 선거 캠페인이 LGBT(Lesbian Gay Bisexual and Transgendered) 이념을 공산주의에 비유하는 등 가톨릭 국가의 전통적 가치를 지키는 데 초점을 두면서 지지율이 감소했다는 분석도 있다. 폴란드 대통령은 대외적으로 국가를 대표하고 법안을 거부할 수 있는 권한을 가지기 때문에 두다의 승리는 법과 정의당의 보수적인 정치 성향에 따라 법을 구성하기 위한 결정적인 요소이다. 한편, 이번 대선은 코로나19 이후 유럽 연합에서 열린 최초의 대통령 투표임에도 불구하고, 투표율이 28일 오후 5시 기준 47.89%로 5년 전 동시간대 대통령 선거의 투표율인 34.41%보다 높은 것으로 알려졌다.

〈폴란드〉 2020년 07월 12일
· 폴란드 대통령 선거, 치열한 접전 후 안제이 두다 재선에 성공
　　　　　　　　　　　　　　　　　　　　　　　(The New York Times 07.13)
- 7월 12일에 진행된 대통령 결선 투표에서 두다 대통령이 51.03%를 득표하고 라파우트 후보는 48.97%를 득표해 재선에 성공했다. 이는 1989년 공산주의 통치가 종료

된 이후 가장 적은 득표 차이로 연임에 성공한 것이며, 총 투표율은 68.18%로 법과
정의당이 집권 여당이 된 5년만에 폴란드의 분열이 강화되었다는 것을 보여 준다고
평가된다. 라파우트 후보는 12일 오후에 자신에게 투표 한 약 1천만 명의 사람들에
게 감사를 표하기 위해 트위터에 글을 작성했고, 자신의 패배를 인정했다. 유럽 안보
협력 기구(OSCE, Organization for Security and Cooperaton in Europe)의 독립 선거 참관인 토
마스 보저럽(Tomas Boserup)은 "투표와 개표 과정이 잘 수행되었으며 코로나19 예방
을 위한 조치들이 잘 준수되었다"고 언급했으나, "후보자들이 한 토론에 참여하지 않
았기 때문에 유권자들은 그들의 견해를 비교할 수 없었다"며 아쉬움을 표현했다. 한
편 라파우트 후보가 소속된 시민연단은 해외에 거주하는 폴란드인들이 투표 기간에
투표용지를 받지 못했으며 공공언론이 법과정의당에 대해 우호적으로 표현하는 등
편파적으로 보도했다며 본 선거가 무효라고 주장했다.

〈폴란드〉 2020년 08월 06일

- **안제이 두다 재선 취임식, 야당 의원들의 보이콧 행사**　　　　　(The Journal 08.06)

– 8월 6일 바르샤바 국회의사당에서 안제이 두다 대통령의 두 번째 임기를 선언하
는 재선 취임식이 열렸다. 하지만 대부분의 야당 의원들은 두다가 그의 첫 임기동안
헌법을 무시했다며 취임식에 참석하지 않았다. 취임식에 참석한 일부 야당 의원들은
2015년 첫 취임부터 계속된 두다와 그의 소속 정당인 법과정의당의 동성애 혐오에
항의하기 위해 무지개색 옷을 입고 무지개색 마스크를 착용했다. 또한, 두다 대통령
이 헌법을 위반했다는 것을 알리기 위해 헌법 사본을 들고 참석한 의원들도 있었다.
한편, 법과정의당과 두다는 복지 혜택 지급을 도입하고 민족주의를 중요시하며 여
전히 많은 폴란드인에게 인기가 있는데, LGBT(Lesbian Gay Bisexual Transgender) 권리를
폴란드 민족주의에 위협이 되는 것으로 묘사했던 선거 캠페인에 의해 폴란드가 양분
화된 것을 의식하여 모든 단체와 정당에 대한 개방성을 유지하겠다고 밝혔으며, "가
족은 최고의 선이고 우리는 가족을 보호하고 발전하기 위해 모든 것을 할 것이다"라
고 덧붙였다. 그러나 일부 전문가들은 두다가 재선에 성공함에 따라 폴란드의 분열
이 당분간 계속 될 것으로 전망했다.

〈헝가리〉 2020년 08월 13일

• 헝가리 야당, 반(反) 오르반을 위한 2022 선거 협약　　　　　(EURACTIV 08.14)

－ 8월 13일 헝가리의 6대 야당은 2022년 총선에서 오르반 빅토르 총리에 도전하기 위해 전례 없는 대규모 동맹을 결성하며 "합의된 프로그램과 원칙에 따라 헝가리의 이익을 위해 함께 통치하겠다"고 선언했다. 이들은 민족주의자인 오르반 총리가 헝가리를 권위주의로 이끌고 민주주의와 유럽연합의 가치에서 멀어지게 했다고 비판했으며, 공동 성명을 통해 "야당들은 유권자의 목소리를 들었다"며 "각 당 대표들은 2022년 총선을 준비하기 위해 공식적인 협의를 시작했다"고 전했다. 야당 동맹은 106개 선거구에서 오르반과 그의 소속 정당인 피데스 정당에 대항하기 위해 단일 후보를 지지하기로 합의했으며, 승리할 경우 연립 정부를 구성할 것이라고 언급했다. 이 동맹은 2019년 10월 지방 자치 단체 선거에서 부분적으로 적용되어 부다페스트를 포함한 일부 도시에서 피데스를 이기고 승리를 거둔 경험이 바탕이 되었다. 한편, 오르반과 피데스 정당은 2010년 이후 열린 3번의 총선에서 모두 이겼지만, 최근 진행된 여론조사에 따르면 유권자의 절반은 여당인 피데스를, 나머지 절반은 야당을 지지하는 것으로 나타났다.

정책 · 입법

〈폴란드〉 2019년 10월 04일

• 시민연단을 주축으로 한 야당 연합 수장 누만 사임　　　　　(TVP INFO 10.06)

－ 폴란드 국영방송 뉴스채널(TVP INFO)은 2015년부터 시민연단을 중심으로 형성된 야당 연합의 수장을 맡아 온 누만이 사임했음을 알렸다. 그는 10월 4일 유출된 녹취 파일 통해 밝혀진 대화 내용이 시민연단의 가치에 위배되므로 이러한 결정을 내렸다고 밝혔다. 해당 파일은 누만이 2017년에 한 지역 정당 활동가와 함께 현임 트체프(Tczew) 도시 시장인 미로스와프 포보키(Mirosław Pobłocki)의 불법 토지 매매 건에 대해 이야기하며 자신의 지지기반이 되어준 트체프시를 저급하게 비난하는 내용을 담고 있었다. 누만이 언급한 것처럼 포보키가 시에 토지를 판매하여 이익을 얻은 것이 사실이라면, 이는 세금으로 개인의 이득을 취한 불법 행위이다. 당시에는 중앙부패방

지국(Centralne Biuro Antykorupcyjne, CBA)이 의혹을 제시하는 선에서 마무리 되었으나, 이번 폭로사건을 계기로 검찰은 다시 한 번 해당 사안을 검토할 것이라고 전했다. 누만은 시민연단 소속 시장들에게 제기된 혐의가 오히려 집권여당인 법과정의당의 언론플레이를 뚜렷하게 보여 주고 있기에 당의 지지기반은 유지될 것이라고 말하며, 법적 문제에 휘말린 모든 당원은 시민연단이 당 차원에서 도울 것이라고 밝혔다.

〈에스토니아〉 2019년 09월 25일

• 에스토니아 중앙은행: 경제를 불안정하게 만드는 연금제도 개혁안   (ERR 10.14)

– 에스토니아 중앙은행이 연금제도 개혁안에 대한 첫 번째 영향 분석 보고서를 발표했다. '두 번째 기둥'이라 불리는 에스토니아의 국민연금 제도는 2010년부터 대부분의 소득자들에게 개인분담 의무를 부과해 왔다. 그러나 2019년 4월, 조국당(Isamaa, Pro Patria)이 에스토니아 중앙당(Eesti Keskerakond, KE) 및 에스토니아 국민보수당(Eesti Konservatiivne Rahvaerakond, EKRE)과 연합하여 국민연금 가입을 의무에서 선택으로 바꾸는 법안을 상정하였으며, 해당 법안이 의회에서 통과된다면 2020년부터 발효되기 시작하여 당장 다음 해의 연금 지불액에 영향을 미칠 것으로 보인다. 에스토니아 중앙은행은 정부의 계획이 단기적인 경제성장은 가져올 수 있으나, 이후 경제 성장률이 저조해지거나 심한 경우 경제 불황으로까지 이어질 수 있다고 밝혔다. 중앙은행의 총재인 매디스 뮐러(Madis Müller)는 사람들의 저축금이 최대한 활용될 수 있도록 연금제도를 수정하는 것은 필요하나, 현재의 계획은 장기적으로 연금 수혜자들에게 도움이 되지 못할 것이라는 내용을 전했다.

〈우크라이나〉 2019년 10월 01일

• 스타인미어 협정이란 무엇인가 – 젤렌스키는 러시아에 굴복했는가? (RFE/RL 10.02)

– 10월 1일 우크라이나의 젤렌스키 대통령은 스타인미어 협정에 서명하였으며, 친(親)러시아계 독립주의자들이 점령하고 있는 돈바스 지역에서 자유선거를 실시한 후 결과에 따라 해당 지역의 자치권을 인정하겠다고 밝혔다. 스타인미어 협정에 따라 친(親)러시아계 독립주의자들을 지원해 주고 있는 러시아 군이 물러난 후 우크라이나 법에 의해 선거를 시행할 경우, 독립주의자들이 지속적으로 요구하고 있는 자치

권의 보장이 실현될 것으로 예상된다. 젤렌스키 대통령의 이러한 움직임은 2014년부터 지속되어 온 동부 지역의 교전상태를 해소함과 동시에 러시아와 접하고 있는 동부의 국경선을 다시 우크라이나 정부의 통제하에 두려는 것으로 보인다. 그러나 우크라이나의 민족주의자들은 동부 지역의 선거에 러시아가 개입할 가능성이 매우 높다고 말하며, 선거를 통해 러시아의 돈바스 지역 점령이 정당화될 것을 우려하고 있다. 그러나 젤렌스키 대통령은 스타인미어 협정에 서명하는 것이 평화를 향한 핵심 단계라고 강조하며, 조만간 러시아의 블라디미르 푸틴(Владимир Владимирович Путин) 대통령과 첫 공식 회담을 가질 것이라고 밝혔다.

〈폴란드〉 2019년 11월 05일

• 폴란드 정부, 유럽연합의 제재에도 불구하고 사법 개혁 강행 (DW 11.19)

– 10월 13일에 실시된 총선에서 또다시 의회의 과반을 차지한 법과정의당이 광범위한 사법개혁안을 추진함에 따라 유럽연합의 제재를 받게 되었다. 현재 폴란드의 여당이자 극보수주의 정당인 법과정의당이 상정한 법안은 67세로 정해져있는 판사의 은퇴 연령을 여성판사는 60세로, 남성판사는 65세로 낮출 뿐만 아니라 대통령의 비준에 한해 은퇴에 임박한 판사의 임기를 5년 연장하겠다는 내용을 담고 있다. 이에 11월 5일 유럽사법재판소는 해당 법안이 성차별적일 뿐만 아니라 정부가 특정 판사들의 은퇴를 조장하거나 판결에 영향을 미칠 수 있으므로 철회해야 한다는 판결을 내렸다. 그러나 마테우시 모라비에츠키 총리는 11월 19일 의회연설을 통해 유럽연합의 판결을 존중한다고 말하는 한편, 시민들에게 효율적인 법무서비스를 제공하고 사법부의 책임성을 강화하기 위해서는 변화가 필요하다며 사법개혁에 대한 폴란드 정부의 의지를 드러냈다. 또한 모라비에츠키는 야당이 국제적 기관을 통해 여당이 추진하는 정책에 대한 불만을 해결하려 하는 것이 오히려 법치주의에서 벗어난 행위라는 의견을 전했다.

〈헝가리〉 2019년 11월 06일

• 스캔들 사건을 극복하고 재당선된 죄르시 시장 보르카이 결국 사임

(Hungary Today 11.06)

- 10월 13일에 치러진 헝가리 지방선거를 앞두고 부패 스캔들에 휘말려 큰 논란을 불러일으켰던 전(前) 죄르시장 졸트 보르카이가 재선에 성공했음에도 불구하고 결국 시장직을 내려놓았다. 보르카이는 선거캠페인 당시 익명의 블로거에게서 매춘, 마약 사용, 부패행위 등에 대한 혐의를 제기 받았으나, 죄르시민들이 시의 발전에 도움이 되는 시장을 선택할 권리가 있다며 시장후보에서 사퇴하지 않고 여당이자 소속당인 피데스의 지원을 바탕으로 선거에서 승리했다. 그러나 선거가 끝난 며칠 뒤 보르카이는 죄르시민들에게 공개 담화문을 발표하며 피데스를 탈당했다. 담화문을 통해 보르카이는 자신에게 제기된 혐의가 일부 사실만을 이용해 만들어진 거짓이라고 다시한 번 주장했으며, 진실이 곧 밝혀지길 바랐으나 계속해서 비난이 이어짐에 따라 사임하게 되었다고 밝혔다. 그는 또한 사람들이 온라인 플랫폼과 소셜 미디어가 계획적으로 생산해내는 거짓 뉴스에 현혹되지 않기를 바란다는 경고의 메시지를 전했다. 한편 일각에서는 지방선거 도중 발생한 보르카이의 스캔들이 일부 지역에서 피데스가 패배하는 원인으로 작용함에 따라 당 내부에서 보르카이에게 탈당을 요구했다는 의견도 나타나고 있다.

〈덴마크〉 2019년 11월 06일

• **자유동맹당 소속 의원들이 탈당하여 새로운 정당 창당**　　　(Jyllands-Posten 11.07)
- 자유동맹당에 소속되어 덴마크 의회 폴케팅(Folketing)에서 활동하고 있던 크리스티나 에겔룬드(Christina Egelund)와 사이먼 에밀 암미츠볼-빌(Simon Emil Ammitzbøll-Bille) 의원이 탈당한지 3주 만인 11월 6일에 새로운 좌파 정당인 '전진당(Fowards)'을 설립했다고 발표했다. 크리스티나와 사이먼의 인터뷰 내용에 따르면 전진당은 가치중립적 정당에 대한 시민들의 요구를 기반으로 탄생하게 되었으며, 당의 활동을 통해 다양성에 대한 자유를 보장하고, 공정하고 영속적인 외교 정책을 추진하며, 기후변화에 대한 즉각적인 대응을 가능하게 함으로써, 전 유럽의 긍정적인 미래를 확보하는 것이 당의 목표라고 한다. 또한 사이먼은 덴마크의 이민자 정책을 언급하였는데, 덴마크 정부가 이민자의 시민권 발행에 엄격한 기준을 적용하는 것에 동의하면서도 피해를 받고 있는 이민자들을 위해 정책의 공정성과 법적 확실성을 확보하는 것이 중요하다는 의견을 밝혔다. 전진당은 사이먼을 당수로 하여 의정활동을 이어나

가는 한편, 좌파연합의 지도자인 야콥 엘레망드-젠슨(Jakob Ellemand-Jensen)에 대한 지지를 이어나갈 전망이다.

〈폴란드〉 2019년 12월 20일
• 폴란드의 사법 개혁 활동이 유럽연합 탈퇴로 이어질 것인가?　　　　(Forbes 12.22)
－ 12월 20일 폴란드 의회에서 정부의 사법개혁 활동에 반대하는 판사를 해고시킬 수 있는 법안이 통과되었다. 표결에 앞서 유럽 위원회(European Commission) 부의장인 베라 주로바(Vera Jourova)는 폴란드 정부에 법안 표결을 연기하고 외부의 법률 전문가에게 자문 받을 것을 요청하였다. 또한 폴란드의 대법원은 해당 법안이 통과될 경우 폴란드가 유럽연합의 가입 조약을 위반하였다는 이유로 유럽연합이 폴란드의 탈퇴를 추진할 수 있다고 경고했다. 폴란드의 시민들도 사법부의 권한을 침해하는 정부의 법안에 반대하여 유럽연합 깃발을 들고 폴란드 전역에서 수천 명이 참여한 시위를 일으켰다. 그러나 폴란드의 여당인 법과정의당은 10월 총선에서 공약으로 내세운 국가의 사법 체계 개혁을 지속하겠다고 밝히며 표결을 강행하였고, 결국 찬성 233표, 반대 205표, 기권 10표로 법안이 하원을 통과하게 되었다. 상원에서는 법과정의당이 과반을 차지하지 못하고 있기에 법안이 부결될 수 있으나, 일각에서는 2020년 5월에 시행될 대통령 선거에서 법과정의당이 수장인 야로슬라프 카친스키(Jaroslaw Kaczynski)를 후보로 내세워 승리할 가능성이 높아 대통령의 권한으로 법안이 시행될 것이라 예상하고 있다.

〈헝가리〉 2019년 12월 10일
• 집권당 연합이 의회 내 집단 형성을 통제하는 법을 통과시키다(Hungary Today 12.11)
－ 헝가리의 집권당 연합인 피데스-KDNP가 상정한 의회 내 집단 형성 통제 법안이 12월 10일 의회에서 통과되었다. 해당 법안은 같은 정당 소속인 의원들끼리만 의회 내 집단을 형성할 수 있다고 규정하고 있으며, 무소속 의원이 임기 도중 정치단체를 설립하거나 이에 참여하는 것을 금지하고 있다. 또한 의회 집단의 경우 새로 명명될 수 없어 반드시 해당 집단을 만든 정당의 이름과 동일하게 유지되어야 한다. 집권당 연합이 이러한 규제들을 도입하게 된 이유는, 10월 13일 총선 당시 야당 진영에서 연

합 후보를 내세우거나 무소속 후보를 지원하여 대도시를 포함한 많은 지역에서 야당의 승리를 이끌어냈기 때문인 것으로 보인다. 집권당 연합이 새로운 법안을 통해 야당의 연합을 제지하겠다는 목적을 분명히 드러내자, 헝가리 사회당(Magyar Szocialista Párt, MSZP)과 민주연합을 비롯한 야당 소속 의원들은 표결이 이루어지는 동안 단상에 등을 돌려 법안이 한 쪽에 치우쳐져 있다는 항의 행동을 보였다. 그러나 피데스는 지지율이 0%인 정당들이 의회 내에서 집단을 형성하여 의회를 혼란하게 만드는 것을 방지하기 위해 필요한 변화였다고 말했다.

〈우크라이나〉 2019년 12월 19일

• 의회가 새로운 선거법을 통과시키다   (Kyiv Post 12.19)

– 12월 19일 우크라이나 의회에서 기존의 혼합형 비례대표제를 보다 개방적인 비례대표제로 바꾸는 새로운 선거법이 통과되었다. 우크라이나는 1991년 독립한 이래로 의석의 절반은 소선거구제로, 나머지 절반은 정당만 선택할 수 있는 폐쇄적인 비례대표제로 선출하였다. 그러나 새로운 선거법을 통해 유권자들은 모든 투표에서 정당뿐만 아니라 정당이 제출한 후보 중 본인이 원하는 후보를 선택할 수 있게 되었다. 이외에도 새로운 선거법은 의회 내 여성 의원의 비율을 40%로 늘렸으며, 유권자들이 본인의 거주지가 아니더라도 투표할 수 있다는 내용을 담았다. 과거 우크라이나에서 이와 같이 개방적인 비례대표제가 시행된 사례는 없으나, 시민들은 우크라이나 사회가 오랫동안 요구해 온 제도가 도입된 것을 환영하고 있다. 그러나 우크라이나의 선거감시단체인 오포라(Opora)의 수장 올가 아이바조프스카(Olga Aivazovska)를 비롯한 여러 선거 전문가들은, 해당 제도가 여전히 정당이 제출한 후보 목록에 의존하고 있기에 이전의 폐쇄적 비례대표제와 큰 차이가 없다고 말했다. 새로운 선거법은 2020년 1월 1일부터 발효되며, 2020년 9월 지방선거에서 처음으로 적용될 예정이다.

〈우크라이나〉 2019년 12월 09일

• 파리에서 개최된 노르망디 4자회담을 통한 조심스러운 개선

(The Ukrainian Weekly 12.13)

– 12월 9일 우크라이나, 러시아, 프랑스, 그리고 독일이 참석한 노르망디 4자회담

이 프랑스 파리의 엘리제 궁에서 개최되었다. 이번 회담은 노르망디 지역의 4개국이 2016년 민스크(Minsk)회담에서 논의했던 우크라이나 동부 돈바스의 친(親)러시아 독립주의자들을 두고 발생한 우크라이나와 러시아의 갈등 해소를 진척시키려는 목적으로 진행되었다. 공식 협상 자리에는 우크라이나의 볼로디미르 젤렌스키 대통령, 러시아의 블라디미르 푸틴 대통령, 프랑스의 에마뉘엘 마크롱(Emmanuel Macron) 대통령, 그리고 독일의 앙겔라 메르켈(Angela Merkel) 총리가 참석하였다. 이번 회담은 젤렌스키 대통령과 푸틴 대통령이 처음으로 공식석상에서 만나게 된다는 점에서 주목받기도 했다. 한편 회담에 앞서 우크라이나에서는 젤렌스키 대통령이 러시아에 굴복해서는 안 된다고 주장하는 대규모의 시위가 발생했다. 이를 대변하듯 우크라이나 동부 지역에서 발생하고 있는 갈등에 대한 명백한 해결책은 도출되지 않았다. 그럼에도 불구하고 노르망디 4개국이 이번 회담을 통해 갈등 해소에 대한 의지를 국제사회에 전했다는 점에서 긍정적인 평가가 나타나고 있다.

〈헝가리〉 2020년 01월 09일

- 헝가리, 인구 증가 정책의 일환으로 무료 인공수정 시술 제공 결정   (BBC 01.10)

– 1월 9일 오르반 빅토르 총리는 국영 기관을 통해 무료로 체외수정 시술을 제공하겠다고 발표했다. 오르반 정부는 출산율을 높임으로써 지난 40년간 계속된 헝가리의 인구 감소 현상에 대응하겠다고 밝혔다. 이미 정부는 2019년 12월에 6곳의 시술 기관을 국영화하였으며, 2월 1일부터 무료로 시술을 제공할 예정이다. 그러나 누가 무료 시술을 받을 자격이 되는지, 그리고 프로그램이 어떠한 과정으로 진행되는지에 대해서는 여전히 불분명한 상태이다. 오르반 총리와 여당인 피데스가 주도하고 있는 출산율 증진 정책은 이들의 극우 및 국수주의 성향이 반영된 결과이다. 2019년 9월 부다페스트에서 개최된 국제 인구변동 정상회담에서 오르반 총리는 타 유럽 국가들과 달리 이민정책이 인구 감소를 해결해 주지 않을 것이라는 의견을 밝힌 바 있다. 당시 오르반 총리는 유럽인이라는 정체성이 외부 집단에 의해 바뀔 가능성이 높아졌다고 우려를 표하며, 유럽인들 스스로 인구수를 늘려야 한다고 주장했다. 피데스가 과반을 차지하고 오르반이 총리로 재임하기 시작 한 2010년부터 헝가리 정부는 계속해서 반(反)이민정책과 출산율 증진 정책을 펼치고 있으며 이는 앞으로도 계속될

전망이다.

〈우크라이나〉 2020년 01월 13일

• 젤렌스키 대통령, 의회 내 대리투표 처벌 법안 승인   (112 Ukraine 01.13)

– 1월 13일 대통령 집무실 보도기관은 젤렌스키 대통령이 의회 내 대리투표 행위를 처벌하는 법안에 서명했다고 발표했다. 해당 법안은 의원의 입법권을 보장하기 위해 상정되었으며, 2019년 12월 19일 우크라이나의 단원제 의회인 최고 라다를 통과하여 대통령의 비준만을 남겨두고 있었다. 개정안에 따르면 최고 라다 총회에서 부재 중인 의원을 대신해 투표할 경우 범죄행위로 간주되어 200만 원에서 400만 원까지 벌금을 부과 받는다. 이는 일반 우크라이나 시민의 평균 월급에 해당하는 금액이다. 또한 개정안은 투표 과정에서 발생하는 부정행위를 조사하고 증거로 사용하기 위해 최고 라다 총회를 항상 녹화하도록 규정하고 있다. 대리투표를 목격한 의원은 그 자리에서 곧바로 투표 중지를 요청할 수 있으며, 대리투표라고 확인될 경우 이를 최고 라다 총회에 알리고 행사된 표를 무효화하게 된다. 이후 의장은 국가 수사국에 대리투표자의 범법행위에 대한 조사를 요청해야 하며, 최고 라다 조직위로부터 부재자투표법 위반에 대한 보고서와 함께 총회 회의록과 녹화영상을 전달받아 증거로 제출해야 한다. 대리투표 처벌법은 공식적으로 발표되는 1월 14일부터 발효될 예정이다.

〈덴마크〉 2020년 01월 01일

• 덴마크, 2020년부터 12개의 새로운 법 적용   (The Copenhagen Post 01.06)

– 1월 1일부터 덴마크 전역에 새로운 법들이 적용된다. 먼저 중노동 직종에 오랜 기간 종사하고 은퇴 연령인 67세까지 6년 이하 남은 근로자의 경우 일찍 연금을 수령할 수 있게 되었다. 그러나 정부지원금을 받아 생활하는 이들은 국가가 운영하는 은퇴연금에 가입하는 것이 의무화되었다. 실업자들은 복지혜택을 받기 위해 의무적으로 정부 공식 취업 사이트에서 취직 정보를 확인해야 했었는데, 이제는 개인의 실업 상황에 따라 이를 면제받을 수 있게 되었다. 또한 그동안 높은 기준으로 인해 실업자 혜택을 받지 못한 14세 이하의 자녀를 양육하고 있는 가정에게는 일시적인 지원금이 지급될 예정이다. 한편 노동자들은 병원에서 치료를 받지 않아도 될 정도의 사고

를 당했다 하더라도 이를 산업재해로 인정받을 수 있게 되었다. 도로에서는 트럭의 운행속도 제한이 시속 70km에서 80km로 완화되었으나, 제대로 정비하지 않은 트럭을 소유하거나 운행하는 이들에게는 더욱 엄격한 처벌이 가해지게 되었다. 이외에도 온라인 폐차 신청 실시, 견과류 세금 폐지, 플라스틱 봉투 가격 인상, 각 지역 청소년들의 학교 출석률 관리제도 전국 통합 등이 통과되었다.

〈헝가리〉 2020년 02월 13일

• 헝가리 총리 오르반, 전 국민 설문조사 실시 계획 발표   (Hungary Today 02.13)

− 2월 13일 극우 여당 피데스 소속의 현임 총리 오르반 빅토르가 비공개 당과 회의에 참석하여 현재 의회 내에서 의견이 분분한 정책들을 추진하기에 앞서 시민들의 의견을 수렴하고 정책의 정당성을 확보하고자 전 국민 설문조사를 실시할 예정이라고 밝혔다. 이후 16일 국무장관인 되뫼퇴르 사바(Csaba Dömötör)는 국민들 사이에 분열을 유발하여 국가안보를 위협하고 있는 문제들을 해결하기 위해 국내사회의 의견을 종합하고자 다음 달인 3월 중으로 전 국민 설문조사를 실시하겠다고 발표했다. 오르반 총리가 비공개회의에서 발표한 내용에 따르면, 정부는 설문조사를 통해 열악한 교도소 환경에 반발하여 국가에 소송을 건 강력범에 대한 보상금 지불 여부 및 교도소의 사업화 문제를 다룰 예정이다. 또한 2019년 세게드시(市) 시의원들과 지역 건설사가 유착관계를 맺어 도시에 파산을 유발했음에도 불구하고 무죄 판결을 받게 됨에 따라 판결을 내린 판사들의 부패 혐의를 조사하는 사안에 대한 국민들의 의견을 수집할 계획이다. 이 외에도 2017년 죈죄파타시(市)에 거주하는 루마니아 출신 학생들이 인종차별 행위로 인한 피해 보상 소송에서 승리했음에도 정부가 이를 편파적 판결이라 판단하여 보상금 지불 여부를 두고 논란이 일고 있는 상황 등에 대한 질문이 포함될 것이다.

〈헝가리〉 2020년 02월 26일

• 필요하다면 또 다른 국경 울타리 건설 준비할 것   (Hungary Today 03.04)

− 헝가리 국회 국가안보위원회는 2020년 2월 26일 비공개 회의를 열어 그리스−터키 국경지역의 이주 압력에 대한 상황을 논의했다. 본 회의에서 요비크(Jobbik Magyarorszagert Mozgalom) 정당의 야노스 슈투머(János Stummer) 위원회장은 헝가리가 필요하다면 추가 국경 울타리르 세울 준비가 되어 있다고 말했다. 피데스 소속의 하원의원 야노스 할라스(János Halász)는 불법 이민이 국가 안보 문제를 지배하고 있음을 지적했다. 피데스 정당에서는 불법 이민 문제에 초점을 맞추기 위해 향후 위원회 회의를 열것을 요구했다. 또한 야노스는 지난 두 달 동안 수많은 헝가리의 국경 위협 사례를 목격했다며 많은 사람들이 "헝가리의 국경을 공격하고 있다"고 말했다. 이에 할라스츠(Halász) 총재는 헝가리가 유럽 국경을 보호하는 데 있어서 그리스와 헝가리를 포함한 국가들에 대한 유럽 연합의 도움도 지지한다고 주장했다. 야당 LMP에 의해 위원회에 위임된 페테르 운가(Peter Ungar)는 회의 후에 유럽연합과 터기 간의 협정 복원이 가장 중요하다고 말하면서, 터키는 자국 영토에서 이민자를 유지해야 한다고 말했다. 이러한 의견에 대해 헝가리 국경 경찰은 울타리 건설을 위한 준비가 다 되었다고 밝혔다.

〈우크라이나〉 2020년 03월 04일

• 우크라이나 총리, 데니스 슈미갈로 교체 (Kyive Post 03.04)

– 3월 4일, 우크라이나 의회에서 의원들의 압도적인 지지로 곤차룩의 사임안이 통과되었고, 그에따라 전(前) 부총리였던 데니스 슈미갈이 새 총리로 임명되었다. 곤차룩이 한 회의에서 젤렌스키 대통령의 경제 지식을 문제삼는 발언을 한 테이프가 온라인에 유출된 후 대통령과 국회의 지지를 떨어트린 것이 사임의 주 원인이 되었다고 언급된다. 또한, 곤차룩은 총리로 임명된 후에 약속했던 개혁이 느리게 진행된다는 비판에 직면하기도 했다. 한편 그가 사임한 뒤 슈미갈로 총리가 교체된 것은 광범위한 경영 경험을 가진 사람이 정부를 이끌게 하기 위한 시도라고 해석되기도 한다. 슈미갈은 전문 회계사이며, 에너지 회사인 DTEK에서 일하며 명성을 쌓은 바 있으며, 2009년부터 2011년에는 자신의 고향 리비우 주의 총재 사무실에서 경제 부서를 이끈 바 있다. 야당 대표들은 새 총리에 냉담한 반응을 보이며, 내각 후보를 별도로 제출하여 토론의 장을 열어줄 것을 요구했다. 하지만 슈미갈은 391명의 하원 의원 중 291명의 지지를 받아 총리로 임명되었으며, 임명식에서 젤렌스키 대통령에게 자신을 신뢰해 준 것에 대한 감사를 표했다.

〈우크라이나〉 2020년 03월 12일

• 우크라이나 헌법재판소, 대통령의 사법개혁 위헌 판결 확정 (112 International 03.12)

- 3월 12일, 우크라이나의 헌법재판소(Constitutional Court of Ukraine, CCU)는 젤렌스키 대통령이 추진한 사법 개혁이 부분적으로 위헌이라고 선언했다. 젤렌스키의 사법개혁은 2019년 11월 7일에 발효되었다. 사법 개혁에 따르면 대법원의 판사는 200명에서 100명으로 절반 줄일 수 있고 그들이 능력이 있음에도 불구하고 연봉을 75에서 55로 줄일 수 있다. 하지만 세계 헌법재판기관 회의체인 베니스 위원회(Venice Commission) 전문가들은 이러한 사법 개혁에 대해 우려를 표한 바 있다. "판사 수를 줄이면 사건에 대한 백로그가 높아지고 대법원의 기능이 위태로워진다"며 "현재 사건이 많기 때문에(약 70,000건) 대법원은 제 6조 유럽 인권 재판소(European Cout of Human Right, ECHR)과 달리 합리적인 시간 내에 적절한 판단을 내릴 수 없을 것"이라는 것이다. 이러한 우려로 우크라이나 헌법재판소가 이의 제기된 조항을 검토한 결과, 젤렌스키의 사법개혁은 우크라이나 헌법에 위배되는 것으로 판명되었다 전했다. 따라서 헌법 재판소는 대법원 판사 수를 절반으로 줄이려는 조항을 폐지했다.

〈폴란드〉 2020년 04월 08일

• 유럽연합 재판소, 폴란드 판사 징계 제도 중단 요구   (The New York Times 04.08)

- 4월 8일 수요일에 유럽연합 재판소는 정부에 반대하는 판사에 대해 기소할 수 있다는 폴란드의 징계 제도 정지를 명령했다. 이 징계 제도는 지난 2월에 적용되었으며, 일부 비평가들에게 "주먹법" 또는 "개그법"이라고 불린다. 이는 정부의 사법개혁에 대해 공개적으로 비판하는 판사들을 처벌하고, 어떤 협회에 소속되었는지 보고하도록 강요하는 내용을 포함하고 있다. 조치가 시작되자 몇몇 폴란드 판사들은 "더 이상 명확한 양심상 의무를 다할 수 없다"고 직책을 그만두기도 했다. 유럽연합 재판소의 이번 결정은 지난 1월 유럽연합 집행기관인 유럽 위원회가 내놓은 권고안과도 일치한다. 하지만 폴란드의 공직자들은 법원의 명령을 따르지 않을 수 있음을 시사하는 반응을 보였다. 폴란드의 법무차관 세바스찬 칼레타(Sebastian Kaleta)는 유럽연합 재판소는 "어떤 회원국들의 헌법기관을 평가하거나 정지시킬 권한이 없다"며 "오늘의 판결은 폴란드의 주권을 침해하는 행위"라고 트위터에 올렸다. 그러나 폴란드가

한 달 안에 명령을 준수하지 않으면 유럽연합 재판소는 벌금을 부과할 수 있다.

〈헝가리〉 2020년 03월 31일

• 트렌스젠더 성별 변경을 불가능하게 하는 법안 제출 (Hungary Rights Watch 04.03)

− 3월 31일, 헝가리 정부는 트렌스젠더들이 합법적으로 성별을 바꾸는 것을 불가능하게 하는 법안을 의회에 제출했다. 등록법 개정안에는 헝가리어로 "성(sex)"과 "성(gender)"를 모두 의미할 수 있는 "nem"이라는 단어에 대한 명확화를 시도하여 성을 "성별의 1차적 특징과 염색체에 기초한 생물학적 성"으로 구체적으로 언급하고 있다. 초안에 따르면, 일단 기록된 출생 성별은 수정할 수 없다. 이 법안은 유럽인권협약(European Convention on Human Rights)의 사례법에 정면으로 부딪친다. 2002년 영국에서 트렌스젠더가 연루된 사건에서 유럽인권협약은 신원 확인 서류와 법적 신분 변경을 거부하는 것은 차별에 해당한다고 판결한 사례가 있는 것이다. 일각에서는 정부가 트렌스젠더들에게 그들의 신분과 외모에 맞지 않는 서류를 소지하도록 강요할 때, 본인 확인을 위한 문서가 요청되거나 트렌스젠더들의 외모가 면밀히 조사되는 상황에서 그들에 대한 폭력과 굴욕이 잠재할 것을 우려한다. 한편 언제 의회가 그 법안에 대해 토론하고 투표할지는 불분명한 것으로 전해진다.

〈헝가리〉 2020년 04월 02일

• EU 집행위원장, 헝가리 총리 권한 강화에 우려 표명   (EURACTIV 04.03)

− 유럽연합 집행위원장 우르줄라 폰데어라이엔(Ursula von der Leyen)은 4월 2일 헝가리의 코로나19 비상법과 관련해 총리의 권한이 대폭 강화되었다며 우려를 표명했다. 헝가리 의회가 3월 31일 화요일, 코로나19 위기가 끝날 때 까지 총리에게 새 법률을 만들 수 있도록 하는 입법권을 부여했다. 이 비상법의 효력 기간은 명시되지 않았으며, 기자들이 코로나19에 대한 허위 정보나 정부의 늑장 대처를 발표할 시 처벌을 받을 수 있다고 위협한다. 헝가리 내 인권 단체들과 언론 단체들 및 몇몇 유럽연합 국가들은 이러한 사태를 보며 지난 10년간 헝가리를 통치한 오르반의 권력 장악을 우려했다. 하지만 헝가리 정부 대변인 졸탄 코 바츠(Zoltan Kovács)는 "우리는 비판을 받고 있을 뿐만 아니라 정치적 마녀사냥을 받고 있다"며 법에 대한 비판을 강력히

거부했다. 프랑스와 독일을 포함한 13개의 유럽연합 국가들은 4월 1일 수요일에 공동성명을 발표했는데, 헝가리의 이름을 명시적으로 밝히지 않은 채 "특정 비상조치의 채택으로 인해 발생하는 법치주의, 민주주의 및 기본권 침해의 위험에 대해 깊이 우려한다"고 말했다. 한편 오르반 정부는 코로나19 비상법이 유럽연합의 가치와 언론의 자유를 지지하고 있다고 주장한다.

〈에스토니아〉 2020년 04월 17일

• 에스토니아, 삼해 이니셔티브 투자 기금 가입 　　　　　　(The Baltic Times 04.17)

– 에스토니아 외무부 장관 레인살루가 중부 및 동유럽의 에너지, 운송 및 디지털 부문의 인프라 프로젝트에 자금을 지원하기 위해 설립된 삼해 이니셔티브 투자 기금에 합류했다고 발표했다. 삼해 이니셔티브 투자 기금은 아드리아해, 발트해 및 흑해에서 12개의 유럽 연합 회원국을 하나로 묶는 플랫폼이다. 이 이니셔티브의 주요 파트너에는 독일과 미국이 포함된다. 레인살루는 투자 기금에 가입하는 것이 미국과 중부 및 동유럽 국가와의 정치적 협력에서 중요한 단계라고 말하며, 특히 에너지 보안과 디지털 네트워크 및 전송 링크와 같은 영역에서 전략적 단점을 극복하기 위한 강력한 추진력을 제공할 것이라는 기대감을 표현했다. 한편 에스토니아는 코로나19 확산으로 행사가 연기되어 2020년 10월 19일과 20일 탈린에서 개최될 삼해 이니셔티브의 5번째 정상회담과 3번째 사업 포럼을 준비하고 있다. 이에 레인살루 장관은 "에스토니아에서 정상 회담 및 비즈니스 포럼을 개최하는 것은 기금 회원국들과 협력을 강화할 수 있는 좋은 기회"라고 덧붙였다.

〈헝가리〉 2020년 05월 05일

• 헝가리 의회, 가정 폭력 조약 비준 거부 　　　　　　　(The Guardian 05.05)

– 유럽평의회가 주도하는 이스탄불 협약은 부부간 강간부터 여성 성기 훼손에 이르기까지 여성에 대한 폭력을 예방하는 세계 최초의 구속력 있는 조약이다. 이스탄불 협약은 인권감시위원회(The Right Watchdog)가 2011년에 비준을 위해 제시했고, 2014년 헝가리를 비롯한 EU 회원국 대다수가 서명했다. 그러나 헝가리 의회가 "성 관념의 붕괴"와 "불법 이주"를 조장한다는 정부의 선언을 지지하며 거부 의사를 밝

히자 해당 조약이 비준되는 데 제동이 걸렸다. 여당인 피데스는 협정의 내용에는 동의하지만 가정 폭력으로부터 여성을 보호하기 위한 모든 법적 보장은 이미 헝가리 법에 있다며 비준 거부 이유를 설명했다. 피데스와 연합한 기독민주인민당(Christian Democratic People's Party)의 낙사 로린크(Lőrinc Nacsa)는 조약 본문의 성에 대한 "이념적 접근이 헝가리 법적 질서와 정부의 신념에 위배된다"며 조약이 비준된다면 폭력에 대한 여성 보호를 근거로 유럽에 난민이 유입되는 것을 "신속하게 하거나 단순화"할 것이라고 말했다. 한편 야당 정치인들은 코로나19 관련 통제 조치 중 전 세계가정 폭력의 증가를 인용하며 이러한 언급을 비판했다.

〈덴마크〉 2020년 05월 07일

• 덴마크 총리, 의회 압력에도 불구하고 국경 개방 거부　　　　(Jyllands Posten 05.07)

– 덴마크의 자유당(The Liberal Party of Denmark, V), 자유동맹당(Liberal Alliance, LA), 보수당(The conservative People's Party, SF) 등이 국경 개방을 요구했으나 메테 프레데릭센(Mette Frederiksen) 총리는 이를 거부했다. 의회는 코로나19로 인해 국경이 폐쇄되자 관광 산업에 큰 타격을 입어 국경을 개방하자며 그 이유를 설명했지만 프레데릭센 총리는 국경 폐쇄로 인한 문제를 인식하고 있으나 "국경 밖에 있는 사람들이 갑자기 몰려 온다면, 코로나19 감염을 부정적인 방향으로 옮길 것"이라며 이러한 결정에 "많은 비판을 받았지만 건강 관련 증거가 없음에도 불구하고 정부가 개방을 결정하는 것은 옳지 않다"고 설명했다. 그러나 자유당의 의장 제이콥 엘레만 젠슨(Jakob Ellemann-Jansen)은 국경 개방을 위한 추가 협상 날짜를 잡기위해 노력할 것이라고 말했다. 한편 사회자유당(Danish Social Liveral Party, RV)의 대표 모르텐 외스테르고르(Morten Østergaard)는 "경계 폐쇄는 산업 전반에 걸친 주요 영향 중 하나"라며 정부의 명확한 대응을 요구했다. 한편, 5월 20일 의회의 합의에 따라 국경 폐쇄는 유지하면서도 친척, 가족 등을 만나기 위해 북유럽 국가를 방문하는 것이 예외적으로 허용되었다.

〈헝가리〉 2020년 06월 10일

• 헝가리 야당, 정부 예산안은 "지방 정부에 대한 전쟁"　　　　(Hungary Today 06.10)

– 헝가리 야당은 6월 10일 의회에서 발표된 정부의 2021년 예산안을 "불투명"하고 "빈약한" 예산이라고 비판했다. 극우 민족주의 성향의 요비크당(Jobbik Magyarországért Mozgalom, Jobbik)은 2021년 예산을 "지방 정부와의 전쟁"이라고 비유하기도 했다. 요비크당의 아니타 포토스카 키뢰시(Anita Potocska Kőrösi) 의원은 의회 토론에서 개별 프로젝트에 할당된 금액이 모호하게 표시되어 있다며 이전 예산보다 덜 투명하게 작성되었으며 "정부에 우호적인 교도소가 주머니를 채울 수 있는 투자"에 우선 순위를 두었다고 주장한다. 헝가리 사회당의 원내 대표 토트 베르털런(Bertalan Toth)는 내년 예산이 건강관리 및 일자리 창출에 충분히 지출하지 않고 있다고 말하며 "정부의 예산 초안은 코로나19로부터 아무것도 배우지 않았음을 보여 준다"고 지적한다. 정부의 예산안에 불만을 가지고 있는 헝가리 야당 의원들은 보건 의료 부문 종사자들을 위한 50% 임금 인상과 지방 의회의 세금 절감을 포함하여 2021년 공동 수정 예산안을 제출할 것이라고 밝혔다.

〈헝가리〉 2020년 07월 03일

- 2021년 국군 예산, 사상 최대치 기록 (Hungary Today 07.08)

– 7월 3일 헝가리 의회는 5월에 제출된 정부 법안에 따라 2021년 예산을 국내 총생산의 2.9% 적자 목표로 승인했다. 이 중 2021년 헝가리의 군 예산은 7,778억 포린트(2억 8천억 유로)로 전년 대비 30%증가했다. 이에 헝가리 국방부 장관인 실라르 네메스(Németh Szilárd István)는 최근 몇 년간 군대가 국가의 안보를 유지하는 데 핵심적인 역할을 수행했다며, 내년 군 예산의 증가가 그들의 작업을 위한 자원을 보장할 것이라고 설명했다. 그는 밀수꾼들의 활동이 활발해짐에 따라 당국은 7일 저녁에만 170명의 이민자를 체포했으며 군인과 경찰이 국경을 계속 보호할 것이라고 말했다. 또한 네메스는 코로나19에 대한 보호 노력과 관련하여 군대가 전국의 통행 경로를 확보하고 있음을 설명하면서 군대와 코로나19 유행 동안 실직한 사람들을 위한 자원 봉사 제도가 필요하다고 덧붙였다. 이에 예산 지속 가능성을 보장하기 위해 설립된 감시 위원회인 재정위원회(Fiscal Council)의 아르파드 코바츠(Arpad Kovacs)는 "전년도보다 위험은 높지만 관리가 가능하다"며 "이 예산은 주 재정을 현대화할 수 있는 기회를 제공하므로 이를 잘 활용하면 긍정적인 시나리오가 될 것"이라고 언급했다.

〈덴마크〉 2020년 07월 10일

• 덴마크 인민당, 시민권 없는 외국인은 일할 수 없다 　　　　　　(DR 07.10)

– 덴마크 인민당의 소렌 에스페르센은 덴마크 시민권이 없는 경우 "국가 안보에 관한 본질적인 업무에 대해서는 외국인이 일할 수 없다"고 주장했다. 에스페르센이 주장하는 본질적인 업무에는 군대, 사법부, 경찰 등이 포함된다. 한편 집권 여당인 사회민주당과 사회자유당(Radikale Venstre)은 "덴마크 시민권 없이 고용된 사람들이 덴마크에 대한 충성을 나타내지 않는건 아니다"라고 반박하며, 시민권의 소유 여부가 좋은 직원인지 아닌지를 결정하지 않는다고 강조했다. 이에 에스페르센은 "좋은 직원인지 나쁜 직원인지 판단할 필요가 없으며, 덴마크 시민이 아니라면 그 일을 해서는 안 된다"고 말했다. 게다가 덴마크 시민권이 없기 때문에 유능한 직원을 잃으면 어떻게 하냐는 질문에는 "덴마크 시민이 아닌 경우에 국가 안보에 관한 업무에서는 그들과 일하면 안 되기 때문에 관련이 없다"고 설명했다. 한편 덴마크는 복지국가로서 명성이 높지만 이민과 통합에 있어서는 자유주의가 말라죽는 것처럼 보인다는 평판을 듣고 있다.

여론 · 시민사회 · 전자민주주의

〈덴마크〉 2019년 10월 03일

• 법무부 고위 관료들이 IT 시스템 오류에 대해 사전에 고지하지 않다 　　(DR 10.03)

– 덴마크 법무부장관이 사전에 경찰의 IT 시스템에 심각한 문제가 있다는 것을 알고 있었음에도 불구하고 정부와 법원에 알리지 않았다는 의혹을 받고 있다. 경찰청은 지난 3월 경찰 조사관들이 사용하는 전자통신 데이터에서 오류를 발견하여 법무부의 상임위원장들에게 최초로 알렸으며, 3개월 후 동일한 내용이 의회와 법무부에 보고되었다. 이후 외부의 자문을 받아 경찰청의 IT 시스템을 비롯한 보안 및 자료 관리 체계를 검토하는 한편, 경찰청장과 검찰총장은 이와 관련한 보고서를 준비하였다. 그런데 자료에 따르면 법무부장관인 닉 헤커럽(Nick Hækkerup)은 3월에 경찰청장으로부터 IT 시스템 에러에 대해 구두로 전달받아 이미 해당 사항을 인지하고 있었다는 것이다. 그럼에도 불구하고 왜 의회는 오류가 발견된 후 몇 달이 지나서야 보고받

을 수 있었으며, 왜 검찰총장이 변호사들에게는 6월 중순에 알렸는지, 그리고 이 오류가 어째서 빨리 발견되지 못했는지에 대한 의문이 제기되고 있다. 현재 전자통신 데이터 스캔들로 인해 50개의 소송이 연기되었으며 35명이 구류에서 석방되었다.

〈에스토니아〉 2019년 11월 09일
- **새로운 IT부 장관: 전자투표를 중단할 어떠한 이유도 발견하지 못해** (ERR 11.09)
- 에스토니아의 새로운 외교통상 및 IT부 장관인 카이마르 카루(Kaimar Karu)는 11월 9일 ERR과 진행한 인터뷰를 통해 자신의 직무가 에스토니아 전자투표의 투명성과 안정성을 보장하고 접근성을 높이는 것이라고 말했다. 카이마르는 11월 1일 에스토니아 대통령 케르스티 칼줄레이드(Kersti Kaljulaid)에 의해 외교통상 및 IT부 장관에 임명되었으며, 그가 IT산업 분야에서 쌓은 20여 년간의 경험이 장관으로 선정된 배경이라 파악되고 있다. ERR과의 인터뷰에서 카이마르는 전자투표와 관련하여 끊임없이 제기되고 있는 부정선거 논란에 대해 계속해서 조사해 나갈 것인지를 질문받자, 자신의 일은 범죄 혐의를 조사하는 것이 아닌 에스토니아의 전자투표가 공정하게 이루어지고 누구나 쉽게 참여할 수 있도록 만드는 것이라고 답했다. 또한 정부의 특별 조사위원회가 시스템을 상세히 분석한 결과 어떠한 문제도 발견하지 못했고, 따라서 현재까지는 전자투표 시스템이 충분히 안전하다고 판명되었다는 사실을 전했다. 그러나 해당 기술에 익숙하지 않은 사람들을 대상으로 충분한 설명이 이루어지지 않았기에 이러한 부분에 있어서 전자투표의 공정함을 확보하는 것이 필요하다는 의견을 밝혔다.

〈에스토니아〉 2019년 12월 04일
- **에스토니아에 낙관적인 디지털 미래시대를 불러온 전자정부 드라이브**
(Financial Times 12.04)
- 2001년 에스토니아 정부의 주도하에 개발되어 현재 여러 온라인 공공서비스의 기반이 되고 있는 데이터 교환 오픈소스 플랫폼 '엑스로드(X Road)'가 주목받고 있다. 최초로 온라인 총선을 시행한 에스토니아는 지난 20년간 유럽에서 온라인 공공서비스의 선두주자로 자리 잡아왔다. 에스토니아의 전자정부 시스템은 1990년대 중반부터

정부가 구축해 온 전 국민 데이터베이스에서 시작되었으며, 시민들이 온라인상에서 손쉽게 투표에 참여하거나 은행 업무를 볼 수 있도록 온라인 신원정보 및 디지털 서명 시스템을 개발하는 등 꾸준히 발전해 왔다. 이러한 과정을 거쳐 탄생하게 된 엑스로드는 현재 에스토니아에서만 3,000개가 넘는 국가기관들이 사용하고 있으며, 핀란드와 아이슬란드, 그리고 일본에서도 해당 기술을 차용하고 있다. 엑스로드의 가장 큰 장점은 시민들이 전자정부를 이용할 때 이미 정부의 데이터베이스에 입력되어 있는 개인정보를 다시 기입할 필요가 없어 공공서비스를 빠르고 간편하게 이용할 수 있다는 것이다. 그러나 최근 전문가들은 현재 에스토니아의 전자정부 시스템이 기술 발전에서 도태되고 있음을 지적하며, 보다 개방적인 방향의 기술 혁신이 이루어져야 한다는 말을 전하고 있다.

〈에스토니아〉 2020년 01월 16일

• 에스토니아, 디지털 유목민을 위한 비자 발급 지원　　　　　　　　(Baltic Times 01.16)

- 1월 16일 에스토니아 정부가 외국인 법 개정안을 통과시킴에 따라 거주지에 구애받지 않고 일하는 온라인 프리랜서 노동자들인 디지털 유목민들도 에스토니아 취업비자를 발급받을 수 있게 되었다. 디지털 유목민이란 IT, 금융, 또는 마케팅과 같이 웹기반 분야에 종사하며 여러 국가를 돌아다니는 이들을 지칭한다. 에스토니아 국방부장관 마트 헬름(Mart Helme)은 에스토니아가 갖춘 혁신적인 기술 활용 능력이 전 세계의 디지털 유목민들을 끌어들이고 있으나, 현재의 외국인 노동법이 이들을 노동자로 인정하지 않고 있기 때문에 개정이 필요했다고 밝혔다. 또한 헬름은 디지털 유목민들이 에스토니아의 상품과 서비스를 소비함으로써 지역 사업에 긍정적인 영향을 끼칠 것이라고 말했다. 한편 개정안에는 새로운 비자 발급 제도가 악용되지 않도록 하기 위한 규정도 명시되어 있다. 디지털 유목민들은 에스토니아에서 거주하기에 충분한 자금을 보유하고 있어야 하며, 이들이 근무 계약을 맺은 에스토니아 내 기업을 통해 신원이 증명되어야만 비자를 발급받을 수 있다. 디지털 유목민들은 근무 계약에 따라 단기 및 장기 취업비자 모두 신청 가능하고, 그 외에 일반적인 비자 신청과 동일한 기준을 적용받게 된다.

〈우크라이나〉 2020년 02월 20일

- 우크라이나 의회위원회, 미디어 검열 법안 철회 않기로 결정 (112 International 02.20)
  - 2월 20일 인도주의 및 정보정책 의회위원회장 올렉산드르 트카첸코(Олександр Ткаченко)는 온라인 언론사 글라브콤(Главком)과의 인터뷰를 통해 의회가 현재 논란이 되고 있는 미디어 검열 법안을 철회하지 않기로 결정했다는 사실을 전했다. 2019년 9월 인도주의 및 정보정책 의회위원회의 요청에 따라 2020년 1월 의회에 상정된 미디어 검열 법안은, TV 및 라디오 방송 위원회의 승인을 받은 매체만이 우크라이나 내에서 활동할 수 있다고 규정하고 있다. 또한 국내 온라인 및 오프라인 매체뿐만 아니라 국내에 서비스를 제공하고 있는 해외 미디어 또한 검열 대상으로 삼고 있다. 그러나 유럽연합 회원국이 송신한 프로그램을 중계하는 것은 허용된다. 한편 매체에서 다루어지는 내용의 경우 국가에 분열을 유발할 수 있거나 과거 공산주의에 가담한 고위공직자들을 미화하는 등의 메시지를 전달하는 것이 금지된다. 새로운 미디어법이 통과될 경우 정부는 이를 위반한 매체에 1차적으로 경고를 부여하고, 위반 내용에 따라 강제로 운영을 중지시킬 수 있다. 이러한 규정들에 반발한 우크라이나 언론 집단은 법안 철회를 요구했으나 의회가 입법을 추진하기로 결정함에 따라 정부와 언론의 갈등이 심화될 양상이다.

〈헝가리〉 2020년 03월 02일

- 헝가리 국영 미디어, 정치에 민감한 주제 검열 (Hungary Today 03.03)
  - 3월 2일 월요일에 미국 정치 전문 신문인 폴리티코(Politico)가 입수한 헝가리 국영 미디어의 내부 이메일에 따르면 헝가리 공영 미디어 직원들은 이주, 유럽 테러, 교회 문제와 같은 특정 주제를 다루려면 편집자로부터 사전 동의를 얻어야 한다. 내부 이메일 스크린샷은 2019년 하반기부터 익명으로 폴리티코에 전송되었으며 진위 여부 확인을 마쳤다. 미디어 편집자에게는 민감한 주제 목록이 제공되는데, 언급된 문제와 관련된 모든 보도는 편집자로부터 승인을 받기 위해 초안을 보내야 한다는 것이다. 한편 헝가리 국영 미디어는 정기적인 편집 과정의 일환으로 취재에 대한 그들의 결정을 설명했다. "어떤 문제를, 어떤 형태로, 어떤 규모로 출판되느냐"는 문제는 "세계에 다양한 편집국처럼 편집 결정의 문제"라고 설명했다. 또한 그들은 BBC의 표준

을 따르고 있기 때문에 편집 방식에 대한 문제 제기는 표준에 대한 공격과 마찬가지라고 말한다. 한편 블랙리스트에 오른 것으로 알려진 스웨덴의 환경운동가 그레타 툰베리(Greta Thunberg)는 이 문제에 대해 "이것은 민주주의의 중요성을 보여 준다. 언론의 자유는 협상할 수 없다"고 비판했다.

〈우크라이나〉 2020년 04월 03일
• 온라인 공공 서비스, 27개 분야에서 적용   (Kyive Post 04.03)
– 젤렌스키 대통령은 우크라이나 디지털 트렌스포메이션부가 시작한 웹포털 디아에서 27개 공공 서비스가 온라인에서 제공되고 있다는 점에 기쁨을 표현했다. 우크라이나의 디지털화는 부패 척결과 국가 비즈니스 발전을 돕기위한 젤렌스키 대통령의 핵심 목표 중 하나이다. 온라인 서비스를 구축한 것은 국가와 국민의 상호작용을 바꾸기 위한 젤렌스키의 진보적인 계획으로 평가받고 있다. 우크라이나의 부총리인 미하일로 페도로프(Mikhail Fedorov)는 "예전에는 단독 점포를 개설하기 위해서는 58줄의 복잡한 형태의 서류를 채워야했는데 지금은 12줄밖에 없다"며 "공공 서비스 제공의 이러한 단순화가 기업가 정신을 증진시키고 부패를 퇴치하며 우리 나라 경제의 성장을 촉진시킬 것이라고 믿는다"고 말했다. 현재 우크라이나인들은 차량 등록증과 운전면허증 등을 모바일 어플리케이션 디아에서 확인할 수 있으며, 이후 해외여행을 위한 생체 여권도 이용할 수 있게 된다. 본 서비스는 2024년까지 모든 정부의 서비스가 디아를 통해 시민들에게 제공될 예정이다.

〈우크라이나〉 2020년 05월 13일
• 젤렌스키, 러시아 소셜 네트워크 금지 확대   (The Daicly Signal 05.15)
– 젤렌스키 대통령은 우크라이나 대통령 공식 웹 사이트에 러시아 웹사이트와 소셜 네트워크에 대한 기존의 금지 조치를 3년 더 연장하기로 결정했다고 게재했다. 우크라이나는 2017년 러시아의 정보 확산을 막기위해 특정 러시아 인터넷 사이트 및 서비스를 금지한 바 있다. 특히 이 법안은 우크라이나인이 페이스북과 유사한 러시아의 소셜 미디어 플랫폼 브콘탁테(VKnotakte) 사용을 금지한다. 우크라이나의 국가보안 관리자들은 해당 사용금지에 대해 러시아 보안 기관들이 우크라이나와의 지속적

인 정보 전쟁의 일환으로 이 사이트를 이용하고 있기 때문이라고 설명한다. 또한, 우크라이나 보안국(Sluzhba bezpeky Ukraiyny, SBU)은 러시아 해커가 소셜 미디어를 사용하여 우크라이나인이 코로나19 통제 조치에 항의하도록 장려했다고 보도했다. 이에 따라 보안기관은 "공황 질서 또는 공황 질서를 유발할 수 있는" 잘못된 정보를 온라인으로 유포하는 것을 범죄로 규정하는 우크라이나 법에 따라 16건의 형사 사건을 제기한 것으로 알려져있다. 보안기관의 책임자 이반 바카노프(Ivan Bakanov)는 러시아 소셜 미디어 금지를 확대하는 것은 코로나19 발생을 억제할 뿐만 아니라 우크라이나의 국가 안보를 유지하는 데 필수적인 조치라고 말했다.

〈에스토니아〉 2020년 05월 12일
• 에스토니아, 통신 보안 검토를 위한 화웨이 법률 통과　　　　　　　(Reuters 05.12)
- 5월 12일, 에스토니아 의회는 미래 네트워크 개발에 필요한 통신 장비에 대한 보안 검토를 위해 새로운 전자 통신법인 화웨이 법을 승인했다. 2019년에 미 정부는 중국 통신 회사인 화웨이가 서방국가에 대한 스파이 행위를 했다고 비난했지만 화웨이는 이를 부인한 바 있다. 이와 관련해 에스토니아의 통신 보안에 화웨이가 잠재적 불안 요소로 생각되면서 국회의원들이 이 법안을 화웨이 법이라고 불렀으나, 법안 내에는 어떤 회사 이름도 들어가 있지 않는다. 화웨이 법은 구체적인 시행을 정부에게 맡기고 보안 검토 기관들 사이에 정보 제공 서비스를 포함한다. 유럽연합 및 북대서양조약기구 회원인 에스토니아는 새로운 5G 네트워크 서비스를 출시하면서 미국 정부와 마찬가지로 새로운 네트워크 시스템의 보안문제에 대해 불안감을 가지고 있다. 이에 국방부의 국방 위원장 안드레아스 메소야(Andres Metsoja)는 "보안 기술과 안정적인 제공 업체를 통해 커뮤니케이션 서비스를 제공해야 한다"고 밝혔으며, 에스토니아 단원제 의회 리기코구(Riigikogu)는 "네트워크의 품질을 보장하고 사이버 공격의 영향을 최소화하며 정치적 조작을 방지하기 위해 통신 네트워크의 구축과 통신 서비스 제공이 수행되어야 한다"고 언급했다. 한편 5G 네트워크는 무인 차량에서 군사 통신에 이르기까지 중요한 기능을 담당할 것이기 때문에 글로벌 보안 심의의 중심에 있다.

<에스토니아> 2020년 06월 08일

• 에스토니아, 디지털 노마드 비자 발행　　　　　　　　　　(Schengenvisainfo 06.08)

– 에스토니아 정부는 디지털 노마드 비자를 만들 수 있도록 하는 외국인 법을 개정했다. 내무부에 따르면 디지털 노마드 비자는 위치와 시간에 관계없이 기술, 금융, 마케팅 등 대부분의 분야에 종사하는 외국인이 에스토니아에서 일할 수 있도록 허용하는 내용을 포함한다. 내무부 장관 마트 헬름은 "디지털 노마드 비자는 에스토니아의 디지털 이미지를 강화하여 에스토니아가 국제적 차원에서 보다 효과적으로 발언할 수 있게 도울 것"이며, "에스토니아의 디지털 솔루션 수출에 기여하며 이는 현재 경제 위기를 회복하는 데 특히 중요"하다고 언급했다. 에스토니아 정부는 해당 비자 프로그램이 점진적으로 시행될 것이며 "앞으로 에스토니아 전자정부 솔루션, 특히 전자 상주를 디지털 노마드 비자와 통합할 수 있는 솔루션이 개발되고 있다"며 신뢰할 수 있는 서비스 업체가 제공하는 프로그램 개발이 계획되고 있다고 발표했다. 정부가 언급한 예비 추정치에 따르면 매년 약 1,800명이 디지털 노마드 비자를 신청할 수 있다.

<폴란드> 2020년 07월 13일

• 법과정의당 대표, 미디어를 보다 현실적으로 만들겠다고 밝혀

　　　　　　　　　　　　　　　　　　　　　　　　(Martinsville Bulletin 07.14)

– 7월 13일에 법과정의당의 총재 야로슬라프 카친스키가 대통령 선거기간동안 외부 국가의 영향을 받은 미디어가 국민으로부터 폴란드의 대통령이 누가 될것인지 자유롭게 선택할 권리를 뺏으려 한다고 언급했다. 또한, 일부 언론 매체가 국가 이미지를 잘못 표현하고 있어 보다 현실적인 방식으로 사회를 볼 수 있도록 조치를 취할 것이라고 밝혔다. 그는 미국 기업이 소유한 폴란드의 개인 TV 방송국인 TVN을 이 발언의 주요 매체로 지목하며 "폴란드의 미디어는 폴란드인의 것이어야 한다"고 말했다. 카친스키는 미디어 환경의 개선이라는 목표를 이루기 위해 추진할 수 있는 정책은 다양하지만 "언론의 자유를 위협하는 어떤 행동도 하지 않을 것"이라고 말했다. 그리고 "폴란드의 모습을 거짓된 표현으로 보도하는 것을 금지할 수 없지만 우리의 현실을 보다 현실적으로 보도하는 미디어가 많이 존재하도록 상황을 만들기 위한 단

계"에 놓여있다고 덧붙였다.

〈덴마크〉 2020년 07월 13일

• **덴마크, UN 디지털 정부 조사에서 1위 차지**　　　　　(CPH Post Online 07.13)

– 7월 10일 발표된 2020년 UN 전자 정부 설문조사에 따르면, 덴마크는 193개 국가 중 1위를 차지하며 디지털 정부의 선두주자로서 NemID 및 Borger.dk와 같은 온라인 서비스를 통해 차별화를 달성하고 있다. UN 전자정부 평가는 2002년부터 2년마다 193개 회원국을 대상으로 실시하며, 본 설문조사에서 덴마크는 2018년에도 1위를 차지한 바 있다. UN은 회원국들을 전자정부 서비스의 우수성을 나타내는 온라인 서비스, 유무선 통신 인프라 수준을 측정하는 통신인프라, 국민의 교육 수준을 나타내는 인적자본이라는 3개 세부지표를 종합해서 평가한다. UN의 보고서에 따르면 덴마크의 디지털화 전략은 국가 정부 기관, 지방 정부 및 지방 자치 단체를 중앙ICT 인프라 구축에 중점을 두고 있다. 덴마크의 디지털 기관의 이사 리케 후가르트 제버그(Rikke Hougaard Zeberg)는 앞으로의 과제는 노인과 장애인 같은 디지털 취약계층에 대한 해결책을 찾는 것이며, 정부는 해커 및 기타 사이버 범죄자들에 대한 디지털 보안을 보장해야 한다고 말한다. 한편, 덴마크를 뒤이어 한국과 에스토니아, 핀란드, 호주 등이 순위에 올랐다. UN은 디지털 격차가 지속되고 있으며 점수가 낮은 8개국 중 7개국이 아프리카에 있음을 지적했다.

〈덴마크〉 2020년 08월 19일

• **덴마크 정부, 정년을 61세로 낮춰야 한다고 주장**　　　　(Euronews 08.19)

– 메테 프레데릭센 총리가 이끄는 정부가 정년 시기에 대한 논의로 논란이 되고 있다. 2006년에 사회자유당의, 자유당, 덴마크 인민당은 복지 협정을 체결하여 기대 수명이 늘어나면 그에 맞춰 정년을 늘려야 한다고 합의한 바 있다. 그러나 최근 급진파와 덴마크 인민당이 퇴직 연령의 증가가 70세가 되면 중단되어야 한다고 주장했다. 정년 시기에 대한 논란이 계속되자 국회의원들은 결의안을 제시하고 이에 따라 투표를 강제할 예정으로 알려졌다. 이에 19일 프레데릭센 총리는 정년 시기를 급진파와 덴마크 인민당의 주장보다 빠른 61세로 앞당길 것을 제안했으며, 대신 "직장에서 가

장 오래 근무한 사람들을 위해 새로운 계획을 마련"할 것이며 "직업 생활을 통해 세금을 납부하고 가장 힘든 일을 한 사람을 위한 도움을 제공할 것"이라고 밝혔다. 정부는 빠르면 2022년에 약 38,000명의 사람들이 이 계획의 혜택을 받을 것이라고 예상했다. 한편, 덴마크의 평균 은퇴 연령은 현재 67세이며, 2030년까지 68세로 늘어날 것으로 전망된다.

〈우크라이나〉 2019년 10월 31일

• 기자들을 협박한 전(前) 우크라이나 의원에 대해 경찰이 조사에 착수   (RFE/RL 11.07)

– 11월 7일 우크라이나 경찰청은 전(前) 행정부 수장인 안드리 포트노프의 언론활동 보장법 위반 혐의를 조사하겠다고 밝혔다. 경찰청장인 막심 츠츠키리제(Maksym Tsutskiridze)에 따르면 포트노프는 '스키미(Skhemy)'라는 언론집단이 현 우크라이나 정부 공직자들과 그의 관계를 조사하기 시작하자 자신의 텔레그램(Telegram) 계정을 통해 스키미 소속 기자들의 거주지와 차량등록정보 등의 개인정보를 유출하고 협박하는 등 언론인들에게 위협을 가하여 자신에 대한 조사를 중단시키려 했다. 이러한 포트노프의 행위는 우크라이나 법으로 보장된 언론의 정당한 활동을 억압하는 범죄에 해당되므로 경찰이 개입하게 된 것이다. 그러나 포트노프는 자신 또한 10월 30일부터 '112 우크라이나 텔레비전'에서 활동하고 있는 언론인이라고 주장하며, 마찬가지로 언론활동 보장법을 적용하여 스키미를 고소하겠다고 밝혔다. 이에 우크라이나의 '언론 자유 보장 협회'는 정부가 포트노프를 기소해야 한다고 주장했으며, 스키미 소속 언론인 중 한 명인 미카일로 타치(Mykhaylo Tkach)는 의회위원회에서의 연설을 통해 사회에 대한 현 정부의 책임감을 지적하며 정부가 언론의 자유를 보장해 주어야 한다고 전했다.

〈폴란드〉 2020년 01월 09일

• 대선 후보 여론조사 결과. 두다 선두 차지, 호워브니아 최하위에 머물러   (Onet 01.12)

– 2020년 5월에 실시될 대선을 앞두고 1월 9일부터 10일까지 폴란드의 19세 이상 성인들을 대상으로 각 당의 대선 후보 지지율을 조사한 결과, 극우 여당 법과정의당 소속인 현임 대통령 안제이 두다가 45.4%로 1위에 등극했다. 중도우파 정당이자 제

1야당인 시민연단의 후보 키다와—블론스카는 22.7%를 얻어 2위를 차지했다. 폴란드 인민당의 당수 브와디스와프 코시니아—크카미시는 9%로 3위에 올랐다. 민주좌파연합당(Sojusz Lewicy Demokratycznej, SLD)과 좌파연합당의 지지를 받아 좌파 진영을 대표하는 후보로 나선 로베르트 비에드론은 8.8%로 4위에 머물렀다. 공개적으로 동성애자임을 밝혀 주목받았던 비에드론은 여당의 성소수자 탄압 행위에 맞서겠다는 좌파 진영의 의지를 드러내고 있다. 이 외에도 무소속 후보로 나선 현직 저널리스트 시몬 호워브니아는 6.9%의 지지율을 얻었다. 한편 극우 자유독립연합당(Konfederacja Wolność i Niepodległość, KWN)의 후보 크쥐시토프 보사크는 4.3%로 최하위를 기록했다.

〈우크라이나〉 2020년 01월 15일

• 젤렌스키 대통령, 혼차루크 총리가 제출한 사표 수리 반려　　　　　(UNIAN 01.17)

— 1월 15일 혼차루크 총리가 젤렌스키 대통령을 비난하는 음성녹음파일이 유출되어 논란을 일으키자 17일에 사직서를 제출했으나 젤렌스키는 사표 수리를 거부했다. 15일 유튜브를 통해 유출된 음성녹음파일은 혼차루크 총리와 경제부장관 옥사나 마르카로바(Oksana Markarova), 우크라이나 국립은행 상임이사 카테리나 로즈코바(Kateryna Rozhkova) 등의 공직자들이 2019년 12월 중반에 대통령과 공식회담을 갖기 전 나눈 대화 내용을 담고 있다. 녹음파일 중 논란이 된 부분은 혼차루크 총리가 젤렌스키 대통령의 경제관념을 지적하며 대통령이 경제 문제에 있어서는 '완전히 무식한 사람'이라고 말한 내용이다. 문제를 인지한 혼차루크 총리는 17일 젤렌스키 대통령에게 사직서를 제출했다. 그러나 젤렌스키 대통령은 우크라이나 사회에 닥친 주요 문제들을 해결하기 위해 총리에게 한 번 더 기회를 주겠다고 말하며 사표 수리를 반려했다. 한편 젤렌스키는 음성녹음파일 유출자를 색출하기 위해 검찰총장과 내무부장관, 반(反)부패국장 등과 만나 녹음파일에 연관된 이들을 모두 찾아내라고 지시했다. 또한 앞으로 국가 기관에서 정보가 유출되지 않도록 조치를 취하라고 전달했다.

〈헝가리〉 2020년 02월 04일

• 교원노조, 국수주의 이념을 강요하는 교과과정 도입에 반대하여 시위 (Reuters 02.05)

- 2월 4일 헝가리의 교원노조는 극우 여당 피데스가 설계한 새로운 국가핵심교과과정을 도입하겠다는 정부의 계획에 반대하여 시위를 벌였다. 시위를 주도한 교원민주연합(Pedagógusok Demokratikus Szakszervezete, PDSZ)는 1월 31일 교육인적자원부가 발표한 국가핵심교과과정이 국수주의 이념을 강요할 뿐만 아니라 학문의 자유를 억압한다고 주장했다. 또한 그들은 국가의 교육체계가 원칙이 아닌 이념을 기반으로 삼아서는 안 된다고 지적하며 정부가 새로운 교과과정 도입을 철회해야 한다고 말했다. 그러나 교원노조의 비판에 대해 정부대변인 카슐레르 미클로시(Mikl s K sler)는 오랜 기간 갱신되지 않은 기존의 교과과정을 개편할 필요가 있었으며 국내 최고의 전문가들이 장기간 논의한 내용을 토대로 구성했다는 점을 강조했다. 덧붙여 새 교육과정을 통해 헝가리의 미래세대는 헝가리와 유럽 사회가 공유하고 있는 보편적인 가치를 배우고 살아갈 수 있을 것이라고 전했다. 그럼에도 불구하고 교사들은 '독재를 위한 교육'에 반대한다는 의견을 지속적으로 공유하고 있으며, 새로운 교과과정 과정 도입을 둘러싼 정부와 교원노조의 갈등은 헝가리 사회 전반으로 확산될 전망이다.

〈우크라이나〉 2020년 02월 10일

• 우크라이나 대통령, 억만장자 사업가와 연관된 대통령 비서실장 해임

(Bloomberg 02.11)

- 2월 21일 전(前) 대통령 비서실장 안드리 보단을 해고한 젤렌스키 대통령은 11일 안드리 예르마크(Андрій Єрмак)를 새로운 비서실장으로 임명했다. 일각에서는 젤렌스키가 보단을 해고한 원인으로 우크라이나의 거물 사업가 이호르 콜로모이스키(Iro p Коломойський)를 언급하고 있다. 젤렌스키는 2015년 인기 TV 프로그램 '인민의 일꾼'에 대통령 역할로 출연한 것이 계기가 되어 2019년 대선에 출마한 후 승리했다. 그런데 당시 프로그램을 방영한 TV 채널의 소유주인 콜로모이스키가 2016년 사업 파트너의 탈세 혐의로 거대 은행 프라이빗뱅크(ПриватБанк)를 국가 소유로 넘겨주었던 과정이 2019년 법원에서 불법으로 판결됨에 따라 소유권 논쟁이 발발하게 되었다. 이에 젤렌스키는 대선 캠페인 과정에서부터 주창해 온 부패 척결 정책 추진에 문제가 생기는 것은 물론이고 역으로 부패 혐의를 제기받게 될 상황을 우려하여, 과거 콜로모이스키의 변호사로 활동했던 보단을 해임함으로써 논란을 미연에 방지했다.

새로 부임한 예르마크는 젤렌스키의 대선 캠페인에 참여했을 뿐만 아니라 러시아와의 포로 교환 협상을 보조하는 등 젤렌스키의 외교 보좌관으로서 활동해 왔다.

〈우크라이나〉 2020년 05월 07일

• **우크라이나 개혁위원장에 샤카슈빌리 전 조지아 대통령 임명**　　　(연합뉴스 05.08)

－ 5월 7일, 젤렌스키 대통령은 전 조지아 대통령인 샤카슈빌리를 국가 개혁위원회 수장으로 임명했다. 젤렌스키는 "샤카슈빌리가 개혁위원회에 동력을 주고 중요한 개혁 추진을 도울 것으로 믿는다"고 말했다. 샤카슈빌리는 "젤렌스키 대통령은 많은 사람이 반대하는 평범하지 않은 길을 갈 준비가 돼 있으며 그의 의지가 마음에 든다"며 개혁위원회 위원장 임명에 화답했다. 샤카슈빌리는 조지아의 대통령을 역임하며 유럽연합 및 북대서양조약기구(North Atlantic Treaty Organization, NATO) 가입을 추진하는 모습을 보였다. 조지아 국적을 포기하고 우크라이나에서 오데사주 주지사직을 수행하던 중 중앙정부 인사들과 마찰을 빚으며 한동안 우크라이나를 떠났다가 2017년에 9월 재입국해 반정부 운동을 이끌었으나 2018년 2월에 폴란드로 강제 추방되었다. 그러나 젤렌스키 대통령이 우크라이나 국적을 복원시켜주자 젤렌스키를 돕겠다며 우크라이나로 돌아왔다. 한편 우크라이나 정계 기득권 세력은 자신들의 입지가 위협받을 것을 우려해 샤카슈빌리의 임명을 반대한 것으로 알려져있다.

〈헝가리〉 2020년 06월 08일

• **정치 안건 설정을 위한 국가 여론 조사 실시**　　　(Balkan Insight 06.09)

－ 6월 8일, 헝가리 정부는 정치 안건 설정을 위한 여론 조사를 실시하기로 협의했다. 이 조사는 헝가리 모든 가정에 보내지는 전국단위 여론 조사이며, 코로나19에 대한 대응과 가을에 올 2차 대유행에 대처하기 위한 좋은 방법을 모색하는 데 중점을 둔다. 설문지에 대한 답변은 8월 15일까지 정부에 반송해야 하며, 이를 토대로 정부는 향후 2개월 동안 정치적인 논의를 진행할 예정이다. 그러나 일부 비평가들은 헝가리 국가 여론 조사의 결과가 실제로 검증된 적이 없으며, 독립적인 설문 조사 분석가나 연구원이 정부에 접근한 적이 없다며 문제가 있다고 지적한다. 또한 설문조사의 12번과 13번 항목에서 사람들이 불법 이주에 맞서 싸우고 엄격한 국경 통제를 지지하

는지 묻는 등 여론 조사를 논란의 여지가 있는 정책에 대해 대중의 동의를 불러 일으키기 위한 수단으로 묘사하기도 한다. 이에 정치 과학 연구소 부장인 안드레아 사보(Andrea Szabo)는 "이 여론 조사는 포퓰리스트 정부에 유용한 도구이다. 정부가 여론조사를 통해 통치 엘리트가 유권자와 지속적으로 연결되어 있고 그들의 의견에 관심이 있다는 인상을 주기 때문이다"라고 언급했다.

〈우크라이나〉 2020년 06월 03일
• 경찰의 강간 및 총격 사건으로 내무부 장관 해고 요청
(Radio Free Europe/Radio Liberty 06.03)

– 5월 23일, 한 여성이 우크라이나 경찰서에서 도난 혐의의 증인으로 심문받고 있던 도중, 방독면으로 얼굴을 가린 두 명의 경찰관에게 강간을 당한 일이 발생했다. 일주일 후 내무부 장관 아바코프의 부패와 관련된 키에프 지역에서는 경쟁 관계에 있는 두 범죄 조직의 총격사건이 발생하기도 했다. 시위에 참가한 인권 단체와 반부패 운동가들은 이 사건이 내무부 장관인 아바코프가 오랫동안 그의 권력을 남용하고, 대중을 보호하는 것보다 정치를 우선시하는 법 집행 시스템을 개혁하지 못한 것에서 비롯되었다고 주장했다. 내무부 장관은 경찰에서부터 방위군에 이르기까지 우크라이나의 법 집행 기관의 대부분을 통제할 수 있기 때문이다. 일각에서는 아바코프가 법 집행 시스템의 개혁을 방해했으며, 이에 따른 개혁 실패가 조직 범죄 행위를 번성하게 만들고 범죄자들이 합당한 처벌을 받지 못하게 했다고 주장한다. 이에 개혁파와 비정부 감시단체들이 내무부 장관에 대한 해임 건의안을 제시했고, 우크라이나 의회의 법 집행위원회는 이 건의안을 국회에 등록하기로 합의했다.

〈헝가리〉 2020년 07월 22일
• 헝가리, 정부 비판 언론인 해고 파문 확대···수천명 연대 시위 (연합뉴스 07.26)

– 7월 22일에 헝가리 다뉴강 유람선 참사를 비판적으로 다룬 독립 언론사 인덱스가 편집장인 둘 서볼치(Szabolcs Dull)를 해고했다. 이 사건이 발생한 당일 밤에 시민들이 정부가 언론을 통제하려 한다며 연대 시위를 벌였으며, 이틀 후인 24일에는 80여 명의 인덱스사 직원들이 사표를 냈다. 사표를 낸 직원들은 대부분 편집국에 소속된 기

자들로, 이들은 인덱스사가 정부에 비판적인 목소리를 낸 편집장을 해고함으로써 매체의 독립성과 미래를 위협했다고 비판했다. 인덱스는 헝가리에서 가장 많은 독자를 지닌 인터넷 언론사로, 오르반 빅토르 총리가 한때 "가짜 뉴스 공장"이라고 지칭할 정도로 정부의 표적이 되어왔다. 이러한 영향으로 편집장 해고 사건은 오르반 총리가 유리한 보도를 얻기 위해 언론의 자유를 압박하는 것이 아니냐는 우려를 증가시켰다. 이에 서볼치는 외부 영향에 대한 인덱스사의 저항 때문에 자신이 해고되었다고 말하면서 "편집장으로서 상황에 따라 나의 의무와 양심이 지시한대로 행동했다"고 말했다. 한편 헝가리는 국경없는기자회(RSF, Reporters Sans Frontières)가 발표한 세계 언론 자유 조사에서 180개국 중 89위를 차지했다.

〈폴란드〉 2020년 08월 07일

• 폴란드, LGBT 인권 운동가 석방을 요구하는 수천 명의 시위 열려　　　(Reuters 08.08)

– 인권운동가 마르고트가 성소수자를 상징하는 무지개색 깃발을 예수 동상에 꽂고 동성애를 반대하는 문구가 써있는 차량을 파손한 혐의로 경찰에 체포되었다. 이에 폴란드 법원은 마르고트가 재판을 받기 전 2개월간 구금을 명령했다. 그러자 8월 7일 금요일, 마르고트의 구금에 대해 반대하는 LGBT 인권 보호 지지자들은 바르샤바에서 대규모 시위를 진행했다. 시위대와 경찰간의 충돌이 벌어졌고, 경찰은 폭력적인 행동을 했다는 것을 이유로 마르고트의 구금을 막으려했던 48명의 시위대를 추가 구금했다. 이에 유럽인권위원회(The commission for human rights at the Council of Europe)는 마르고트를 즉시 석방할 것을 권고했으며 폴란드에서 표현의 자유와 성소수자의 인권이 보호돼야 한다는 입장을 밝혔다. 한편, 폴란드는 7월에 이루어진 대선에서 당선된 두다가 지난 대선 캠페인에서 LGBT의 권리 증진이 폴란드의 전통적 가치를 훼손하는 것으로 주장하면서 인권운동가들과 정부간의 마찰이 심화되었다.

〈우크라이나〉 2020년 08월 21일

• 우크라이나 특별 반부패 검사 사임　　　(Radio Free Europe Radio Liverty 08.21)

– 우크라이나 특별 반부패 위원회(Specialized Anti-Corruption Prosecutors Office, SAP) 검사인 나자르 콜로드니츠키(Nazar Kholodnytskiy)가 임기 5년 만에 사임했다. 우크라이

나 검찰청에서 최초로 반부패 수사 책임자가 된 콜로드니츠키는 8월 21일 자신의 페이스북을 통해 반부패 위원회 검사직을 자신의 자유의지로 그만두었다고 전했다. 그는 사임 소식을 알리며 "우리의 독립성을 침해하고 업무 결과를 조작하려는 체계적인 정치적 시도에 직면"했다고 언급했다. 하지만 "오늘날 전문화된 반부패 검사실과 우크라이나 국립 반부패위원회가 그들의 임무를 완수할 것"이며 "팀원들의 헌신, 정직 및 성실에 감사한다"고 덧붙이며 반부패 위원회의 행보를 응원했다. 한편 2019년 대통령으로 선출 된 볼로디미르 젤렌스키 대통령은 수십 년 동안 우크라이나를 괴롭혔던 부패를 근절하겠다고 다짐한 바 있다.

〈벨라루스〉 2020년 08월 17일

- **벨라루스 시위: 선거 조작 의혹이 확산되며 노동자들의 루카셴코 비판 확대**

(BBC 08.17)

― 벨라루스 중앙선거관리위원회는 8월 9일 치러진 대선에서 1994년부터 장기집권하고 있는 루카셴코 대통령이 80% 이상의 압도적인 득표율로 6기 집권에 성공했다고 밝혔다. 개표 결과가 알려진 뒤부터 야권과 수천명의 시민들의 저항 시위가 계속되고 있으며, 이들은 선거 무효와 재선거를 요구하고 있다. 루카셴코 대통령은 유럽의 마지막 독재자로 묘사되는 인물로, 벨라루스의 많은 제조업과 미디어를 국가의 통제하에 두며 권력을 유지하고 있었다. 그의 통치하에 있는 선거는 자유롭거나 공정한 것으로 간주되지 않았지만, 민족주의자로서 유해한 외국의 영향으로부터 국가를 보호하려는 노력을 통해 견고한 지지 기반을 유지할 수 있었다. 그러나 그에 대한 인식은 최근 몇 달동안 코로나19 위기가 계속되는 와중에 야당 정치인들이 국가의 부패와 빈곤, 기회 부족, 낮은 임금 등에 대해 비판하자 변화를 맞이했다. 이에 유럽위원회 지도자들은 긴급 화상 회의를 개최해 벨라루스의 대선 결과 조작과 시위대 탄압 등에 대해 제재가 필요하다는 합의를 했고, 제재 대상자 명단을 작성하고 있다. 한편, 유럽위원회의 대외정책 수장은 14일 성명에서 벨라루스에서 구금된 시위대에 대한 비인간적인 대우에 대한 보도가 늘어나고 있다며 벨라루스 당국에 대한 철저하고 투명한 조사를 촉구했다.

제5부

북미의 동향 및 쟁점

트럼프와 트뤼도, 격변의 시기를 맞이한 미국과 캐나다

제1장
북미의 개관 및 쟁점

1차(2019년 9월 말~10월 말)

이인구

미국에서는 도널드 트럼프(Donald Trump) 대통령이 10월 7일 터키의 시리아 군사작전과 관련하여 터키에 제재를 가하는 행정명령에 서명했다(CNN 2019/10/13). 그러나 스티븐 므누신(Steven Mnuchin) 재무장관이 이를 즉각적으로 실행할 가능성은 없다고 밝히자 양당 상원의원들은 상황의 심각성을 고려하여 이를 시행하라고 촉구했고 터키를 제재할 초당적 입법을 추진하겠다고 말했다(CNN 2019/10/13). 한편 민주당 내 대선 경선의 후보 윤곽이 잡히지 않고 있다. 조 바이든(Joe Biden) 전 부통령 후보가 전국적인 여론조사에서 계속 1위를 달리고 있었으나 우크라이나 스캔들로 인해서 엘리자베스 워런(Elizabeth Warren) 후보와 5%p 미만으로 격차가 좁혀졌다(CNBC 2019/10/22).

캐나다는 의원내각제로 2019년 10월 21일 치러진 43번째 캐나다 총선에서 집권 여당 자유당(Liberal Party of Canada)은 157석, 보수당(Conservative Party of Canada)은 121석을 얻으며 트뤼도(Justin Trudeau) 총리가 2번째로 연임하게 되었다(The Globe and Mail 2019/10/22). 자유당은 과반의석을 차지하는 데는 실패하면서 소수 여당 정부를 구성하겠다고 밝혔다(The Globe and Mail 2019/10/22).

인종차별 스캔들을 극복하고 승리한 트뤼도의 선거전략

9월 18일, 트뤼도 총리가 흑인 분장한 과거 사진이 보도되었는데 평소 사회적 약자와 소수자 옹호로 진보적 가치를 주장했던 이미지와 반대되는 모습에 트뤼도 총리는 위선적이라는 비판을 받았다(문화일보 2019/10/2). 왜냐하면 그는 2015년 내각을 구성할 때 아프가니스탄 난민 출신을 기용 및 인도계 출신 국방장관을 임명하고 원주민 부족 대표 출신 여성 법조인을 법무부 장관에 앉히는 등 소수 인종을 배려하는 모습을 보였기 때문이다(연합뉴스 2015/11/05). 인종차별 논란이라는 위기 속에 자유당은 10월 21일 연방 총선을 맞았음에도 전체 의석 338석 중 과반수 170석을 얻는 데는 실패했지만 157석 대 121석으로 보수당에 승리하면서 소수 여당 정부를 구성하게 되었다(The Globe and Mail 2019/10/22).

인종차별 스캔들이라는 어려움 속에도 자유당이 승리한 이유는 트뤼도 총리와 자유당이 인종차별에 맞춰진 선거 쟁점을 빠르게 기후 변화 문제로 돌린 선거전략에서 찾을 수 있다. 이번 총선에서 모든 주요 정당들은 온실가스 감축이 강조되는 파리 기후 협약을 재확인하고 총선 토론에서도 탄소배출에 대한 과세를 논의하는 등 기후 문제는 지난 어느 선거보다도 큰 영향력을 미쳤다(Climate Chang News 2019/10/18). 선거결과를 고려할 때 과거의 실수로 인한 경선위기를 기후 변화라는 쟁점전환으로 극복한 트뤼도의 선거전략은 효과적이었다고 볼 수 있겠다.

참고문헌

정유정. 2019. "잘한다! 기대했던 만큼"… "속았다! 이미지 정치에". 『문화일보』(10월 02일).
연합뉴스. 2015. "캐나다 새 내각 파격 면모…원주민·이민자도 중용". (11월 05일).
Climate Change News. 2019. "Canada's Climate Change Election - Cheat Sheet". (October 18).
Dawson, Tyler, and Vanmala Subramaniam. 2019. "'I'm Really Sorry': Justin Trudeau Admits Wearing Brownface at 2001 Costume Party". *National post* (September 18).
Walsh, Marieke. 2019. "Federal Election 2019: Liberals Win Strong Minority but Lose Popular Vote to Conservatives". *The Globe and Mail* (October 22).

2차(2019년 10월 말~11월 말)

이인구

미국에서는 도널드 트럼프 대통령 탄핵 청문회가 계속되고 있다. 국방부 차관보와 유럽 주재 미국대사는 11월 20일 열린 국회 청문회에서 트럼프 대통령이 우크라이나 정부에 조 바이든 부자에 대한 조사를 요구하면서 미국의 군사지원을 약속했다고 증언했고 트럼프 대통령과 백악관은 이에 즉시 반박했다(The Washington Post 2019/11/21). 한편 의회 사법위원회는 인종차별 문제와 연관된 연방 차원의 마리화나 합법화 법안을 통과시켰는데 이후 하원에서도 법안이 통과될 가능성은 높지만, 법안을 반대하는 공화당 의원이 많은 상원에서는 어려워 보인다(CNBC 2019/11/20).

캐나다는 11월 20일, 저스틴 트뤼도 총리가 내각을 발표했고 국익과 관련된 대내외 협상을 맡을 핵심 인사인 부총리 자리에는 크리스티아 프리랜드(Chrystia Freeland)가 내정되었다(National Post 2019/11/20). 제1야당인 보수당 대표 앤드류 시어(Andrew Sheer)는 보수적인 사회단체들로부터 대표직 사퇴를 요구받고 있는데 선거 기간 낙태법에 표한 애매한 입장과 총선에서 패배한 것이 주된 이유로 평가받고 있다(The Globe and Mail 2019/11/25).

|||||||||||||||||||||||||||||||||||||||||||||||||||||||||||||||||||||||||||||||||

마리화나 합법화 논란 속에 숨어있는 미국 내 인종차별

11월 20일, 의회에서는 하원 내 사법위원회가 마리화나를 1급 규제 약물에서 제외하는 법안을 통과시키며 마리화나 합법화 움직임을 시작했다(CNBC 2019/11/20). 아직 양원 모두 통과된 상태는 아니지만, 미국 내에서 인종차별과 관련하여 큰 이슈로 대두되고 있다.

마리화나 문제의 경우 백인보다 흑인이 이를 소지할 경우 구속률이 더 높아지기 때문에 인종차별 문제와도 밀접한 연관성을 갖는다(TIME 2019/11/21). 11월 21일 열린 민주당 대통령 후보 토론에서도 마리화나 문제에 대해 후보들의 입장차가 두드러졌다. 코리 부커(Cory Booker) 후보는 마리화나 합법화를 주장했고 조 바이든후보는 합법화에 반대하며 치료용 목적의 사용은 유지하되 법적 처벌의 수위를 낮추자고 주장했다(TIME 2019/11/21).

얼마 전 미국의 유명한 치킨 체인점에서는 백인 손님이 흑인 손님에게 좌석 이동을 요구하며 미국 내 인종차별이 여전히 존재함을 보여 주는 사건이 있었다 (중앙일보 2019/11/06). 반이민과 백인을 우선시하는 정책 등으로 인종차별 논란을 불러왔던 트럼프 행정부에서 지금의 상황은 당연한 결과일지 모른다. 이런 정부의 기조를 고려한다면 마리화나 합법화는 쉽지 않아 보인다.

참고문헌

이민정. 2019. "인종차별 쇼크…백인 1명 위해 흑인 18명 자리뺏은 美치킨집". 『중앙일보』(11월 06일).

Law, Tara. 2019. "Why Cory Booker Said Joe Biden 'Might Have Been High' for Not Supporting Marijuana Legalization". *TIME* (November 21).

Lovelace Jr., Berkeley. 2019. "House Committee Approves Landmark Bill Legalizing Marijuana at The Federal Level". *CNBC* (November 20).

Time Staff. 2019. "Booker Rises, Biden Stays Afloat and Nobody Wants to Dwell on Impeachment. 10 Takeaways from the November Debate". *TIME* (November 21).

3차(2019년 11월 말~12월 말)

이인구

미국 의회에서는 12월 18일, 도널드 트럼프 대통령의 탄핵이 하원에서 가결되었지만, 낸시 펠로시(Nancy Pelosi) 하원의장은 미치 매코널(Mitch McConnell) 상원 의장의 트럼프 대통령과 상원 재판에서 협력하겠다는 발언에 대해 재판의 공정성을 문제 삼으며 상원으로 송부하지 않고 있다(Politico 2019/12/20). 또 의회는 미 역사상 처음으로 12주간의 유급 육아 휴직을 보장하는 법안을 통과시켰는데 이는 미군에 우주군 부서를 창설하기 원하는 트럼프 대통령의 의사를 파악한 민주당이 우주군 창설에 합의하는 대신 유급 육아 휴직 법안을 주장하며 이루어졌다(CNN 2019/12/11). 한편 민주당 대통령 경선 후보인 조 바이든은 의회 의원 또는 정부 관료로부터 32번째 공식적인 지지를 받으며 당내 대통령 후보 당선 가능성을 높였다(CNN 2019/12/25).

캐나다에서는 12월 5일 열린 왕좌 연설에서 저스틴 트뤼도 총리가 중산층 감세와 탄소세 정책 등의 내용을 담은 소수 여당 정부의 계획을 발표했다(The Globe and Mail 2019/12/05). 의회에서는 소수 여당인 자유당이 중국위원회 설치를 주장하는 야당들에 반대했지만, 투표에서 패하며 달라진 의회의 상황을 경험했다(The Globe and Mail 2019/12/10).

||||||||||||||||||||||||||||||||||||||||||||||||||||||||||||||||||||||||||||||||||||

탄핵 절차를 놓고 벌어진 양원의 갈등과 민주당의 대선 전략

12월 18일, 권력 남용과 의회 방해 혐의로 트럼프 대통령의 탄핵이 하원에서 가결된 후 트럼프 대통령과 공화당은 하원에서 통과된 탄핵소추안의 상원 송부를 요구하고 있지만 낸시 펠로시 하원의장은 먼저 탄핵 심판 절차가 확실해져야 한다며 탄핵 절차를 지연하고 있다(NEWSIS 2019/12/24). 이를 두고 미치 매코널 공화당 상원 의장은 펠로시 의장이 정치적 영향력을 행사하기 위한 가식적인 행동은 그만둬야 한다고 비판하고 있다(NEWSIS 2019/12/24).

펠로시 하원의장이 탄핵 절차를 지연하는 이유는 상원 탄핵 재판의 공정성 문제도 있지만, 트럼프 대통령의 탄핵 사실을 대선과 연결 지으려는 목적으로도 해석할 수도 있다(CNBC 2019/12/26). 사람들은 이미 공화당이 과반을 차지하는 상원에서 트럼프 대통령은 탄핵되지 않는다고 생각한다. 따라서 역사상 3번째로 탄핵 심의를 받은 대통령이라는 사실을 최대한 오래 유지하고 있는 것은 트럼프 대통령에 대한 부정적 이미지를 형성하기에 충분하기 때문이다(CNBC 2019/12/26).

이번 민주당의 탄핵 절차 지연 행동은 탄핵 절차의 공정성을 명목으로 내년 대선에서 트럼프 대통령의 부정적인 이미지를 형성하기 위한 의도적 지연으로 보인다. 따라서 이에 맞서는 공화당의 적절한 대응이 필요해 보이는 시점이다.

참고문헌

이지예. 2019. "상원 탄핵재판 언제 넘기나…트럼프·공화, 펠로시와 입씨름". 『NEWSIS』 (12월 24일).

Ellis, John. 2019. "Pelosi's Best Move Might Be to Keep Impeachment in Her Pocket and Not Send It to The Senate". *CNBC* (December 26).

4차(2019년 12월 말~2020년 1월 말)

이인구

미국 하원에서는 1월 3일 미국의 드론 공격으로 이란 카셈 솔레이마니(Qasem Soleimani) 장군이 사망하면서 발생한 군사적 긴장감을 우려하며 대통령이 의회의 동의 없이 이란에 군사적 행동을 취하는 것을 막기 위한 법안을 통과시켰다(NPR 2020/01/14). 상원에서는 1월 21일부터 트럼프 대통령 탄핵 심판이 실시되었으며 전 국가안보 보좌관 존 볼턴(John Bolton)의 상환 소환 여부가 중점이 되고 있다(The Hill 2020/01/27). 2월 3일 열릴 아이오와 지역의 민주당 대통령 후보 여론조사에 따르면 버니 샌더스(Bernie Sanders) 후보가 25%의 지지를 받으며 아이오와에서 처음으로 1위를 차지했다(The New York Times 2020/01/25).

캐나다에서는 후보자들의 사회 이슈에 대한 견해가 당의 이념 또는 가치와 일치하는지 확인할 예정이라고 6월 27일로 예정된 보수당대표 선거를 두고 보수당 지도부가 밝혔고 당의 입장과 달리 동성애와 낙태에 지지 발언을 한 예비 후보가 비난을 받는 일도 있었다(CTV NEWS 2020/01/24). 여론조사에 따르면 새롭게 선출될 보수당 대표에게 유권자들이 원하는 것은 균형 잡힌 예산 운영, 풍부한 정치 경험, 국내 이민자 제한정책 등으로 분명했지만, 어떤 사람이 적합한 인물인지에 대해서는 뚜렷하게 답하지 못했다(National Post 2020/01/08).

당과 지지자의 생각이 다른 캐나다 보수당대표 선거

6월 27일에 열릴 보수당대표 선거를 두고 1월 13일 보수당 선거 조직 위원회는 후보자들이 당의 이념과 부합하는지 평가하기 위해 정치적 사안에 대한 후보자들의 개인적 견해를 요구하는 등 후보자들의 발언을 고려하는 새로운 선거 규칙을 발표했다(CTV NEWS 2020/01/24).

물론 당내에서는 낙태와 동성 결혼과 같은 사회적 이슈에 있어서 전통적 입장과 다른 사회적 보수주의의 생각을 밝힌 예비 후보가 여러 비판을 받아오기도

했다(CTV NEWS 2020/01/23). 그러나 여론조사에 따르면 보수당 지지자들이 차기 보수당 대표에게 바라는 자질은 당의 입장과 다른 것으로 나타났는데 대표적 사회 이슈인 낙태와 동성 결혼에 관련하여 60%는 낙태에 53%는 동성 결혼에 찬성하는 당 대표를 원하기 때문이다(National Post 2020/01/08).

민주주의에서 정당은 노동자나 자본가 집단의 이익을 대변하거나 다양한 사회 구성원들의 목소리를 현실에 반영하기 위해 존재한다. 하지만 보수의 핵심 가치인 동성애와 낙태에 반대하는 당론은 지지자들의 의견을 따라 바뀔 수 있는 사안이 아닌 듯하다. 조금은 급진적이라고 할 수 있는 사회적 보수주의자들은 보수당보다 그들의 생각을 대변할 더 중도적인 당으로 지지를 바꾸는 것도 바람직해 보인다.

참고문헌

Levitz, Stephanie. 2020. "New Poll: Conservative Voters Sure of What They Want in A Leader, but Don't Know Who That Should Be". *National Post* (January 08).

Turnbull, Sarah. 2020. "High-profile Conservatives Condemn Richard Decarie's Comments That Being Gay Is A 'Choice'". *CTV NEWS* (January 23).

_____. 2020. "Conservative Leadership Committee Will Weigh Candidates' Personal Views against Party Principles: Raitt". *CTV NEWS* (January 24).

5차(2020년 1월 말~2월 말)

이인구

2월 5일 미국에서는 도널드 트럼프 대통령이 상원에서 이뤄진 최종 탄핵 표결에서 무죄 선고를 받으며 5개월간 이어진 탄핵 정국은 마감하게 되었지만, 중요한 증인으로 거론되었던 전 국가안보 보좌관 존 볼턴을 소환해 추가로 조사를 이어가겠다는 논의가 민주당에서 나오고 있다(The New York Times 2020/02/06). 한편 2월 29일 치러진 사우스 캐롤라이나 프라이머리를 끝으로 민주당 대통령 후보 경선에는 현재 7명의 후보가 남게 되었다. 버니 샌더스와 조 바이든 후보가 선두를 달리는 중이고 나머지 후보들과 3월 3일, 14개 주에서 열릴 슈퍼 화요일 경선을 준비하는 가운데 공화당 후보는 트럼프 대통령이 확실시되고 있다(Global News 2020/02/29).

캐나다에서는 가스 파이프라인 설치에 반대하며 철도를 점거한 시위대가 국가적으로 큰 논란이 된 가운데 이들을 겨냥한 보수당 대표 선거 후보자들의 발언이 상반된 평가를 받았다(National Post 2020/02/21). 피터 맥케이(Peter MacKay) 후보는 시위대의 자진 철수 행동이 정부의 대응보다 효과적이라며 자경주의를 옹호하는듯한 발언으로 비판받았고 반면 에린 오툴(Erin O'Toole)후보는 불법 점거를 처벌할 법 제정안을 밝힘으로 맥케이 후보와 비교되었다(National Post 2020/02/21).

‖‖‖

아이오와 코커스에서 깜짝 승리한 피트 부티지지

2월 3일 아이오와 민주당 대통령 후보 코커스에서 모두의 예상과 달리 피트 부티지지(Pete Buttigieg) 후보가 버니 샌더스 후보보다 한 명 더 많은 13명의 대의원을 확보하며 1위를 차지했다(Des Moines Register 2020/02/13). 부티지지 후보가 지지율을 꾸준히 확보한 기간은 제법 되지만, 그는 작년만 하더라도 샌더스와 같이 기반이 튼튼한 다른 후보들과 달리 7천 5백만 달러라는 선거 자금을 가까스로 모을 만큼 인지도가 없었다(The Guardian 2020/02/19).

이런 부티지지 후보의 승리 요인에는 유권자들의 정치인 세대교체와 변화에 대한 요구뿐만 아니라 코커스 투표 방식도 관련이 있다(연합뉴스 2020/02/05). 총 2차에 걸친 투표가 진행되는 코커스에서 1차 투표에서 15% 이상 표를 받지 못한 후보들은 2차 투표에서 사라지는데 이때 유권자들이 샌더스 같은 거물급 후보보다는 부티지지 후보에 상대적으로 더 많이 투표하게 된 것이다(연합뉴스 2020/02/05).

인구 10만 명의 사우스 벤드시 시장을 지냈다는 것과 해군에 입대하여 군 복무한 경험이 전부인 38살 신예 후보가 미 대선의 향방을 예측하는 데 큰 지표가 되는 아이오와 선거에서 1위할 줄은 누구도 몰랐다. 그러나 이번 선거에서 2위 바이든 후보와 차이가 매우 근소했던 만큼 아직 섣부른 예측은 일러 보인다.

참고문헌

권혜진. 2020. "아이오와 중간개표서 30대 부티지지 1위 파란…바이든 4위 추락(종합3보)". 『연합뉴스』(02월 05일).

Rodriguez, Barbara. 2020. "How Pete Buttigieg Climbed to The Top (for Now) in Iowa: He Showed Strength across Iowa Counties". *Des Moines Register* (February 13).

Shapiro, Walter. 2020. "Win or Lose, Pete Buttigieg Has Made History in The White House Race". *The Guardian* (February 19).

6차(2020년 2월 말~3월 말)

김경혜

3월 16일 미국 공화당의 미치 맥코넬(Mitch McConnell) 상원 원내대표는 공화당이 상원과 백악관을 장악하고 있는 동안 은퇴가 얼마 남지 않은 공화당 판사들이 젊은 공화당 판사로 교체될 수 있도록 자진 사퇴를 권고했다(The New York Times 2020/03/16). 한편 민주당 대통령 후보 경선에서 조 바이든이 연승하면서 민주당 대선 후보로서 대세론을 한층 확고히 하고 있다(연합뉴스 2020/03/18). 트럼프 대통령의 지지율은 코로나바이러스 확산의 영향으로 미국인들이 국가 위기 때마다 대통령을 중심으로 결집하는 현상이 나타나 역대 최고치와 동률인 49%를 기록했다(Gallup 2020/03/24).

캐나다에서는 앨버타주의 주지사인 제이슨 케니(Jason Kenney)가 피터 맥케이를 비판하며 하원의원 에린 오툴을 다음 보수당 대표로 지지했다(National Post 2020/03/05). 3월 9일 캐나다의 법무장관 데이비드 라메티(David Lametti)가 형법 개정을 통해 개인의 성적인 성향을 이성애자로 전환하기 위해 원치 않는 종교적 상담을 금지하고, 성 정체성을 시스젠더(cisgender)로 바꾸려는 행동을 줄이도록 제안하는 전환치료 금지법안을 추가했다(CTVNEWS 2020/03/09).

성소수자에 대한 차별이 사라지는 시작점이 될 전환치료 금지법

3월 9일, 캐나다 라메티 법무장관은 형법개정을 통해 동성애를 성적 지향의 하나로 인정하지 않으며 치료를 통해 이성애로 바꿀 수 있다는 유사 치료 행위를 금지하는 전환치료 금지법을 추가했다(CTV NEWS 2020/03/09).

캐나다 정신의학저널 Canadian Journal of Psychiatry에 발표된 보고서에 따르면 매년 약 2만 명의 성소수자들이 의학적 정당성이 결여되어 있는 전환치료에 의해 성정체성을 억압받고 있으며, 이로 인해 정신건강에 악 영향을 받고 있다고 한다(BBC 2018/12/21). 따라서 캐나다에서 지속되어온 심각한 차별적 관행을 막아보기 위해 전환치료 금지 법안이 마련됐다. 하지만, 실제 전환치료의 일부 피해자들은 이번 법안이 미성년자에게만 해당되는 것이기 때문에 성인들에게는 실질적으로 도움이 되지 않으며, 성소수자들의 피해를 없애는 데 확실한 도움을 주기 위해서는 더 발전된 형태의 법이 마련되어야 한다고 주장한다(CTV NEWS 2020/03/09).

비록 라메티 장관의 전환치료 금지법안이 제한된 영향력을 갖더라도, 소수집 단을 향한 비윤리적인 행위가 금지되기 시작했다는 것은 큰 의미를 가질 수 있다. 이 법안을 시작으로 치료라는 미명하에 공공연하게 행해져 왔던 성소수자에 대한 폭력이 사라지길 기대한다.

참고문헌

Aiello, Rachel. 2020. "Federal Liberals Introduce Bill Aimed at Cracking Down on Conversion Therapy". *CTV News* (March 9).

Murphy, Jessica. 2018. "Thousands of Canadians Have Signed Petitions to Ban Conversion Therapy". *BBC* (December 21).

7차(2020년 3월 말~4월 말)

김경혜

미국의 코로나19로 인한 사망자 수가 4월 11일 세계 1위를 기록하며 도널드 트럼프 대통령이 미국 50개 주 전 지역에 재난을 선포했다(The Hill 2020/04/12). 미국 워싱턴주에서는 코로나19의 확산 억제를 위한 봉쇄 조치에 반발하여 약 2,500명이 시위에 참여했다(연합뉴스 2020/04/20). 한편 4월 13일 미국의 상원의원 버니 샌더스가 민주당 대통령 후보 경선을 포기하며(NBC News 2020/04./14), 사실상 11월 미국 대선의 민주당 후보가 된 조 바이든은 코로나19로 우편으로 진행된 28일 오하이오 경선에서도 싱겁게 승리했다(연합뉴스 2020/04/29).

캐나다 정부는 4월 1일 코로나19의 확산 예측 모델 공개가 오히려 사회적 혼란을 불러일으킬 수 있다며 공개를 거부했다(National Post 2020/04/01). 캐나다의 보수당 지도부 경선이 공식 중단되었지만, 후보자들은 비공식적인 선거운동을 지속하고 있다(National Post 2020/04/06). 한편 4월 18일 노바스코샤 주에서 총기 난사 사건이 발생하여 저스틴 트뤼도 총리가 총기 규제 법안을 도입하겠다는 의사를 표명했다(National Post 2020/04/20).

캐나다 정부의 코로나19 확산 예측 모델 공개 거부와 국민의 알권리

캐나다 정부가 4월 1일, 코로나19에 대한 감염자 및 사망자 수 추정치 데이터인 코로나19 확산 예측 모델은 변수가 너무 많고 이를 공개할 경우 사회적 공황 상태가 더욱 악화될 수 있다며 데이터 공개를 거부했다(National Post 2020/04/01).

정부의 이러한 입장에 보수당의 맷 제넥스(Matt Jeneroux) 하원의원은 "캐나다인들에게 더 많은 정보가 제공될수록, 코로나19에 대한 심각성을 더욱 깨닫게 될 것이다"라며 정보 공개를 촉구했다(National Post 2020/04/01). 또한 캐나다 언론사 내셔널 포스트(National Post)의 기자 스콧 스틴슨(Scott Stinson)은 사설을 통해

"국민의 알권리를 위해서라도 기본적인 정보 공개가 필요하다"며 정부의 폐쇄적인 행동을 비판했다(National Post 2020/04/08).

대의민주주의하에서 국가의 주권은 국민에게 있기에 국민은 국가 상황에 대해 제대로 알 필요가 있다. 하지만 캐나다 정부의 이러한 비공개 행보는 정보의 불투명성 또는 비밀주의로 비춰져 국민의 정부에 대한 신뢰를 하락시킬 수 있으며, 알 권리를 충족하지 못한 대중은 국가가 제공하는 다른 정보에도 불신이 생길 수 있다(NewsTof 2020/02/05). 따라서 캐나다 정부는 바이러스 확산과 관련된 정보를 신속하게 공개하여 국민들이 제대로 된 정보를 취득해 개인의 안전관리에 만전을 기할 수 있도록 해야 한다.

참고문헌

정보공개센터. 2020. "문재인 '코로나'와 박근혜 '메르스'의 결정적 차이는 '○○○○'". 『NEWSTOF』(02월 25일).

Stinson, Scott. 2020. "Scott Stinson on COVID-19: If Canadian Governments Want Better Public Buy-In, Then Give Us Better Data". *National Post* (April 4).

Tumilty, Ryan. 2020. "Canadian Governments Refusing to Release Models or Projections of COVID-19 Spread". *National Post* (April 1).

8차(2020년 4월 말~5월 말)

김경혜

5월 27일 트럼프의 지지율이 조 바이든 민주당 대선 후보보다 6% 낮은 41%를 기록한 가운데(The Hill 2020/05/27), 다가오는 11월 미국 대선을 우편투표로 시행할 경우 조작될 가능성이 있다는 의혹을 트럼프가 제기했다(Politico 2020/05/25). 한편, 미국 미네소타주에서는 백인 경찰이 비무장 흑인을 과잉진압으로 사망케 하여, 미국 전역으로 항의 시위가 확산되었으며 곳곳에서는 폭력사태로 비화되었다(CNN 2020/05/29; 연합뉴스 2020/05/30 재인용). 이에 대해 트럼프 대통령이 시위대를 '폭도'라고 비난하며 연방군대 투입 등을 통해 강경 대응을 하겠다고 밝혀 논란되었다(연합뉴스 2020/05/31).

캐나다 보수당대표 후보 의원들이 여,야 모든 정당들이 코로나19에 의한 수입 감소로 정부로부터 임금 보조금을 지급받은 것을 두고 반대하며 정당 사무처에 보조금 상환을 요구했다(National Post 2020/05/25). 한편, 캐나다 하원의회가 코로나19로 화상회의로 진행하는 과정에서 의원들이 정치적 중립성 유지 등 의회 규칙을 지키지 않자 하원의장 앤서니 로타(Anthony Rota)가 화상회의 가이드라인 마련을 촉구했다(National Post 2020/05/05).

미국의 인종차별을 바로잡는 전환점이 되어야 할 조지 플로이드 사건

미네소타주에서 5월 25일 비무장 흑인 남성이 위조수표 소지 혐의로 체포되던 도중 백인 경찰의 과잉진압으로 숨졌고, 이로 인해 대규모 항의 시위가 촉발되어 미국 전역으로 확산되었다(CNN 2020/05/29; 연합뉴스 2020/05/30 재인용).

사망한 흑인남성 조지 플루이드가 의료사고로 죽었다는 경찰의 해명에도 불구하고 페이스북에 공개된 과잉진압 영상으로 시민들은 분노하여 항의 시위를 벌였다(국민일보 2020/05/27). 오바마 전 대통령은 이 사건에 대해 "인종차별이 정상이 되어선 안 된다"며 인종차별 문화 청산을 촉구했으며(조선일보 2020/05/30), SNS에서도 '블랙아웃튜스데이(#blackouttuesday)' 해시태그 캠페인이 벌어지며 시위 물결이 전세계로 확산되고 있다(SBS 2020/06/03). 과잉진압에 의한 사망률이 백인보다 흑인이 3배가량 높을 정도로 경찰에 의한 흑인에 대한 폭력은 어제 오늘일이 아니다(중앙일보 2020/06/04). 또한 코로나19 희생자 10만 명 중 흑인이 백인보다 3배 더 많은 것과, 주택담보대출 금리도 백인보다 흑인이 더 높은 것 역시 여전히 인종주의가 심각하다는 것을 보여 준다(경향신문 2020/06/03).

이번 시위가 격화된 배경에는 인종차별이라는 미국의 고질적인 문제가 있다. 트럼프 대통령은 전 세계 시민들이 이번 시위를 지지하며 결과를 지켜보고 있다는 것을 잊지 말고, 이번 사태를 인종주의를 바로잡는 전환점으로 삼아야 할 것이다.

참고문헌

경향신문. 2020. "[사설]확산하는 흑인 시위로 드러난 미국의 인종 차별" (06월 03일).

김동하. 2020. "오바마, 흑인 사망사건에 "인종차별이 정상 돼선 안돼"". 『조선일보』(05월 30일).

문지연. 2020. "[현장] "숨 못 쉬어요" 경찰 무릎에 죽은 흑인, 그 후 상황". 『국민일보』(05월 27일).

정윤섭. 2020. "백악관 한때 봉쇄…미 전역서 나흘째 '흑인사망' 폭력시위(종합2보)". 『연합뉴스』(05월 29일).

정은혜. 2020. "과잉진압에 年1000명 사망…美 경찰은 원래 노예순찰대였다". 『중앙일보』(06월 04일).

9차(2020년 5월 말~6월 말)

김경혜

6월 17일 미국 상원에서 공화당이 간접적인 형태로 경찰관들의 무력 사용을 제지하는 경찰개혁법안을 발표했다(The Hill 2020/06/17). 6월 23일에는 존 볼턴 전 백악관 국가안보보좌관이 백악관에서 근무하는 동안 도널드 트럼프 대통령의 대외협상과정을 담은 회고록을 국가 기밀 누설 논란에도 불구하고 출간했다(연합뉴스 2020/06/23). 한편, 민주당 대선 후보 조 바이든의 지지율이 트럼프 대통령보다 14%p 앞선 50%를 기록했으며, 특히 흑인과 히스패닉계 유권자들의 압도적 지지를 얻었다(The New York Times 2020/06/24).

6월 8일 캐나다 저스틴 트뤼도 총리가 원주민에 대한 캐나다왕립경찰(Royal Canadian Mounted Police)의 차별을 방지하기 위해 바디캠 도입을 추진하겠다고 밝혔다. 6월 18일에 진행된 캐나다 보수당 당대표 TV토론회에서는 후보자들이 통합을 당의 핵심 가치로 내세우며 트뤼도 행정부를 합심하여 비판했다(CTV News 2020/06/18). 한편, 캐나다 정당들이 중앙선거관리위원회로부터 제공받은 유권자 정보를 올바르게 관리하고 있는 비율이 14%에 불과하자 개인정보보호 위원회가 유권자의 개인정보 침해 방지를 할 수 있는 제도적 개선을 촉구했다(Naional Post 2020/06/08).

존 볼턴 회고록의 파장, 악재 겹친 트럼프

6월 23일 존 볼턴 전 백악관 국가안보보좌관이 도널드 트럼프 대통령과 각국 정상간 외교 협상 내용을 기록한 '그것이 일어난 방: 백악관 회고록(The Room Where It Happened: A White House Memoir)'을 출간했다(연합뉴스 2020/06/23).

볼턴의 회고록 출간은 국가기밀누설이라며 미 법무부가 출판 금지 소송을 제기했지만, 법원은 회고록의 핵심 내용이 이미 전세계에 보도되어 출판 금지는 의미가 없다며 소송을 기각했다(중앙일보 2020/06/22). 트럼프 대통령은 "기밀정보를 공개한 볼턴은 아주 큰 대가를 치러야 할 것"이라며 강경 대응 하겠다는 의지를 밝혔다(아시아경제 2020/06/21). 한편, 미국 국민들의 41%는 의회가 트럼프에 대한 재조사를 원한다고 밝히면서(Reuter 2020/06/24), 존 볼턴의 회고록 출간으로 인한 파장이 커지고 있는 상황이다.

백악관 근무 당시 트럼프와의 잦은 의견충돌과 불화가 있었던 볼턴의 회고록 출간에는 트럼프의 재선을 막겠다는 정치적 의도가 강하게 담겨있다. 또한 현재 트럼프의 지지율이 역대 최저를 기록하며 재선이 불투명 해진 상황에서 트럼프가 이번 위기를 극복하기 위해서는 법적으로 명확하게 사실관계를 가리며 이성적으로 대응하고, 잘못에 대해서는 성찰과 반성을 통해 국민들의 신뢰를 회복해야 할 것이다.

참고문헌

백종민. 2020. "美 법원, 볼턴 회고록 판매 허용…트럼프 "큰 대가 치를 것"(종합)". 『아시아경제』(06월 21일).

임선영. 2020. "볼턴 회고록 이미 베스트셀러…출간 전 '해적판' 유출됐다". 『중앙일보』(06월 22일).

장재은. 2020. "처벌 경고에도 볼턴 회고록 공식 출간…폼페이오 "스노든 닮아"(종합)". 『연합뉴스』(06월 23일).

Kahn, Chris. 2020. "Approval of Trump's Coronavirus Response Sinks to Lowest on Record Amid Surge in Cases: Reuters/Ipsos Poll". *Reuters* (June 24).

10차(2020년 6월 말~7월 말)

7월 6일 미국 연방 대법원이 11월 대선부터 선거인단이 배신투표를 할 경우 처벌할 수 있다는 판결을 내렸다(NPR 2020/07/06). 7월 24일 도널드 트럼프 행정부가 이번 가을학기에서 100% 온라인 수강을 하는 유학생의 비자 발급을 금지한다는 지침을 내리자 인권단체와 주정부들의 반발이 일고 있다(연합뉴스 2020/07/26). 한편, 대선을 100일 앞두고 도널드 트럼프 대통령이 승부처였던 미시간 주에서 조차 지지율 40%를 기록하며 52%인 조 바이든 민주당 대선 후보에게 고전 중이다(연합뉴스 2020/07/27).

캐나다에서는 7월 3일 저스틴 트뤼도 총리가 가족과 긴밀한 관계에 있는 위 채리티(We Charity)에 정부 사업을 맡긴 것이 드러났다(CBC 2020/07/03). 한편, 보수당의 레오나 알레슬레프(Leona Aleslev)가 부대표직을 사임하고 피터 맥케이 보수당 대표 후보를 지지하자 원내 대표직을 약속받고 지지한 것이 아니냐는 의문이 제기되었다(National Post 2020/07/13). 한편, 코로나19로 우편투표로 진행되는 보수당 대표 선거가 8월 21일 마감된다(CTV News 2020/07/14).

||||||||||||||||||||||||||||||||||||||||||||||||||||||||||||||||||||||||||||||||||||||||

정쟁 도구화로 변질되지 않아야 할 트뤼도 총리의 WE 스캔들

캐나다의 트뤼도 총리가 코로나19로 구직이 어려워진 청년층 지원의 일환으로 봉사 활동에 참여한 대학생에게 최대 5천 캐나다달러를 지급하는 제도 시행을 가족과 긴밀한 관계인 위 채리티에 맡겨 의회의 조사를 받게 되었다(CBC 2020/07/03).

트뤼도 총리는 가족 중 누구도 위 채리티로부터 어떠한 대가를 받지 않았다고 밝혔으나, 위 채리티는 트뤼도의 모친 마가렛 트뤼도(Margaret Treadau)에게 2016년부터 지속적으로 28번 연설에 대한 대가로 총 31만2천 달러를 지급했으며, 트뤼도의 아내와 남동생이 받은 금액까지 포함하면 위 채리티의 전체 강연료의

20%를 트뤼도의 가족이 받았다(National Post 2020/07/10). 이러한 상황에서 야당인 보수당과 퀘벡 블록당(Bloc Quebecois)은 이 사태에 책임이 있는 트뤼도 총리와 재무장관 빌 모르노(Bill Morneau)의 사퇴를 촉구하고 있으며, 보수당 당대표 후보 에린오툴과 피터 맥케이는 그들이 당대표로 당선될 경우 자유당에게 책임을 물을 것이라고 밝혔다(CTV NEWS 2020/07/24).

　민주주의 국가에서 공직자의 투명성은 중요하므로 이번 사건은 비난받아야 마땅하다. 하지만, 이번 스캔들이 정쟁의 도구화가 되어 대규모 대학생 보조금 지원 제도가 무기한 지연되고 시민들이 제도의 혜택을 받지 못하는 일이 발생하지 않도록 조속히 조사가 마무리 되어야 할 것이다.

참고문헌

Aiello, Rachel. 2020. "Trudeau and Morneau Should Resign or Risk Snap Election: Opposition". *CTV NEWS* (July 24).

Gollomi, Mark. 2020. "Doubt Cast Over Trudeau's Assertion that Only WE Charity Can Run $900M Student Grant Program". *CBC* (July 3).

Nardi, Christopher. 2020. "WE Organization Paid Hundreds of Thousands of Dollars in Speaking Fees to Trudeau's Wife, Mother and Brother". *National Post* (July 10).

11차(2020년 7월 말~8월 말)

김경혜

8월 11일 미국 민주당 대선 후보 조 바이든이 러닝메이트로 카멀라 해리스 (Camela Harris) 상원의원을 지목하며 미국 역사상 최초로 흑인 여성 부통령 후보 가 탄생했다(CNBC 2020/08/11). 8월 23일 비무장 흑인에 대한 경찰의 총격으로 격화된 위스콘신주 시위에 대해 도널드 트럼프 대통령이 주방위군을 불러 시위대를 진압하라고 지시했지만 경찰의 과도한 폭력에 대해서는 지적하지 않아 논란이다(The Hill 2020/08/25). 한편, 8월 17일 코로나19 확산 방지를 위한 미국 대선 우편투표 확대 논의에 대한 여론조사 결과 공화당 지지자들 중 오직 11%만 우편투표에 참여하겠다고 밝혀 우편투표의 신뢰성 문제가 확산되고 있다(The Wall Street Journal 2020/08/17).

캐나다에서는 8월 5일 여론조사에서 저스틴 트뤼도 총리가 자선단체 '위 채리티'와의 유착 혐의로 법을 위반했을 경우 국민의 49%가 총리 신임투표를 실시해야 한다고 응답했다(National Post 2020/08/05). 한편, 8월 23일 코로나19 확산으로 5개월가량 지연된 야당 보수당대표 경선에서 온타리오주 하원의원 에린 오툴이 당선됐다(National Post 2020/08/24).

인종차별 해소의 초석이 될 흑인 여성 부통령 후보 탄생

8월 11일 해리스 상원의원이 바이든 민주당 대선 후보의 러닝 메이트로 지목되며 흑인 여성 최초로 미국 주요 정당의 부통령 후보가 탄생했다(CNBC 2020/08/23).

검사 출신인 해리스 상원의원은 2011년 첫 흑인 여성 장관으로 캘리포니아주 법무장관이 되었으며, 2017년부터 캘리포니아주 연방 상원의원직을 수행하고 있다(이데일리 2020/08/13). 해리스가 부통령 후보가 된 것에 대해 흑인의 78%가 찬성하며, 흑인 사회 내에서도 흑인 여성 부통령 후보 탄생을 긍정적으로 바라보고 있다(ABC News 2020/08/16). 그러나 일각에서는 바이든이 해리스를 러닝메이트로 정한 것은 "70대 백인 남성"인 그의 약점을 보완하고, 2016년 대선 당시 민주당 패배의 한 요인으로 꼽혔던 흑인들의 낮은 투표율을 높이기 위한 선거 전략의 선택이라고 평가하고 있다(한겨레 2020/08/12).

최근까지 미국의 여러 주에서 흑백간의 인종갈등으로 인한 시위가 지속적으로 발생하는 현재 상황을 비춰봤을 때 미국 사회에는 여전히 흑인에 대한 인종차별이 존재한다. 따라서 비록 민주당의 흑인 여성을 부통령 후보로 지목한 것이 선거 승리를 위한 전략적인 선택에 불과하다는 평가를 받더라도 이번 부통령 후보 지명으로 흑인의 실질적인 인권이 향상되고 미국 사회가 통합으로 한 걸음 더 나아가는 데에 긍정적인 영향을 미치기를 바란다.

참고문헌

김정남. 2020. "[줌인]' 흑인·아시아·여성…바이든이 해리스를 부통령 후보로 지명한 이유". 『이데일리』(08월 13일).
최현준. 2020. "'아들 앞 흑인 총격' 시위 커지자…트럼프 첫 반응 "군 보내 빨리 끝내라"". 『한겨레』(08월 26일).
황준범. 2020. "미국 첫 '흑인 여성 부통령' 새 역사 쓸까". 『한겨레』(08월 12일).
Langer, Gary. 2020. "54% approve of Harris selection, including 1 in 4 Republicans: Poll". ABC News (August 16).
Willikie, Christina. 2020. "Joe Biden Picks Sen. Kamala Harris to Be His Vice Presidential Running mate, Making Her The First Black Woman on A Major Ticket". *CNBC* (August 11).

제2장

북미의 주요 동향

선거

〈미국〉 2019년 10월 22일

• 치열해지는 민주당 핵심 주 경선 양상과 흔들리는 바이든　　　　　(CNBC 10.22)

– 전 부통령 조 바이든 민주당 대선 후보의 지지가 최근 몇 주간 하락하고 있다. 그
는 출마를 선언한 4월 이래로 전국적인 지지뿐 아니라 당내 경선에 바로 미터 역할
을 하는 아이오와, 뉴햄프셔, 네바다와 남캐롤라이나주에서 선두를 달려왔다. 하지
만 최근 여론조사에 따르면 바이든을 쫓는 엘리자베스 워런 후보는 전국적인 지지율
에서 바이든과의 차를 5%p 미만까지 좁혔다. 일반적으로 전국적인 조사는 후보자들
의 전반적인 순위를 보여 주는데 주 여론조사는 실제로 어떤 후보에 투표할지를 사
실적으로 보여 준다. 바이든 후보는 핵심 주 4개 중 네 번째로 당내 경선이 펼쳐질 남
캐롤라이나주에서는 압도적인 지지를 받고 있다. 그러나 여전히 대선 후보 지명 경
선이 시작할 2월 초까지 경선 양상은 쉽게 예측할 수 없어 보인다. 경선은 아이오와,
뉴햄프셔, 네바다와 남캐롤라이나주에서 순으로 치러질 예정이다.

〈캐나다〉 2019년 10월 21일

• 캐나다 총선, 보수당에 의석수는 이겼으나 득표수는 진 자유당

- 2019 캐나다 연방 총선에서 하원 의석 338석 중에 자유당은 157석, 보수당은 121석, 퀘벡 블록당은 32석, 신민주당(New Democratic Party)은 24석, 녹색당(Green Party)은 3석, 무소속이 1석을 차지했다. 집권 여당이었던 자유당은 하원 의석수로는 보수당을 이겼지만 총 국민 투표수에서는 약 620만 대 590만으로 보수당에 졌다. 재집권한 트뤼도 총리는 총선 결과를 국민에게 확실한 권한을 받은 것으로 평가했는데 170석에 이르는 과반수 의석을 차지하지 못한 이상 신민주당 또는 퀘벡 블록당과 협력할 가능성이 높다. 보수당 대표 앤드류 시어의 상황은 트뤼도보다 더 좋지 않다. 그는 당내에서 새로운 리더로 높은 기대를 모았으나 환경과 사회 문제는 다루지 못 한다는 지적과 함께 자유당의 문제들을 선거에 이용하는 데 실패했다고 평가받는다. 신민주당은 이번 선거에서 의석을 잃을 것이라는 전망이 있었는데 이번 선거에서는 44석에서 24석으로 약 반을 잃었다. 반면 퀘벡 블록당은 당의 주목적인 퀘벡주 독립에 대한 언급은 피하면서 선거에 임했고 32석으로 신민주당을 제치고 제3당 자리를 차지했다.

〈미국〉 2019년 11월 21일

• 11월 민주당 대선후보 토론의 10가지 포인트 (TIME 11.21)

- 11월 21일, 민주당 대선후보 토론이 2시간 동안 열렸다. 워싱턴 탄핵 조사가 토론 주제가 되기도 했지만, 토론에 참여한 10명의 후보에게 더 초점이 맞춰졌다. 뉴저지 상원의원인 코리 부커 후보는 자유를 위해 다시 싸우는 새로운 미국을 만들어가기 위해 국민들의 목소리를 듣겠다고 주장하며 토론에서 선전했고 토론 후에 20만 달러가 넘는 후원금을 받았다. 반대로 전 부통령 바이든 후보는 코리 부커 후보의 마리화나 합법화에 관한 질문에 제대로 답변하지 못 하는 등 전체적으로 부진한 모습을 보였다. 그러나 여전히 대선에서 트럼프를 이길 적임자로 평가받고 있어 토론에서 받는 영향은 적을 것으로 보인다. 엘리자베스 워런 후보는 개인의 자산 가치가 5억 달러가 넘는 이들에게 2%의 세금을 부과해야 한다는 주장을 펼쳤다. 하지만 전반적으로는 이번 토론에서는 급진주의 후보로 평가받는 버니 샌더스와 함께 진보적인 정책에 관한 이야기는 피했다. 또 여론조사에서 꾸준한 지지를 확보한 피트 부티지지

후보에게 많은 견제가 있을 것으로 예측되었지만 다른 후보들의 공격은 생각보다 미미했다. 연방정부 법으로 아직 제정되지 않은 유급 육아 휴직도 논의되었는데 미국은 산업화 국가 중 유일하게 유급 육아 휴직을 시행하지 않는 국가다.

〈캐나다〉 2019년 11월 20일

• 트뤼도 총리, 지역적 긴장을 완화할 내각 발표　　　　　　　　(National Post 11.20)

- 트뤼도 총리는 11월 20일, 자유당의 공약이었던 기후 변화 방지, 중산층 부 증진을 이행하고 선거결과로 발생한 지역적 갈등을 해소하기 위한 내각을 발표했다. 새로운 내각의 핵심 인물은 외무부 장관에서 대정부 일을 맡는 부총리로 임명된 프리랜드다. 트뤼도는 북미자유무역협정(North American Free Trade Agreement)의 변덕스러운 협상 상대인 트럼프와 자유당에 적대적인 캐나다 전역의 보수적 주지사들을 상대하기 위해 프리랜드를 적임자로 임명했다. 어업부 장관을 지냈던 조나단 윌킨슨(Jonathan Wilkinson)은 환경부 장관에 임명되었는데 환경부는 화석연료 사용이 경제 성장에 필수적이지 않음을 증명하고 기후 변화에 대응하려는 정부 목표에 중심이 될 예정이다. 전 캐나다 유산 장관이자 현재 몬트리올 지역 국회의원인 파블로 로드리게즈(Pablo Rodriguez)는 현 정부의 중요한 역할이 될 하원의장에 임명됐다. 그는 소수 여당 정부를 구성한 자유당의 법안이 하원에서 통과되도록 전략을 제시하는 역할을 맡았다. 로드리게즈는 트뤼도가 창설을 지금까지 반대해 왔던 퀘벡의 정치부 장관에 임명되었는데 이는 선거 기간 동안 재등장한 퀘벡 분리주의자들을 고려한 인사로 평가된다.

〈미국〉 2019년 12월 20일

• 양원 의장이 복잡한 탄핵 절차에 들어서　　　　　　　　　　(Politico 12.20)

- 낸시 펠로시 하원 의장과 미치 매코널 상원 의장은 탄핵을 진행하는 과정에서 절차상의 문제가 명시되어 있지 않은 헌법 조항을 두고 자유로운 해석 앞에 놓였다. 양원 의장 모두 이를 각 당의 이익을 위해 이용하려고 하는 것이다. 양당의 의원들은 매코널 의장이 사실과 증거에 기반한 공정한 재판을 열겠다고 약속하지 않는다면 상원에 탄핵 조항을 전달하지 않겠다는 펠로시 의장의 탄핵 지연 행위를 막을 법이 없

다고 밝혔다. 반대로 공개적으로 트럼프 대통령과 탄핵 재판 전략을 놓고 협력하겠다고 약속한 맥코넬 의장을 제지할 법률 또한 없는 것이 사실이다. 두 의장은 그들이 원하는대로 선택하고 결정할 수 있으며 이는 제한할 수 없는 권력이 실행됨을 의미한다. 헌법이 탄핵이 진행되는 절차에 있어서 맡아야 할 역할은 크다. 하지만 역사적으로 두 번밖에 없었던 빈약한 탄핵 재판 사례와 트럼프 대통령 탄핵을 민주당 주도의 하원과 공화당 주도의 상원으로 양분된 상황에서 맞이한 특수한 상황이 탄핵 정국을 더 혼란스럽게 만들고 있다.

〈미국〉 2019년 12월 25일
• 공개적 지지에서 바이든의 우위가 중요한 이유   (CNN 12.25)
– 전 부통령 바이든이 의원이나 정부 관료로부터 받는 공개적인 지지에서 선두를 달리고 있다. 12월 23일 공화당 소속의 캘리포니아 하원의원인 토니 카르데나스(Tony Cardenas)는 민주당 대통령 후보 경선에서 바이든을 지지한다고 밝혔다. 이는 의원이나 정부 관료로부터 받은 32번째 지지였고 그를 이어 두 번째로 많은 지지를 받는 후보는 13번에 그쳤다. 이런 사실이 중요한 이유는 역사적으로 이 시기에 높은 지지율을 가진 후보들이 당내 예비선거에서 승리했기 때문이다. 이 시기에 지지에서 앞선 후보들은 이 계산법이 적용된 14번의 사례 중 10번 승리하며 71%라는 높은 승률을 기록했다. 구체적으로 분석하면, 후보가 공개적인 지지뿐만 아니라 여론조사에서도 앞서나간 9번의 사례 중 7번의 승리(78%)가 있었고 공개적인 지지에서만 앞서간 5번의 사례에는 3번의 승리(60%)가 있었다. 바이든은 현재 양쪽 모두 1위를 달리고 있는데 이는 과거 사례를 고려할 때 바이든이 민주당 대통령 후보 경선에서 얼마나 유리한 위치에 있는지 보여 준다.

〈캐나다〉 2019년 12월 17일
• 로나 앰브로즈, 유력한 보수당 대표 후보로 뽑혀   (National Post 12.17)
– 전 보수당 임시 대표였던 로나 앰브로즈(Rona Ambrose)가 차기 보수당대표에 높은 당선 가능성을 가지고 있다는 여론조사가 발표되었다. 여론조사 단체 DART & Maru/Blue에 따르면 여러 특출난 후보 중 앰브로즈는 인정받는 리더십 역량을 가지

고 있고 연방 총선에서 트뤼도 총리를 이길 가장 큰 기대감을 품게 만들어 주는 인지도가 있다고 분석했다. 앰브로즈는 아직 후보 등록에 대해서 어떤 공식적 입장을 밝히지 않았지만, 여러 지표들은 후보 등록에 긍정적인 입장을 취할 만한 이유를 제공해 주고 있다. DART의 관계자에 따르면 이번 조사는 보수당 사람들의 투표 성향이 아니라 후보자들의 당선 가능성에 대한 초기 조사라고 이야기했다. 이는 단순히 보수당 내에서 얻는 인기에 한정된 것이 아니라 사람들이 요구하는 리더십 역량에 관한 것이며 이번 조사는 이러한 사안에 대한 공식적인 지표가 될 수 있다고 밝혔다. 앰브로즈는 "누가 나라를 통합할 것인가"와 "누가 나와 가장 가까운 가치를 가지고 있는가"에 대한 항목에서 다른 후보자에 비해 높은 평가를 받았다. 여론조사에 참여한 캐나다 국민 중 42%는 그녀가 나라를 통합할 수 있다고, 36%는 그녀가 응답자와 가치를 공유하고 있다고 답했다.

〈캐나다〉 2020년 01월 24일

• 보수당 지도부, 당 대표 후보의 이념 검증 계획에 대해 밝혀　　　(CTV NEWS 01.24)

– 보수당 지도부는 당이 보수당 대표 선거 후보들의 사회 이슈에 대한 입장이 당의 이념과 함께하는지 평가할 예정이라고 밝혔다. 전 보수당 부대표였던 리사 레이트 (Lisa Raitt)는 선거 조직 위원회가 발표한 선거 규칙에는 후보자의 개인적 견해에 대해 요구하는 항목이 있다고 말했다. 후보자가 요구받는 질문들은 그들이 과거에 발언한 것들에 대한 확인이 될 수도 있고 현재는 어떻게 생각하는지에 대한 질문이 될 수도 있다. 실제로 예비 후보인 리차드 데카리(Richard Decarie)는 그가 낙태와 동성 결혼에 대해 당의 입장과 다른 사회 보수주의적인 입장을 밝히며 공분을 샀다. 그는 동성연애자가 되는 것은 선택이며 동성 결혼은 성 소수자들을 위해 존중받아야 된다고 말했고 소셜미디어에서 여러 유명한 보수주의자들에게 비난받았다. 보수당 의원들도 그가 공식적으로 후보 등록을 한다면 계속 선거 유세를 할 수 있게 해야 하는지 의문을 가지며 그의 관점은 당의 가치를 지지하지 않는다고 언급했다.

〈미국〉 2020년 01월 25일

• 버니 샌더스, 변덕스러운 아이오와 경선에서 승기 잡아 (The New York Times 01.25)

– 뉴욕 타임즈와 시에나 대학교가 민주당 대통령 후보를 지명할 아이오와 지역 코거스에 참석할 사람들을 대상으로 한 여론조사에서는 상원의원 버니 샌더스 후보가 1위를 달리는 것으로 나타났다. 샌더스가 자유주의자들로부터 받는 지지는 확실하고 중도적인 성향의 후보들에게는 지지율이 분산되면서 샌더스는 지난 10월에 열렸던 여론조사보다 6%p 더 얻은 25%의 지지를 아이오와주에서 받고 있다. 그를 이어 피트 부티지지 후보는 18%, 조 바이든 후보는 17%로 지난 10월과 똑같은 지지를 받고 있다. 샌더스의 지지율 증가는 그와 비슷한 급진주의자인 엘리자베스 워런 상원의원으로부터 비롯되었다. 그녀는 10월의 여론조사에서는 22%의 지지로 경선을 이끌기 충분했지만, 이번 조사에서는 15%에 그치며 그녀를 향했던 지지는 샌더스에게 넘어갔다. 결국 여러 유력한 후보들의 지지가 감소하면서 샌더스는 그의 두 번째 대권 도전에서 적절한 시기에 주도권을 잡은 것으로 보인다. 이번 달은 그가 아이오와 여론조사에서 처음으로 1위를 차지한 때다. 뉴욕 타임즈와 시에나 대학이 실시한 이번 여론조사의 오차범위는 ±4.8%p 이다.

〈미국〉 2020년 02월 29일

• 민주당 대통령 후보 경선, 후보 7명으로 좁혀져 (Global News 02.29)

– 2월 29일, 미국 민주당 대통령 후보 경선에서는 첫 4개 주의 지명대회를 거친 후 7명의 후보가 남아있다. 경선 초기 20명으로 시작했던 후보자들은 7명으로 좁혀졌고 경선은 3월 3일 슈퍼 화요일이라고 불리는 14개 주 동시 선거를 바라보고 있다. 공화당 후보는 2월에 열린 두 개 주 경선에서 이긴 트럼프 대통령으로 확실시된다. 정부 주도의 국민건강보험을 주된 공약으로 내세우는 버니 샌더스 후보는 아이오와, 사우스 캐롤라이나 지역에서 2위로 마쳤고 뉴 햄프셔, 네바다에서 1위를 차지하며 가장 많은 대의원을 확보해 현재 1위를 달리고 있다. 40년 이상 공직 생활을 한 경험으로 트럼프를 이기기에 충분하다며 선거를 시작한 조 바이든 후보는 아이오와와 뉴햄프셔에서 부진했지만, 네바다에서 2위를, 사우스 캐롤라이나에서 확실한 1위를 차지하면서 두 번째로 많은 대의원을 확보했다. 언론계의 거물이자 전 뉴욕 시장인 마이클 블룸버그(Michael Bloomberg)는 작년 11월, 늦은 대선 참여를 밝혔고 2월 예비경선은 참여하지 않아 3월 선거부터 참여할 예정이다. 엘리자베스 워런 후보는 아이오와

에서 3위를 기록했고 사우스 캐롤라이나에서 5위를 차지할 것으로 보인다. 네바다와 그녀의 고향인 뉴햄프셔에서는 4위를 했다. 정치적인 유명세 없이 등장한 전 인디애나주 사우스벤드 시장인 피트 부티지지는 아이오와에서 1위, 뉴 햄프셔에서 아쉬운 2위를 차지하며 모두를 놀라게 했지만, 네바다에서 3위, 표가 집계 중인 사우스 캐롤라이나에서는 4위로 마칠 것으로 보인다. 이외에도 상원의원 에이미 클로버샤(Amy Klobuchar), 하와이를 지역구로 둔 미국 최초의 힌두교 하원의원인 툴시 가바드(Tulsi Gabbard)가 경선을 치루는 중이다.

〈미국〉 2020년 03월 17일

• 조 바이든, 트럼프와 맞대결 성큼   (연합뉴스 03.18)

- 3월 17일에 있었던 민주당 대통령 후보 경선은 플로리다와 일리노이, 애리조나 등 3개 주에서 치러졌다. 조 바이든은 이날 경선지 3곳의 싹쓸이로 지금까지 경선이 치러진 27개 주 중 19곳에서 승리했다. 반대로 버니 샌더스는 초반 경선지를 중심으로 7곳을 겨우 건진 수준이다. 바이든은 초반 경선의 극심한 부진을 털고 연승 행진을 달리는 것이어서 민주당 대선 후보로서 대세론을 한층 확고히 했다. 바이든은 1차 경선 4위, 2차 5위로 추락하는 참패를 당했지만 4차 사우스캐롤라이나에서 흑인 유권자의 지지에 힘입어 압도적 1위에 오른 뒤 재기의 반전을 마련했다. 반면 샌더스는 1~3차 경선까지는 대의원 확보에서 선두를 달리며 독주 체제를 형성하는 듯했지만 이후 바이든에게 계속 밀리며 고전을 피하지 못하고 있다. 이후 중도 주자들의 경선 중단과 바이든 지지 선언이 잇따르면서 바이든은 14개 주 경선이 동시에 치러진 지난 3일 '슈퍼화요일'에 10곳에서 승리한 데 이어 10일 '미니 화요일'에도 6개 주 가운데 5곳에서 이겼다. 한편, 코로나19로 인해 각 주의 경선이 줄줄이 미뤄지면서 샌더스가 남은 경선에서 바이든을 뒤집기 위한 시간을 벌게 됐다는 의견도 있다. 바이든의 완승이 예상되었던 루이지애나주는 내달 4월에서 6월 20일로, 3월 24일 예정되어 있던 조지아주 역시 5월 19일로 미뤄졌다. 가장 많은 감염자가 나오는 뉴욕주는 5월 말로 경선을 연기할 가능성이 크고, 펜실베니아주도 6월 2일로 경선을 연기할 조짐이 보인다.

〈캐나다〉 2020년 03월 05일

• 앨버타주 주지사 제이슨 케니, 에린 오툴을 다음 보수당 지도자로 지지

(National Post 03.05)

– 앨버타주 주지사 제이슨 케니가 하원의원 에린 오툴을 보수당 대표 경선에서 지지한다고 밝혔다. 제이슨 케니는 에린 오툴을 당에 필요한 '강력한 지도자'라고 칭하며, 보수당 의원들에게 "언론이나 좌파의 압력에 눌려 보수주의 원칙에서 도망가지 않는 유능하고 원칙적인 지도자가 필요하다"고 메시지를 보냈다. 또한 케니가 보낸 메시지에는 전 내각 동료이자, 보수당 선거의 선두주자로 알려져 있는 피터 맥케이를 겨냥하는 내용이 포함되어 있다. 케니는 "에린 오툴이 이끄는 정당에서는 그 누구도 '생각하는 알바트로스'로 치부되지 않을 것이다"라고 했는데, 이 것은 2019년 선거에서 맥케이가 보수당 지도자인 앤드류 시어가 동성결혼과 낙태에 관한 질문에 대해 분명하게 대답하지 못한 것을 알바트로스로 비유한 것을 겨냥하며 언급한 것이다. 맥케이 선거캠프의 대변인 줄리 보(Julie Vaux)는 5일 저녁 성명을 통해 "맥케이가 여전히 케니에게 정중하게 일할 것"이라고 전했다. 현재 보수당 당대표 선거에서 맥케이가 선두를 달리고 있지만, 압도적이지 않다. 한편 오툴은 맥케이보다 당내 풀뿌리들과 더 밀접하게 결속되어 있는 경주의 '진정한 블루' 후보로서 입지를 다지기 위해 노력해 왔다. 이러한 노력에 대한 케니의 지지의사 표현은 그 전략에 상당한 신뢰를 준다.

〈미국〉 2020년 03월 17일

• 조 바이든, 트럼프와 맞대결 성큼

(연합뉴스 03.18)

– 3월 17일에 있었던 민주당 대통령 후보 경선은 플로리다와 일리노이, 애리조나 등 3개 주에서 치러졌다. 조 바이든은 이날 경선지 3곳을 싹쓸이함으로써 지금까지 경선이 치러진 27개 주 중 19곳에서 승리했다. 반대로 버니 샌더스는 초반 경선지를 중심으로 7곳을 건진 수준이다. 바이든은 초반 경선의 극심한 부진을 털고 연승 행진을 달리는 것이어서 민주당 대선 후보로서 대세론을 한층 확고히 했다. 바이든은 1차 경선 4위, 2차 5위로 추락하는 참패를 당했지만 4차 사우스캐롤라이나에서 흑인 유권자의 지지에 힘입어 압도적 1위에 오른 뒤 재기의 반전을 마련했다. 반면 샌더

스는 1~3차 경선까지는 대의원 확보에서 선두를 달리며 독주 체제를 형성하는 듯했지만 이후 바이든에게 계속 밀리며 고전을 면치 못하고 있다. 이후 중도 주자들의 경선 중단과 바이든 지지 선언이 잇따르면서 바이든은 14개 주 경선이 동시에 치러진 지난 3일 '슈퍼화요일'에 10곳에서 승리한 데 이어 10일 '미니 화요일'에도 6개 주 가운데 5곳에서 이겼다. 한편, 코로나19로 인해 각 주의 경선이 줄줄이 미뤄지면서 샌더스가 남은 경선에서 바이든을 뒤집기 위한 시간을 벌게 됐다는 의견도 있다. 바이든의 완승이 예상되었던 루이지애나주는 내달 4월에서 6월 20일로, 3월 24일 예정되어 있던 조지아주 역시 5월 19일로 미뤄졌다. 가장 많은 감염자가 나오는 뉴욕주는 5월 말로 경선을 연기할 가능성이 크고, 펜실베이아주도 6월 2일로 경선을 연기할 조짐이 보인다.

〈미국〉 2020년 04월 13일
• 민주당 상원의원 버니 샌더스, 민주당 대통령 후보 경선 포기 후 조 바이든 지지의사 표명　　　　　　　　　　　　　　　　　　　　　　　　　　　　　(NBC News 04.14)
– 4월 13일 상원의원 버니 샌더스는 민주당 대통령 후보 경선에서 중도하차한지 5일 만에 조 바이든 상원의원에 대한 전폭적인 지지를 표명하며 2020년 미국 대통령 선거운동에 돌입하는 진보 진영에 힘을 대폭 실어주었다. 이 날 진행된 바이든의 선거 행사에서 샌더스는 "오늘 나는 모든 미국인에게, 모든 민주당원들에게, 모든 무소속 의원들에게, 그리고 많은 공화당원들에게 내가 지지하고 있는 샌더스의 출마를 위해 선거 캠페인에 함께 참여해 줄 것을 부탁한다"며 "트럼프는 미국의 현대사에서 가장 위험한 대통령이다"라고 했다. 이러한 샌더스의 적극적인 지지의사 표명은 2016년 민주당 대통령 후보 경선 당시 샌더스가 경선 포기 선언 후 힐러리 클린턴(Hillary Clinton)을 공식 지지하기까지 36일이나 걸린 것에 비해 굉장히 빠르게 진행된 것이다. 한편, 샌더스의 지지선언 이후 트럼프 선거대책본부당 브래드 파스케일(Brad Pascale)은 "민주당 경선에서 조 바이든이 성공하기 위해서는 버니 샌더스의 정책들을 대부분 채택해야 할 것"이라며 바이든을 비판했다.

〈캐나다〉 2020년 04월 06일

• 보수당 지도부 경선 공식 중단, 그러나 후보자들 비공식 선거 운동 지속

(National Post 04.06)

– 보수당 당대표 경선이 코로나19로 인해 5월 1일까지 공식적으로 중단되었다. 그러나 후보자들의 비공식적인 선거 운동은 지속되고 있다. 가상 포럼 조직, 이메일을 통한 선거 운동, 모금 활동이 여전히 진행되는 가운데, 당 관계자들은 후보자들에게 선거운동을 자제해달라고 요청했다. 이에 대해 익명의 선거 캠프 관계자는 "현재 당대표에 출마한 후보자 4명 중 2명이 현직의원이기 때문에 이들의 선거운동을 금지할 방법은 없을 것이다"라며 선거 운동을 계속하겠다는 의지를 밝혔다. 이러한 상황에 보수당은 선거운동을 자제할 수 없다면 당대표선거조직위원회가 직접 개입하겠다고 공식 입장을 발표했다. 코리 한(Cory Hann) 보수당 대변인은 "우리는 후보자들의 비공식적 선거운동을 면밀히 감시하고 있으며, 5월 1일 결정이 내려질 때까지 당원 접촉을 자제해 줄 것을 다시 당부하고, 필요할 경우 선거운동금지를 규칙으로 공식화하겠다"고 말하며, "추후 당 대표 선거에 투표하는 사람들 중 일부는 선거운동을 반대하는 것을 잊지 말라"고 덧붙였다.

〈미국〉 2020년 05월 24일

• 트럼프 대통령, 11월 미국 대선 부정선거 가능성 제시   (Politico 05.25)

– 트럼프 대통령의 지지율이 조 바이든 민주당 대선 후보보다 11% 뒤쳐지면서 39%를 기록한 가운데 다가오는 11월 미국 대선의 공정성과 투명성을 둘러싸고 격양된 언사를 내놓고 있다. 트럼프는 24일 트위터를 통해 "미국은 선거 전체를 우편투표로 진행할 수 없고, 11월 대선은 역사상 최악의 부정선거가 될 것"이라며 "민주당이 2020년 대선을 조작하려 한다"고 주장했다. 이에 대해 미국 민주당 내부에서는 트럼프 대통령이 11월 대선에서 패할 경우 승복하지 않을 수 있다는 우려의 목소리가 퍼지고 있다. 특히 트럼프 대통령의 개인 변호사였던 마이클 코언(Michael Cohen)이 과거 의회 증언에서 "트럼프 대통령이 대선에서 패배한다면 평화적인 정권교체는 절대 없을 것"이라고 말한 것에 대해 데이비드 스캑스(David Skaggs) 전 민주당 하원의원은 "확률은 무척 낮지만 위험성은 무척 높은 것들 중 하나"라며 "대통령에 의한 국가

차원의 선거 개입으로 이어질 것 같다고 생각하지는 않지만 어느 정도의 선거 결과에 승복하지 않을 가능성은 있기 때문에 트럼프의 행동을 진지하게 받아들이는 것이 현명하다"고 조언했다.

〈캐나다〉 2020년 06월 18일

• 보수당대표 선거토론회에서 후보들 트뤼도 총리 정면으로 겨냥 　　　(CTV News 06.18)

– 6월 18일 영어로 진행된 첫 보수당 당대표 선거 토론회에서 네 명의 후보자들은 '통합'을 당의 핵심 가치로 내세우며, 저스틴 트뤼도 총리를 비난했다. 후보자들은 코로나19에 대한 자유당의 대응에는 주체적으로 해결하고자 하는 노력은 없고 세계보건기구(WHO)에 과하게 의존한다며 일치된 의견을 보였다. 특히 피터 맥케이는 캐나다 국민들을 바이러스로부터 보호할 개인 장비들을 마련하지 못한 것에 대해 "살아생전 이렇게 실패한 리더쉽은 처음본다"며 트뤼도를 정면 비판했다. 또한 최근 조지 플로이드(George Floyd) 사건으로 촉발된 캐나다 내부의 반인종차별 시위에서 트뤼도 총리가 무릎을 꿇은 것에 대해, 에린 오툴은 "총리가 상징적인 제스처만 취할 것이 아니라 실질적이고 명확한 제도 개선을 선보여야 한다"며, 캐나다에 존재하는 체계적인 원주민에 대한 차별을 해결할 수 있는 후속 조치를 요구했다.

〈미국〉 2020년 07월 06일

• 美 대법원, '배신 투표' 금지에 쐐기 　　　　　　　　　　　(NPR 07.06)

– 미국 연방 대법원이 7월 6일 선거인단은 주별 선거 결과를 따라야 하고 불복해선 안 된다는 만장일치 판결을 내렸다. 간접선거 방식으로 대통령을 선출하는 미국은 11월 3일 대통령 선거일에 국민의 참여로 50개 주와 워싱턴 DC에서 538명의 선거인단을 선출하고 이들은 12월 별도의 선거인단을 투표를 통해 최종적으로 대통령을 선출한다. 이때 선거인단이 해당 주의 선거 결과와 반하는 투표를 할 경우 배신투표라고 하며 그 선거인을 '신의 없는 선거인(Faithless Elector)'이라고 부른다. 가장 최근 선거인 2016년 미국 대선 당시 10명의 선거인이 선거 결과에 반하는 배신투표를 했거나 시도하려다 저지됐다. 공화당에선 트럼프 대통령이 승리한 텍사스의 선거인 2명이, 민주당에선 클린턴 후보가 승리한 워싱턴주와 하와이주에서 모두 5명이 다른

이의 이름을 써냈다. 이에 대해 워싱턴 주정부가 배신투표를 한 3명의 선거인들에게 각각 1천 달러의 벌금을 부과하자 이들은 선거인단이 자유롭게 투표할 수 있도록 해야 한다고 요구하며 소송을 냈다. 그리고 최종적으로 연방대법원 판결을 통해 이날 주들이 선거인단 투표시 주별 선거 승리자를 지지하도록 의무화할 수 있다고 밝혔다. 이는 이 의무를 지키지 않을 경우 선거인을 처벌하거나 다른 사람으로 교체할 수 있다는 것이기도 하다. 대법원은 판결문에서 주는 어떤 근거도 없이 수백만 시민의 투표를 뒤집는 선거인에게 지시를 내릴 수 있다며 이는 헌법과도 일치하는 것이라고 밝혔다.

〈캐나다〉 2020년 07월 13일
• 캐나다 보수당 의원 레오나 알레슬레프 부대표직 내려놓고 피터 맥케이지지 의사 표명
(National Post 07.13)
– 캐나다 보수당 부대표 레오나 알레슬레프가 8월에 진행될 보수당 당대표 선거에서 중립을 지킬 것으로 예상됐으나, 부대표직을 사임하고 피터 맥케의 보수당대표 후보를 지지하겠다고 밝혔으며, "현재 캐나다가 불확실한 미래에 직면해 있으므로 경험과 새로운 계획을 가진 지도자가 필요하다고" 했다. 이에 대해 알레슬레프가 맥케이를 지지해 주는 대가로 하원에서 고위직을 약속받은 것이 아니냐는 의문이 즉각적으로 제기되었다. 현재 피터 맥케이 후보는 원외 당원이기 때문에 만약에 그가 당대표로 당선된다면 원내 대표를 새로 임명해야 한다. 이러한 상황 속에서 알레슬레프의 부대표직 사임 후 지지의사를 표명한 것이 이미 그녀가 원내대표로 낙점되었다는 것을 의미하는 것이 아니냐하는 논란이 발생된 것이다. 이러한 논란에 대해 피터 맥케이 선거캠프의 대변인은 알레슬레프에게 고위직을 주겠다는 약속을 한 적이 전혀 없다고 즉각적으로 반박했다.

〈캐나다〉 2020년 07월 14일
• 캐나다 보수당 대표 선거, 마지막 선거전 돌입 (CTV News 07.14)
– 보수당 대표 선거의 4명의 후보들은 투표 마감을 한 달여 앞두고 마지막 선거전에 돌입했다. 당초 지도부 경선 일정상 4월 중 TV토론회를 개최할 예정이었으나 코로

나19의 대유행으로 모든 경선 일정을 중단했고, 6월이 되어서야 관객없이 사회적 거리두기를 유지하며 토론을 진행할 수 있었다. 또한 코로나19의 확산을 방지하기 위해 투표는 우편투표로 진행되고 있으며 투표 마감기한은 8월 21일이다. 7월 14일 보수당이 발표한 투표권이 있는 당원은 269,469명으로 역대 당대표 선거에서 가장 많은 당원이 참여하는 선거라고 밝혔다. 8월 21일 우편 투표가 마무리 되고 결과가 집계되면 새 지도자를 어떻게 발표할 것인지는 보건지침과 정부지시에 따라 결정될 예정이다. 이번 보수당 대표 후보로 등록하기 위해서는 20만 달러를 모금하고, 규정 준수 수수료로 10만 달러를 납부해야했으며, 당원 3천 명의 서명을 받아야 했다. 후보로는 세 차례 보수당 하원의원을 했으며, 2017년 당대표 경선에서 3위를 차지했던 에린 오툴, 노바스코샤 출신의 전직 연방 내각 장관이자 정치 평론가로 자주 활동했던 피터 맥케이, 2015년 연방선거에서 낙선한 온타리오 주 변호사로 기독교인으로서 동성결혼과 낙태를 반대하는 여성 후보인 레슬린 루이스(Leslyn Lewis), 마지막으로 변호사와 기업인이었던 데릭 슬론(Derek Sloan)이 있다.

〈미국〉 2020년 08월 11일

• 조 바이든 민주당 대선후보, 부통령 후보로 흑인 여성 카멀라 해리스 상원의원 지목

(CNBC 08.11)

– 미국 민주당 대선 후보 조 바이든이 카멀라 해리스 상원의원을 러닝메이트로 지목했다. 자메이카인 아버지와 인도인 어머니 사이에서 태어난 해리스 의원은 민주당이 대선에서 승리하게 될 경우 미국 역사상 첫 흑인 및 아시아계 여성 부통령이 된다. 검사 출신의 해리스 의원은 2010년 캘리포니아주에서 흑인과 여성을 통틀어 처음으로 법무장관에 선출됐고, 2016년 캘리포니아주를 대표하는 연방 상원의원에 당선됐다. 바이든 후보가 해리스를 선택한 것은 인종의 다양성과 성별, 세대에 대한 폭을 넓히기 위한 것으로 평가받고 있다. 해리스 상원의원은 트위터를 통해 "조 바이든은 미국 국민을 통합시킬 수 있다"며 "대통령으로서 그는 우리의 이상에 부응하는 미국을 건설할 것"이라고 지목된 소감을 밝혔다. 버락 오바마 전 대통령은 트윗을 통해 "그녀는 그 자리에 준비된 것 이상"이라며 "오늘은 우리나라를 위해 좋은 날"이라고 축하했다.

〈캐나다〉 2020년 08월 23일

• 온타리오주 하원의원 에린 오툴, 보수당대표 경선에서 승리

(The Globe and Mail 08.24)

– 에린 오툴이 코로나19로 인해 장기화된 보수당대표 경선에서 최종 승리했다. 선거 결과는 23일 오후 6시 30분에 발표될 예정이었으나, 개표과정에서 손상된 투표용지의 재검표와 코로나19 확산 방지를 위해 개표소 내의 인원제한으로 인해 5시간 가량 발표가 늦어졌다. 선호투표 방식으로 진행된 이번 보수당대표 선거는 당선을 위해서는 과반인 16,901점이 필요했는데 첫 개표에서 피터 멕케이 후보가 11,328점으로 1위, 에린 오툴 후보 10,681점으로 2위를 했다. 하지만 과반의 점수를 얻은 후보가 없어 과반을 넘긴 후보자가 나올 때까지 두 번의 재집계를 한 결과 에린 오툴이 당선이 된 것이다. 결과가 발표되자 전 보수당대표 앤드류 쉬어는 연설을 통해 지난 10개월간의 분열을 극복하고 집권당인 자유당을 패배시키는 방법을 찾아야 한다며 당원들이 통합할 필요성이 있다고 소감을 발표했다.

정책 · 입법

〈미국〉 2019년 10월 13일

• 의회, 정부의 지지부진한 터키 제재 조치 비난 　　　　　　　　　(CNN 10.13)

– 트럼프 대통령이 7일(현지시간) 터키 경제에 치명적인 영향을 줄 수 있는 행정명령에 서명했다. 그러나 미국은 이를 즉각 사용할 계획은 없다고 스티븐 므누신 재무장관이 밝혔다. 일부 상원의원들은 터키 제재를 꺼리는 트럼프 대통령 정부에 의문을 제기했고 터키 군사행동을 비난하는 UN 안전보장이사회 결의안을 반대하기 위해 러시아와 손을 잡은 트럼프 행정부의 결정에 눈살을 찌푸렸다. 공화당 소속 린지 그레이엄(Lindsey Graham) 상원의원은 현 터키 제재 강도는 우리가 직면한 위협에 적절하지 않다고 밝혔고 민주당 반 홀렌(Van Hollen) 상원의원도 터키의 러시아 미사일 방어 시스템 구입을 이유로 의회가 통과시킨 제재 조치를 므누신 장관이 시행하길 몇 달 동안 기다리고 있다고 밝혔다. 두 의원은 터키의 군사작전에 대한 제재 법안을 작성했는데 시리아 내에서 터키에 대한 침략을 끝내고 철수할 때까지 강력한 제재를

즉각 적용하기 위해 초당적 입법을 계속 추진할 예정이라고 밝혔다.

〈미국〉 2019년 11월 21일

• **국방부 관계자, 청문회에서 트럼프에게 불리한 증언해** (The Washington Post 11.21)
– 러시아, 우크라이나, 유라시아의 국방부 차관보 로라 쿠퍼(Laura Cooper)는 11월 20일 열린 청문회에서 지난 7월 25일, 트럼프가 우크라이나 대통령 볼로디미르 젤렌스키(Володимир Зеленський)와 통화한 날에 그녀의 직원이 우크라이나 대사관으로부터 우크라이나 원조 상황을 물어보는 질문을 받았다고 증언했다. 그리고 20일 아침에는 우크라이나 스캔들의 가장 중요한 증인 중 한 명인 유럽연합의 미국대사 고든 선더랜드(Gordon Sondland)가 우크라이나 논란에는 미국이 우크라이나에 원조를 제공하는 대가성이 있었다고 증언했다. 질의 중 선더랜드는 트럼프 대통령이 미국이 우크라이나에 지원하는 군사 원조의 대가로 우크라이나에 전 부통령 조 바이든과 그의 아들 헌터 바이든(Hunter Biden)에 대한 조사를 의뢰했는지 관련 진술을 요구받았고 그는 그런 거래가 있었다고 밝혔다. 이에 대해 트럼프 대통령은 선더랜드의 증언을 "환상적"이라고 표현하며 그의 진술을 비난했고 백악관은 그의 증언이 사실보다는 가정과 믿음에 가깝다는 입장을 발표했다.

〈미국〉 2019년 11월 20일

• **미 하원 사법위원회가 연방 차원의 마리화나 합법화를 승인해** (CNBC 11.20)
– 미국 하원 사법위원회가 1급 규제 약물에 마리화나를 제외시키는 마리화나 합법화 법안을 통과시켰다. 연방 차원으로 적용될 법안은 위원회에서 24대 10으로 통과되었고 민주당이 234석을 차지하고 있는 하원에서도 통과될 가능성이 높다. 그러나 몇몇 공화당 의원들은 이 법안이 도를 넘었으며 공화당이 과반수를 이루는 상원에서는 통과되지 않을 것 같다고 밝혔다. 공화당 대표인 미치 매코널 또한 마리화나 합법화에 반대한다. 통과된 법안에는 각 주만의 마리화나 정책을 시행하도록 하고 낮은 수준의 마리화나 범죄를 행한 사람들의 범죄 기록은 지워주는 등의 내용이 포함되어 있다. 미국 시민 자유 협회(American Civil Liberties Union)에 따르면 마리화나로 구속되는 경우는 약물로 인한 전체 구속 중 절반 이상을 차지하는데 마리화나 법 집행은 그

동안 흑인과 백인을 고려해 적용하는 인종차별 논란이 있어 와서 국회의원들은 마리화나 합법화가 현재 법이 가진 악영향을 줄여줄 것이라고 보고 있다. 현재 미국 11개주와 콜롬비아 지역에서는 오락 목적의 마리화나가 합법이고 약사에 의해 처방받는 의료용 마리화나는 33개 주와 워싱턴에서 합법이다.

〈캐나다〉 2019년 11월 14일

• 신민주당 대표 싱, 왕좌 연설에서 자유당이 협력 의사 밝히길 원해

(The Globe and Mail 11.14)

– 신민주당 대표 자그미트 싱(Jagmeet Singh)은 11월 14일 트뤼도 총리에게 신민주당이 자유당 소수 여당 정부와 이해를 같이하고 있으며 보수당 또는 퀘벡 블록당보다 트뤼도 정부에 이상적인 조력자라고 제안했다. 신민주당은 10월 21일 총선에서 24석을 얻었는데 12월 5일 있을 왕좌 연설(Throne Speech)에서 자유당과 협력할 가능성이 있는지 확인하겠다고 밝혔다. 왕좌 연설은 입헌 군주국가에서 의회의 회기가 시작되었을 때 그 나라의 왕이나 대표자가 국회의원들 앞에서 준비된 연설을 읽는 행사다. 이를 통해 출범하는 정부의 주요 안건은 무엇인지 윤곽을 잡을 수 있다. 싱은 자유당에 협력의 대가로 단일 지불자 보편 약리(Single-Payer Pharmacare System), 국가 주도의 치과 진료(National Dental Care)와 같은 진보 정책과 더불어 기후변화 위기에 적절한 대응 등을 요구하고 있다. 싱은 자유당이 신민주당과 함께할 준비가 됐기를 바란다고 했지만, 왕좌 연설에서 밝힐 정부의 주요 안건에 반대 의사를 표할 가능성도 열어두었다. 하지만 어떤 사안에 반대 의사를 표할 수 있는지 구체적인 사안까지는 밝히지 않았다.

〈미국〉 2019년 12월 11일

• 하원이 처음으로 유급 육아 휴직이 포함된 국방 법안을 통과시켜   (CNN 12.11)

– 12월 11일 하원의원들이 모든 연방 노동자들에게 12주간의 유급 육아 휴직을 제공하는 조항이 포함된 연례적인 국방 법안을 미국 역사상 처음으로 통과시켰다. 민주당원들은 미군에 우주군(Space Force) 부서를 창설하기 원하는 트럼프 대통령을 보면서 유급 육아 휴직 관련 조항을 놓고 협상할 가능성을 보았고 이 조항은 결국 이들

의 강력한 주장으로 추가되었다. 협상을 가까이서 지켜본 관계자는 백악관은 우주군 관련 법안이 포함되게 압박을 했고 이는 민주당이 최우선으로 여기는 어떤 법안이라도 협상 테이블에 올릴 가능성을 제공했다고 밝혔다. 또 공화당 의원들의 반대에도 불구하고 백악관은 우주군 창설을 위해 유급 육아 휴직 관련 예산을 지불하는 데 동의했다고 말했다. 민주당은 유급 육아 휴직을 반드시 통과되어야 하는 법안으로 지정했고 몇몇 급진적인 당원들은 상원에서 열린 공화당과의 협상에서 다른 법안과 관련해서는 잃는 게 더 많다고 당혹스러움을 표했지만, 법안은 찬성 377표 반대 48표로 통과되었다. 산업화 국가 중 유일하게 미국에서는 실행되지 않던 유급 육아 휴직 정책은 신생아의 부모 모두에게 12주의 유급 육아 휴직이 제공되는 식으로 전국적으로 적용될 예정이다.

〈캐나다〉 2019년 12월 10일
• 야당이 중국위원회 창설에 찬성하며 자유당에 첫 패배를 안겨줘

(The Globe and Mail 12.10)

– 의회에서는 중국에 대한 특별 의회 위원회 설치를 놓고 투표가 있었다. 그러나 자유당은 찬성 171표, 반대 148표로 처음으로 패배했다. 야당들은 최근 긴장된 중국과의 관계를 살펴보기 위해 특별 의회 위원회를 설치하려 했는데 자유당과 야당들의 입장은 갈렸다. 자유당 의원들은 하원 외교위원회가 이미 이를 다룰 수 있다는 이유로 설치 반대를 주장했고 제1야당인 보수당의 외교부 비평가는 특별위원회를 지정하는 것이 영사 문제, 경제, 법, 안보, 외교 관계에만 국한된 것이 아닌 중국과 캐나다의 관계를 전반적으로 면밀하게 살펴보기 위한 것이라고 밝혔다. 현재 양국의 상황은 경색되어 있다. 이는 캐나다가 미국의 범죄인 송환 영장에 따라 지난 12월 중국 통신장비업체 화웨이의 중역을 억류시켰고 이에 맞서 중국이 2명의 캐나다인을 임의로 억류시키고 캐나다산 카놀라와 콩의 수입을 금지하며 대응했기 때문이다. 이번 의회의 결과를 놓고 신민주당 외교 비평가도 자유당 정부에 야당의 의견을 경청해야 한다는 경고를 날린 것이며 여전히 자유당 정부는 같은 총리를 지니고 있지만, 전과는 다른 의견들이 상정되어야 하고 또 다른 영향을 끼칠 수 있음을 알아야 한다고 말했다.

〈캐나다〉 2019년 12월 05일

• 왕좌 연설에서 알아야 할 네 가지   (National Post 12.05)

– 12월 5일 왕좌 연설에서 트뤼도 총리는 자유당이 어떻게 소수 여당 정부로 세상을 열어나갈지 밝혔고 주목할 만한 4가지 내용은 다음과 같다. 첫 번째는 중산층에 집중한 정부의 감세 정책이다. 감세 정책은 대부분의 캐나다 국민들이 지금보다 얻는 수입을 많게 하되 중산층 중에서도 특별히 수입이 상대적으로 적은 이들을 위한 정책이다. 두 번째는 탄소세 감소를 통한 기후 변화 정책이다. 기후 변화 대응에 대한 논의가 연설의 대부분을 차지했고 2050년까지 제로 탄소배출을 달성하겠다고 약속한 자유당 선거 운동 공약이 포함됐다. 탄소배출을 하지 않는 자동차 판매, 천연에너지 사용 가속화, 에너지 효율 집 구매 장려가 정부의 정책임을 밝혔으나 전문가들은 정부의 목적을 달성하기 위해 탄소세가 지금의 2배는 돼야 한다고 걱정한다. 세 번째는 서구사회로부터 소외받는 현실이다. 연설은 다양한 주제를 다루려 했고 기후 변화에 대한 연설 중 캐나다의 자원을 새로운 시장에 조달하는 것이 힘들 것이라고 전망하며 어려운 상황이 서구사회로부터의 소외와 연관됨을 보여 주려고 했다. 네 번째로 불안정한 세계정세다. 자유당은 2015년 낙관주의 흐름 속에서 집권했지만, 여전히 불확실한 세상에 살고 있고 이로부터 캐나다 국민들을 지키는 것이 목적이라고 밝혔다.

〈미국〉 2020년 01월 14일

• 하원 통과된 대통령 군사행동 제한 결의안, 상원 통과 가능성 높아져

                                 (NPR: National Public Radio 01.14)

– 이란과의 갈등이 고조되면서 대통령의 전쟁 실행력을 제한하기 위한 민주당 주도의 상원 결의안이 몇몇 중요한 공화당 상원의원들로부터 지지를 얻었다. 상원은 공화당이 과반이 넘는 의석을 차지하고 있어서 법안 통과를 위해 공화당 의원들의 지지가 필요한데 랜드 폴(Rand Paul) 상원의원을 포함해 4명의 공화당 의원들이 민주당 팀 케인(Tim Kaine) 상원의원 주도 법안의 공동 발의자가 되겠다고 서명했다. 이는 상원에서 법안 통과를 위해 과반 이상이 확보됨을 의미하고 법안으로 인해 앞으로 대통령은 이란에 대항해 군사적 공격을 취하기 전에 의회의 승인을 먼저 받아야 한다.

이러한 법안 제정의 움직임은 트럼프 대통령이 이달 초 이란의 고위 장성인 솔레이마니 장군을 드론 공격으로 살해했다고 밝히며 이란과의 군사적 긴장이 고조되면서 일어났다. 이란은 며칠 후 이라크에 있는 미군기지에 12발 이상의 탄도 미사일을 발사하며 대응했고 미군 사상자는 없었다. 법안이 표결에 부쳐지는 날짜는 현재 1월 14일로부터 한 주 후인 1월 21일로 예상되지만, 공화당이 더 중요하게 생각하는 트럼프 대통령의 탄핵 심판이 상원에서 21일 시작되므로, 실제 법안 표결 날짜는 상원 탄핵 심판 이후로 밀릴 가능성도 있다.

〈미국〉 2020년 01월 27일

• 볼턴, 트럼프 탄핵 재판 정국을 뒤집을 수도 (The Hill 01.27)

– 전 국가 안보 보좌관이었던 존 볼턴의 상원 출석 여부가 트럼프 탄핵 재판에 새로운 정국을 열고 있다. 곧 출간될 볼턴의 회고록에는 트럼프 대통령이 조 바이든 전 부통령과 그의 아들 헌터 바이든 등 민주당에 대한 수사를 돕고 있는 우크라이나에 3억 9100만 달러를 지원했다고 나와 있다. 민주당원들은 즉각 볼턴의 주장을 강조하면서 추가 증인과 관련 서류들의 필요성을 논했는데 공화당 내에서도 볼턴의 주장을 두고 찬반양론이 갈렸다. 몇몇 공화당 의원들은 볼턴의 주장이 증인 소환의 필요성을 뒷받침했다고 지적했지만 다른 의원들은 이 회고록이 탄핵 심판의 결과에 영향을 줄 만한 어떤 것도 제시하지 못했다고 주장하면서 공화당 내에서도 볼턴의 증언을 두고 입장이 나뉘는 혼란을 맞이했다. 탄핵 재판 중에 민주당원들이 이번 증언을 사람들의 관심이 공화당 의원들의 대응에 쏠리게 하면서 볼턴의 증언을 잘 이용했다는 평을 받고 있다. 증인 채택에 대한 투표는 이번 주말 상원에서 진행될 예정이며 공화당 존 케네디(John Kennedy) 상원의원은 탄핵 재판이 절반 정도 진행된 현 상황에서 모두가 제정신을 차리기 힘들다며 탄핵 재판의 복잡성에 대해 토로했다.

〈캐나다〉 2020년 01월 21일

• 직전 의회, 당을 따라 투표하는 의원의 비율이 99.6%를 기록해

(The Globe and Mail 01.21)

– 직전에 열렸던 42대 의회에 대한 조사에 따르면 의원들은 법안에 대한 표결 중

99.6%를 그들이 속한 당의 입장에 맞추었으며 이는 의회 안에 건강하지 않은 당파성과 분극화, 적대심 등이 있었음을 의미한다. 이러한 의회의 경향에 대해 조사한 사마라 민주주의 센터(Samara Center for Democracy)는 2015년부터 2019년 사이 하원을 맡았던 하원의원들과 이야기를 나누었고 표결 성향과 정부의 전략 그리고 의원들이 법 제정에 소비한 시간들에 대한 구체적 분석을 실시했다. 센터의 분석에 따르면 캐나다의 정당 충성도는 정당에 상당히 반항적인 영국 의회 의원들과 다르게 극히 높았다. 사마라 연구 책임자인 미카엘 모덴(Michael Moreden)은 묶음 법안의 사용과 엄격한 정당의 통제는 정부의 생존이 불확실한 소수 여당 의회에서 증가할 수 있다고 밝혔다. 또한, 현 의회 문화에서는 의원들이 실제로 원하는 더 자유로운 표결과 진실된 토론과 달리 현실에서는 그들이 다르게 행동하게 되는 모순이 일어난다고 말했다. 실제로 의원들이 받는 압박감은 클 것이고 그렇게 되는 것이 바람직하지 않은 것 또한 알지만 이미 깊이 배어있는 문화를 쉽게 끊어내지 못하는 것을 발견할 수 있다고 평가했다.

〈미국〉 2020년 02월 05일

• 트럼프 대통령, 상원에서 무죄선고 받으며 대통령직 유지해

(The New York Times 02.06)

– 2월 5일, 미국 상원은 권력 남용과 의회 방해 혐의로 고소된 트럼프 대통령에게 무죄선고를 내렸다. 유죄 판결을 내리기 위해서는 상원 의원 3분의 2 이상에 해당하는 최소 67표가 필요한데 2가지 탄핵안은 모두 과반수를 얻지 못했다. 탄핵안 첫 번째 조항인 권력 남용 혐의는 유죄 48표 대 무죄 52표로 부결되었고 두 번째 조항인 의회 방해 혐의도 유죄 47표 대 무죄 53표로 기각되었다. 공화당에서는 밋 롬니(Mitt Romney) 상원의원이 유일하게 유죄 표를 던지며 당의 입장과 달리 트럼프 탄핵에 찬성하는 모습을 보였다. 5개월 동안 워싱턴을 혼란스럽게 하고 트럼프의 대통령직을 위협해온 우크라이나 스캔들을 뒤로 하고 미 역사상 세 번째 대통령 탄핵 재판에 대한 표결은 트럼프의 승리로 끝났다. 그러나 양측 진영 모두 트럼프에 대한 실질적인 최종 관결은 9개월 후 투표를 할 유권자들에 의해 이루어질 것이라는 점에는 동의하고 있다. 한편 트럼프 대통령의 재판이 끝나기 전 하원 법사위원장인 민주당 제럴드

내들러(Jerrold Nadler) 중진 의원은 대통령의 전 국가안보 보좌관인 존 볼턴에 대한 소환을 필두로 조사를 이어갈 수 있음을 시사했다. 볼턴은 트럼프 대통령이 우크라이나에 군사 안보적 지원을 대가로 민주당 대통령 경선 후보에 대한 조사를 부탁했다는 혐의에 대해 발간이 금지된 그의 책을 통해 다뤘다.

〈미국〉 2020년 02월 20일
- **미 하원, 린치를 연방 혐오 범죄로 만들기 위해 표결할 예정**   (The Hill 02.20)
- 미 하원에서는 인종차별을 목적으로 갑작스러운 폭력을 가하는 린치(Lynch)를 연방 혐오 범죄로 규정하는 법안 투표를 다음 주 실시할 예정이라고 하원 여당 대표 스테니 호이어(Steny Hoyer) 의원이 밝혔다. 민주당이 과반수인 하원은 공화당 의원인 바비 러쉬(Bobby Rush)가 상정한 법안을 표결할 예정이다. 러쉬 의원은 102년 전 미주리의 레오니다스 다이어(Leonidas Dyer) 의원이 린치에 반대하는 법안을 하원에 상정했고 통과되었으나 상원에서 부결되었다고 밝히며 오늘 우리는 이 악질 관습을 법으로 규정하고 에멧 틸(Emmett Till)을 포함한 몇천 명의 린치 희생자들에 대한 정의를 이루겠다고 성명에서 밝혔다. 더불어 샬롯스빌 지역부터 엘 파소 지역에 이르기까지 우리는 에멧과 다른 이들의 목숨을 앗아간 것과 동일하고 잔혹한 인종차별과 혐오에 직면하고 있으며 이 법안의 통과는 국가에 우리가 더 이상 이런 편협함을 용인하지 않을 것이라는 강하고 분명한 메시지를 던지게 될 것이라고 말했다. 법안은 1955년 미시시피에서 정당한 법적 절차 없이 폭력을 가하는 린치를 당한 14살 아프리카계 미국인 소년 에멧 틸의 이름을 따서 붙였다. 상원에서는 작년, 코리 부커와 카멀라 해리스 상원의원 등에 의해 발의된 린치 방지법을 통과시켰는데 두 의원은 이 법안에 투표하기로 한 하원의 결정을 응원하겠다고 성명을 통해 밝혔다.

〈캐나다〉 2020년 02월 06일
- **캐나다 상원 의원들, 상원에서 개인 법안 처리 속도를 올리려 해 (National Post 02.06)**
- 2월 6일, 피에르 달퐁드(Pierre Dalphond)와 머레이 싱클레어(Murray Sinclair) 상원 의원은 상원에서 평의원 법안이 말소되는 것을 방지하려고 규정 수정안을 상원에 제출했다. 달퐁드 의원은 현재 정부의 법안이 평의원의 법안보다 상원에서 먼저 통과되

는데 이로 인해 많은 법안이 말소된다고 밝혔다. 실제로 직전 의회에서 개인이 발의한 법안의 45%는 계류 법안으로 소멸되었다. 싱클레어 의원은 개정될 규정은 모든 상원 의원 그룹들이 얼마나 적절한 토론 시간을 통해 표결에 이를지 균형을 잡는 것이 목적이라고 밝혔다. 상원에서 계류하는 법안 중에 실제로 중요한 법안은 많다. 하원에서 만장일치로 통과된 전 보수당 대표 로나 앰브로즈의 판사 성폭행 교육 의무화 법안은 이번 주 상원에 다시 발의되었고 정부 법안으로서 통과가 보장되어야 한다는 목소리가 크다. 이 외에도 성 평등으로 문제가 되었던 캐나다 국가의 가사를 수정하는 법안은 1년 이상 상원에 머물러 있고 고래와 돌고래의 포획을 금지하는 법안은 상하원 통틀어 34개월이 걸리면서 의회에서 가장 오랜 시간이 걸렸다. 달퐁드 의원은 이러한 긴 지연이 상원의 이미지를 부정적으로 만들고 말소된 법안들이 정부의 입법으로 다시 소개되는 것은 납세자들의 돈과 시간을 낭비하는 것이라고 덧붙였다. 두 의원이 제시한 규정의 내용은 평의원이 상정한 법안을 최소 2시간의 토론을 거쳐 15일 이내 표결하는 것인데 이는 기존에 법안처리에 5, 6개월 걸리던 기간을 단축할 수 있어 보인다. 더불어 더이상 법안처리를 지연해 말소시키는 절차적인 전술은 쓰지 말아야 한다고 덧붙였다. 이에 반대하는 야당 의원의 목소리도 있었지만 달퐁드 의원은 새로운 규정에 대한 다른 의원들의 반응을 기다릴 예정이고 입법 절차가 더 진행되기를 희망한다고 밝혔다.

〈캐나다〉 2020년 02월 13일
• 신민주당, 연방 단위 약국 보험 시행하려 지방정부 협조 구해　　　　(CTV News 02.13)
– 신민주당원들은 지방정부와 약속했던 전국 단위 약국 보험 법안에 대한 지원을 요청하고 있다. 2월 12일 신민주당 대표인 자그미트 싱은 캐나다 전역의 모든 주지사에게 법안과 관련한 당의 계획을 설명하고 이를 허락해 줄 것을 요청했는데 이는 전국적인 약국 법안 추진을 위해 매우 중요한 과정이다. 싱은 편지를 통해 각 주지사에게 그의 전체 계획을 알렸고 신민주당은 이번 달 중순까지 약국 보험을 시행할 평의원 법안을 상정할 예정이다. 신민주당은 이 법안으로 국민들에게 무료로 약이 처방되고 응급 대기 시간이 단축되어 1년에 50억 달러를 절약할 수 있을 것이라 보증하고 있다. 하지만 작년 12월, 주지사들과 지방자치단체장들은 이러한 법안에 망설임

을 표해 왔고 몇몇은 병원에 사람들이 몰리는 현상과 늘어난 대기 시간에 대처하려면 더 많은 돈이 요구될 거라고 우려해 왔다. 주지사들은 연방정부에 국가 차원의 약국 보험을 시행하더라도 그것을 선택할 권한이 지방정부에 있기를 원한다고 말했다. 싱은 연방정부가 건강 관리 기금을 강화하면 지방정부가 보험 계획을 지지하게 된다고 연방정부에 주장해 왔지만, 지방정부가 얼마나 더 많은 돈을 받아야 하는가에 대해서는 언급하지 않았다. 쥐스탱 트뤼도 총리는 세부사항에 대해서는 의견이 다르지만 비슷한 약물 프로그램을 약속한 바 있으며 패티 하지두(Patty Hajdu) 보건부 장관에게 국민 보편적 약국 보험 시행을 지시했었다.

〈미국〉 2020년 03월 16일
• 미치 맥코넬, 은퇴가 얼마 남지 않은 공화당 연방 판사들에게 사퇴 권고
(The New York Times 03.16)
─ 미 연방 판사는 대통령이 지명하고 상원 의회가 인준하기에. 현재 공화당 대통령과 공화당이 장악한 상원은 사법부 보수화에 최적의 조건이다. 현재 공화당이 상원과 백악관을 장악하고 있는 동안 은퇴가 얼마 남지 않은 공화당 판사들이 젊은 공화당 판사로 교체될 수 있도록 자진 사퇴를 권고 중이다. 공화당의 원내 대표인 미치 맥코넬은 판사들에게 그들이 자리를 포기한다면 훌륭한 후계자를 가지게 될 것이라고 확신의 메시지를 전달했다. 공화당의 사법부 장악을 위한 노골적인 노력은 트럼프 대통령이 향후 재선에서 대통령직을 잃을 수도 있고, 대선과 동시에 치뤄질 상원의원 선거에서도 공화당이 상원 다수당을 잃을 수도 있다는 인식을 반영한다. 이러한 공화당의 노력에 진보성향의 사법 그룹인 저스티스의 상무 브라이언 팰런(Brian Fallon)은 "미치 맥코넬이 판사들에게 은퇴하도록 압력을 가하는 것은 또 다른 형태의 법정 포석이다. 이런 형태의 압력은 독립적 이어야 하는 사법부가 얼마나 철저하게 정치화되었는지 보여 주는 것이다"라며 비판했다.

〈캐나다〉 2020년 03월 09일
• 데이비드 라메티 법무장관, 전환치료 금지법안 추가   (CTV NEWS 03.09)
─ 데이비드 라메티 법무장관은 캐나다에서 관행되어온 전환치료를 단속하기 위해

전환치료 금지법안을 추가했다. 이 법률은 한 개인의 성적인 성향을 이성애자로 바꾸려는 원치 않는 종교적 상담을 금지하고, 성 정체성을 시스젠더로 바꾸려는 행동을 줄이는 것을 제안하고 있다. 11페이지 분량의 이 법안은 5건의 새로운 형사법 위반을 제안하고 있다. 미성년자가 전환치료를 받도록 하는 것, 해외에서 미성년자를 전환치료 받게 하기 위해 출국시키는 것, 개인의 의지에 반하여 전환치료를 받도록 하는 것, 전환 치료를 제공함으로서 이익을 얻는 것, 전환치료 제안 광고를 하는 것이 그 내용이다. 이 범죄에 대한 최대 처벌은 일부 범죄의 경우 5년, 다른 범죄의 경우 최대 2년의 징역이 될 것이다. 라메티 장관은 몇몇 LGBTQ 단체와 하원의원의 지지를 받아 이 법안을 발표하면서, "세계에서 가장 진보적이고 포괄적인 금지"라고 칭했고, 이 차별적 관행이 얼마나 캐나다인들에게 평생의 트라우마로 이어졌는지를 언급했다. 또한, 이 법안에서 금지하고자 하는 것이 "사람의 성전환과 관련된 관행, 치료, 서비스를 포함하거나, 그 사람의 정체성이나 그 발전에 대한 탐구를 포함하기 위한 것이 아니라는 것을 명확히 하고 있다"고 했다. 라메티는 이런 배제 조항에 대해 "성적 탐구를 돕는 데 있어 개방적인 목적을 가진 합법적인 대화는 포함되지 않는다. 오히려 성적탐구를 돕는 대화는 사람들이 인생에서 앞으로 나아갈 때 절대적으로 필요하다"고 말했다.

〈캐나다〉 2020년 04월 01일
• 캐나다 정부, 코로나19 확산 예측 모델 공개 거부 (National Post 04.01)
– 캐나다 정부가 캐나다인들이 앞으로 최소 몇 주에서 최대 몇 개월 동안의 사회적 거리 두기를 해야 한다고 강조한 반면, 코로나19의 확산 예측 모델 공개를 거부했다. 패티 하지두(Patty Hazdu) 캐나다 보건부 장관은 "코로나19 확산 예측 모델은 많은 변수를 가지고 있다"며 공개를 거부 했고, 온타리오 주지사 더그 포드(Daug Fodd) 역시 "코로나19 확산 예측 모델 공개는 오히려 사회적으로 공황상태를 유발할 수 있다"면서 공개 거부에 동조했다. 한편 캐나다 정부의 확산 예측 모델 공개 거부에 대해 보수당의 맷 제넥스 하원의원은 "캐나다인들이 모든 정보를 가지고 있어야 한다"고 말했다. 또한 "현재 캐나다인들이 사회적 거리두기를 실천하고 있지만, 무엇보다 중요한 것은 이것을 언제까지 해야 하느냐에 대해 아는 것이다"라며, "캐나다인들에게 더

많은 정보가 제공 될수록, 코로나19에 대한 심각성을 더욱 깨닫게 될 것이다"라며 정부에게 정보 공개를 촉구했다.

〈캐나다〉 2020년 04월 18일

• **사상 최악의 캐나다 노바스코샤 총기 난사 사건 발생, 총기 규제 논란 가시화**

(National Post 04.20)

— 지난 4월 18일 캐나다 노바스코샤주에서 발생한 총기 난사 사건으로 최소 19명의 사망자가 발생했다. 이에 대해 20일 저스틴 트뤼도 총리는 지난 3월 코로나19로 의회가 중단되기 전 논의했던 총기 규제 법안을 도입하겠다고 밝혔다. 총기 규제 법안의 내용은 '군사형 공격무기'를 금지하고 총기 보관법을 강화하여 타인에게 위험하다고 여겨지는 사람에게는 총기 접근을 제한할 수 있도록 하는 것이다. 하지만 아직 이 법안에서 금지하겠다고 한 '군사형 공격무기'에 대한 명확한 정의가 부재하며, 군사형 공격무기의 예시로 AR-15 소총만 예시로 명명하여 구체적으로 금지되는 총기의 종류가 불명확하다. 또한 이번 사건의 수사를 맡은 캐나다왕립경찰은 살인 사건에서 어떤 무기들이 사용되었는지 범인이 총기 소지 허가를 받았는지에 대한 답변을 피했다. 캐나다왕립경찰의 위원 브렌다 럭키(Brenda Lucky)는 "아직 조사 중이기 때문에 이번 노바스코샤주에서 범인이 사용한 총기의 종류에 대한 정보는 제공할 수 없다"라는 입장을 밝혔다. 이러한 상황 속에서 과연 트뤼도 총리가 도입하고자 하는 총기 규제 법안이 실제 시민 사회에서 발생하는 총기 난사 사건을 예방하는 데에 실질적인 역할을 할 수 있을지 논란이 가시화되고 있다.

〈캐나다〉 2020년 05월 01일

• **보수당 당대표 후보 피터 맥케이, 트랜스젠더의 권리에 대한 실언으로 사과**

(National Post 05.01)

— 2015년 자유당에 의해 발의 된 'C-16 법안'은 트랜스젠더의 권리 보호에 대한 내용이 담겨있는 법안이다. 그런데 보수당 당대표 후보 피터 맥케이가 상대 후보 에린 오툴이 '화장실 법안'인 'C-16 법안'을 지지했다며 공격했다. 이전에 사회문제에 대해 진보적인 입장을 고수해 왔던 맥케이가 보수적인 당원들의 표를 얻기 위해 정

책 방향성에 변화를 준 것이다. 그런데 맥케이가 'C-16 법안'을 '화장실 법안'이라고 말한 것에 대해 여론의 뭇매를 맞게 되었다. 'C-16 법안'에는 생물학적 남성들이 여성 화장실 출입을 허용할 수 있다는 내용이 포함되어 있어 보수단체들에 의해 '화장실 법안'이라고 불렸는데, 이에 대해 LGBTQ 단체들이 "트랜스젠더 인권 보호에 대한 내용이 담겨있는 'C-16 법안'을 '화장실 법안'이라고 부정적이게 함축한 것은 이 법안에 편협하게 바라본 것이며 트랜스젠더의 권리를 무시하는 것이다"라며 비판했다. 이에 대해 맥케이 선거캠프는 성명서를 통해 "맥케이는 현재 트랜스젠더 권리 입법을 전적으로지지하고 있으며, 다시는 '화장실 법안'이라는 문구를 사용하지 않겠다"며 사과했다.

〈캐나다〉 2020년 05월 25일
· 코로나19 임금보조금 정당 지급에 보수당 당대표 후보 의원들 비난

(National Post 05.25)

– 캐나다 정부는 코로나19 대유행 이후 한 달 동안 수입이 최소 30% 감소한 단체에 대해 임금보조금을 지급하고 있다. 2020년 1분기 정당들의 모금액은 보수당 380만 달러, 자유당 290만 달러, 신민주당 96만 4000달러, 블록(Bloc Québécois)이 18만 4000 달러로 나타나, 이들 역시 수입이 감소되어 임금보조금을 지급 받았다. 이에 대해 보수당대표 후보 피터 맥케이는 "수백만 명의 실업자와 중소기업들이 살아남기 위해 고군분투하는 상황에서 정당이 납세자의 돈으로 구제되서는 안 된다"고 말했고, 에린 오툴 역시 "보수당은 보조금을 상환할 것"이며 다른 정당들도 똑같이 할 것을 촉구했다. 이에 대해 보수당 대변인 코리 한은 "정당이라는 단체로서 개인의 기부에 크게 의존하고 있으며, 특히 정당 기부금으로 100% 자금이 운용되는 상황에서 코로나19로 인해 예상치 않은 비용이 많이 들었다"며 임금보조금 지급 신청이 어쩔 수 없는 상황이었다고 이야기했다. 이러한 비난에 저스틴 트뤼도 총리는 "임금보조금 지급은 해고될 가능성이 있는 사람들을 지원하여 경제가 회복되는 중요한 부분이다"라며, 간접적으로 임금 보조금 지급을 옹호했다.

〈미국〉 2020년 06월 17일

• 하원과 상원에서 발의된 경찰개혁법안의 주요 차이 (The Hill 06.17)

– 6월 17일 상원 공화당이 경찰개혁법안을 발표했다. 이는 앞선 6월 8일 하원 민주당이 발표한 경찰개혁법안과 마찬가지로 미국 경찰관들의 과도한 무력 사용을 제지하기 위해 추진되었다. 하지만 두 정당이 발표한 법안에는 주요 차이가 있는데, 우선 공화당의 법안의 경우 경찰의 목 누르기를 전면 금지하기보다는 목 누르기를 허용하는 경찰서에 자금 지원을 차단하는 형태로 간접 제한하고 있는 반면 민주당의 법안은 적극적인 금지와 명령을 통해 목 누르기를 불법 행위로 간주한다. 또한 경찰의 위법행위로 인해 피해자들이 경찰을 상대로 소송을 낼 수 있도록 허용하는 '면책특권 철폐'에 관해서도 민주당은 이를 도입하여 시민들의 피해를 최소화하고자 하지만, 공화당의 경우 경찰관에 대한 면책특권은 그대로 유지해야 한다는 입장이다. 민주당은 공화당의 계획이 충분하지 않다고 주장하는 반면 공화당은 민주당 법안이 지나치다고 지적하고 있다. 이처럼 양당이 서로 협의 없이 독자적 법안을 추진해 입법 과정은 순탄치 않을 전망이다.

〈캐나다〉 2020년 06월 08일

• 캐나다 개인정보보호 위원회, 유권자들의 개인정보 침해 우려 (National Post 06.08)

– 캐나다의 개인정보보호위원회가 2019년 가을 연방선거에서 유권자 명단을 제공받은 후보들 중 14%만이 유권자 명단을 제대로 관리하고 있는 것에 대해 사생활 침해를 우려하고 있다. 중앙선거관리위원회가 선거운동기간 동안 모든 후보자들에게 제공하는 유권자 명단에는 유권자의 이름, 주소등 선거에 필요한 개인의 고유 식별자가 포함되어 있는데 정당과 후보는 이 정보를 유권자와의 소통, 기부금 모집, 당원 모집 등 선거 목적으로만 사용이 가능하다. 그러나 선거에 참여한 정당과 후보자들 중 14%만이 개인정보보호를 위해 접근제한을 했다고 밝혔으며 그 중 겨우 25%만이 선거 후 그 문서를 파괴했다고 인정했다. 비토 필리에치(Vito Pilieci) 캐나다 개인정보보호위원회 대변인은 "이번 여론조사 결과는 유권자들의 사생활 보호에 관한 우려를 불러일으키며 정당들이 보유한 개인 정보가 더 잘 보호되도록 하는 법적 의무를 만들기 위해 법 개혁이 필요하다"고 말했다. 현재로서 정당들은 개인정보보호

법과 개인정보보호 및 전자문서법의 적용을 받지 않고 있으며, 개인정보와 관련하여 정당이나 후보자가 처벌받을 수 있는 유일한 지점은 선거외의 목적으로 명단을 사용하는 경우뿐이다. 개인정보보호 위원장 대니얼 테리언(Daniel Therrien)은 유권자에 대한 방대한 정보를 얻는 정당이 국제적으로 공인된 사생활보호 원칙에 따라 개인정보를 관리할 수 있도록 의무를 부여하는 입법이 필요하며 이를 관리할 독립적인 기구를 마련해야 한다는 의견을 밝혔다.

〈캐나다〉 2020년 06월 08일

• 트뤼도 총리, 캐나다왕립경찰에 바디캠 착용 도입 추진　　　　(CTV News 06.08)

– 6월 8일 트뤼도 총리가 캐나다 경찰의 원주민에 대한 차별을 근절하기 위해 바디캠을 도입을 추진하겠다고 밝혔다. 6월 5일에 캐나다왕립경찰의 간부가 자동차의 번호판 유효기간이 만료되었다는 이유로 캐나다 원주민을 트럭을 폭행하는 영상이 공개되었고, 논란이 확산되자 인종차별과 경찰의 잔혹행위를 해결하기 위한 계획을 발표한 것이다. 트뤼도는 "바디캠 도입은 경찰이 시민들을 불공평하게 대한다는 불만을 해결할 수 있는 비교적 간단한 방법이다"며 경찰의 대응을 전부 기록하겠다고 했다. 또한 불평등을 해소하기 위해 캐나다왕립경찰에 대한 예산을 축소하는 방안도 고려한다고 했다. 하지만 이에 대해 보수당 대표 앤드류 시어는 "인종차별을 해소하기 위해 지출을 삭감하는 것은 오히려 캐나다 국민들을 안전하지 못하게 만드는 것"이라며, 경찰 내부 조직을 개선하기 위한 제도적 장치가 마련되어야 한다고 주장했다.

〈미국〉 2020년 07월 24일

• 美, '100% 온라인 수강' 신입 유학생은 입국 금지…각계 반발　　　　(연합뉴스 07.26)

– 미 국토안보부 산하 이민세관단속국(Immigration and Customs Enforcement)가 7월 24일 대학 당국자들에게 지난 3월 9일가지 등록이 안 된 신입생은 올 가을학기에 전면 온라인 수강을 계획할 경우 비자를 발급받지 못할 것이라고 고지했다. 이는 온라인 강의만 듣게 될 경우 새로 입학하는 유학생들은 미국에 들어올 수 없다는 이야기이다. 앞서 도널드 트럼프 행정부는 7월 6일 가을학기에 100% 온라인 수강하는 비이

민자 F-1 및 M-1 비자 학생들의 미국 체류와 신규 비자 발급을 금지한다는 지침을 공개했다가 거센 반발에 직면해 1주일여 만에 전면 철회했다. 통상 미국 대학교에 다니는 외국인 학생들은 학기당 1개가 넘는 온라인 강의를 들을 수 없지만, 지난 3월 코로나19 사태를 고려해 유학생들이 온라인 수업만 듣더라도 비자를 유지할 수 있도록 이민세관단속국은 규제를 완화했다. 이러한 이민세관단속국의 3월 정책에 하버드대는 신입 유학생에게도 확대 적용해달라고 의회에 요청하고 있지만, 가을학기까지는 변화가 없을 것으로 예상된다. 또한 코로나19 사태로 이미 유학생이 감소하고 있는 대학들은 이번 조처로 재정적 타격이 심화할 것으로 전망된다. 미국시민자유연합(American Civil Liberites Union)은 트위터를 통해 트럼프 행정부가 "청년 이민자를 타깃으로 삼기 위해 코로나19 대유행을 악용하고 있다"며 "수십만 유학생의 삶에 지장을 줄 것"이라고 우려했다. 미 의회가 ICE의 조치에 관해 조사해야 한다고도 촉구했다. 필 머피(Phill Murphy) 뉴저지 주지사는 이번 발표가 "국제 유학생들에 대한 공격"이라면서 "불필요하고 비(非)미국적"이라고 비판했고, 뉴저지주 교육부도 "믿을 수 없고 외국인 혐오적이며 불법적"이라고 강도높게 비난했다.

〈미국〉 2020년 08월 23일

• 트럼프 대통령, 위스콘신 주지사에게 주 방위군을 불러 시위 진압하라 요청

(The Hill 08.26)

− 8월 23일 위스콘신주 커노샤에서 흑인 제이콥 블레이크(Jacob Blake)가 경찰의 제지를 받던 중 차량 운전석으로 가다가 4발의 총알을 맞고 쓰러졌다. 비무장 흑인 남성에 대한 경찰의 총격으로 사흘째 이어진 시위가 과격해지자, 시위 도중 총격전이 벌어졌고 시위대 2명이 사망하고 1명이 중태에 빠졌다. 이러한 상황 속에서 트럼프 대통령은 트위터를 통해 "시위 진압을 위해서는 위스콘신 주의 주 방위군을 불러야 한다"며 경찰의 과도한 폭력에 대해서는 지적하지 않은 채 시위 진압을 최우선하는 태도를 보였다. 마크 메도우스(Mark Meadows) 백악관 비서실장은 트럼프 대통령이 시내 재산파괴와 폭력을 억제하기 위해 위스콘신 주지사에게 군인을 지원하겠다고 제안했다고 밝혔다. 그러나 위스콘신 주지사 토니 에버스(Tony Evers)는 트럼프의 제안을 거절했고, 이에 대해 론 존슨(Ron-Johnson) 상원 국토안보위원장은 주지사 토니 에버

스에게 "폭력시위를 진압하기 위해 연방정부가 도와주겠다는 트럼프 대통령의 결정을 거절한 것을 다시 재고할 필요성이 있다"고 말했다.

여론 · 시민사회 · 전자민주주의

〈캐나다〉 2019년 10월 09일
• **자유당, 페이스북 선거광고에 주요 정당들보다 많은 비용 지출**

(The Globe and Mail 10.09)

– The Globe and Mail에 제공된 페이스북 광고 데이터 분석에 따르면 자유당은 다른 주요 정당보다 페이스북에 더 많은 광고를 게재하고 있다. 자유당을 비롯해 보수당, 민주당, 녹색당, 퀘벡 블록당과 인민당의 광고는 최소 1억 2,290만 건의 조회 수를 기록했다. 이 정당들은 페이스북 광고에 적어도 110억 달러를 지출했는데 자유당은 지출 총액의 최소 $658,600, 퍼센트로 환산하면 56.7%를 차지한다. 이 분석은 6월 30일부터 10월 4일까지 공식 사전 선거 기간이 시작될 때부터 페이스북 광고 라이브러리에 의해 기록된 모든 광고를 검토한 것이다. 페이스북에서 정치 광고를 연구하는 뉴욕 대학교의 탄돈 공과 대학(Tandon School of Engineering at New York University)의 온라인 정치 투명성 프로젝트의 선임 연구원인 로라 에델슨(Laura Edelson)은 이 분석 결과가 자유당과 보수당의 온라인 광고 전략 차이를 보여 준다고 밝혔다. 에델슨에 따르면 보수당은 당의 메인 페이지에서 광고를 구매하는 전통적인 방송형식으로 홍보하고 자유당은 당이 아니라 후보자 개개인의 페이지를 통한 광고에 집중하고 있다고 한다.

〈캐나다〉 2020년 02월 21일
• **보수당 대표 선거 후보, 철도 점거 시위대에 대한 발언으로 희비 엇갈려**

(National Post 02.21)

– 캐나다 정부가 문제해결을 위해 고심하고 야당들은 정부의 대응을 비판하는 철도 점거 시위대 문제는 한 주간 보수당 대표 후보자들의 행보에 평가가 갈린 이슈였다. 이번 사건은 후보자들이 만약 총리라면 어떻게 행동할지 입장을 밝힐 좋은 기회였는

데 피터 맥케이 후보는 이에 대한 트위터 발언 문제로 어려움을 겪었고 반대로 에린 오툴 후보는 현재 상황을 해결할 정책을 제안했다. 맥케이는 철도 점거를 해제한 에드먼턴 서부 지역 시위대의 행동이 트뤼도 총리의 대응보다 더 효과적이었다며 자경주의를 지지하는듯한 트윗으로 비판을 받았고 트윗을 삭제했다. 맥케이는 트뤼도 총리의 요가 습관을 비판하는 트윗을 올려 논란이 되었던 것에 이어 다시 한번 소셜미디어 활용에 어려움을 겪었다. 반대로 오툴은 본인이 총리라면 철도와 같은 국가의 중요 기반시설에 대한 점거를 범죄로 처벌할 수 있게 법안을 제안할 것이라고 밝혔다. 오툴의 입장은 맥케이가 시위대에 대한 트윗을 올릴 때 발표되면서 양 후보의 선거 운동은 대비되었다. 한편 후보자들의 첫 번째 후보 등록기한을 한 주 앞두고 경선에 나설 공식 후보는 맥케이, 오툴, 마릴린 글라두(Marilyn Gladu), 토론토 출신 변호사 레슬린 루이스로 4명이 우선 결정됐고 몇몇 후보들은 자격을 맞추며 당의 최종 승인을 기다리고 있다. 앞으로 2차 후보 등록이 시작될 예정이며 후보 등록을 위해서는 1000명 이상의 서명을 받아야 하고 12만 5천 달러가 확보되어야 한다. 멕케이는 이 기준을 거의 달성했고 오툴은 이미 자격을 얻었다. 2차 등록에도 성공한 후보들은 이메일로 약 30만 명에 이르는 당원들에게 후원금에 대한 언급과 당 소속 개인정보에 대한 갱신을 부탁할 예정이다.

〈캐나다〉 2020년 05월 05일

• 캐나다 하원 화상회의, 의원들의 의회 규칙 준수 논란   (National Post 05.06)

– 캐나다 하원의장 앤서니 로타가 코로나19로 진행되는 화상회의에서 의원들이 의회의 규칙을 준수하지 않는 것에 대해 우려를 표명했다. 캐나다 하원의회는 회의 도중 전시품, 소품의 등장이 금지되어 있는데, 5월 5일 보수당 소속 의원 블레인 칼킨스(Blane Calkins)가 발언하던 도중 그의 뒤편에 장식되어 있던 박제된 사슴 머리가 등장했다. 또한 회의 참여시에는 중립을 지켜야함에도 불구하고 녹색당의 대표 폴 멘디(Paul Mendi) 의원은 자신의 등장 배경에 초록색을 사용하면서 그가 소속된 정당의 특징을 드러냈다는 비판을 받았다. 이에 대해 로타 의장은 "현재는 코로나19로 생긴 예외적인 상황이지만, 의회의 권위와 품위를 유지하는 것이 여전히 필요하다"며, 화상회의에 대한 가이드라인을 발행해 줄 것을 요구했다. 그는 화상 회의 참여시 어떤

촬영 각도를 사용해야 하는지를 명시할 정도로 방송되는 방식을 규제해야 한고 말했다. 이해 대해 보수당 하원의원 미셸 렘펠 가너(Michelle Rempel Garner)는 로타가 "독재자적이다"라며 비판했다.

〈미국〉 2019년 09월 24일
• 탄핵 조사의 다음 일정은 무엇이며 트럼프는 이에 협력할 것인가?

(The Washington Post 10.25)

– 9월 24일 낸시 펠로시 하원의장은 하원위원회가 우크라이나 스캔들로 인한 공식적인 트럼프 탄핵 조사에 들어갈 것을 선언했다. 우크라이나 스캔들은 지난 7월 블라디미르 젤린스키(Vladimir Zelensky) 우크라이나 대통령과의 통화에서 트럼프 대통령이 조 바이든의 아들인 헌터 바이든의 뒷조사를 의뢰한 것으로 논란을 빚는 사안이다. 이에 맞서 다음날 25일에는 백악관이 우크라이나와 관련된 트럼프 대통령의 통화 문건을 공개했다. 하원은 통화에 관련된 인물들에게 자료 제출을 요구하는 소환장을 보내고 청문회에서 증언을 받을 목적으로 출석 요구서를 발송했다. 그리고 10월 3일에는 전 미 국무부 우크라이나협상 특별대표, 커트 볼커(Kurt Volker)를 11일에는 전 우크라이나 주재 미국대사, 마리 요바노비치(Marie Yovanovitch)를 의회에 소환해 증언을 받았다. 트럼프 대통령과 백악관은 탄핵 10월 15일까지 예정되었던 우크라이나 스캔들에 관련된 조 바이든 전 부통령과 국방부와 행정 관리 예산국 관련 자료를 제출하지 않는 모습을 보이는 등 탄핵 조사 방어에 나섰다. 탄핵 조사는 계속되고 있으며 10월 28일에는 전 국가 안보 회의 보좌관, 찰스 쿠퍼만(Charles Kupperman) 10월 29일에는 두 정상의 통화내용을 들었을 것으로 짐작되는 국가 안보 회의 우크라이나 전문가, 알렉산더 바인드만(Alexander Vindman)의 증언이 예정돼 있다.

〈캐나다〉 2019년 09월 18일
• 캐나다 국민들, 트뤼도 총리의 흑인분장 사진 대수롭지 않게 여겨

(National Post 09.23)

– 캐나다 국민들의 트뤼도 총리의 흑인분장에 대한 반응을 보여 주는 여론조사가 발표됐다. 캐나다의 여론 및 시장조사 기관인 Abacus Data에 의해 행해진 이번 조사

결과는 트뤼도 총리 사건이 현재까지는 보수당이 희망했던 만큼의 큰 영향력은 없었던 것을 보여 주었다. Abacus의 데이비드 콜레토(David Coletto)는 "저번 주에 공개된 사진과 영상이 선거의 초점과 논점을 바꿀 만큼 충격적이기는 했지만 뒤따라 행해진 여론조사에 따르면 이것이 사람들의 총리에 대한 인상과 투표 성향을 바꿀 만큼이라는 증거는 제한적이다"라고 말했다. Abacus를 통해 조사된 약 42%의 사람들은 갈색과 검은색으로 얼굴을 칠한 총리의 모습을 보는 것이 그렇게 신경 쓰이지는 않는다고 답했고 34%의 사람들은 그 사진이 싫기는 하지만 그의 사과를 받아들였고 이를 극복해낼 수 있다고 밝혔다. 선거가 만약 오늘 열렸다면 상위 두 정당 중 어느 당에 투표했을지에 대한 여론조사에서도 트뤼도 총리의 사건 전후 지지율이 비슷했다. 자유당 33.1%, 보수당 34.3%를 기록하며 사건 4주 전 여론조사에서 자유당이 34%, 보수당이 34.4%를 기록한 것과는 큰 차이가 없었다.

〈캐나다〉 2019년 11월 25일
• 보수당 대표 앤드류 시어, 보수적인 사회단체들로부터 사임 요구받아

(The Globe and Mail 11.25)

- 일부 사회 보수 단체들이 앤드류 시어 당 대표가 그가 연방 선거에서 보수 단체들의 믿음에 보답하지 못했기 때문에 대표로 더는 적합하지 않다고 주장하고 있다. 2017년 시어는 사회 문제에서 더 보수적인 후보를 지지한 당원들의 지원으로 보수당 대표 자리에 올랐었다. 그러나 지금 그는 내년 4월 당 대표 선거를 앞두고 보수당의 진보세력으로부터 점점 압박을 받고 그가 다시 한번 당의 보수 세력으로부터 지지를 얻을지도 의문이다. 전 보수당 의원이자 2017년 당 대표 선거에서 패배했던 브래드 트라스트(Brad Trost)는 많은 사회적 보수주의자들이 앤드류 시어를 지지하지 않는다고 말했다. 생명 연합 캠페인과 복음주의 기독교의 리더인 찰스 맥베티(Charles Mcvety)도 트로스트와 입을 모아 보수는 새로운 당 대표를 필요로 한다고 말했다. 반낙태 단체인 "Right Now" 역시 앤드류 시어를 당 대표 선거에서 차선책으로 놓고 지켜볼 것이라고 밝혔다. 이런 반응에 시어의 사무실은 아직 답변을 내놓지 않았다. 선거 기간 동안 낙태에 대한 당과 시어의 입장은 애매했고 이는 그를 우유부단한 사람으로 보이게 했기에 사회단체들은 시어를 부정적으로 평가하고 있다.

〈캐나다〉 2020년 01월 08일

• 당 대표에게 원하는 것이 확실한 보수당 유권자들　　　　　　　(National Post 01.08)

– 여론조사기관 Leger Marketing이 1월 3일부터 7일까지 캐나다 유권자 1554명을 대상으로 실시한 설문조사에 따르면 보수당 유권자들은 투표 기준에 누가 대표 자리를 맡을 것인가보다는 대표에게 무엇을 요구할 것인가에 더 중점을 두고 있다. 확고한 보수당 유권자들 가운데 29%는 설문에서 당의 지도자가 누가 돼야 하는가에 대한 질문에 응답하지 않거나 응답 거부 의사를 밝혔다. 이는 인물이 이번 선거에서 중요한 사안이 아님을 의미한다. 반대로 새로운 대표가 가져야 할 특징이 무엇인지 질문했을 때 보수주의자들은 확실한 입장을 취했다. 유권자 중에서 82%는 대표 자격으로 균형예산 운영을 원했고 71%는 충분한 정치적 경험이 있는 사람을, 63%는 캐나다로의 이민을 줄여줄 사람을 원했다. 다음으로 당 대표가 여성이어야만 하냐는 질문에는 5%의 유권자들만 찬성을 표했고 17%는 남성이어야 한다고 77%는 대표의 성별이 그들에게 중요치 않다고 답했다. 여론조사를 한 당일에 선거가 열렸다면 투표할 확고한 후보가 있었다고 답한 사람들은 전체 유권자의 31%의 불과해 다음 선거에서 새로운 대표가 맞이할 중요한 과제는 이미 확보한 유권자들을 넘어 다른 지지자들로부터 확고한 지지를 얻는 것이 될 것으로 보인다.

〈미국〉 2020년 03월 24일

• 트럼프 지지율 49%, 대통령 취임 후 역대 최고 성적과 동률　　　　(Gallup 03.24)

– 3월 24일 여론조사 회사 갤럽에 따르면 지난 13~22일 유권자 1020명을 대상으로 한 조사에서 트럼프 대통령의 국정 지지율은 49%로 취임 후 역대 최고 성적과 동률을 기록했다. 트럼프 행정부는 3월 11일 대통령 연설이 있기 전까지 코로나바이러스의 위협을 경시했다는 비판을 받고 있었다. 그러나 트럼프는 16일 "10명 이상의 집회를 피하고 가능하면 근로자와 학생을 집에 머물게 하라"고 촉구하며 사태의 심각성을 인정했다. 이후 트럼프 행정부는 매일 기자회견을 열어 연방정부가 이 상황을 해결하기 위해 무엇을 하고 있는지 국민들에게 알렸다. 이에 대해 미국인들은 코로나에 대한 트럼프의 대응에 대체로 긍정적인 평가를 내리고 있으며 코로나 대응을 지지한다는 응답이 60%로, 지지하지 않는다는 응답 38%보다 높았다. 이외에도 공

화당원 44%, 무소속 60%, 민주당원 27%가 그의 대응을 지지했다. 이러한 높은 지지율은 코로나바이러스의 유행으로 미국인들이 국가 위기 때 대통령을 중심으로 결집하는 현상으로 풀이된다.

〈캐나다〉 2020년 03월 09일

• 철도 노선 봉쇄, 대다수의 캐나다 국민들이 반대　　　　　(The Globe and Mail 03.09)

– 현재 밴쿠버 북부의 캐나다 원주민 웻수웨텐(Wet'suwet'en)족은 부족 영토를 지나는 캐나다 국유철도를 점거한 이후 한 달째 철도통행을 봉쇄하고 있다. 670km의 천연가스 공급관이 부족 영토를 통과하는 문제와 관련해 공사주체인 티씨에너지지사와 웻수웨텐 부족 내 선출직 추장들이 맺은 협정을 부족의 세습직 추장들이 거부하고 나선 것이다. 이와 관련한 나노스 리서치(Nanos Research)에서 발표한 여론조사에 따르면, 여론조사에 응한 캐나다 국민 중 57%는 '철도와 고속도로 봉쇄를 허용하지 않겠다'고 응답했고, 16%는 '다소 수용할 수 없다'라고 응답했다. 나노스 리서치의 창립자인 닉 나노스(Nik Nanos)는 2월 21일 인터뷰에서 캐나다인들과 원주민과의 화해를 진전시키기 위한 자유당 정부의 접근 방식에 대해 비관적인 태도를 보이며, "자유당은 그동안 발생한 일을 경종으로 받아들여야 한다"고 말했다.

〈미국〉 2020년 04월 11일

• 미국 역사상 처음으로 50개 주 전부 재난지역 선포　　　　　(The Hill 04.12)

– 4월 11일 트럼프 대통령이 연방재난관리청(FEMA)를 통해 50개 주 전 지역에 대규모 비상사태를 선포했다. 북마리아나 제도, 괌, 푸에르토리코 등 미국령 역시 재난지역에 포함되었다. 미국 역사상 최초의 전 지역 재난 선포는 지난 3월 20일 뉴욕 주에서의 1차 대형 재난 선언 이후 22일 만이다. 이번 재난 선언은 코로나19로 인한 사망자가 11일 이탈리아를 넘어 세계1위를 기록했기 때문이다. 존스홉킨스 대학의 자료에 따르면, 미국은 세계에서 최소 54만7,681명의 환자가 발생하여 최소 21,686명이 사망했으며 이탈리아 사망자 19,899명을 넘어섰다고 한다. 전 세계 사망자 수 10만8,178명 5명 중 1명이 미국인인 셈이다. 연방재난관리청의 선언에는 주 정부는 바이러스의 확산을 막기 위해 연방 자금을 제공한다는 내용이 담겨있다. 재난 선포 다

음날인 12일 트럼프 대통령은 트위터를 통해 "우리는 승리하고 있으며, 보이지 않는 적과의 전쟁도 승리할 것이다!"라며 재난을 이겨낼 수 있다는 긍정적인 메시지를 전했다.

〈미국〉 2020년 04월 19일
• 미국 코로나19 '반(反) 봉쇄' 시위 확산, 경제 활동 재개 반대하는 주지사에 항의

(연합뉴스 04.20)

– 미국에서 코로나19의 확산 억제를 위한 봉쇄 조치에 반발하는 시위가 확산되고 있다. 현재 코로나19 검진 역량에 대한 트럼프 대통령과 주정부간의 견해차가 크다. 트럼프가 코로나19 검진 역량이 충분하니 경제를 재개방해야 한다고 발표한 것에 대해 일부 주지사들이 반대하자 봉쇄 장기화를 반대하는 움직임이 커진 것이다. 민주당 소속 제이 인슬리(Jay Inslee) 워싱턴 주지사가 50명 이상의 모임을 금지하는 명령을 내리자 19일 이에 반발하는 시위에 2,500명가량이 참석했다. 시위를 조직한 엔지니어 타일러 밀러(Tiler miller)는 "셧다운 기준이 되는, 필수 사업장이냐 비필수 사업장이냐라는 구분법은 헌법에 위배된다"고 주장했다. 이러한 반(反) 봉쇄 시위는 텍사스, 위스콘신, 오하이오, 미네소타, 미시간, 버지니아주 등에서도 벌어졌다. 트럼프 대통령은 이날 백악관 브리핑에서 "시위에 나선 사람들은 우리의 미국을 사랑하는 사람들"이라며 "이들은 다시 일터로 돌아가고 싶어 한다"고 말했다. 한편, 대다수의 시위 참여자들이 마스크를 착용하지 않은 것으로 확인됐다. 이에 대해 보건 당국은 코로나19 확산을 늦추는 데 이동제한이 핵심이라고 권고했다.

〈미국〉 2020년 05월 25일
• 미국 백인 경찰의 과잉진압으로 비무장 흑인 사망, 미 전역으로 시위 확산

(CNN 05.29; 연합뉴스 05.30 재인용)

– 5월 25일 미국 미네소타주 미니애폴리스에서 위조 수표 신고를 받고 출동한 경찰관이 백인 경찰이 범인으로 의심되는 한 흑인 남성을 체포했다. 그의 이름은 조지 플로이드로 경찰은 시민들의 만류에도 불구하고 그가 의식을 잃은 3분을 포함해 총 9분 동안 무릎으로 목을 눌렀으며 결국 플루이드는 사망했다. 이로 인해 시작된 항의

시위는 미국 전역으로 확산 되었으며 유혈 폭동과 폭력 시위로 비화하고 있다. 플로이드 사건이 발생한 미네소타주 미니애폴리스에서는 공권력의 상징인 경찰서까지 불탔으며, 인근 도시에 까지 폭동사태가 번져 200개의 상점이 약탈당하고, 수십건의 화재가 발생했다. 결국 미네소타주는 비상사태를 선포하고 주 방위군 500명 투입과 야간통행금지령을 발동했다. 이런 가운데 도널드 트럼프 대통령은 폭동을 일으킨 시위대를 '폭력배'로 규정하고 "약탈이 시작될 때 총격이 시작된다"고 말해 논란을 자초했다. 트럼프의 발언에 논란이 거세지자 해명을 하려했지만, 미국 국민들은 대통령이 경찰의 폭력 진압을 선동했다며 반발했다.

〈미국〉 2020년 05월 10일

• 트럼프 대통령, 마이클 플린 기소 취하와 관련해 오바마 맹비난 　　　　(The Hill 05.10)

– 5월 10일 트럼프 대통령이 트위터를 통해 하루 종일 글을 올리며 버락 오바마 전 대통령을 비난했다. 이는 미국 연방수사국이 러시아 스캔들을 조사할 때 허위 진술을 했다는 혐의로 기소된 마이클 플린 전 백악관 국가안보보좌관에 대한 기소를 취하한 이후에 일어났다. 기소 취하에 대해 오바마 전 대통령은 전 백악관 참모진과의 통화에서 "위증으로 기소된 사람이 무죄로 풀려난 전례는 아무도 찾을 수 없다"며 "제도적 규범뿐만 아니라 법치주의에 대한 우리의 기본적인 이해가 위험에 처해있다"고 말한 것으로 전해졌는데, 트럼프 정부의 문제를 꼬집은 오바마 전 대통령의 전화 통화 내용이 트럼프 대통령의 심기를 건드린 것으로 보인다. 트럼프는 트위터를 통해 "이는 오바마 정부 출신 인사들의 표적수사이며, 미국 역사상 가장 큰 정치 범죄이다"라고 주장했고, '오바마 게이트'라는 단어를 사용하며 100여 차례 오바마를 비난하는 글을 트위터에 남겼다.

〈미국〉 2020년 06월 23일

• 미국 법원의 처벌 경고에도 볼턴 회고록 공식 출간 　　　　(연합뉴스 06.23)

– 6월 23일 도널드 트럼프 대통령을 신랄하게 비판하는 존 볼턴 전 백악관 국가안보보좌관의 회고록이 출간되었다. 이 책은 트럼프의 저급한 자질과 미국 정부의 대내외 정책 실패를 주장하는 등 노골적인 비판이 담겨있어 출간 전부터 주목을 받았다.

트럼프는 출간 전부터 볼턴 전 보좌관을 '괴짜', '무능력자'로 부르며 볼턴의 회고록의 내용이 모두 거짓말이라고 주장했으며, 이러한 트럼프의 반응에 일각에서는 그가 오는 11월 미국 대선을 앞두고 회고록이 몰고 올 파장을 우려하고 있다는 관측도 제기되고 있다. 현재 볼턴은 국내외 언론과 릴레이 인터뷰를 통해 "트럼프는 대통령 자격이 없다"며 낙선운동을 펼치고 있다. 외교안보 정책에서 볼턴과 함께 일했던 마크 폼페이오(Mike Pompeo) 국무부 장관은 "볼턴 회고록에 거짓이 잔뜩 포함됐다"며 비판과 경고에 열을 올리고 있다. 미국 정부는 볼턴 회고록에 국가 기밀이 담겨있다며 출판금지 가처분 신청을 내기도 했으나 법원의 기각으로 뜻을 이루지 못했다. 현재 회고록은 출간 전부터 사전주문으로 크게 인기를 얻었으며 현재 아마존 베스트셀러 랭킹에서 1위를 질주하고 있다.

〈미국〉 2020년 06월 24일

- **지지율 14%p 차로 트럼프를 앞서고 있는 조 바이든**　　(The New York Times 06.24)
- 6월 24일 뉴욕타임즈의 전국 여론조사에서 민주당 대선 후보 조 바이든의 지지율이 트럼프의 지지율 36%보다 14% 앞선 50%를 기록했다. 트럼프는 재임기간 중 가장 낮은 지지율을 보였고, 그의 재선 가능성이 불투명해진 상황이다. 바이든에 대한 흑인 유권자의 지지율이 트럼프의 지지율보다 74%나 높았으며 히스패닉계에서는 38%나 앞서며 흑인과 히스패닉계 유권자로부터 압도적으로 높은 지지율을 확보했다. 또한 대졸 이상의 고학력 백인들 사이에서도 트럼프 대통령보다 40% 높은 지지율을 얻었다. 특히 이번 여론조사에서는 공화당의 젊은 백인 유권자들의 이탈이 두드러졌는데, 이는 이미 나이든 미국인에게 크게 의존하고 있던 공화당으로서는 불길한 추세이다. 텍사스주 포트워스의 공화당원인 톰 다이아몬드(Tom Diamond)는 "원래 트럼프 대통령에게 표를 던질 계획이었지만 그는 코로나19의 대유행에 잘못 대처한 불쌍한 지도자이기 때문에 바이든을 지지하겠다"며 "조 바이든은 믿을 수 있는 사람 같다"고 말했다. 여론조사 결과가 보여 주는 것처럼 현재 트럼프 행정부는 코로나19 팬데믹 상황과 인종차별 항의 시위에 대한 잘못된 대응으로 미국인들로부터 부정적 평가를 받고 있다.

〈미국〉 2020년 07월 26일

• 대선 100일 앞 트럼프, 여론조사 계속 고전…승부처마저도 밀려　　　(연합뉴스 07.27)

– 11월 3일 미국 대선을 100일 앞둔 7월 26일 트럼프 대통령이 경쟁자인 조 바이든 전 부통령에게 상당한 격차로 뒤진 것으로 나타났다. CNN방송이 18~24일 여론조사기관 SSRS와 공동으로 실시해 이날 발표한 3개 경합주 여론조사에서 바이든 전 부통령이 트럼프 대통령을 모두 앞섰다. 플로리다에서 51% 대 46%, 애리조나에서 49% 대 45%로 오차범위긴 하지만 트럼프 대통령을 각각 5%p, 4%p 따돌렸고, 미시간에서는 52% 대 40%로 두 자릿수로 이긴 것으로 나타났다. 이들 3개 주는 2016년 트럼프 대통령이 모두 승리한 곳이었다. NBC와 마리스트폴의 14~22일 여론조사에 따르면 바이든 전 부통령은 애리조나에서 50% 대 45%로 앞서 비슷한 흐름을 보였다. 또 CBS와 유고브의 21~24일 조사에서는 바이든 전 부통령이 미시간에서 트럼프 대통령을 48% 대 42%로 앞섰다. 경합주는 아니지만 트럼프 대통령이 2016년 8.1%p로 이긴 오하이오에선 바이든 전 부통령보다 불과 1%p 높았다. 트럼프 대통령은 2016년 대선 때도 7월 기준 민주당 힐러리 클린턴 후보에게 여론조사에서 뒤졌지만 당시 격차는 현재만큼 크지 않았다. 월스트리트저널은 현재 후보 간 지지율 격차가 빌 클린턴(Bill Clinton) 전 대통령이 재선 도전에 나선 1996년 이후 가장 큰 상태라고 분석했다. 코로나19의 확산과 맞물려 트럼프 대통령의 국정수행 지지도 역시 동반 추락하는 양상이다. 그렇지만 2016년 대선 당시 힐러리 후보가 여론조사에서 앞서다가 정작 대선에서 패배한 악몽이 있기 때문에 민주당 역시 안심하는 분위기는 아니다.

〈캐나다〉 2020년 07월 03일

• 트뤼도 총리와 긴밀한 관계인 위 채리티, 9억 달러의 정부 사업 집행으로 논란

(CBC 07.03)

– 캐나다의 저스틴 트뤼도 총리 정부가 총리 가족과 친분이 있는 자선단체에 정부사업을 맡겼다가 물의를 빚고 공직자 윤리위원회의 조사를 받게 되었다. 비영리 자선단체 위채리티에 대학생 학자금 지원사업 시행을 맡긴 정부 결정에 대해 트뤼도 총리의 관련 여부 조사도 착수됐다. 트뤼도 정부는 코로나19로 구직이 어려워진 청년

충 지원 대책의 하나로 자원봉사 활동에 참여한 대학생에게 최대 5천 캐나다달러(약 442만 원)을 지급하기로 하고 9억 캐나다달러에 달하는 사업 예산의 집행을 위채리티에 맡겼다. 그러나 위채리티는 평소 트뤼도 총리의 모친 마거릿 여사가 '위 데이(We day)'라는 행사에 단골 출연하고 부인 소피 그레고어(Sophie Grégoire)도 이 단체의 팟캐스트에 고정 출연하는 등 총리 가족과 밀접한 친분을 쌓아온 것으로 드러났다. 이러한 논란이 일자 캐나다 정부는 일단 위채리티에 대학생 봉사활동 지원 프로그램을 맡기기로한 사업 계약을 취소하고 사업 시행 방식을 재검토하기로 했다고 전했다. 보수당 앤드루 시어 대표는 위채리티가 사업 시행 적임자라고 생각한다면 트뤼도 총리가 믿을만한 증거를 제시해야 할 것이라며 그를 비판했다.

〈미국〉 2020년 08월 17일

• 美 여론조사 결과, 우편투표 참여 가능성이 트럼프 대통령의 지지자들보다 높은 바이든의 지지자들 (The Wall Street Journal 08.17)

— 도널드 트럼프 미국 대통령과 민주당이 11월 대선에서의 우편 투표 확대를 두고 첨예하게 맞붙은 가운데 조 바이든 전 부통령 지지자 측의 우편투표 참여 의사가 압도적으로 높게 나타났다. 월스트리트저널과 NBC뉴스가 공동 실시한 여론조사에 따르면 민주당 대선 후보인 바이든의 지지자 47%는 직접 투표보다는 우편 투표를 계획하고 있다고 밝혔다. 반면 트럼프 대통령 지지자 가운데 직접 투표보다 우편 투표를 계획한다는 비율은 11%에 그쳤다. 선거 당일 직접 가서 투표하겠다는 비율은 트럼프 대통령 지지자 측이 66%로, 바이든 전 부통령 지지자들의 26%보다 높았다. 이 같은 양당의 다른 투표 성향으로 개표 과정에서 승자가 뒤집힐 수도 있다고 월스트리트저널은 보도했다. 우편 투표는 편지를 열어 서명을 확인하는 등의 절차를 거쳐야 해 직접 투표보다 개표에 시간이 더 오래 걸리는데 이런 시차로 개표 중간에 득표율 역전 현상이 일어날 수 있다는 의미다. 트럼프 대통령이 문제 삼는 개표 신뢰성에 관한 물음에서도 지지 정당별로 견해차가 확인됐다. 민주당 지지자의 55%는 대선 개표 결과가 실제 투표와 일치할 것이라고 말했으나 공화당 지지자는 36%만 이에 동의했다. 특히 우편투표 개표의 신뢰성 문항에선 민주당 지지자의 65%는 우편투표가 개표에 제대로 반영될 것으로 본다고 답했지만, 공화당 지지자는 23%만이 신뢰

를 나타냈다. 한편 우편 투표가 민주당에 유리하다는 트럼프 대통령의 주장과 달리 스탠퍼드대의 최근 조사에선 우편투표 전면 실시가 특정 정당에 현저하게 유리하지는 않은 것으로 나타났다.

〈캐나다〉2020년 08월 05일

• 캐나다 국민의 49%, 트뤼도 총리가 WE 스캔들로 이해충돌방지법을 위반했을 경우 신임투표를 해야 한다고 응답 　　　　　　　　　　　　　　　　　(National Post 08.05)

− 캐나다 국민 1,531명을 대상으로 온라인 여론조사를 진행한 결과 저스틴 트뤼도 총리가 WE 스캔들로 인해 이해충돌법을 위반한 것으로 밝혀질 경우 그가 총리직을 계속 수행할 수 있는 적임자인지 판단할 선거가 있어야 한다고 49%가 응답했다. 특히 보수당 지지자들은 78%의 높은 응답률을 보였다. 트뤼도는 2017년 저명한 중동 부호인 아가 칸의 전용헬기를 타고 그의 소유 섬에서 가족 휴가를 보낸 것과 2019년 당시 법무장관이었던 조디 윌슨−레이보울드(Jody Wilson-Raybould)를 부적절하게 압박해 몬트리올 엔지니어링 거대기업 SNC-Lvalin의 형사 고발을 중단시킨 것으로 이미 두차례 이해방지충돌법을 위반했다. 여론조사 결과가 밝혀지자 부총리 크리스티아 프리랜드는 "코로나19가 확산된 이후로 보수당은 항상 자유당에 뒤처지고 있었으나, 이번 사건으로 인해 보수당에 새 지도자가 선출되면 곧 바로 신임투표가 치러질 수도 있을 것이다"라며 자유당이 현재 위기에 처했음을 이야기했다.

〈캐나다〉2020년 08월 17일

• 재무장관 빌 모르나우, 코로나19 정책에 대한 트뤼도 총리와의 의견 충돌로 재무장관직 사임 　　　　　　　　　　　　　　　　　　　　　　　(Ottawa Citizen 08.18)

− 8월 17일 빌 모르나우 캐나다 재무장관은 코로나19와 관련한 경제정책에 대해 트뤼도 총리와 의견 충돌이 계속되자 장관직과 하원의원직에서 물러났다. 그는 기자회견에서 "코로나19로 인한 경제 불황에서 벗어나는 과정은 수년이 걸릴 것이며, 험난한 여정을 해결하기 위한 계획은 새 재무장관이 실행해야 한다"며 더 이상 정계에 출마하지 않겠다고 약속했다. 또한 이번 사임은 트뤼도의 요구가 아닌 자발적인 결정이라고 밝혔다. 한편, 현재 트뤼도 총리와 스캔들이 발생한 WE 단체에 빌 모르나

우의 딸 두 명이 근무하며, 빌 모르나우 역시 이해충돌방지법 위반 혐의를 받고 있었다. 이러한 상황 속에서 보수당의 당대표 앤드류 쉬어는 "트뤼도 총리가 WE 스캔들의 책임을 빌 모르나우에게 돌리기 위해 그의 오른손을 잘랐다"고 표현하며 현재 정부가 혼란에 빠졌다고 비판했다. 또한 신민주당의 당대표 자크미트 싱은 경제 불황의 원인은 재무장관이 아닌 총리의 잘못이라며 빌 모르나우의 사퇴에 대해 회의적인 입장을 밝혔다.

남미의 동향 및 쟁점

계속되는 경제·사회적 불안과 좌파진영의 약진

제1장
남미의 개관 및 쟁점

1차(2019년 9월 말~10월 말)

권강현

아르헨티나는 대통령제 국가로 2019년 10월 27일 제47대 대통령 선거를 앞두고 있으며, 주요 후보는 재선에 도전하는 공화주의제안당(Propuesta Republicana, PRO)의 마우리시오 마크리(Mauricio Macri) 대통령과 사회정의당(Partido Justicialista, PJ)의 알베르토 페르난데스(Alberto Fernández) 후보가 있다. 국가 채무 불이행과 국제통화기금(IMF)의 지원 지연 등 경제문제가 가장 큰 이슈로 대두되는 가운데 선거 결과에 귀추가 주목된다(Buenos Aires Times 2019/10/14).

브라질의 노동당(Partido dos Trabalhadores, PT)은 2016년 지우마 호세프(Dilma Vana Rousseff) 전 대통령의 탄핵과 2018년 룰라 다 실바(Luiz Inácio Lula da Silva) 전 대통령의 교도소 수감이라는 연이은 악재로 침체기에 빠져있었지만, 2019년 10월 룰라의 석방 가능성이 제기되면서 노동당이 2020년 10월 지방선거에서 재기하기 위한 준비를 시작했다(연합뉴스 2019/10/23).

멕시코에서는 메디나 모라(Eduardo Medina Mora) 국가대법원 장관이 10월 3일 사임한 것에 대해 로페스 오브라도르(Andrés Manuel López Obrador) 대통령의 정치적 외압 의혹이 제기되었다. 하지만 로페스 대통령은 메디나 장관의 사임이 오직 개인적 결단에 의해 이루어진 것이라며 의혹을 일축했다(El Universal 2019/10/08).

‖‖

부활하는 페론주의와 위기에 빠진 아르헨티나 국가경제

10월 27일에 있을 대선에서 복지확대와 긴축폐기를 포함한 페론주의(Peronism) 정책 공약을 내건 알베르토 페르난데스 후보의 당선 가능성이 확실시되고 있다(연합뉴스 2019/9/11). 페론주의란 1940년대 후안 페론(Juan Domingo Perón) 대통령의 정치 활동 전반을 일컫는 개념으로, 정치적으로는 반엘리트주의를 추구하며 경제적으로는 복지확대를 표방하는 포퓰리즘(Populism) 성격을 보인다(머니투데이 2019/10/28).

2015년 아르헨티나 경제의 체질개선을 약속하며 집권한 마크리 대통령은 빈곤층에 대한 국가보조금을 대폭 삭감하고 국제통화기금으로부터 도움을 구하는 등의 신자유주의적 행보를 보였다(The Washington Post 2019/10/24). 하지만 오히려 경제는 훨씬 더 악화되었고, 이에 분노한 중산층과 빈곤층이 페르난데스 후보에게 전폭적 지지를 보내며 페론주의의 부활이 눈앞으로 다가왔다(The Washington Post 2019/10/24).

하지만 현재 국제통화기금은 페르난데스 후보의 포퓰리즘 정책노선에 변화가 없다면 더 이상 아르헨티나에 대한 지원이 힘들 것이라는 입장을 내놓은 상태이다(한국경제 2019/10/22). 한 국가의 경제 개혁은 장기적인 목표 설정과 인고의 시간을 필요로 한다. 아르헨티나 유권자들의 표심이 눈앞에 닥친 단기적인 이슈에 흔들리고 있지만, 그들이 진정으로 미래를 생각하고 있다면 지금이야 말로 각성이 필요한 때다.

참고문헌

고미혜. 2019. "아르헨 대통령 잇단 선심성 정책에도⋯대선 좌파후보 우세 굳혀". 『연합뉴스』(09월 11일).
설지연. 2019. "IMF "아르헨티나 채권 투자자 큰 손실 각오하라"". 『한국경제』 지면A13

(10월 22일).

임소연. 2019. "다시 좌회전, '페론주의'는 아르헨을 구할까". 『머니투데이』(10월 28일).

Faiola, Anthony. 2019. "Argentina's Economy is Collapsing. Here Come the Peronistas, Again". *The Washington Post* (October 24).

2차(2019년 10월 말~11월 말)

권강현

볼리비아 대통령 에보 모랄레스(Evo Morales)가 2019년 10월 대선에서 부정선거 의혹으로 불명예 퇴진하여 멕시코로 망명했다(CNN 2019/11/13). 한편, 이러한 볼리비아 사태를 좌파정권이 집권하고 있는 멕시코·아르헨티나 등에서는 불법 쿠데타로 보고 우파정권이 집권하고 있는 브라질·콜롬비아 등에서는 민주적 시위로 보면서 중남미 주요국들이 좌우로 분열되고 있다(매일경제 2019/11/12).

아르헨티나의 2019년 10월 대선 결과, 47%를 득표한 좌파진영의 알베르토 페르난데스 후보가 41%를 득표한 우파진영의 마우리시오 마크리 대통령을 6%p차로 앞서면서 제47대 대통령으로 선출되었다(Buenos Aires Times 2019/10/28).

부패 혐의로 수감 중이던 브라질의 룰라 전 대통령이 1년 6개월 만에 석방되며 정치 활동을 재개했다(BBC 2019/11/09). 그리고 남미의 주요 좌파정권 지도자들은 일제히 룰라의 석방을 환영했다(경향신문 2019/11/10).

멕시코에서는 10월부터 11월에 걸쳐 일어난 카르텔의 무차별 총격 사건으로 인해 심각한 치안 문제가 대두되면서, 꾸준하게 66% 이상을 유지하던 오브라도르 정부 지지율이 8%p 급락했다(Reuters 2019/11/03).

경제·부정부패 문제로 잇따라 발생한
반정부시위와 혼돈에 빠진 중남미

10월 14일 칠레에서 지하철 요금 인상을 기폭제로 경제 양극화에 분노한 100만여 명의 시민들에 의해 대규모 반정부시위가 발생한 것을 계기로, 11월 한 달 동안 볼리비아, 베네수엘라, 콜롬비아에서도 반정부시위가 잇따라 발생했다(중앙일보 2019/11/22). 그리고 2019년 11월 기준 중남미 33개국 가운데 8개국에서 반정부시위가 진행 중이다(동아일보 2019/11/11).

이들 시위의 공통점은 집권 정부의 이념 성향에 관계없이 경제문제와 부정부패 문제에 대한 분노에서 시위의 동력이 발생하고 있다는 것이다(동아일보 2019/11 /11). 하지만 이러한 대규모 혼란에 대처하는 중남미 지도자들은 좌우 이념을 중심으로 분열하여 각국 반정부시위의 정당성을 두고 편 가르기식 갈등의 정치를 펼치고 있다(세계일보 2019/11/17). 그리고 이는 11월 11일 볼리비아 사태에 대하여 멕시코·아르헨티나 등 좌파정권은 모랄레스를 옹호하고 브라질·콜롬비아 등 우파정권은 시위대를 옹호하는 모습에서 특히 두드러졌다(세계일보 2019/11/17).

그 결과 볼리비아에서는 극심한 혼란이 지속되고 있다. 볼리비아를 비롯한 중남미 국가 대부분이 비슷한 사회문제를 공유하고 있는 만큼, 중남미 지도자들은 이념적 갈등을 그만두고 근본적 문제 해결을 위한 공동의 노력을 경주해야 할 것이다.

참고문헌

임국정. 2019. "'경제위기'에 반정부시위 이어져도…중남미서 좌우 '갈등의 정치' 확산". 『중앙일보』(11월 17일).

최정동. 2019. "이번엔 콜롬비아가 화났다…반정부시위 줄 잇는 '혼돈의 남미'". 『중앙일보』(11월 22일).

최지은, 전채은. 2019. ""좌파든 우파든 먹고사는 게 우선" 무능정권에 분노한 중남미". 『동아일보』(11월 22일).

BBC. 2019. "Brazil Ex-President Lula Walks Free from Jail". (November 9).

Gallón, Natalie. Tatiana Arias and Julia Jones. 2019. "Bolivia's Former President Evo Morales Arrives in Mexico After Accepting Political Asylum". *CNN* (November 13).

3차(2019년 11월 말~12월 말)

권강현

　아르헨티나에서는 12월 10일 페르난데스가 대통령으로 정식 취임했다(Buenos Aires Times 2019/12/10). 그리고 하원과 상원에서 증세를 통한 재원확보와 빈곤층에 대한 사회복지 강화를 담은 페르난데스 정부의 긴급 경제대책 법안이 통과되었다(Buenos Aires Times 2019/12/21).

　브라질에서는 여론조사 결과 부패 혐의로 수감 중이던 룰라 전 대통령에 대한 석방결정이 공정했다고 보는 긍정 답변이 과반을 넘는 것으로 나타났다(Folha De S.Paulo 2019/12/10). 그리고 집권 1년 차를 맞은 자이르 보우소나루(Jair Bolsonaro) 대통령은 2022년 대선을 앞두고 낮은 지지율을 극복하고자 여론의 높은 지지를 받고 있는 세르지오 모루(Sérgio Moro) 법무부 장관을 대선 러닝메이트로 삼을 수 있다고 말했다(한국경제 2019/12/22).

　멕시코에서는 오브라도르 대통령이 멕시코 카르텔을 테러단체로 지정하려는 도널드 트럼프 대통령의 시도가 내정간섭의 위험이 있다며 경고했다(연합뉴스 2019/12/07). 그리고 과거 펠리페 칼데론(Felipe Calderón) 정부에서 치안을 담당했던 가르시아 루나(Garsia Luna) 전 공공치안부 장관이 카르텔과 유착했던 것으로 드러나 논란이 일고 있다(한국경제 2019/12/11).

고질적인 마약 카르텔 치안 문제와
효과 없는 유화정책에 실망한 멕시코 국민들

　2018년 대선에서 현 대통령인 오브라도르는 2006년 칼데론 정부부터 12년간 이어진 '마약과의 전쟁'이라는 강경정책은 완전히 실패했다며, 자신은 '총알보다 포용'이라는 유화정책을 통해 카르텔 문제를 해결하겠다고 공약했었다(Al Jazeera 2019/12/03). 하지만 그가 집권 1년 차를 맞은 2019년 멕시코의 살인율은 사상 최고치를 경신했고(Mexico News Daily 2019/12/21), 시민 수천 명이 그의 범죄대처 정책에 반대하며 시위를 벌였다(연합뉴스 2019/12/02).

이러한 상황에서 과거 칼데론 정부 시절 '마약과의 전쟁'을 진두지휘했던 가르시아 루나 전 공공치안부 장관이 카르텔과 유착했던 사실이 드러나며 문제가 더욱 가중되었다(한국경제 2019/12/11). 그러자 오브라도르 대통령은 다음날 기자회견에서 이번 일을 통해 전 정권의 치안유지 시스템이 얼마나 부패했었는지 알 수 있었다며, 현 정권에서는 절대 이런 일이 발생하지 않을 것이라고 장담했다(Infobae 2019/12/11).

치안 문제는 국민의 생존과 번영을 위해 국가가 가장 기본적으로 보장해야 할 의무 중 하나이다. 그러므로 오브리도르 대통령은 가르시이 루니 전 장관의 스캔들을 정치적으로 이용하려고만 하지 말고, 카르텔 치안 문제의 본질을 해결하기 위해 최선의 노력을 기울여야 할 것이다.

참고문헌

연합뉴스. 2019. "멕시코 마약 카르텔이 시청 습격해 경찰과 총격전…21명 사망(종합)". (12월 02일).

Al Jazeera. 2019. "Mexico Homicide Record: 127 Deaths Reported in a Single Day". (December 3).

Infobae. 2019. "López Obrador: La Detención de García Luna "es la Derrota Del Régimen Corrupto"". (December 11).

Mexico News Daily. 2019. "At 2,921, November Homicides Up 7%; Year-to-Date Increase of 2.7%". (December 21).

4차(2019년 12월 말~2020년 1월 말)

권강현

아르헨티나에서는 페르난데스 정부가 집권하면서 외교 정책 노선이 친(親)우파에서 친(親)좌파로 변화하기 시작했다(Bloomberg 2020/01/07). 특히 페르난데스는 좌우로 분열되어 '한 나라, 두 대통령' 상태에 빠진 베네수엘라에 대해, 우파성향의 후안 과이도(Juan Guaidó)가 아닌 좌파 성향의 니콜라스 마두로(Nicolas Maduro)를 지지하는 쪽으로 입장을 바꿨다(Bloomberg 2020/01/07).

브라질에서는 2019년 12월 여론조사 결과, 모루 법무부 장관이 유력 정치인들을 모두 제치고 가장 높은 여론의 지지를 받고 있는 것으로 나타났다(Folha De S.Paulo 2020/01/07). 한편 보우소나루 대통령은 현 정부에 대한 주류 언론들의 부정적인 보도가 지속되자, 좌편향된 브라질 언론이 가짜 뉴스로 집권 보수 정부를 흠집 내고 불필요한 사회적 갈등을 조장한다며 강한 불만을 표시했다(한국경제 2020/01/07)

멕시코에서는 원주민 권익 옹호를 표방하는 사파티스타 민족해방군(Ejército Zapatista de Liberación Nacional, EZLN)이 마야 지역의 환경과 유적을 파괴할 것으로 우려되는 '마야열차 건설사업'을 끝까지 저지하겠다는 뜻을 밝히면서 오브라도르 정부와의 갈등이 예고되었다(연합뉴스 2020/01/03).

‖‖

극우성향 대통령과 좌편향 언론의 대립으로 얼룩진 브라질 저널리즘

보우소나루 대통령은 2019년 취임 후 1년간 브라질 주류 언론들과 불편한 관계를 지속해 왔다(The Rio Times 2020/01/17). 브라질에서 가장 많은 구독자를 보유하고 있는 폴랴 지 상파울루(Folha De S.Paulo)와 가장 높은 시청률을 기록하고 있는 글로부TV(GLOBO TV)는 모두 좌파 성향의 언론 매체로, 보우소나루 정부의 각종 극우적 정책들에 대해 비판적인 보도를 지속해 왔다(한국경제 2020/01/07).

특히 2019년 11월 리우데자네이루 시의원 살해사건에 보우소나루가 연관되어 있다는 글로부TV의 보도와 보우소나루 아들의 부패사건 연루의혹을 제기한 12월 폴랴 지 상파울루의 보도는 차기 대권을 바라보는 보우소나루의 입지를 위축시켰다(MercoPress 2020/01/23). 그러자 보우소나루는 "신문을 읽는 것은 독을 마시는 것과 같다"며 언론 신뢰성에 대해 강도 높은 비난을 했고, 결국 "더 이상 언론 기자들과 인터뷰를 하지 않을 것"이라고 선언했다(MercoPress 2020/01/23).

언론의 자유는 민주주의의 핵심이다. 언론 보도의 내용이 마음에 들지 않는다고 해서 언론을 혐오하는 발언이 계속되면 건전한 민주주의가 이뤄질 수 없다. 그리므로 보우소나루 대통령은 언론 혐오를 멈추고 언론도 편향적인 보도를 자제하여 브라질 국민이 올바른 정보로 올바른 판단을 할 수 있도록 도와야 할 것이다.

참고문헌

MercoPress. 2020. "Eclectic Bolsonaro Declares He would No Longer Speak to Journalists, Following Criticism from Reporters Union". (January 23).

Petrov, Arkady. 2020. "Bolsonaro Committed 58 Percent of Attacks on Journalists in Brazil in 2019". *The Rio Times* (January 17).

5차(2020년 1월 말~2월 말)

권강현

베네수엘라에서는 '임시 대통령'을 자처한 과이도 국회의장이 국제사회의 지지를 확보하기 위한 해외 순방을 마치고 귀국했다(Buenos Aires Times 2020/02/12). 과이도는 유럽과 미국의 지지를 바탕으로 마두로 퇴진 운동에 박차를 가할 예정이다(Buenos Aires Times 2020/02/12).

아르헨티나에서는 페르난데스 정부가 막대한 규모의 대외 채무에 대해 '채무 상환'이 아닌 '채무탕감' 쪽으로 채무 재조정을 시도하면서 국제통화기금과의 협상이 난항을 겪기 시작했다(매일경제 2020/02/18).

브라질 북동부 세아라 주에서는 임금 인상을 요구하는 경찰들의 파업과 폭동이 일어나 혼란이 가중되었다(Folha De S.Paulo 2020/02/19). 한편 정치권에서는 14개의 야권 정당들이 보우소나루 대통령의 권위주의적 행보에 반대하는 '반(反)보우소나루' 연대를 결성했다(Folha De S.Paulo 2020/02/20).

멕시코에서는 참혹한 페미사이드(femicide, 여성 혐오를 바탕으로 일어나는 살해사건) 범죄가 잇따르면서 여성 대상 범죄를 근절하지 못하는 정부를 비판하는 시위가 발생했다(중앙일보 2020/02/18).

베네수엘라 사태에 대한 국제사회의 편 가르기와 장기화되는 국내정치적 혼란

베네수엘라의 '한 나라, 두 대통령' 사태가 1년 넘게 지속되며 해결될 기미를 보이지 않고 있다(연합뉴스 2020/02/12). 2019년 1월, 베네수엘라의 젊은 야권 지도자 과이도는 스스로 '임시 대통령'을 선언하고 반(反) 마두로 운동을 일으켰다(연합뉴스 2020/01/24). 하지만 마두로 대통령은 굳건한 군의 지지를 받으면서 중국·러시아의 후원을 받아 흔들림 없는 건재를 과시했다(연합뉴스 2020/01/24).

그러자 과이도는 교착상태에 빠진 마두로 퇴진 운동의 새 발판을 마련하기 위해 1월 19일부터 2월 11일까지 3주간 유럽 및 미주 지역을 도는 해외 순방을 다녀왔다(연합뉴스 2020/02/12). 과이도는 50여 개의 국가로부터 지지를 약속받고 귀국하여 3월 10일부터 마두로 퇴진 운동을 재개할 것이라고 선언했지만, 그의 지지율은 이미 40%대로 인기가 상당히 시들해진 상태다(France24 2020/02/21). 게다가 정치적 불안뿐만 아니라 2019년 발생한 엄청난 인플레이션으로 극심한 경제난이 더해지자 베네수엘라 국민의 삶은 완전히 파탄났다(이데일리 2020/02/06).

　베네수엘라 사태가 장기화될수록 국민들은 더욱 분열하고 있으며 극심한 경제난으로 인한 고통이 가중되고 있다. 베네수엘라 정치권을 비롯한 국제사회는 더 이상의 편 기르기를 멈추고 혼란을 수습히기 위한 최선의 노력을 기울여야 할 것이다.

참고문헌

고미혜. 2020. "베네수엘라 '두 대통령' 1년…건재한 마두로·힘 모으는 과이도". 『연합뉴스』(01월 24일).

_____. 2020. "베네수엘라 과이도, 해외순방 마치고 귀국…"새로운 시작"". 『연합뉴스』(02월 12일).

김정남. 2020. "월급으로 계란 한 판도 못사…베네수엘라에 무슨 일이". 『이데일리』(02월 6일).

France24. 2020. "Venezuela's Guaido Calls Anti-Maduro Rally For March 10". (February 21).

6차(2020년 2월 말~3월 말)

신재욱

3월 12일 아르헨티나 페르난데스 정부는 재정난을 타개하기 위해서 대두에 대한 수출세 인상을 결정했고, 이에 농민단체들은 4일간의 대규모 파업에 돌입했다(MecroPress 2020/03/09).

3월 11일 브라질 의회는 복지예산 지출에 대한 보우소나루 대통령의 거부권을 뒤집고 노인 및 취약 계층을 위한 사회적 지원을 결정했다(The Rio Times 2020/03/12). 또 3월 25일 아마존 열대우림에 대한 지속 가능한 개발을 위해 아마존협의회를 개최하였다(AGROLINK liberação de imprensa 2020/03/26).

3월 9일 멕시코에서는 여성들에 대한 폭력과 범죄에 항의하는 대규모 시위 및 파업이 벌어졌다(연합뉴스 2020/03/09). 이에 취임 초반 70%대를 유지했던 오브라도르 대통령 지지율이 여성에 대한 범죄 증가와 범죄조직 소탕실패로 인해 50%대까지 떨어졌다(The Yucatan Times 2020/03/12).

가이아나에서는 3월 2일에 치러진 대선에서 데이비드 그레인저(David Granger)가 대통령으로 당선되었으나, 야당은 부정 선거 의혹을 제기했다. 조사 끝에 가이아나 고등법원은 선거 무효와 재투표를 명령했다(Global Voice 2020/03/13).

재정위기 속 복지예산을 감축시킨 대통령과 복지예산을 확대시킨 의회

브라질 의회는 복지예산 지출에 대한 대통령의 기존의 거부권을 뒤집고 취약 계층에 대한 복지예산 혜택을 지원할 것을 결정했다(The Rio Times 2020/03/12).

이는 의회가 1년 남짓 남은 지방선거를 의식하여 부정적인 여론을 잠재우기 위한 결정으로, 복지예산이 줄어든 배경에는 정부가 긴축 정책을 고수하면서 국방예산은 늘렸기 때문이다(연합뉴스 2020/03/01). 복지 분야에 대한 지원은 줄어들자 서민들의 불만은 증대되었다(연합뉴스 2020/02/27). 이에 의회는 예산 분배를 재

제6부.. 남미의 동향 및 쟁점 **347**

조정하기 위한 표결에서 거부권 찬성 137표, 거부권 반대 303표로 승리했다. 결과적으로 사회지원은 올해 200억 헤알(한화 약 4조 9000억 원)로 두 배 증가했지만, 정부는 법으로 정해진 예산 지출 한도를 지키는 것에 난색을 표했으며, 호드리구 마이아(Rodrigo Maia) 하원의장은 역시 이 결정은 코로나바이러스를 위한 예산에 타격을 주고, 재정적 부담이 늘어나게 될 '실수'라고 언급했다(MecroPress 2020/03/12).

대통령은 재정 악화를 이유로 복지예산을 감축했지만, 국방예산을 증액시키는 모순을 보여줬고, 의회는 가까워진 선거를 의식하여 포퓰리즘 정책으로 재정부담을 증폭시켰다. 대통령과 의회, 양측 모두는 코로나바이러스 확산이라는 국가적 위기 상황에서 자국민의 복지증진을 위해 적절한 예산 투입과 재정부담을 완화할 수 있는 합리적 방안을 마련하기를 바라는 바다.

참고문헌

김재순. 2020. "OECD, 브라질에 효율적 공공지출 주문…빈곤층 지원 축소 비판". 『연합뉴스』(02월 27일).

_____. 2020. "브라질 재정악화에도 국방예산 증액…군장교 출신 대통령 입김". 『연합뉴스』(03월 1일).

MecroPress. 2020. "With Local Election Looming, Brazilian Congress Overturns Bolsonaro Veto on Social Spending". (March 12).

The Rio Times, 2020. "Congress Overrides Bolsonaro's Veto, Create Extra Spending of R$20.1 Billion per Year". (March 12).

7차(2020년 3월 말~4월 말)

신재욱

아르헨티나에서는 4월 16일 디폴트 상태인 정부가 국제 채권단에 상환 유예와 이자 삭감 등이 포함된 채무 재조정안을 제시했고, 정부가 결정한 채무 상환 조건에 대해 여러 컨설팅 업체의 긍정적인 전망이 예측되었다(연합뉴스 2020/04/17).

브라질에서는 4월 초 실시한 여론조사에서 코로나19 대응에 대한 보우소나루 대통령의 성과에 대해 전월 대비 부정적인 평가가 6%p 증가했다(Datafolha 2020 /04/03). 한편 코로나19가 심화되는 가운데 대통령은 코로나 대응 정책에서 이견을 보인 루이스 만데타(Luiz Henrique Mandetta) 보건부 장관을 해임시켰다(The Washington Post 2020/04/17).

멕시코에서는 4월 11일 일부 주의 대기업들이 코로나19로 발생한 피해에 대한 정부의 지원 거부에 불만을 품고 납세 거부로 정부에 위협을 가했다(The Yu-catan Times 2020/04/13). 한편 집권 여당인 국가재건운동(Movimiento Regeneración Nacional)에 대한 지지율이 집권 이래 처음 부정평가가 긍정평가를 앞서게 되었고 야당과 지지율이 8%p로 크게 좁혀졌다(El Financiero 2020/04/13).

에콰도르에서는 4월 8일 법원이 라파엘 코레아(Rafael Correa Delgado) 전 대통령에 대해 임기 중 부패 혐의로 징역 8년 형을 선고했다(연합뉴스 2020/04/09).

‖‖‖

코로나19 대응 관련 행정부 내 균열로 인해 가중되는 브라질의 정치적 혼란

입법부, 사법부 그리고 지방정부와 갈등을 빚고 있는 보우소나루 대통령이 이제는 행정부 내에서조차 갈등을 빚고 각 부처의 장관들과 충돌하고 있다.

지난 2월부터 대통령과 입법부, 사법부 사이의 갈등이 커지는 가운데 3월 17일부터 대도시에서는 대통령 퇴진을 촉구하는 냄비 시위(Cacerolazo)까지 열렸다

(연합뉴스 2020/04/05). 게다가 대통령은 행정부 내부에서도 분열의 조짐을 나타나며 4월 16일 코로나19 대응에 대해 이견을 보인 만데타 보건부 장관을 전격 해임했고 본인의 선거운동 자문인 네우손 타이시(Nelson Luiz Sperle Teich)를 후임 보건부 장관으로 임명했다(연합뉴스 2020/04/17). 또 현재 보우소나루 정부의 상징적인 인물인 모루 법무부 장관이 24일 대통령의 마우리시우 발레이슈(Maurício Valeixo) 연방경찰청장 교체 방침에 반발해 사의를 표명했다(PÚBLICO 2020/04/24). 이번 법무부 장관의 사임은 대통령의 직권남용에 대한 여론의 비판과 함께 탄핵 추진으로 이어질 것으로 보인다(연합뉴스 2020/04/25).

대통령이 계속되는 정치적 혼란 속에서 이제는 장관들과도 문제가 일어나고 있다. 코로나19로 브라질 사회 전반이 어려운 가운데 최고정책결정권자인 대통령만의 독단적인 결정이 아닌 진정으로 국난을 타개할 수 있는 현명한 대처가 필요해 보인다.

참고문헌

김재순. 2020. "브라질 보우소나루 정부 지지율 추락…남은 임기 전망도 악화". 『연합뉴스』(04월 5일).
_____. 2020. "브라질 대통령, 코로나19 대응 '갈등' 보건장관 전격 교체". 『연합뉴스』(04월 17일).
_____. 2020. "브라질 법무장관 사임으로 안개 정국…대통령 탄핵 추진설 꿈틀". 『연합뉴스』(04월 25일).
Ribeiro, João Ruela. 2020. "Moro Pôs um pé de Fora do Governo e Causou um Pequeno Sismo Político no Brasil". *PÚBLICO* (April 24).

8차(2020년 4월 말~5월 말)

신재욱

아르헨티나에서는 5월 26일 연방정보국(Agencia Federal de Inteligencia)은 직전 마우리시오 마크리 행정부가 법무부에 불법 개입한 사실을 하드디스크를 통해 밝혀내었고(Infobae 2020/05/26), 전직 대통령을 비롯한 관련자들을 대법원에 고발하고 본격적인 조사를 요청했다(ChacoDiaPorDia 2020/05/29).

브라질에서는 5월 15일 새로 임명된 네우손 타이시 보건부 장관이 보우소나루 대통령과 치료제 사용문제로 인한 갈등으로 한 달 만에 사임을 발표했다(연합뉴스 2020/05/16). 한편 5월 21일 야권은 헌정질서와 국민의 생명을 등한히 하는 대통령 퇴진을 촉구하며 호드리구 마이아 하원의장에게 탄핵요구서를 공동제출했다(연합뉴스 2020/05/22).

멕시코에서는 5월 8일 오브라도르 대통령이 범죄율 근절을 위해 경찰을 대신하여 치안업무를 담당하고 있는 군대의 활동 기한을 연장하는 것을 발표했다(The Guardian 2020/05/11). 한편 5월 21일 연방 통계청(INEGI)은 현 정부가 추진하는 부패 근절 정책에도 불구하고 부패 문제와 부패로 인한 피해가 직전 여론조사대비 약 19% 증가하였다(Mexico News Daily 2020/05/21).

───────────────────────────────

아르헨티나의 경제위기 속 정부와 야권의 분명한 대립

아르헨티나는 9번째 디폴트 가능성이 짙어진 상태이며(연합뉴스 2020/05/22), 코로나19로 더욱 심각한 경기침체에 진입한 상태이다(매일경제 2020/05/28). 이에 대해 경제위기와 검역, 두 문제 속 정부와 야권의 의견 차이는 명확하다.

정부는 세금 제도의 개편을 통해서 '보다 공정한 나라'를 목표로 특히 소득세에서의 수정을 언급했고 경제를 회복하기 위해 '큰 정부'의 역할로 국가 복지 및 공공자금의 확대를 결정했다(iProfesoonal 2020/05/28). 또 코로나19의 확산을 막기 위해 수도를 중심으로 6월 7일까지 완전한 공공시설 폐쇄와 이동 제한을 연장했다(MecroPress 2020/05/25). 하지만 야권 대표 패트리샤 불리치(Patricia Bullrich)는 검역 기간 연장이 경제활동을 동결시켜 상황을 더 어렵게 만들 것이라고 비판했다(La Capital 2020/05/26). 또 야권은 공공자금 확대를 주도하는 정부 경제고문인 페르난다 바예호스(Fernanda Vallejos)를 '포퓰리스트의 광기'라고 지적하며 정부가 아르헨티나를 과도한 포퓰리즘 정책으로 국가재정을 파탄 낸 우고 차베스(Hugo Chavez)의 베네수엘라로 만들고 있다고 비판했다(Macelo Bonelli 2020/05/18).

정부와 야권이 의견 차이를 보이는 것은 당연한 일이다. 하지만 국가 경제가 어려운 상황에 공공기금을 확대하는 것은 위기를 더욱 심화시킬 뿐이다. 아르헨티나 정치권이 위기를 극복하기 위해 의견 차이를 좁혀 타협점을 찾기를 소망하는 바이다.

참고문헌

고미혜. 2020. "아르헨티나 9번째 디폴트 가능성 짙어져…협상 계속될 것". 『연합뉴스』 (05월 22일).

김인오. 2020. "'아홉번째 디폴트' 아르헨…부채협상 데드라인, 6월 2일 이후로 추가 연장각". 『매일경제』(05월 28일).

iProfesional. 2020. "Alberto Fernández Ratificó que Rlanea Una Reforma Tributaria y Dio Anticipos Sobre Ganancias". (May 28).

La Capital. 2020. "Bullrich Aseguró que a Alberto Fernández "Le Están Corriendo El Arco" del Pico de Contagios". (May 26).

Marcelo Bonelli. 2020. "Bullrich Aseguró que El Gobierno Busca Convertir La Argentina en La Venezuela de Chávez". (May 18).

MecroPress. 2020. "Argentina Extends Mandatory Lockdown in Metropolitan Buenos Aires until 7 June". (May 25).

9차(2020년 5월 말~6월 말)

신재욱

6월 4일 아르헨티나 여론조사 결과, 알베르토 페르난데스 대통령의 지지율은 경제위기와 코로나19에도 불구하고 집권 초부터 현재까지 증가하는 추세이다 (AS/COA online 2020/06/04). 한편 8일 정부는 국가 경제에 큰 비중을 차지하는 농산물 수출 수준을 유지하고 일자리를 보호하기 위해서 경제위기로 파산한 기업 비센틴(Vicentin)을 국유화했다(Buenos Aires Times 2020/06/08).

브라질에서는 지난 4월부터 보건부, 법무부 장관이 사임한 데 이어 6월 18일 보우소나루 대통령이 교육부 장관 해임을 결정했고(연합뉴스 2020/06/19), 22일 연방경찰은 대통령을 지지하는 극우단체에 대한 조사를 진행하여 불법 무기 소지와 반민주시위 계획을 적발하면서 브라질의 정치적, 사회적 혼란이 더욱 가중되고 있다(연합뉴스 2020/06/23).

멕시코에서는 6월 3일 상원의장이 상원 내 규정 의석수인 5명에 충족하지 않은 소수정당에 대한 해산을 결정했다(The Guardian 2020/05/11). 한편 21일 오브라도르 대통령은 정부에 미지급된 세수를 회수하기 위해서 수천억 페소 규모 탈세를 한 기업 임프레스 팩트라(Empresas Factueras)의 혐의를 폭로했다(Mexico News Daily 2020/06/22).

‖‖‖

의회 규정에 따른 멕시코 연방상원 내 소수정당 해산

모니카 페르난데스(Mónica Fernández Balboa) 상원의장은 원내 소수정당인 민주혁명당(Partido de la Revolución Democrática)과 사회참여당(Partido Encuentro Social) 해산 결정을 상임위에 제출했다(La Jornada 2020/06/04).

아르헨티나 의회 조직법은 72조 1항에 따라 '동일 정당 소속의 상원의원이 5명 이상으로 구성되어야 한다'라고 명시하고 있다(El Financiero 2020/06/03). 페르난데스 상원의장은 위 조항에 근거하여 상원은 해당 규정을 준수할 의무와 책임이 있음을 밝혔고 민주혁명당은 3석, 사회참여당은 4석만을 확보하고 있었기 때문에 해산이 이루어졌다(Forbes Mexico 2020/06/03). 하지만 해산된 민주혁명당의 지도자, 앙헬 로메로(Angel Romero)는 상원 내 소수의견에 대한 존중을 바라며 이 결정이 시정되기를 바란다고 밝혔다(El Universal 2020/06/03). 한편 해산된 정당의 일부 의원들이 여권에 합류하며 여당인 국가재건운동은 전체 128석 중 64석 과반을 차지하게 되었다(La Razon 2020/06/04).

이번 해산이 규정에 따라 합법적인 절차로 이루어졌지만, 국가재건운동이 상, 하원 과반수를 차지하게 됨에 따라 입법부가 여당이 원하는 결과로만 도달할 수도 있다. 조직법이 완화되어 소수정당 의견이 반영되도록 하는 방안이 필요해 보인다.

참고문헌

Ballinas, Victor, and Georgina Saldierna. 2020. "Disuelve el Senado a Grupos Parlamentarios de PRD y PES". *La Jornada* (June 3).

Canchola, Alejandra, and Juan Arvizu. 2020. "PRD Acusa Asalto de Morena en Desaparicion de Bancada en el Senado". *El Universal* (June 3).

Navarro, Maria Fernanda. 2020. "Disuelven al PRD y PES en el Senado". *Forbes Mexico* (June 3).

Ortega, Eduardo. 2020. "Disuelven Grupos Parlamentarios del PRD y PES en el Senado; Incumplen Mínimo de Integrantes". *El Financiero* (June 3).

Ramirez, Sergio. 2020. "Disuelve Permanente las Bancadas del PRD y del PES en el Senado". *La Razon* (June 4).

10차(2020년 6월 말~7월 말)

신재욱

7월 4일 아르헨티나에서는 현직 부통령의 부패 조사의 유력한 증인인 그녀의 보좌관이 살해되었고 야당은 정부와 대통령에게 사건의 조사 과정에서 발생한 의문점을 제기하며 조사의 공정성과 투명성을 촉구했다(Financial Times 2020/07/09).

브라질에서는 정부가 7월 16일 아마존 열대우림을 보호하기 위해 120일간 모든 방화행위를 금지했고, 열대우림 보호를 위한 군사 작전을 2022년까지 연장했다(연합뉴스 2020/07/17). 한편 20일 발표된 여론조사에 따르면 보우소나루 대통령의 지지율이 여러 정치적 위기에도 불구하고 코로나19에 대한 관심 집중과 경제회복으로 인해 2%p 소폭 반등했다(Reuters 2020/07/21).

멕시코에서는 7월 15일 정부가 경제위기로 인한 부족한 예산을 확보하기 위해서 여성단체 지원 예산을 대폭 삭감했고 이에 대항하여 여성단체는 수도 멕시코시티에서 시위를 벌였다(The Guardian 2020/07/20).

베네수엘라에서는 7월 7일 니콜라스 마두로 대통령과 임시 대통령인 후안 과이도 의장의 정치적 갈등이 지속되고 있으며 마두로 대통령은 정권 유지를 위해 대법원과 결탁하여 야당 지도자들의 법적 효력을 정지시키고 본인의 측근 인사들을 야당의 지도자로 임명했다(Bloomberg 2020/07/08).

INE 새로운 이사 선임과 이를 주목해 볼 INE의 역할

멕시코 정치조정위원회(Junta de Coordinación Política)는 INE(Instituto Nacional Electoral: 국가선거 연구원) 총회를 통해서 2029년까지 직책을 수행할 4명의 이사를 선임했다(Forbes Mexico 2020/07/22).

멕시코는 1929년부터 한국 유신 시절 '체육관 선거' 같이 집권당 후보의 당선이 담보된 선거를 진행했지만 1994년 선거에 대한 비판 여론이 일자 공정한 선거를 위한 기관을 창설했다(시사저널 2000/07/20). INE는 2014년 헌법개혁을 통해 연방선거연구소(Instituto Federal Electoral)가 개편된 것으로 연방선거의 기준조항들을 규정하고 각 정당과 후보자를 관리하며 유권자들에게 다양한 선거와 관련된 서비스를 제공하는 기관이다(Central Electoral 2020/07/23). INE는 비정부기구로, 행정부와 입법부의 영향력으로부터 완전히 분리되어 있고(The Yucatan Times 2020/05/28), 특정 정당 이익을 대변하지 않고 오직 선거를 위한 기관이기 때문에 특정 정당 의원을 선출하지 않고 여러 분야의 인사를 후보자로 추천한다(AM de Queretaro 2020/07/22). 이에 대해 마리오 델가도(Mario Delgado) 회장은 선거와 민주주의를 위한 기관의 자율성 강화를 위한 투명한 절차임을 강조했다(Infobae 2020/07/16).

INE는 멕시코의 민주적 절차성과 선거의 투명성을 확인해 볼 수 있는 기관이다. 이를 통해 멕시코 민주주의가 더욱 발전할 수 있는 계기가 될 것이라고 확신한다.

참고문헌

변창섭. 2000. "71년 만에 정권 바꾼 멕시코 앞날". 『시사저널』(07월 20일)

Córdova, Lorenzo. 2020. "Rinden Protesta Nuevos Integrantes del Consejo General del INE". *Central Electoral* (July 23).

Diaz, Arturo Ordaz. 2020. "Cámara de Diputados Aprueba a los Nuevos Consejeros del INE". *Forbes Mexico* (July 22).

Morales, Rogelio. 2020. "Quienes son los Finalistas para Aspirantes a Consejeros del INE". *Infobae* (July 16).

Rudo, Lorena. 2020. "Coparmex Reconoce Eleccion de los Nuevos Consejeros electorales". *Am de Queretaro* (July 22).

The Yucatan Times. 2020. "AMLO's Government Goes Against the National Electoral Institute". (May 28).

11차(2020년 7월 말~8월 말)

신재욱

8월 17일 아르헨티나 수도 부에노스아이레스에서는 야당 의원들이 코로나19로 인한 정부의 봉쇄조치와 경제위기를 비판하고 특히 정부가 진행한 사법개혁이 크리스티나 페르난데스(Cristina Fernández) 부통령의 부패 혐의를 무마하기 위한 수단이라고 주장하며 대규모 반정부시위를 벌였다(Buenos Aires Times 2020/08/18).

브라질 정부는 8월 10일 코로나19의 장기화에 따라 긴급재난지원금을 12월까지 연장 지급할 것을 논의했다(BNN Blommberg 2020/08/14). 한편 8월 12일 발표된 여론조사에 따르면 보우소나루 대통령의 지지율이 37%로 재임 후 최고치를 경신했다(Datafolha 2020/08/14).

멕시코에서는 8월 10일 상원 정치조정위원회가 상원의장 선거에서 후보를 여당인 국가재건운동 의원으로만 결정하여 논란이다(Infobae 2020/08/10).

콜롬비아에서는 8월 4일 대법원이 내전 당시 우익 민병대 창설에 관여하고 민병대의 범죄와 관련한 재판의 증인을 조작한 혐의를 받는 알바로 우리베(Alvaro Uribe) 전 대통령에게 가택연금을 명령하여 좌우갈등을 야기했다(The New York Times 2020/08/07).

‖‖

멕시코 부정부패 스캔들, 이전 정권과 다른 모습을 보여 줄 새로운 계기인가

멕시코 오브라도르 대통령의 동생인 피오 오브라도르(Pio Obrador)가 고위공직자로부터 현금을 받는 비디오가 공개되자 이전 정권의 부정부패를 비난하고 부패근절 정책을 추진해 온 현직 대통령의 이미지가 실추될 것으로 보인다(Reuters 2020/08/21).

멕시코는 부정부패가 국가 전반에 만연할 만큼 심각한 수준이며 부패에 관한 여론조사에 따르면 응답자의 87%가 정부 부패의 심각성을 지적했다(La Jornada 2020/05/21). 이러한 상황에 대통령은 본인의 동생이 정당한 선거자금을 받은 것이라 옹호했다(연합뉴스 2020/08/22). 이에 대해 마리오 델가도 하원의장은 이번 스캔들을 통해 제왕적 대통령의 권위를 종결시키고 대통령이 일반 시민과 같이 대통령의 권한이 축소 및 변화되어야 한다고 주장했다(El Universal 2020/08/22). 또한, 마리오 의장은 현 정부가 이전 정권과는 부패 문제에 대해 다른 태도를 보여 줄 것을 촉구하며 대통령에 관해 불만이나 의혹이 제기되면 당국에 의해 엄정한 조사를 받음이 당연하다고 강조했다(Informador.mx 2020/08/22).

지금까지 멕시코 정치는 오랜 기간 부패로 얼룩져왔다. 히지만 현 정부는 부패근절에 적극적이었던 만큼 이전 정권과 다른 개혁적인 모습을 보여 주기를 바란다.

참고문헌

고미혜. 2020. "멕시코 정계 부패 폭로전…대통령 동생이 현금받는 영상 공개". 『연합뉴스』(08월 22일)

Galarza, Ana Isabel Martinez. 2020. "Mexican President Defends Brother Hit by Cash Scandal". *Reuters* (August 21).

Informador.mx. 2020. "Trampa de la Derecha, Video del Hermano de AMLO: Mario Delgado". (August 22).

Jimenez, Horacio. 2020. "Videos de Pío López Obrador, Estrategia de la Derecha Corrupta: Mario Delgado". *El Universal* (August 22).

Villanueva, Dora. 2020. "Incrementó Corrupción en 2019, Reporta Inegi". *La Jornada* (May 21).

선거

〈아르헨티나〉 2019년 09월 28일

• 재선 도전 마크리 대통령, 주요 도시를 돌며 지지자의 결집 호소

(Ambito Financiero 10.23)

‒ 2019년 아르헨티나 대선에서 재선에 도전하고 있는 마우리시오 마크리 대통령이 10월 27일 본 투표를 앞두고 막바지 지지자 결집에 열을 올렸다. 마크리 대통령은 '예, 우린 할 수 있습니다(Sí se puede)'라는 슬로건과 함께 진행되는 도시행진 선거 캠페인에서 "3년 반 동안의 시간은 모든 문제를 해결하기에는 부족한 시간이었다"며 "10월 27일 선거에서 반전을 일으킨다면 국가 또한 완전히 바뀔 수 있을 것이라 확신한다"고 말했고, 그렇게 약 한 달간 이어진 마크리 대통령의 선거 캠페인은 10월 23일 마르 델 플라타(Mar del Plata)에서의 도시행진을 끝으로 마무리되었다. 한편, 약 한 달간 30개의 도시를 돌며 숨 가쁘게 이어진 도시행진 선거 캠페인의 동력은 지난 8월 11일에 있었던 대통령 예비선거에서 공화주의제안당의 마크리 대통령이 사회정의당의 알베르토 페르난데스 후보에게 14%p가 넘는 큰 차이로 패배했다는 절망감에서 비롯했다. 아르헨티나의 대통령 선거 제도는 1차 투표에서 1, 2위 후보 간 득표율 차가 10%p 이상 벌어지거나 한 후보가 45% 이상 득표하면 결선투표 없이 당

선이 확정되며, 지금까지 2015년 대선을 제외하고 아르헨티나 대통령은 늘 1차 투표에서 결정되어왔다.

〈아르헨티나〉 2019년 10월 13일

• 페르난데스 후보와 마크리 대통령, 대선토론회에서 경제문제로 정면충돌

(Buenos Aires Times 10.14)

– 2019년 대선에서 당선이 유력한 페론주의 성향의 좌파 포퓰리즘 후보 알베르토 페르난데스가 10월 13일에 열린 대통령 후보 토론회에서 아르헨티나의 외무부채 규모기 2300억 달러로 크게 증가한 점을 지적하며 마우리시오 마크리 대통령을 공격하고 나섰다. 이에 시장주의 보수성향의 마크리 대통령은 자신의 집권 기간 동안 정부 수입의 3분의 2가량이 이전 행정부의 부채를 갚는 데 사용되었다고 해명했다. 그러자 페르난데스는 "마크리 행정부가 국제통화기금과 맺은 협정의 이행이 지연되고 있을 뿐만 아니라 잘못된 경제정책(주로 긴축정책)을 펼치며 서민들의 삶이 도탄에 빠졌다"고 재차 마크리 대통령을 비난했다. 이에 마크리 대통령은 "모든 경제문제의 시작점은 과거 페론주의 성향의 포퓰리즘 정책을 펼친 크리스티나 페르난데스행정부에서 비롯된 것이고, 아르헨티나는 현 상황을 거꾸로 보아서는 안 된다"고 맞받아치면서 알베르토 페르난데스 후보의 러닝메이트인 크리스티나 페르난데스 전 대통령의 책임론을 부각시켰다.

〈브라질〉 2019년 10월 21일

• 브라질 하원, 에두아르도 보우소나루를 사회자유당 원내대표로 확정

(Estado de São Paulo 10.21)

– 2019년 10월 8일, 보우소나루 대통령은 자신의 현 소속당인 사회자유당(Partido Social Liberal, PSL) 지도부와의 갈등이 심각하여 탈당을 통한 당적 변경을 고려하고 있다는 입장을 표명했다. 하지만 10월 15일, 보우소나루 대통령은 사회자유당 내 자신의 계파를 이용하여 사회자유당 원내대표를 자신의 아들 에두아르도 보우소나루(Eduardo Bolsonaro)로 교체하겠다는 새로운 수를 던졌고, 이는 기존 사회자유당 원내대표 델레가두 바우지르(Delegado Waldir)를 두둔하던 루시아노 비바르(Luciano Bivar) 사

회자유당 사장의 계파와 정면으로 충돌했다. 그리고 10월 21일 하원에서 에두아르도 보우소나루가 사회자유당 소속 53명의 국회의원들 중 28명의 지지를 받으며 근소한 차이로 사회자유당의 새 원내대표로 선출되었다. 이에 일본을 방문 중인 보우소나루 대통령은 사회자유당의 새로운 원내대표 선출을 환영한다는 뜻을 밝혔고, 에두아르도 보우소나루 사회자유당 신임 원내대표는 본지(Estado de S o Paulo)와의 단독 인터뷰에서 명확하게 둘로 나눠진 사회자유당을 이끌어갈 수 있겠냐는 질문에 "어차피 우리(사회자유당)는 대통령의 도움으로 선출되었다"며 "우리를 뽑아준 유권자들 역시 사회자유당이 대통령을 도울 것을 기대하고 있을 것"이라고 말했다.

〈볼리비아〉 2019년 11월 11일

• 대통령 사퇴한 모랄레스 "더 강해져서 돌아올 것"…멕시코 망명   (매일경제 11.12)

– 11일 '대선 조작 논란'으로 대통령직에서 자진사퇴한 모랄레스가 멕시코로 망명했다. 모랄레스가 남미 진보진영 정치지도자들의 응원을 받으며 망명길에 오르자 볼리비아 사회 전반은 대혼란에 빠지며 볼리비아 군과 경찰은 비상경계 태세에 들어갔고, 정치권은 국내외 이념 노선이 뒤얽히며 사실상 무정부 상태가 되었다. 이와 같은 볼리비아의 혼란이 쿠데타냐 아니냐를 두고 남미 사회가 둘로 갈라섰다. 우선 미국이 "모랄레스의 퇴진이 시위의 결과물이지 쿠데타가 아니다"라고 입장을 표명하자, 모랄레스의 망명을 수용한 멕시코는 "볼리비아 상황은 군이 헌법을 위반해 대통령 상임한 요구한 것으로 쿠데타에 해당한다"라는 입장을 표명했다. 미국은 2019년 1월에 있었던 베네수엘라 사태 때처럼 미국을 중심으로 남미 대륙이 뭉쳐서 볼리비아 사태를 함께 해결하길 희망하고 있다. 하지만 브라질에서 룰라 전 대통령이 정치적으로 부활하고 그를 중심으로 아르헨티나의 페르난데스 대통령 당선인과 멕시코의 오브라도르 대통령 등 남미의 진보 지도자들이 재결집하면서 모랄레스 옹호에 나서고 있기 때문에 볼리비아 사태가 장기화될 조짐을 보이고 있다.

〈아르헨티나〉 2019년 10월 27일

• 마크리의 긴축정책을 거부한 유권자들…페르난데스 아르헨 대선 승리

(Buenos Aires Times 10.28)

- 10월 27일 아르헨티나 대선에서 좌파진영 페르난데스 후보가 47%의 득표율로 41%를 득표한 마크리를 앞서며 대통령에 당선되었다. 8월에 있었던 대통령 예비선 거에서 확인된 16%p의 격차가 절반 이하로 좁혀진 이번 대선 결과는 10월 한 달간 있었던 마크리의 열정적인 선거운동과 페르난데스가 어려운 국가 경제 상황을 헤쳐 나갈 능력이 있는가에 대한 경계심이 작용한 것으로 해석된다. 이번 대선에서 페르 난데스의 승리하면서 심각한 국가 경제위기에 직면해 있는 아르헨티나는 다시 페론 주의가 주도하는 좌파 포퓰리즘 정권으로 돌아가게 되었다. 페르난데스가 펼칠 경제 정책의 핵심 이슈는 과연 그가 그의 강력한 부통령 파트너인 페르난데스 데 키르치 너(Fernández de Kirchner)와 어떻게 상호작용할 지이다. 키르치너는 2007년부터 2015 년까지 대통령직을 수행하면서 국가 경제를 망가뜨렸다는 평가를 받고 있음에도 그 녀의 인기는 페르난데스의 당선에 큰 영향을 끼쳤다. 과연 페르난데스가 키르치너를 얼마나 잘 통제하면서 경제정책을 펼칠 수 있을지 귀추가 주목된다.

〈아르헨티나〉 2019년 12월 10일

• 알베르토 페르난데스, 아르헨티나의 새 대통령으로 취임 (Buenos Aires Times 12.10)
- 12월 10일 페르난데스가 아르헨티나 의회 앞에서 대통령 선서를 하면서 아르헨티 나의 새로운 지도자로 정식 취임하였다. 74년 만에 등장했던 비(非)페론주의 대통령 마우리시오 마크리 대통령은 페르난데스에게 대통령 지휘봉과 대통령 띠를 넘기며 "행운을 빈다"는 말과 함께 4년간의 대통령 임기를 마쳤다. 이로써 2023년까지 예정 된 페르난데스 대통령의 임기가 시작되었다. 페르난데스는 의회 취임연설에서 "아 르헨티나의 단결을 촉구하며 '새로운 사회적 계약'을 통해 아르헨티나를 다시 일어 서게 할 것"이라며 아르헨티나가 직면한 경제문제를 해결에 온 힘을 쏟을 것을 밝혔 다. 특히 기본 식품 유통에 보조금을 지급하여 빈곤을 퇴치하고 퇴직연금을 인상하 고 공무원과 복지수당을 늘리겠다는 계획을 개략적으로 밝힌 이번 취임연설은 많은 페론주의자의 환호를 받았다. 한편, 페르난데스는 브라질의 좌파 지도자인 룰라와 멕시코의 포퓰리즘 대통령인 오브라도르과 친분이 있지만 아르헨티나의 주요 교역 상대인 브라질의 보우소나루 대통령과는 극심한 긴장상태를 유지하고 있다. 페르난 데스의 아르헨티나가 얼마나 빠른 속도로 미국과 다른 남미의 보수 정부들과 멀어지

면서 다른 좌파정부들과 가까워질지 귀추가 주목된다.

〈브라질〉 2019년 12월 21일

• 브라질 보우소나루, '반부패 상징' 모루와 런닝메이트 시사　　　　　(한국경제 12.22)

– 최근 다수의 여론조사에서 진보진영 정치 인사에 비해 지지율 열세를 면치 못하고 있는 보우소나루 대통령이 2022년 대선을 앞두고 일찌감치 모루 법무부 장관과 손을 잡을 수 있다는 뜻을 밝혔다. 현재 집권 1년 차를 맞은 보우소나루 대통령의 지지율은 30%선에 그치고 있다. 이는 집권 1년 차를 기준으로 전임 좌파 대통령이었던 룰라 전 대통령(42%)이나 지우마 호세프 전 대통령(59%)과 비교하면 크게 뒤처지는 수치이다. 한편, 모루 장관에 대한 평가는 긍정평가가 54%를 넘으며 보우소나루 대통령을 포함한 현 정부 각료들 가운데 가장 좋은 평가를 받고 있는 것으로 나타났다. 모루 장관은 현 정부 출범 이전부터 연방판사로 재직하며 브라질의 권력형 부패스캔들을 전담하는 '라바 자투(Lava Jato, 세차용 고압 분사기)' 수사를 이끌며 '반부패 수사'의 상징적 인물로 자리 잡은 인물이다. 그동안 모루 장관은 "현 정부가 끝날 때까지 장관직을 수행할 것이다"라며 2022년 대선에서 부통령 후보 출마설을 부인해 왔다. 하지만 브라질 정치권에서는 이번 보우소나루 대통령의 발언을 토대로 모루 장관이 곧 '브라질을 위한 동맹(Aliança Pelo Brasil, APB)'에 가입하여 보우소나루 대통령과 2022년 대선에 출마할 가능성이 크다고 보고 있다.

〈브라질〉 2020년 02월 20일

• 유력 대선주자·하원의장·대법관 회동…초당적 '반 보우소나루'연대 등장

　　　　　　　　　　　　　　　　(Folha De S,Paulo 02.20; 연합뉴스 02.21 재인용)

– 보우소나루 대통령이 집권 이후 권위주의적 행태를 보이는 경우가 늘자 브라질 정치권과 법조계 등에서 초당적 '반 보우소나루'연대를 구성하기 시작했다. 18일 하원의장 공관의 만찬장에 모인 호드리구 마이아 하원의장, 지우마르 멘지스(Gilmar Medes) 대법관과 유력 대선주자인 주앙 도리아(João Doria) 상파울루 주지사 등은 보우소나루 대통령의 국정 운영 방식에 대해 비판적인 인식을 공감한 것으로 알려졌다. 이는 2월 10일 야권의 14개 정당 대표자들이 모임을 갖고 초당적 야권 연대인 '권리,

민주주의 포럼'을 결성한 것과 궤를 같이 하는 것이다. 이와 같은 반 보우소나루 연대에는 좌파와 중도, 우파 성향의 정당들이 고루 참여하는 것으로 알려졌다. 한편, 보우소나루 대통령은 '브라질을 위한 동맹' 창당 작업을 활발히 주도하고 있는 것으로 알려져, 2020년 10월 지방선거에서 '반 보우소나루' 야권연대와 보우소나루 대통령의 '브라질을 위한 동맹'의 선거전이 가져올 결과에 귀추가 주목된다.

〈가이아나〉 2020년 03월 12일

• 가이아나 대선 부정 의혹과 이에 대한 법원의 선거 무효 및 재투표 명령

(Global Voices 03.13)

– 2020년 3월 2일, 가이아나에서 치러진 대통령선거에서 당선된 그레인저 대통령이 여당인 국가 통합-변화를 위한 동맹(A Partnership for National Unity+Alliance for Change) 33석, 야당인 국민진보당(People's Progressive Party) 32석으로 재선에 성공했다. 그러나 선거 결과에 대해 야당의 바라트 자그데오(Bharrat Jagdeo)는 선거 부정 의혹을 주장했다. 가이아나 선거위원회(Guyana Elections Commission, GECOM)는 10개의 지역구 중에서 여당을 지지하는 '지역구 4'에서의 선거 결과가 논쟁의 여지가 있음을 파악했다. 먼저, 스프레드시트의 불일치가 발생했고, 승인되지 않은 노트북과 플래시 드라이브를 사용한 데이터 입력담당자를 찾아냈다. 가이아나의 대법원장 록산느 조지-윌셔(Roxane George-Wiltshere)는 GECOM의 법에 대한 준수 권고와 함께 선거의 투명성 및 타당성의 문제를 제기하며 '지역구 4'에 대한 선거 무효를 선언했다. 3월 11일, 대통령과 야당 지도자는 공동으로 카리브해 공동체(Caribbean Community, CARICOM)의 파견대와 만나 선거의 투명성 확보와 선거법 준수를 동의했다. 가이아나는 대법원의 재투표 명령으로 검증과정과 감독을 통해 재투표가 정해지게 되었다.

〈멕시코〉 2020년 07월 22일

• 멕시코 공석이 된 국가선거연구소의 이사 4명 선출　　　(Forbes Mexico 07.22)

– 멕시코 연방 하원 정치조정위원회는 회의를 통해 새로운 4명의 국가선거연구소 이사들을 선임했다. 최종적으로 선임된 사람들은 노르마 아이린(Norma Irene) 연방상원 선거고문, 카를라 험프리(Carla Humphrey) 재무부국장, 페르난도 파즈 모라(Fernando

Faz Mora) 시민참여단체 의원, 에스파다스 안코나(Espadas Ancona) 민주혁명당 창립자이다. 새로운 이사들이 선정되기 하루 전인 21일, 여당인 국가재건운동과 노동당의 75명의 의원들은 선거구 책정에 대한 문제로 정치조정위원회에서 선정한 후보자 명단에 이의를 제기하며 이사 선임절차를 취소하도록 요청했다. 하지만 정치조정위원회 회장인 마리오 델가도는 선임절차가 명백히 법에 따라 진행되며 투명하고 전문적이라고 밝혔다. 결과적으로 총회 결과는 찬성 399표, 반대 5표, 기권 5표로 나타났고, 새로 임명된 4명의 이사들은 오는 2029년까지 INE에서 활동하게 된다.

〈베네수엘라〉 2020년 07월 07일

• 마두로 대통령이 선거를 앞두고 야당의 효력을 정지시키고 본인의 측근들을 야당 지도자로 임명 (AP 07.08)

– 니콜라스 마두로 대통령과 결탁한 대법원은 여당인 베네수엘라 연합사회당(Partido Socialista Unido de Venezuela, PSUV)이 임시 대통령 후안 과이도의 정당인 인민의지당(Popular Will)을 인수할 것을 명령했다. 이는 올해 12월 6일에 치러질 의회 선거에 앞서 대통령에게 걸림돌이 되는 세력들을 제거하는 일련의 과정에 따른 조치였다. 결과적으로 과이도 의장은 인민의지당 지도자의 역할을 상실했고, 마두로 대통령은 공석이 된 인민의지당 지도자의 자리에 호세 노리에가(Jose Gregorio Noriega)를 임명했다. 이미 지난달부터 마두로 대통령은 대법원을 통해 본인을 지지하지 않는 주요 야당들에 대한 인수를 결정했고 대통령을 지지하는 인사들을 당 지도자로 임명했다. 이러한 관결 이후에도 과이도 의장을 비롯한 주요 야당 인사들은 정당하지 못한 조작된 선거에 참여하지 않을 것을 밝혔다. 하지만 과이도 의장이 임시 대통령으로서 미국을 비롯한 50여 개국으로부터 베네수엘라의 정당한 대통령으로 인정받고 있기는 하지만 선거에 참여하지 않고 임기가 만료되면 정당이 인수된 상황에서 정당성을 인정받을지는 의문이다.

〈멕시코〉 2020년 08월 10일

• 멕시코 상원의장 후보 4명 선정, 하지만 여당 후보만 입후보 (Infobae 08.10)

– 멕시코 상원 정치조정위원는 오는 24일 현재 상원의장인 페르난데스 발보아

(Mónica Fernández Balboa)의장의 후임 상원의장을 선출하기 위한 선거를 시행한다. 히카르도 몬레알(Ricardo Monreal) 상원의원은 이번 내부선거에서 상원 내 다수당인 국가재건운동에서만 4명의 후보자가 등록되었음을 밝혔다. 한편 그는 상원의장이 될 사람을 결정하기 위해 민주적 절차를 준수하며 다수결의 의견을 존중한다고 밝혔다. 하지만 야당 사회참여당과 노동당은 상원 본회의의 결정이 단순 과반수만 있으면 통과되는 점을 지적하며 국가재건운동이 이미 상원에서 다수를 차지하고 있어 상원의장을 공식적으로 선출하는 것이 어렵지 않은 결정이라고 언급했다. 또 사회참여당과 노동당을 비롯한 야당 의원들은 국가재건운동이 입법부의 의장직에서 여당에서 야당으로의 정당 교체를 허용하지 않는다고 강하게 비판했다.

정책 · 입법

〈브라질〉 2019년 10월 20일

• 브라질 룰라, 연내 석방 가능성 제기···'정치 캐러밴' 계획 밝혀   (연합뉴스 10.23)

– 여전히 브라질 좌파의 아이콘으로 불리며 정치적 인기가 상당한 룰라 전 대통령이 연방대법원 판결을 앞두고 연내 석방 가능성이 제기되며, 2016년 지우마 호세프 전 대통령 탄핵 이후 줄곧 위축되어 있던 브라질 노동당을 비롯한 좌익 야권이 활기를 찾는 모습이다. 이번 연방대법원 판결의 핵심은 '2018년 1월에 있었던 2심 재판에서 룰라에게 12년 1개월의 징역형이 선고된 뒤, 최종심이 진행되지 않은 채 바로 징역형이 집행된 것을 위헌으로 봐야 하는가'의 여부이며, 연방대법원이 이를 위헌으로 관결하면 룰라는 그 즉시 석방되게 된다. 이미 룰라는 수감생활을 하면서 해외 언론과의 잦은 인터뷰를 통해 '옥중정치'행보를 계속해 왔으며, 특히 "보우소나루 대통령이 브라질의 민주주의를 파괴하고 있다"며 '브라질의 트럼프'라 불리는 보우소나루 대통령의 스트롱맨 정치를 비판하기도 했다. 현지시간 20일 브라질 일간지 폴랴지 상파울루의 보도에 따르면, 룰라 자신이 조만간 석방되면 전국을 돌면서 정치 캐러밴에 나서겠다는 뜻을 밝히면서 내년 10월에 있을 지방선거에서 룰라의 역할론이 급부상한 것으로 전해졌다.

〈멕시코〉 2019년 10월 03일

• 멕시코 국가대법원 장관, 부정부패혐의로 불명예 사임   (El Universal 10.08)

– 메디나 모라 국가대법원 장관이 불법 자금을 운영하고 자금 세탁을 한 혐의로 조사를 받고 있다는 사실이 밝혀진 후 자진하여 사임 의사를 밝혔다. 멕시코에서 15년 임기가 보장받는 국가대법원장이 임기를 채우지 못하고 사임한 사례는 이번이 처음으로, 10월 3일 메디나 대법관의 사의 표명이 있은 뒤 얼마 지나지 않아 오브라도브 대통령이 사임을 받아들였다. 메디나 모라는 로페즈 정부 이전의 엔리케 페냐 니에토(Enrique Peña Nieto) 정부에서 중요한 요직을 차지해 왔고, 2015년에 대법관으로 임명되어 국가대법권 장관직을 수행해 왔다. 게다가 그는 상당한 규모의 가족 사업에도 참여하는 사업가이기도 했지만, 항상 대중들에게 자산신고를 하는 것을 거부하면서 투명성이 부족하다는 지적을 받아왔다. 이에 정치권 일각에서 메디나 모라의 대법관 사임이 전 정부에 대한 로페스 대통령의 정치적 복수가 아니냐는 의혹이 일자 로페스 대통령은 10월 8일 'AMLO의 아침(la ma anera de amlo)'이라는 정기 기자회견에서 "메디나 대법관의 사임은 그가 자유롭게 결정한 것이며 결코 정치적 복수가 아니다"라며 분명하게 선을 그었다.

〈브라질〉 2019년 11월 21일

• 브라질 '보우소나루 신당' 언론통제속 창당행사…취재진 불허   (한국경제 11.22)

– 당의 운영방식 및 전략, 선거자금 유용 문제, 2020년 지방선거 후보자 공천 문제 등을 두고 사회자유당지도부와 극심한 마찰을 빚어오던 보우소나루 브라질 대통령이 현지시간 19일 사회자유당을 탈당하고 '브라질을 위한 동맹'이라는 새로운 당을 창당했다. 이에 따라 하원의원 53명을 보유하고 있던 사회자유당에서 보우소나루계파 의원 27명 정도가 '브라질을 위한 동맹'으로 당적을 바꿀 것으로 관측된다. 현재 구체적인 '브라질을 위한 동맹' 창당 작업은 보우소나루 대통령의 셋째 아들인 에두아르도 보우소나루가 주도하고 있는 것으로 알려졌다. 현지시간 8일 석방된 룰라를 중심으로 한 좌파 진영의 반(反) 보우소나루 연대가 2020년 지방선거와 승리를 위한 움직임에 박차를 가하고 있는 가운데, 보우소나루 대통령도 2020년 지방선거를 앞두고 우파 진영 재정비에 나설 것으로 보인다. 보우소나루 대통령의 탈당·창당 결정

이 브라질 정치권의 판세를 뒤흔들고 있다.

〈멕시코〉 2019년 11월 17일

• 국민행동당, 모랄레스에게 멕시코 정치를 방해하지 말 것을 당부

(El Informador 11.17)

– 멕시코 하원의 제1야당인 국민행동당(Partido Acción Nacional, PAN)은 11월 11일 멕시코로 망명한 모랄레스 전 볼리비아 대통령에게 "멕시코의 내정에 훼방을 놓지 말 것"과 "현 멕시코 집권 정부의 새로운 프로파간디스트(propagandist, 선전꾼)"이 되지 말 것을 당부했다. 국민행동당은 "모랄레스를 퇴진시킨 볼리비아의 시위를 독재와 선거조작에 반대하여 일어난 정의로운 민주적 사건이라 본다"며, 모랄레스의 망명을 받아준 현 정권이 좌파적 이념친밀성을 바탕으로 그를 돌보기 위해 멕시코의 공공자원을 사용하며 그를 위대한 영웅처럼 대우하는 것은 부끄러워 할 일이라고 비판했다. 또한 여기에 "민주적 절차를 통해 선출된 멕시코 정부가 왜 비민주적 선거조작을 통해 선출된 독재자와 힘을 합치는지 이해할 수 없다"는 말도 덧붙였다. 한편, 이미 국민행동당은 11월 11일 모랄레스 전 볼리비아 대통령의 멕시코 망명 이후 11월 14일 볼리비아의 자니네 아녜스(Jeanine Áñez) 볼리비아 임시 대통령의 정당성을 당 차원에서 인정한 바 있다.

〈아르헨티나〉 2019년 12월 21일

• 페르난데스의 긴급 경제대책 법안, 상원 통과　　　(Buenos Aires Times 12.21)

– 중상위 계층에 세금 인상을 부과하며 빈곤층에게 여러 가지 혜택을 제공하는 전형적인 페론주의적 내용을 담은 페르난데스 정부의 긴급 경제대책 법안이 상원을 통과했다. 이 법안은 19일 하원에서 16시간의 마라톤 회의 끝에 찬성 134표, 반대 110표로 통과되었고, 21일 상원에서 12시간의 회의 끝에 찬성 41표 반대 23표로 통과되었다. 이 법안은 농산물 수출, 자동차 판매 등에 대한 세금 인상을 담고 있다. 페르난데스 정부는 이번 법안 통과로 인해 발생되는 새로운 정부 수입의 70%가 사회복지 프로그램에 사용될 것이라고 밝혔다. 현재 아르헨티나의 빈곤율은 40%에 육박하고 있으며, 아르헨티나는 통화위기로 18개월 동안 장기적인 경제위기를 겪고 있다. 2019

년에는 경제가 3.1% 위축될 것으로 예상되며, 물가상승률은 55%, 대외채무는 GDP의 90% 안팎을 맴도는 상태이다. 페르난데스 정부는 이번 긴급 경제대책 법안을 통해 경제문제 해결의 첫발을 내디딜 수 있을 것이라며 의회 의원들에게 법안 통과를 강력하게 요구해 왔다. 하지만 야당 측에서는 "이번 법안은 정부에게 너무 많은 권력을 집중시키고 있고, 페르난데스는 이러한 비상 경제대책 법안을 밀어붙일 명분이 없다"며 페르난데스 정부를 비판했다.

〈아르헨티나〉 2020년 01월 07일
• 새로운 아르헨티나의 좌파정부, 베네수엘라 위기에 대해 입장변화 보이기 시작해

(Bloomberg 01.07)

– 좌파 성향의 페르난데스 대통령이 취임한 이후 베네수엘라 위기에 대한 아르헨티나 정부의 공식 입장이 변화하고 있다. 특히 2017년 마우리시오 마크리 전 대통령이 가입한 '리마그룹(Lima Group, 베네수엘라 위기의 평화적 해결을 위해 중남미 12개국이 참여한 다자간 단체로 니콜라스 마두로 대통령을 독재자로 규정하며 후안 과이도 임시 대통령을 지지함)'과 빠르게 멀어지고 있다. 게다가 이미 페르난데스는 2019년 12월 대통령으로 정식 취임한 이후 남미 좌파 연합의 수장으로써 자국의 외교 정책 노선을 재정비하려는 모습을 지속적으로 보여왔다. 대표적으로 자신의 대통령 취임식에서 니콜라스 마두로의 관리들과 교류했으며, 모랄레스 전 대통령의 아르헨티나 망명을 허용했다. 하지만 미국 트럼프 행정부가 제거하려는 마두로 정권을 지나치게 두둔할 경우, 심각한 경제난에 빠진 아르헨티나가 당면한 주요 국제경제 협상 과정에서 미국의 지원이 불투명해질 위험이 있다. 그렇기 때문에 페르난데스 행정부는 트럼프 행정부를 자극하지 않는 수준에서 베네수엘라 위기를 최대한 조율할 수 있는 적정선을 찾고 있는 것으로 알려졌다.

〈브라질〉 2020년 01월 06일
• 브라질 보우소나루 "언론인은 멸종위기 인종"…언론과 정면충돌   (한국경제 01.07)
– 극우 성향의 보우소나루 대통령이 현 정부에 비판적인 기사를 많이 보도하는 폴랴지 상파울루와 글로부TV 등 유력 좌파 언론에 대해 강한 불만을 나타냈다. 보우소나

루는 2020년 행정·조세 개혁 일정에 대한 기자의 질문을 받는 과정에서 언론이 불필요한 갈등을 조장한다며 언론에 대해 공격적인 자세를 나타냈다. 그러면서 대통령 궁 앞에 모인 지지자들을 향해 "브라질의 언론인들은 멸종위기에 처한 인종과 같다"면서 "가짜 뉴스 때문에 언론 보도를 신뢰하는 사람이 갈수록 줄고 있으며, 매일 신문을 읽는 것은 잘못된 정보를 계속 받아들이는 것과 마찬가지"라고 말했다. 이러한 발언 내용이 알려지자 브라질 기자협회는 즉각 성명을 내고 "정보는 현대사회의 필수품이며 저널리즘은 앞으로도 계속 존재할 것"이라며 "언론은 민주주의를 부정하는 정치인들보다 훨씬 더 오래 살아남을 것이며, 이것은 역사가 증명하고 있다"고 반박했다.

〈브라질〉 2020년 01월 17일

• 보우소나루 대통령, 나치 연상시키는 발언한 문화부 장관 해임　　　　　(CNN 01.17)

— 로베르토 알빔(Roberto Alvim) 문화부 장관이 브라질 예술 이니셔티브 영상에서 2차 세계대전 당시 나치의 조셉 괴벨스(Joseph Geobbels)를 발언을 인용했다는 의혹이 일면서 큰 논란이 일었다. 알빔은 영상 속에서 "앞으로 10년간 브라질의 예술은 영웅적이고 국가적일 것입니다"라는 발언을 했는데, 이것이 괴벨스의 1933년 연설 중 "앞으로 10년간 독일의 예술은 영웅적이며 낭만적일 것입니다"라는 구절과 매우 유사하여 문제가 된 것이다. 알빔은 영상 속 자신의 발언과 괴벨스 연설의 유사성을 인정했지만, 그것은 어디까지나 우연의 일치일 뿐이라며 나치즘 의혹을 반박했다. 하지만 이 사건으로 인해 보우소나루 정부에 엄청난 정치적 분노와 비난이 쏟아졌다. 그러자 일반적으로 언론의 비판에 반항하는 모습을 보여왔던 보우소나루 대통령도 이번에는 이례적으로 사건 발생 다음 날 성명을 통해 "나는 전체주의와 학살적 이념에 반대하고, 브라질은 유대인 사회와 같은 가치를 공유하고 있다"며 알빔 장관을 전격 해임하기로 결정했다.

〈멕시코〉 2020년 01월 02일

• 멕시코 사파티스타 "마야열차 건설 막겠다"…정부와 갈등 예고　　　(연합뉴스 01.03)

— 2일(현지시간) 멕시코 일간 레포르마(Reforma)에 따르면, 사파티스타 민족해방군이

대통령의 역점사업인 '마야열차' 건설을 끝까지 저지하겠다는 각오를 밝힌 것으로 알려졌다. 오브라도르 정부가 추진하고 있는 마야열차 건설사업은 카리브해 휴양지부터 마야 유적지를 연결하면서 이 지역의 관광과 경제개발을 목적으로 하는 약 62억 달러(약 7조 2천억원) 규모의 현 정부 역점사업 중 하나이다. 멕시코 정부는 마야열차가 지나가는 지역 원주민들을 대상으로 2019년 12월 실시한 투표에서 92.3%가 건설에 찬성했다며 문제될 것이 없다는 입장이다. 하지만 사파티스타 민족해방군은 당시 정부의 투표 문항이 열차 건설의 장점만 강조하며 찬성을 유도하는 투표였으며, 마야열차 건설이 결과적으로 환경과 유적을 훼손할 것이라며 반대하고 있다. 한편 사파티스타 민족해방군은 소외당하는 원주민의 생존권을 위해 투쟁하는 좌익 반군으로, 1994년 1월 1일 북미 자유무역협정(NAFTA)에 반발해 무장봉기를 일으킨 후 신자유주의에 저항하며 치아파스 지역 주민들로부터 많은 지지를 받아 2001년에 멕시코 치아파스주의 자치를 인정받은 바 있다. 현재는 무장을 해제한 채 시민 저항 운동 위주로 활동하고 있으며, 2018년 멕시코 대선에서 원주민 출신 여성 후보를 출마시키는 등 최근까지도 멕시코 국내정치에서 활발한 활동을 해오고 있는 단체이다.

〈멕시코〉 2020년 02월 14일

• 오브라도르 정부, '대통령 전용기 복권' 추첨 사업 시작　　　　(El Universal 02.14)

– 오브라도르 대통령은 2018년 대선 유세 과정에서 대통령 특권을 내려놓고 서민과 하나 된 정책을 펴겠다고 공약했다. 실제로 오브라도르는 취임 직후 호화로운 대통령궁을 시민에게 개방했고 대통령 월급을 깎았으며 대통령 경호 인력도 대폭 줄였다. 하지만 2억1천800만 달러(한화 약 2천600억 원)에 달하는 값 비싼 대통령 전용기는 구매자를 찾지 못해 1년이 넘도록 격납고에 서 있게 되었고 유지·보수비용이 눈덩이처럼 쌓여가기 시작했다. 그러자 오브라도르 정부는 고심 끝에 '대통령 전용기 복권'을 발행하기로 했다. 대통령 전용기 복권은 총 판매금액 30억 페소(약 1억 5천만 달러) 규모의 티켓 600만 장을 발행될 것으로 알려졌다. 그리고 현지시간 13일 오브라도르는 대통령궁에서 비행기 추첨 티켓 구매를 장려하기 위한 만찬을 열었고, 그 자리에 참석한 75명의 기업가로부터 티켓 300만 장 구매를 약속받았다고 말했다. 멕시코 정부는 복권 수익금을 전용기 유지비에 활용할 것이며 그 사이에도 전용기 매각

은 계속 추진될 것이라고 밝혔다.

〈브라질〉 2020년 03월 11일

• 브라질 의회가 예산 지출에 대한 보우소나루 대통령의 거부권을 뒤집다.

(The Rio Times 03.12)

– 브라질 의회는 경제적 어려움으로 인해 사회적 지원이 축소되어 곧 치러질 지방선거에서 유권자들의 부정적 여론을 우려해 기존의 보우소나루 대통령의 거부권을 찬성 137표, 반대 303표로 의회의 입장을 관철시켰다. 위의 축소된 사회적 지원 정책에 해당하는 것은 'BPC(Benefício de Prestação Continuada)'로 알려진 취약계층에 대한 사회적 지원이다. 이 결정으로 인해 예산 목표를 달성하기 위해 지출을 최소화하려는 브라질 정부에 200억 헤알(한화 약 4조 9000억 원)의 재정적 부담이 더해졌다. 정부는 브라질 대통령의 거부권을 뒤집는 결정으로 인해 정해진 예산 지출 한도를 지키는 것이 어려워질 것을 우려했다. 그리고 호드리구 마이아 하원의장은 이 결정에 대해 코로나바이러스 대유행으로 인한 재정의 불안정성과 전염병에 대한 지원에 어려움을 줄 것이기 때문에 이러한 결정은 '실수'라고 언급했다.

〈브라질〉 2020년 03월 25일

• 아마존 열대우림을 보호하기 위한 올해 첫 아마존협의회가 개최되었다.

(AGROLINK liberação de imprensa 03.26)

– 브라질의 아마존 열대우림을 보호하기 위한 올해 첫 아마존협의회가 개최되었다. 협의회장인 아미우톤 모우랑(Hamilton Mourão) 브라질 부통령은 협의회의 구조와 전략 및 즉각적인 조치들을 발표했다. 이는 아마존에 관한 정부의 정책 조정 및 통합, 보존과 보호, 지속 가능한 개발과 관련된 정책 등의 내용을 포함한다. 이날 회의에서 테레사 크리스티나(Tereza Cristina) 농림축산부 장관은 해당 부처가 아마존 지역의 토지 규제와 함께 아마존 내의 소규모 생산자들에 대한 사회적, 생산적 발전에 기여할 것이 많다고 지적했다. 또한, 아마존 정착촌 내에서 열대우림에 대한 화재 예방 캠페인이 시급하게 실시되어야 할 필요성을 강조했다. 다음 회의는 2020년 6월로 예정되어 있다. 다음 회의까지 부통령은 각 부처를 통해서 아마존의 화재 및 불법 삼림 벌

채를 방지하기 위한 예방 조치가 우선되어야 한다고 밝혔다.

〈아르헨티나〉 2020년 04월 16일
• 아르헨티나 정부, 국제 채권단에 3년 상환 유예와 이자 삭감을 포함한 조정안 제시

(연합뉴스 04.17)

– 아르헨티나 정부가 700억 달러(한화 약 85조 8천억 원) 규모의 3년 상환 유예와 이자 삭감 등이 포함된 조정안을 국제 채권단에 제시했다. 정부가 내놓은 조정안에는 채무 상환을 2023년까지 3년 유예하고, 이자의 62%, 원금의 5.4%를 삭감하는 내용 등이 포함되었다. 이자 삭감분은 총 379억 달러, 원금 삭감은 36억 달러에 해당한다. 이미 국내총생산의 90%를 부채로 감당하고 있는 아르헨티나의 상태를 두고 마르틴 구스만(Martin Luiz Guzman) 경제부 장관은 현재 아르헨티나는 빚을 도저히 갚을 수 없고, 상환할 의지가 있어도 능력이 없다고 답변했다. 정부는 채권자들에게 20일 이내로 제안 수용 여부를 결정하도록 했다. 지난해 12월 취임한 페르난데스 정부는 계속해서 채무 재조정을 추진해 왔지만 당초 올해 3월 말까지 자체 협상 시한으로 설정했음에도 코로나19로 인해 일정이 지연됐다. 현지 컨설팅업체 베리스크 메이플크로프트(Verisk Maplecroft)의 히메나 블랑코(Jimena Blanco)는 디폴트 전력이 많은 아르헨티나가 원금에 대한 대폭 탕감이 아닌 이자 삭감을 제안하여 채권자들이 우려한 내용이 아닌 적당한 제안이 도출된 것에 긍정적으로 표했다.

〈브라질〉 2020년 05월 21일
• 브라질 대통령에 대한 좌파 야권의 탄핵요구서 공동제출과 이에 정면으로 맞서는 대통령

(연합뉴스 05.22)

– 보우소나루 대통령이 독단적인 행보와 언행, 코로나19 대응 능력 부족으로 인한 문제로 탄핵의 움직임이 시간을 거듭할수록 확산되는 중에 있다. 대표 야당인 좌파 노동당을 비롯한 7개의 좌파 정당은 21일 대통령에 대한 탄핵요구서를 호드리구 마이아 하원의장에게 공동제출했다. 이전에 개별 정당이나 의원이 탄핵요구서를 낸 적은 여러 번 있었으나 공동명의로 제출한 것은 처음 있는 일이다. 글레이지 호프만(Gleisi Hoffmann) 노동당 대표는 대통령은 국민이 겪고 있는 위기에 대응할 수 없고 브

라질을 이끌 수 있는 조건과 능력이 없다고 비판했다. 좌파 정당뿐 아니라 노동계와 인권단체, 농민, 빈민, 아마존 원주민 등 각 분야의 400여 개 단체도 탄핵요구서에 서명하면서 상당한 파장이 일어날 것을 예고했다. 이들은 보우소나루 대통령 퇴진을 슬로건으로 하여 수도 브라질리아의 삼권광장에서 시위를 벌였다. 하지만 이러한 퇴진 요구의 확산에도 불구하고 대통령은 탄핵 압박에 정면으로 맞서겠다는 입장이다. 대통령 탄핵이 이루어지기 위해서는 전체 하원의원 513명 가운데 3분의 2인 342명 이상, 상원의원 81명 가운데 3분의 2인 54명 이상이 찬성해야 하는데, 대통령은 중도 성향 정당들과 접촉을 확대하며 의회 내 지지기반을 넓혀 탄핵 표결을 저지하겠다는 전략을 취하고 있다.

〈멕시코〉 2020년 05월 08일
• 멕시코 대통령이 범죄 근절을 위해 치안업무를 담당하는 군대의 활동 기한을 연장

(The Guardian 05.11)

- 오브라도르 대통령은 2018년 12월 취임한 이후 계속 증가하는 살인과 조직, 집단에 의한 폭력을 통제하기 위해 육군과 해군으로 구성된 국가방위군의 치안업무 담당 기한을 오는 2024년 3월 27일에 종료할 것을 선언했다. 멕시코의 살인 건수는 2019년 9월까지 22,059건으로 전년도 같은 기간 대비 21,581건으로 증가했다. 멕시코의 높은 범죄율은 정부가 공공안보를 위해 경찰이 아닌 군대에 의존하도록 만들었다. 현직 오브라도르 대통령은 2018년 대선 당시 총알이 아닌 포옹을 약속하며 자신이 범죄의 근본 원인으로 생각하는 가난과 폭력을 해결하기 위해 안보 전략의 초점을 바꾸겠다고 다짐했다. 하지만 이러한 다짐과 다르게 당선 이후 대통령은 연방 경찰을 두고 군인과 전직 연방경찰로 구성된 새로운 무장 경찰력을 만들고 육군과 해군을 동원하여 주요 도시에 배치했다. 멕시코 내에서 일어나고 있는 살인 등의 범죄를 막기 위해서 경찰력을 보완하거나 강화하는 것이 아닌 기존의 군대를 동원한 방식을 더 강화하는 상황이다. 즉, 멕시코 내에 심화되는 폭력과 강력한 범죄조직에 대처할 경찰력이 없다는 것을 의미한다. 이에 대해 멕시코 내의 인권단체들은 공공안보, 치안을 담당하는 역할에 군대의 역할을 확대한 대통령령에 대해 강력한 인권침해의 가능성을 두고 불만을 표시했다.

〈브라질〉2020년 05월 15일
• 브라질 새 보건부 장관이 대통령과 코로나19 대응 갈등으로 임명된 지 한 달 만에 사임

(연합뉴스 05.16)

- 만데타 전 보건부 장관이 보우소나루 대통령과의 갈등으로 해임되고 새로 임명된 네우손 타이시 보건부 장관은 임명된 지 한 달 만인 15일 오후 공식적으로 사임을 발표했다. 그는 사임에 대한 구체적인 이유를 밝히지는 않고 "인생은 선택하는 것이며, 오늘 나는 사임을 선택했다"라고 밝혔다. 하지만 그중에서도 타이시 장관의 사임에 가장 큰 영향을 미친 것은 말라리아 치료제 클로로퀸 계열의 유사 약물인 하이드록시클로로퀸 사용문제에서 심각한 견해 차이를 보였다는 점이다. 대통령은 하이드록시클로로퀸 사용에 관한 보건부 지침을 바꿔 기존의 중증환자만 의사의 처방에 따르는 방식이 아닌 초기 증상 환자에게도 사용하도록 하는 것이었다. 하지만 타이시 장관은 약물의 치료 효과가 과학적으로 입증되지 않았다는 입장을 고수했고, 환자에 따른 제한적 사용만 가능하고 부작용도 있음을 경고했다. 결국 코로나19 대응에 대한 의견 차이로 인해 갈등이 심화된 타이시 장관은 사임했고 정치권은 대통령의 독단적 국정 운영을 비난했으며 만데타 전 장관 역시 "코로나19와 전쟁에서 아까운 한 달을 잃어버렸다"고 비판에 가세했다.

〈아르헨티나〉2020년 06월 08일
• 아르헨티나 정부, 대규모 농산물 수출기업 비센틴을 국유화

(Buenos Aires Times 06.08)

- 페르난데스 대통령은 경제위기로 인해 파산한 농산물 수출기업인 비센틴을 국유화할 계획이며, 60일 이내에 의회를 통해 법안을 통과시켜 회사를 인수할 것을 발표했다. 비센틴은 이미 연방은행(Banco Nacion)과 정부에 대해 약 15억 달러의 부채를 지고 있었고, 직전 마크리 행정부 때는 파산 신청을 한 전력도 있었다. 대통령은 기자회견을 통해서 비센틴 국유화의 목적은 국가 수출에 중요한 역할을 하는 회사를 운영하고 2,600명의 노동자들을 보호하여 수출 활동을 지속하는 것이라고 밝혔다. 한편 대통령은 농업 경제학자인 가브리엘 델가도(Gabriel Delgado)가 관리위원으로 활동하면서 정부가 향후 60일 동안 회사에 관여하며 운영할 것을 밝혔다. 이에 대해 야당

'변화를 위한 동맹(Juntos por el Cambio)'의 의원들은 정부의 비센틴 국유화 조치는 수십억 달러의 비용이 사용될 것이며 불법적이고 위헌적이라고 주장했다. 또 국유화 조치를 발표한 이후 비센틴 기업 측에서는 "선택된 길은 우리에게 불확실성과 우려로 가득하다"라고 입장을 표명했다.

〈멕시코〉 2020년 06월 03일
• 멕시코 연방 상원, 규정에 따라 의석수가 모자란 PRD 및 PES 상원 해산

(Infobae 06.04)

– 멕시코 상원의 야당인 민주혁명당과 사회참여당의 의석은 법에서 요구되는 최소 5석의 의석을 확보하는 조건을 충족시키지 못해 연방 상원에서 해산되었다. 이른바 '의회 조직법(La Ley Orgánica del Congreso)'은 상원 원내에서 각 정당이 최소 5명의 의원으로 구성되어야 한다고 명시하고 있다. 하지만 지금까지 민주혁명당은 3명의 상원의원으로 구성되어 있었고 사회참여당은 4명으로 구성되어 있었다. 이에 모니카 페르난데스 상원의장은 2020년 4월, 2차 정기회의가 끝났을 때 두 정당 모두 상원의원을 추가하지 않았기 때문에 해산을 결정했다고 상임위원회를 통해 통보했다. 상원의장의 대변인은 법과 규정을 적용하는 것이 자신의 의무이며 법률 및 규정 조항은 매우 분명하다고 언급했다. 위 결정으로 인해 상원 내 의원 구성은 현재 집권 여당인 국가재건운동와 국민행동당, 제도혁명당(Partido Revolucionario Institucional, PRI), 시민운동당(Movimiento Ciudadano, CM), 노동당 및 멕시코 녹색당(Partido Verde Ecologista de México, PVEM) 6개의 정당만이 남았고 민주혁명당과 사회참여당은 의석을 확보하고 있지 못하기 때문에 정치 조정위원회와 상임위원회 내 위원의 역할도 상실하고 말았다.

〈브라질〉 2020년 06월 22일
• 브라질 사법당국, 대통령을 지지하는 극우단체에 대한 대대적 압수 수색

(연합뉴스 06.23)

– 브라질 사법당국은 보우소나루 대통령을 지지하는 극우단체들에 대한 대대적인 조사에 착수하였다. 이에 관하여 브라질리아 경찰은 '브라질의 300', '애국자들' 등의 극우단체들이 수도 근처 아르니케이라 지역에 있는 농장에서 정기적으로 회의

를 열고 시위를 계획하고 민병대를 흉내 낸 군사훈련을 한 것으로 추정된다고 밝혔다. 경찰은 극우단체의 근거지에 대한 압수 수색을 통해서 화약과 휴대전화, 시위계획서, 금고 등의 증거들을 확보했다. 조사를 통해 경찰관계자는 "극우단체 회원들이 농장에 모여 정보를 교류하고 시위 계획을 협의하는가 하면 준군사조직을 흉내 내 훈련도 한 것으로 보고 있다"고 말했다. 이 사건을 통해 경찰은 앞서 언급한 극우단체들 이외의 단체들을 대상으로 민병대 조직과 총기 불법 소유 같은 혐의에 관한 조사가 이루어질 것이라고 밝혔다. 연방경찰은 지난 15일 '브라질의 300'의 주도자이자 반민주주의 시위를 주도한 극우주의자 사라 윈테르(Sarah Winter, 본명 Sarah Fernanda Giromini) 등 6명을 체포했다.

〈브라질〉 2020년 07월 16일

• 브라질 정부, 120일간 아마존 열대우림 방화행위 전면금지 조치　　　(연합뉴스 07.17)

− 브라질 정부가 아마존 열대우림을 보호하기 위해서 전국의 삼림과 농촌 지역을 대상으로 120일간 방화행위를 금지하는 고강도 조치를 내놓았다. 이번 조치는 농경지 조성과 가축 사육, 광산 개발 등을 위해 고의로 불을 지르는 것은 물론 정부 당국의 허가를 받아 합법적으로 이뤄지는 방화도 허용하지 않는다. 정부는 공식적으로 "7월부터 9월까지 건조한 날씨가 이어질 것이라는 기상 당국의 예보에 따라 이 기간에 발생할 수 있는 산불을 예방하기 위해 방화를 금지했다"라고 밝혔다. 정부는 이미 지난해에도 비슷한 시기에 아마존 열대우림 산불이 국제사회의 문제로 대두되자 60일씩 두 차례에 걸쳐 방화행위를 금지한 바 있다. 이러한 피해는 브라질 국립우주연구소(Instituto Nacional de Pesquisas Espaciais, INPE)의 자료를 기준으로 올해 1만 395건으로 지난해 상반기의 8천 821건에 비해 18% 가까이 증가했다. 한편 아마존위원회를 주도하는 아미우톤 모우랑 부통령은 15일 아마존 보호를 위한 군사 작전을 보우소나루 대통령의 임기가 끝나는 2022년 12월 31일까지 연장할 것을 밝혔다.

〈멕시코〉 2020년 07월 15일

• 멕시코 정부, 예산 확보를 위한 긴축 조치로 여성단체 지원 예산 대폭 삭감

(The Guardian 07.20)

– 멕시코 정부는 연방 여성 연구소에 대한 예산의 기존 예산의 75% 삭감을 승인하였으며 오브라도르 대통령은 비정부기구가 운영하는 여성 보호소(Women shelter)에 대한 각 연방주의 자금을 철회할 것을 제안했다. 멕시코에서는 코로나19가 발생한 이래 여성에 대한 폭력(Femicide)이 증가했는데, 이는 작년 같은 기간 대비 7.7%p가 증가한 수치이다. 이미 올해 3, 4월에 일어난 여성들의 파업과 더불어서 코로나19 확산 이후에 국립 보호소 네트워크(National network of shelter)는 여성에 대한 폭력 신고 건수가 80% 증가했으며, 전국 69개 보호소에 거주하게 된 여성과 아동의 수는 50% 증가했다고 밝혔다. 여성 권리 보호 단체 '공평한 정의(Equis Justicia)'의 아나 페코바(Anna Pecova)는 정부에 발표에 대해 예산을 감축한 결정은 끔찍한 일이며, 대통령이 내세운 의제에 여성에 대한 문제가 이미 제외된 것이라고 비난했다.

〈브라질〉 2020년 08월 10일
• 브라질 대통령, 재정부담에도 불구 긴급재난지원금 지급 연장 검토

(BNN Blommberg 08.14)

– 브라질 보우소나루 대통령은 코로나19 장기화로 경제적 손실을 입은 국민들에게 올해 12월까지 연장하여 긴급재난지원금을 지급할 것을 발표했다. 브라질 정부는 코로나19가 확산되던 2020년 4월부터 렌다 브라질(Renda Brazil, 긴급재난지원 프로그램)을 통해 매달 600헤알(한화 약 13만 원)을 지급해 왔으며 이 시한은 8월 말까지이다. 다만 비정규직 근로자와 실업자, 빈곤층과 같은 취약계층에 대한 지원금이 기존 600헤알에서 200~300헤알로 삭감하여 지원을 연장하겠다는 내용이다. 파울로 게데스(Paulo Guedes) 경제부 장관은 어려운 브라질의 재정난으로 인해 긴축정책을 추진하고 있었으나 이번 긴급재난지원금 지급 연장으로 인해 공공기금에 대한 정부의 지출 한도를 우려했다. 이에 대해 야당과 언론은 브라질 재정 상황이 과부하 된 상태에서 지급되는 지원금에 대해 대통령이 지원 정책을 통해 지지율을 확보하고 오는 11월 지방선거와 2022년 대선을 의식한 행동이라고 언급했다.

〈콜롬비아〉 2020년 08월 4일
• 콜롬비아 대법원의 전 대통령에 대한 가택연금 명령으로 좌우 긴장 고조

– 콜롬비아 대법원이 전직 대통령이자 콜롬비아 정치계의 거물인 알바로 우리베를 사기 행위, 뇌물 수수, 증인 매수 및 증언 조작 시도에 대한 혐의로 가택에 구금시켰다. 대법원의 이러한 결정은 우리베 대통령의 지지자와 반대자들 간의 시위로 좌우 대립을 격화시켰다. 콜롬비아는 반세기 동안 정부와 좌익 반군, 우익 민병대 간의 치열한 내전 가운데 있었다. 2016년 정부가 좌익 반군과 평화협정을 체결하며 내전이 종전되었지만, 좌파 야당 대안 민주주의 극점(El Polo Democrático Alternativo)의 의원인 이반 세페다(Ivan Cepeda)가 전직 대통령이 내전 중 인권범죄와 마약범죄를 일삼은 우익 민병대 창설에 연루되었다는 의혹을 제기하면서 좌우갈등에 불을 지폈다. 지지자들은 반군과 싸운 전직 대통령의 자유를 박탈한 것에 대해 분노했고 반대자들은 정의의 실현이라며 가택연금 결정에 환호했다. 정치권에서는 이반 두케(Iván Duque Márquez) 현직 대통령이 전직 대통령의 무죄를 주장하며 사법개혁 필요성까지 시사했고, 이에 반해 좌파 야당인 녹색당(Alianza Verde) 소속의 클라우디오 로페스(Claudio Lopez) 보고타 시장은 "누구도 법 위에 있을 수 없다"라고 언급하며 전직 대통령의 가택연금을 환영했다.

여론 · 시민사회 · 전자민주주의

〈브라질〉 2019년 09월 20일
• 리우 시민들, 경찰의 지나치게 강경한 치안유지 정책에 강하게 반발   (BBC 09.23)

– 2019년 9월 20일 리우데자네이루 빈민가에서 8세 소녀 아가타 빅토리아 펠릭스(Agatha Vitória Félix)가 경찰이 쏜 총에 맞아 사망하는 사건이 발생했다. 경찰은 거수자와의 대치상황에서 발포된 총알에 의한 우발적 사건이라고 해명했지만, 시민들은 당시에 그 어떠한 대치상황도 없었으며 아가타가 경찰의 근거 없는 과잉행동에 또다시 희생되고 말았다며 경찰을 비난하고 나섰다. 실제로 리우데자네이루에서는 2019년 1월부터 8월까지 경찰의 강경한 치안유지 정책으로 지금까지 1249명의 사상자가 발생한 상황이고 이번 아가타 사건으로 인해 어린이 희생자가 총 다섯 명으로 늘어났다. 이에 2019년 1월 취임한 윌슨 위첼(Wilson José Witzel) 주지사의 강경한 치안유지

방식을 비난하는 목소리가 높아졌고 결국 21일 아가타의 장례식과 함께 주정부의 치안유지 정책에 반대하는 시위가 열렸다. 그러자 "범죄자들의 무덤을 파고, 무장한 용의자는 모두 살해할 것"이라고 선언한 바 있는 집권 보수성향의 위첼 주지사는 아가타 사건에 대한 직접적인 언급 없이, 주지사 사무실을 통해 "유감스럽게 생각한다"는 짧은 입장을 내놓았다. 이러한 위첼 주지사의 정책은 범죄자에 대한 무력사용을 옹호하는 극우성향의 보우소나루 대통령에 의해 탄력을 받고 있으며, 이에 대해 리우데자네이루주 의회 인권위원회 위원장을 맡고 있는 야당의원 레나타 소자(Renata da Silva Souza)의원은 "주지사가 치안 담당 부대에게 살인 면허를 줬다"면서 "국가는 테러리스트 역할을 해서는 안 된다"고 비판했다.

〈브라질〉 2019년 11월 08일

- **'룰라가 돌아왔다'…남미대륙 변화 이끄나** (경향신문 11.10)

— 2000년대 남미 대륙을 휩쓴 '핑크 타이드(Pink Tide, 온건 좌파 정권 물결)'의 아이콘이었던 룰라 전 대통령이 580일간의 수감생활을 마치고 석방되었다. 현지시간 8일 석방된 룰라는 다음날 열린 환영행사에서 수천 명의 지지자 앞에서 보우소나루 대통령을 '거짓말쟁이'라고 비판하며 "브라질은 앞으로 더 나아질 수 있다"고 말했다. 브라질 정치권은 룰라가 2019년 정치 캐러밴을 시작으로 2020년 지방선거를 이끌고 나아가 2022년 대선에 출마할 가능성도 있다고 보고 있다. 하지만 '라바 자투'라는 이름의 반부패 수사팀 여전히 룰라를 대상으로 부패혐의 수사를 진행하고 있기 때문에 그가 피선거권을 회복할 수 있을지는 두고 봐야 한다. 그럼에도 룰라의 부활은 국내적으로 보우소나루 정권에 맞서는 좌파진영에 힘을 싣고 있으며, 국제적으로는 남미대륙 좌파연대에 힘을 싣고 있다. 실제로 현지시간 9일 아르헨티나 부에노스아이레스에서 열린 좌파 정치지도자 모임 '푸에블라 그룹(Grupo de Puebla)'에서 아르헨티나 대통령 당선인 페르난데스를 비롯한 참석자들은 일제히 룰라의 석방을 축하했다.

〈멕시코〉 2019년 11월 08일

- **멕시코 로페스 대통령 지지율, 국내 치안불안 문제로 역대 최저치 기록 (Reuters 11.08)**

— 여론조사회사 Consulta Mitofsky에 따르면, 멕시코 대통령 오브라도르의 지지율

이 59.8%을 기록하며 집권 1년 만에 역대 최저치를 기록한 것으로 나타났다. 2018년 12월 집권 이후 꾸준하게 66% 이상을 기록해오던 로페스 대통령의 지지율이 2019년 11월 들어 급격하게 추락한 이유는 심각한 국내적 치안불안 문제가 대두되었기 때문이다. 특히, 2019년 10월 17일 있었던 '오비디오 구즈만(Ovidio Guzmán), 마약왕 호아킨 구스만(Joaquín Guzmán)의 아들) 체포 작전'에서 카르텔 조직원들의 무차별 총격에 정부 군경이 물러서며 오비디오 구즈만을 풀어준 사건과 2019년 11월 4일에 '레 바론(LeBarón) 일가족 9명이 카르텔 조직원들의 무차별 총격에 사망한 사건'이 발생하면서 국내적 치안 불안은 극에 달했다. 하지만 로페스 대통령은 정례 기자회견에서 "몇몇 유감스러운 사건이 있었지만, 나라 전체가 위험한 것은 아니다"라며 앞선 사건들을 특정 지역의 문제로 한정시켰다. 그럼에도 불구하고 10월부터 11월까지 일어난 카르텔의 무차별 총격 사건은 분명 멕시코의 기록적 살인율을 줄이겠다던 로페스 대통령의 핵심 공약 실천에 걸림돌이 되고 있다.

〈브라질〉 2019년 12월 10일

• 브라질 국민 다수가 룰라의 석방이 공정했다고 생각하는 것으로 조사돼

(Folha De S.Paulo 12.10)

– 상파울로 Datafolha에 따르면 브라질 사람들의 다수가 11월 룰라 전 대통령을 석방한 것이 공정한 것이었다고 생각하는 것으로 나타났다. 조사에 따르면 전체 응답자 중 54%는 룰라의 석방이 공정했다고 답했으며, 42%는 공정하지 않았다고 답했고, 5%는 잘 모르겠다고 응답했다. 룰라는 과루자 트리플렉스(Guarujá triplex) 사건에서 돈세탁 혐의를 받으며 교도소 복역을 선고받았고 2018년 4월 수감되었다. 이번 여론조사 결과는 2018년 4월 룰라의 구속에 대한 여론조사에서 54%의 응답자가 그의 구속이 정당한 것이라고 응답한 것과 대조를 이룬다. 또한, 이번 조사에서는 룰라 전 대통령이 보우소나루 대통령과 비교해 신뢰도 부분에서 앞서는 것으로 나와 눈길을 끌었다. 룰라 전 대통령의 정치적 발언에 대해서는 '항상 믿는다'가 25%, '가끔 믿는다'가 36%, '전혀 믿지 않는다'가 37%, 무응답이 2%였다. 반면, 보우소나루 대통령의 정치적 발언에 대해서는 '항상 믿는다'가 19%, '가끔 믿는다'가 37%, '전혀 믿지 않는다'가 43%, 무응답이 1%였다.

〈멕시코〉 2019년 11월 28일

• 트럼프, 멕시코 마약카르텔 테러단체 지정 '보류'　　　　　　　　（연합뉴스 12.07）

- 11월 4일 멕시코 북부 국경지대에서 미국 국적을 보유한 레 바론 일가족이 카르텔에게 몰살당하는 사건이 발생하면서 트럼프 대통령이 '멕시코 마약 카르텔'에 전쟁을 선포했다. 당초 트럼프는 오브라도르 대통령에게 멕시코 마약 카르텔 소탕을 위해 미군을 파견할 수도 있다는 뜻을 내비쳤지만, 오브라도르 대통령은 이를 단칼에 거절했었다. 그러자 트럼프는 카르텔을 테러단체로 간주하여 적극 소탕에 나서겠다는 의지를 표명했다. 미국 법이 적용되는 테러단체로 지정될 경우, 3년째 '테러지원국' 명단에 올라와 있는 북한에 준하는 각종 제재를 받게 된다. 이에 오브라도르 대통령은 정기 기자회견에서 미국이 자국의 마약조직을 테러단체로 지정하겠다고 한 것에 대해 내정간섭의 가능성이 있다며 "협력은 가능하지만 주권침해는 곤란하다"는 뜻을 밝혔다. 그러자 결국 트럼프는 주권침해를 우려한 멕시코 정부의 '재고 요청'을 수용하여 멕시코의 마약 카르텔을 테러단체로 지정하는 방안을 보류하기로 결정했다. 이에 멕시코의 마르셀로 에브라르드(Marcelo Ebrard) 외무장관은 즉각 오브라도르 대통령에게 사의를 표명했다.

〈멕시코〉 2019년 12월 10일

• 멕시코 '마약 전쟁' 지휘 前장관, 카르텔 뇌물 받은 혐의로 기소　　　（한국경제 12.11）

- 멕시코 과거 정권에서 '마약과의 전쟁'을 지휘했던 가르시아 루나 전 멕시코 공공치안부 장관이 마약 카르텔로부터 거액의 뇌물을 받은 혐의로 미국에서 기소됐다. 가르시아 루나는 2001년부터 2005년까지 멕시코 연방수사국(AFI) 국장을 지냈고, 2006부터 2012년까지 펠리페 칼데론 정부에서 멕시코의 치안을 담당하는 공공치안 장관을 맡았다. 그는 멕시코 언론에서 '마약과의 전쟁을 설계한 사람'으로 불리던 사람이었던 만큼 이번 사건이 가져다준 충격은 상당한 수준이다. 미 사법당국에 따르면 가르시아 루나는 현재 미국에 수감 중인 '마약왕' 호아킨 구스만이 이끌던 시날로아 카르텔(Cártel de Sinaloa, CDS)에게 수백만 달러의 뇌물을 받은 혐의를 받고 있다. 호아킨 구스만 체포사건에 이어서 이번 가르시아 루나 사건을 받은 리처드 도너휴(Richard Donoghue) 연방 검사는 "이번 사건은 지위 고하를 막론하고 미국과 멕시코에

해를 끼치는 카르텔을 도운 이들을 법으로 심판하겠다는 의지를 보여 주는 것"이라고 강조했다.

〈브라질〉 2020년 01월 06일

• 세르지오 모루 법무장관, '브라질에서 가장 신뢰할 수 있는 리더'로 꼽혀

(Folha De S,Paulo 01.07)

– DataFolha의 2019년 12월 여론조사 결과, '브라질 반부패의 상징'인 모루 법무장관이 '극우 돌풍'의 주역인 보우소나루 현 대통령과 '남미 좌파의 아이콘'인 룰라 전 대통령을 제치고 신뢰도 부분에서 선두를 달리고 있는 것으로 나타났다. 모루 장관은 앞선 2019년 11월 여론조사에서 보우소나루 정부 각료 가운데 가장 좋은 평가를 받으며 저조한 지지율을 기록한 보우소나루 대통령과 대조를 이루기도 했다. 그러자 전문가들은 모루 장관이 여론의 강력한 지지를 기반으로 2020년 지방선거와 2022년 대통령선거의 판세를 좌지우지할 양대 변수로 떠오를 가능성에 주목했다. 브라질 정치권에서도 모루 장관이 직접 대선후보로 출마하거나, 보우소나루 대통령의 재선 도전시 부통령 후보가 될 것이라는 시나리오가 꾸준히 제기되고 있다. 게다가 보우소나루 대통령도 2019년 12월 언론과의 인터뷰에서 자신의 재선 도전 가능성에 대해 모호한 입장을 보이며 모루 장관을 두둔하는 발언을 한 바 있다. 선거가 다가올수록 모루 장관의 거취에 귀추가 주목되고 있다.

〈멕시코〉 2020년 01월 20일

• 로페즈 오브라도르 취임 첫해, 멕시코 살인율 사상 최고치 경신　　(Bloomberg 01.21)

– 멕시코 치안 당국이 발표한 통계에 따르면, 2019년 멕시코에서 발생한 살인사건의 피해자가 3만4천582명으로 집계돼 역대 최고치를 경신한 것으로 나타났다. 2018년 12월 취임한 오브라도르 대통령은 '마약과의 전쟁'의 종식을 선언했지만, 여전히 마약 조직간 세력 다툼과 언론인, 정치인 및 일반 국민을 대상으로 한 살인사건은 계속되고 있다. 또한, 2006년 이후 마약 조직 소탕 과정에서 실종되어 사망으로 집계되지 않은 국민도 무려 6만 명이 넘는 것으로 나타났다. 그리고 이 가운데 1만1천72명은 아동인 것으로 집계되어 사태의 심각성을 더했다. 오브라도르 정부는 실종자 수

색 특별 위원회를 설치하여 대대적인 수색을 펼쳤지만 총 873곳의 암매장지에서 1천124구의 시신을 발견했을 뿐 여전히 남아있는 대부분의 실종자 행방을 파악하지 못하며 난항을 겪고 있다.

〈베네수엘라〉 2020년 02월 12일

· 베네수엘라 후안 과이도, 해외 순방 마치고 귀국…"이젠 앞으로 나아갈 때"라고 선언

(Buenos Aires Times 02.12)

− 베네수엘라의 '임시 대통령'을 자처하는 야권 지도자 후안 과이도 국회의장이 유럽과 미국 등 방문을 마치고 현지시간 11일 귀국했다. 과이도 의장은 이날 수도 카라카스(Caracas)의 광장에서 지지자들에게 "민주주의와 자유 회복을 위해 우리를 돕겠다는 자유 세계의 약속을 가지고 돌아왔다"고 선언했다. 과이도는 2020년 1월 마두로 대통령 당국의 출국 금지를 뚫고 해외 순방을 시작하여 3주간 각국 정상을 만나며 지지를 재확인했다. 특히 마지막 방문지인 미국에서 트럼프 대통령을 만나 지원을 약속받고 마두로 정권에 대한 제제를 이끌어 낸 것은 주목할 만한 성과였다. 2019년 1월 '임시 대통령' 선언 이후 1년이 지나도록 마두로 정권 축출에 진전을 이루지 못한 과이도 의장은 이번 해외 순방을 계기로 마두로 퇴진 운동에 박차를 가할 것으로 보인다. 한편 이날 과이도가 귀국한 공항에서는 마두로 지지자들과 과이도 지지자들이 뒤엉켜 혼란이 빚어지면서 베네수엘라 내부의 극심한 갈등이 표출되었다.

〈아르헨티나〉 2020년 02월 18일

· "52조 못 갚는다"는 아르헨에…IMF총재 "부채 탕감 없다"   (매일경제 02.18)

− 아르헨티나 부채협상을 두고 IMF의 크리스탈리나 게오르기에바(Kristalina Georgie-va) 총재와 크리스티나 페르난데스 부통령이 신경전을 기싸움을 벌이고 있다. 크리스티나 부통령은 "경제위기를 벗어나기 전에는 단돈 50센트로 IMF에 갚을 수 없다"는 발언을 했고, 페르난데스 대통령도 "IMF도 책임과 의무를 다하지 않은 것은 피차일반"이라면서 부채를 갚지 못할 걸 알면서도 빌려준 IMF에도 문제가 있다고 거들었다. 그러자 게오르기에바 총재는 "아르헨티나가 IMF에 진 빚 440억 달러(한화 약 52조2800억 원)에 대해 절대 헤어컷(채무삭감) 해 주지 않을 것"이라고 밝혔다. IMF는 산더

미 같은 빚이 있음에도 포퓰리즘 복지 정책으로 재정지출을 확대하고 있는 아르헨티나에 대해 강경책으로 일관하고 있다. 한편, 아르헨티나 정부는 자체적으로 3월 31일을 채무조정 협상 시한으로 정하고 정부 부채 3110억 달러(한화 약 372조4000억 원) 중 57%에 달하는 1950억 달러 규모의 외채에 대해 채무 재조정(탕감)을 시도하고 있다.

〈브라질〉 2020년 02월 18일
• 브라질 북동부 경찰의 파업과 폭동으로 상원의원이 총에 맞아···대통령, 군병력 동원 승인해   (Folha De S,Paulo 02.19)
– 브라질 북동부 세아라주에서 경찰들이 임금 인상 등 처우 개선을 요구하며 파업과 폭동을 일으키면서 극도의 혼란이 가중되고 있다. 게다가 현지시간 18일 해당 지역을 방문한 시드 고미스(Cid Gomes) 상원의원이 파업 중인 경찰관들과 충돌하는 과정에서 2발의 총격을 받고 병원으로 옮겨졌다. 사태가 심각해지자 보우소나루 대통령은 모루 법무부·공공안전부 장관의 건의를 받아들여 군 병력 동원을 승인했고 강경대응 방침을 확인했다. 이번 경찰 파업 사태는 세아라주 정부의 재정 악화로 경찰 임금 인상 폭이 경찰들의 기대에 크게 미치지 못한 데서 비롯했다. 실제로 세아라주를 포함한 브라질 전국 27개 주들 가운데 상당수가 임금 인상 문제를 놓고 경찰과 마찰을 빚고 있는 상황인 만큼 다른 주에서도 유사한 형태의 충돌이 발생할 가능성이 있어 주민들의 불편과 혼란이 지속되고 있다.

〈멕시코〉 2020년 02월 09일
• 하루에 10명씩 여성혐오 살해···7세 소녀까지 희생되자 멕시코 시위 불길
                                                         (중앙일보 02.18)
– 멕시코 현지시간 9일 40대 동거남에게 살해된 25세 여성의 참혹한 시신 사진이 공개되어 엄청난 파장이 일었고, 그로부터 이틀만인 11일 실종되었던 7세 소녀가 매우 심하게 훼손된 시신의 모습으로 발견되면서 여성 대상 범죄를 해결하지 못하는 정부에 대한 분노가 확산되고 있다. 이미 정부의 범죄대처 정책을 비판하는 시위를 지속적으로 벌여오던 멕시코 여성들은 현지시간 14일 대대적인 시위를 벌였다. 멕시코에서 여성 살해는 고질적 문제다. 멕시코 정부의 공식 집계에 따르면 하루 평균 10명

의 여성이 살해되고 있으며, 2019년 살해된 3800여 명의 여성 중 1000여 명이 여성 혐오에 의해 희생된 페미사이드 케이스였다. 오브라도르 대통령은 여성 혐오 범죄에 대한 시민들의 비판을 그저 정치적 비난으로 받아들이는 발언을 수차례 하면서 빈축을 샀다. 그는 "페미사이드 이슈가 언론의 조작에 의한 부분이 많다"며 "정부 정책 이슈의 관심을 다른 곳을 돌리기 위한 의도가 숨어있는 게 아니냐"고 말했다. 비난 여론이 강해지자 비로소 오브라도르 대통령은 "더이상 여성 살해가 일어나지 않도록 노력하겠다"라고 말했지만, 분노를 잠재우기엔 역부족이었다.

〈아르헨티나〉 2020년 03월 09일
• 아르헨티나 페르난데스 정부의 대두 수출세 인상에 대한 농민들의 저항

(MecroPress 03.09)

– 페르난데스 정부는 대두, 콩기름과 콩 식품들에 대해 수출세를 30%에서 33%로 높였다. 이는 정부가 감당이 안 되는 부채에 대한 상환능력이 있다는 것을 보여 주기 위한 계획으로 약 1000억 달러(한화 약 1조 3000억 원)를 확보하기 위한 결정이었다. 그러나 이 조치는 주요 농민단체들이 4일간의 파업에 돌입하도록 했다. 바로 농민들의 수출세 인상에 대한 항의였다. 아르헨티나 농촌 연맹(Rural Confederacion Argentina)의 대변인은 4일간 대두 판매가 중단될 것이며, 추후 다른 3개의 주요 농민단체들이 파업에 참여할 것을 공지했다. 부에노스아이레스 곡물 거래소(BuenosAires Grain Exchange)는 올해 5,450만 톤의 대두 생산을 예측했고, 아르헨티나는 바이오 연료 제조에 사용되는 대두의 세계 최고의 수출국이다. 하지만 정부는 국제통화기금과의 채권 구조조정에 있어서 많은 세액을 확보하기 위해 대두 수출세 인상을 결정하게 된 것이다.

〈멕시코〉 2020년 03월 09일
• 세계 여성의 날 그리고 멕시코, 여성 없는 하루(A Day Without Women)

(연합뉴스 03.09)

– '여성 없는 하루'. 멕시코 전역에서 여성들이 사라졌다. 현지시간 9일, 멕시코의 여성들은 총파업에 참여했다. 하루 전, 세계 여성의 날에는 전국 각지에서 8만여 명의

여성들이 거리로 나와 멕시코 사회에 만연한 '페미사이드'에 항의하며 시위를 벌였다. 이는 여성 대상 폭력과 이에 대처하는 정부의 안이한 태도에 대한 분노와 불만이 누적되었기 때문이다. 여성들은 이미 사회관계망서비스(SNS)를 통해 '#여성이 없는 날'과 '#아무도 움직이지 않는 9일'로 대규모 파업을 준비하고 있었다. 이날 하루 여성들은 직장이나 학교에 가지 않고 쇼핑이나 외식도 하지 않은 채 집에 머물렀다. 멕시코의 배우이자 여성인권 운동가인 베네사 바우치(Vannessa Bauche)는 "여성이라는 단 하나의 이유로 자행된 잔혹한 살인에 대응하기 위해 전국적 규모로 단합된 시위를 벌이는 것은 이번이 처음이라며 '오늘은 반성하는 날이고, 우리의 존재를 재평가하는 날'이라고 밝혔다"

〈멕시코〉 2020년 03월 12일

• 고공행진하던 오브라도르 대통령, 지지율 자유낙하　　(The Yucatan Times 03.12)

– 취임 1년간 70%의 지지율을 유지했던 오브라도르 대통령의 지지율이 50%대로 급격하게 추락했다. 멕시코 여론조사 기관(De las Heras)에 따르면 2019년 3월, 78%에 달했던 지지율은 이달 11일을 기준으로 52.9%까지 추락했다. 응답자들의 오브라도르 정부의 가장 큰 실책(the worst thing)을 범죄와 치안에 관련한 정책으로 선정했다. 이는 여성폭력을 비롯한 범죄 증가에 대한 분노와 범죄에 대처하는 정부의 대책에 대한 실망감이 반영된 결과였다. 2018년 12월 취임한 오브라도르 대통령은 자신의 임금을 대폭 삭감하고 전용기를 없애는 등의 파격적 행보를 보였다. 하지만 멕시코의 고질적인 마약 카르텔과 같은 범죄조직 소탕에 실패하고 여성 범죄율 증가에 대한 안일한 대처로 대다수 여성의 지지를 잃게 되었다. 또, 멕시코 정부는 일자리 창출과 청년 교육 등 근본적인 해법에 집중했으나 구체적인 성과를 내지 못한 것이 대통령의 지지율 하락 원인이 되었다.

〈브라질〉 2020년 04월 03일

• 코로나19 확산 속 높아지는 대통령에 대한 부정적 평가와 대비되는 높아지는 보건부에 대한 긍정적 평가　　(DataFolha 04.03)

– 4월 1일에서 3일까지 실시된 설문조사에서 대통령의 직무수행과 관련한 평가 중

부정적인 측면이 2주 전 실시된 설문조사와 비교해 33%에서 39%로 6%가 상승했다. 그리고 같은 기간 긍정적인 측면에서는 35%에서 33%로 하락했고 대통령의 코로나19 대응에 대한 평가 역시 하락했다. 이에 반해 코로나 위기와 관련하여 가장 최전선에 있는 행정부처인 보건부에 대한 긍정적인 평가는 대통령과 달리 현저하게 상승했다. 2주 전 실시된 설문조사에서 55%의 긍정적인 평가를 받은 보건부는 이번 설문조사에서 21%가 상승한 76%를 기록했다. 보건부에 대한 부정적인 평가는 겨우 5%에 불과했다. 이전 설문조사보다 7%p나 하락한 수치이다. 이는 보건부에 대한 여론의 지지율이 코로나19 대응에 가장 큰 책임을 지고 있는 대통령에 대한 여론의 지지율에 비해 2.3배 더 크다는 것을 의미한다. 결과적으로 대통령의 직무수행에 비해서 보건부가 코로나19 대응에 관하여 대처를 잘하고 있고, 국민이 보건부의 대응 성과에 대해 긍정적인 측면으로 생각하고 있다는 사실을 알 수 있다.

〈브라질〉 2020년 04월 16일

· 대통령과 충돌한 보건부 장관, 결국에는 해임 　　　　　(The Washington Post 04.17)

– 만데타 보건부 장관이 보우소나루 대통령과의 의견충돌이 계속된 끝에 결국 해임되었다. 대통령은 이번 사안에 대해 '합의 이혼'과 '전환의 일부'라는 표현을 사용했다. 코로나19 대응과 관련해 갈등을 빚어 온 보건부 장관과 대통령의 충돌은 전염병에 대한 강력한 방역에 집중하자는 '전면적 사회적 격리'와 경제적 손실을 우려한 고위험자들만을 분류하자는 '제한적 격리' 사이에서 이루어졌다. 또 치료제로 알려졌던 말라리아 치료제인 클로로퀸과 유사한 하이드록시 클로로퀸의 사용에 대해서 효과가 없다는 장관의 입장과 대통령의 입장이 충돌했다. 결과는 만데타 장관의 해임으로 이어졌다. 이 결정에 대해 대통령은 정죄도, 회고도 하지 않으며 만데타 장관을 비판하지 않는다는 입장을 발표했다. 만데타 장관의 해임 직후 후임 보건부 장관에는 종양 전문의로 알려진 네우손 타이시가 임명되었다. 그는 본인의 입장이 대통령과 완전히 일치하는 보건과 경제는 상반된 것이 아니라는 주장과 함께 과학적인 분석을 기반으로 사회가 최대한 빨리 정상적인 생활로 돌아오도록 노력하겠다고 밝혔다. 이번 보건부 장관 교체에 대해 상원에 있는 보우소나루 정부 대표인 루카스 바레토(Lucas Barreto)는 만데타 장관이 터무니없이 해임을 당한 것에 대한 항의의 표시로

사임했다. 또 상파울루 출신 상원의원 올림피오(Major Olímpio)는 만데타 장관이 해임된 것은 과학적이고 의료적 원칙을 포기하지 않았기 때문이라고 언급하며 새로운 장관과 보건당국, 브라질 국민의 안전에 대한 안녕을 기원했다.

〈멕시코〉 2020년 04월 11일
• 일부 주 대기업들로부터의 조세 반란 위협에 직면한 오브라도르 대통령

(The Yucatan Times 04.13)

– 일부 주 대기업들은 코로나19 확산으로 인한 셧다운의 영향을 상쇄하기 위한 자금 원조를 제공하는 것을 거부한 정부에 항의하기 위해서 세금 납부를 보류할 것을 주장했다. 타마울리파스(Tamaulipas), 두랑고(Durango)주의 기업들과 아카풀코의 리조트(the beach resort of Acapulco)가 세금 연기를 주장하고 있다. 특히 두랑고주에서 코나코 그룹(Conaco group)을 이끄는 마우리시오 올긴(Mauricio Olguin)은 정부가 휴식 기간을 제공하지 않는다면 18,000명 직원이 모두 세금 납부를 멈출 것을 경고했다. 또 엔리케 알파로(Enrique Alfaro) 주지사는 기업들의 문제가 해결되지 않는다면 대통령에게 세수 지원 협정에서 손을 떼겠다고 위협했다. 이러한 항의의 원인은 오브라도르 대통령이 코로나 위기로 셧다운의 영향을 받아 손해를 입은 대기업들에 대해 재정지원을 약속하는 것을 거부하고 기존의 빈곤층을 위한 현금지원 프로그램을 추진하고 중소기업에 1000만 달러(한화 약 120억 원)의 대출을 제공하는 것으로 경제적 위기를 대처하고 있다는 점에 있다. 코로나 위기로 인해 멕시코는 3월에만 13,500개 이상의 일자리가 사라졌고 경제학자들은 1990년대 중반 이후 위기보다 더 깊은 경제침체를 우려하고 있다.

〈멕시코〉 2020년 04월 13일
• 멕시코 집권 여당 지지율 하락과 2018년 이래 첫 긍정평가와 부정평가의 역전 상황 벌어져…

(El Financiero 04.13)

– 멕시코 집권 여당인 국가재건운동의 정당 선호도가 급격하게 하락했다. 2020년 1월 33%였던 지지율은 18%까지 무려 15%p나 하락했다. 그리고 긍정/부정평가에서도 긍정평가 31%, 부정평가는 36%로 2018년 이래 처음으로 부정평가가 앞서게

되었다. 이러한 하락에도 불구하고 집권 여당은 야당의 지지율에 비해서는 높은 수치이다. 하지만 멕시코 내에서 아무 정당도 지지하지 않는 무당파의 비율이 오브라도르 정부 초반 33%에서 59%까지 증가한 점과 여당과 야당의 차이가 국민행동당 10%, 제도혁명당 8%로 근소한 폭이라는 점이 집권 여당에 대한 부정적 반응을 분명하게 보여 준다. 다른 정당들의 지지율이 증가하지는 않았지만, 이는 여당이 야당과 치열한 경쟁상황에 놓였다는 것이다. 국가재건운동의 지지율 하락은 오브라도르 대통령 지지율 감소를 반영한다. 하지만 대통령에 대한 지지율보다 정당에 대한 지지율이 더욱 큰 폭으로 떨어졌다. 그 이유는 대통령이 고등교육을 받은 시민들에게만 지지를 잃었지만, MORENA는 서민 지원에 대한 실패와 코로나19 확산으로 인해 사회 전반에 걸쳐서 지지를 잃었기 때문이다.

〈에콰도르〉 2020년 04월 08일
- 에콰도르 전 대통령, 임기 중 부패 혐의로 징역 8년 형 선고 (연합뉴스 04.09)
- 에콰도르 법원은 라파엘 코레아 전 대통령과 전 정권 고위인사, 기업인 등 총 20명에 대해 임기 중 부정부패 혐의로 징역 8년 형을 선고했다. 2007년부터 2017년까지 10년간 집권했던 코레아 대통령은 2013년 대선 당시 정부 사업 계약을 대가로 민간기업들로부터 선거 자금을 받은 혐의가 유죄로 인정됐다. 본 재판부는 코레아 전 대통령을 비롯한 인사들이 여러 기업으로부터 총 750만 달러(한화 약 91억 5천만 원) 상당의 뇌물을 받았다고 밝혔고, 징역 8년 형 선고와 함께 공직에 향후 25년간 공직에 출마하는 것도 금지했다. 하지만 이러한 선고에도 불구하고 코레아 전 대통령은 벨기에에서 머물며 줄곧 혐의를 부인하고 있다. 그는 이를 정치적인 박해라고 주장하며 죄가 선고된 이후 본인의 트위터를 통해서 모든 게 거짓이며 재판부가 아무것도 입증하지 못했고 증거 없는 거짓 진술뿐이라고 게재했다. 그가 벨기에에서 3년 전부터 머물고 있어 언제 수감 될지는 미지수이지만, 에콰도르로의 인도는 아직 전 대통령에게 항소심 절차가 남아있어 요청은 보류할 것으로 예상했다.

〈아르헨티나〉 2020년 05월 14일
- 아르헨티나 부패방지국이 부통령 가족의 자금세탁 사건 소송 취하(MecroPress 05.18)

– 아르헨티나의 부패방지국(Anti-Corruption Office, OA)은 현직 부통령인 크리스티나 페르난데스와 관련된 호텔 Hotesur 및 Los Sauces 2건의 자금세탁 사건에 대해 소송을 취하할 것을 발표했다. 펠릭스 크로스(Felix Crous) 검찰이 이끄는 부패방지국의 변호사들은 사건을 심리하는 법원에 돈세탁을 전문으로 감시하는 금융정보국(Unit of Financial Information, UIF)에 넘기는 것이 적절한 판단임을 전달했고 그들의 결정을 정당화시켰다. 검찰의 이러한 결정에 대해 야권은 즉각적으로 부패에 대해서 묵인하는 것이며 고소된 사람들에게 혜택을 주는 것을 목적으로 의무를 불이행한 검찰에 대해서 비판을 가했다. 야당 동맹은 또한 알베르토 페르난데스 대통령이 취임연설을 통해서 부패방지국이 기관의 목적을 달성하는 데에 자금과 도구 및 독립성을 제공하겠다고 약속했으나 취임 이후에는 행정명령을 통해 부패방지국을 행정부에 종속시켰음을 비판했다. 이러한 비판에도 불구하고 연방법원의 판사들은 크리스티나 페르난데스와 같은 권력자에 대한 재판을 서두르지는 않는다.

〈아르헨티나〉 2020년 05월 26일
• 아르헨티나 연방정보국, 직전 정부의 법무부에 대한 불법개입 조사 착수

(Infobae 05.26)

– 연방정보국의 감사인 크리스티나 카마뇨(Cristina Caamaño)는 마우리시오 마크리 정부 당시 법무부에 관련된 사람들에 대한 불법 정보생산, 언론에 대한 개입에 대한 문제를 제기했다. 연방정보국에서 제시한 명단에 의하면 당시 정부와 현재 야권 연합인 '변화를 위한 동맹'의 주요 인사들이 연루되어 있다. 주요 인사 목록에는 당 대표인 마리오 네그리(Mario Negri), 마리오 발레타(Mario Barletta) 등이 포함되어 있다. 카마뇨 감사는 법무부에 대한 개입이 치안 판사들에 의해 선고가 내려졌거나 승인된 것이 아니라 정부 당국의 개입에 의해서만 불법적인 정보가 생산된 점을 강조했다. 이 감사를 통해서 연방정보국은 기자, 정치지도자, 경찰 등 여러 정치 활동에 관련된 사람들에 대한 정보가 저장된 하드디스크를 발견했고 본격적인 조사에 착수했다. 이러한 조사에 대해 마크리 전 대통령의 대변인은 "할 말이 없다"라고 답변했고 야당 공화주의제안당의 지도자이자 전 보안부 장관인 패트리시아 불리치는 이러한 행동들이 완전히 우스운 일이라며 야당을 분열시키려는 음모라고 응수했다.

〈멕시코〉 2020년 05월 21일

• 멕시코 부패에 의한 피해, 전년 대비 상당한 비율로 증가 (Mexico News Daily 05.21)
– 연방 통계청의 조사에 따르면 부패에 의한 피해가 직전 조사대비 19% 증가한 결과가 나타났다. 오브라도르 대통령이 추진하는 부패 근절 정책은 사람들에게 긍정적으로 작용했음에도 불구하고 부패 문제는 감소하지 않았고 오히려 증가했다는 것이다. 여론조사는 2018년에 비해 오브라도르 행정부 출범 첫해인 2019년, 부패로 인한 피해가 상당히 증가했다는 사실을 보여 준다. 수치상으로 2017년 인구 10만 명당 14,635명이었던 부패의 피해자 수는 2019년 15,732명으로 7.5% 증가했고, 부패의 발생률은 2017년 인구 10만 명당 25,541명에서 2019년 30,456명으로 19.2%가 증가했다. 조사에 임한 멕시코 시민들은 대부분의 부패 문제가 시민-경찰의 관계에서 벌어진다고 밝혔고, 연방 통계청은 시민들이 운전면허증 신청이나 경찰 허가증 그리고 관료적 절차를 진행하고 마칠 때 부패를 경험한다는 사실을 발견했다. 결국에 오브라도르 행정부 출범 이후 부패가 전혀 줄어들지 않았다는 사실은 정부와 사회 전체에 만연한 범죄와 부패 근절을 주요 정책의 목표를 가진 정부에 부정적인 영향을 미칠 수밖에 없다.

〈아르헨티나〉 2020년 05월 31일

• 아르헨티나 알베르토 페르난데스 대통령의 국정운영 지지율 (AS/COA online 06.04)
– 페르난데스 대통령의 임기가 만 6개월에 접어들었고 아르헨티나는 국내외적으로 디폴트와 코로나19로 인한 위기를 마주하고 있다. 이러한 위기에도 불구하고 페르난데스 정부에 대한 국정운영 평가는 긍정적인 측면이 78.1%이고 이는 집권 직후인 2019년 12월 조사에 대비해 27.1%p가 상승한 수치이다. 이에 반해 부정적인 측면은 18.3%에 불과했는데 이는 집권 직후와 대비했을 때 19%p나 하락한 수치이다. 전반적인 지지율뿐 아니라 코로나19에 대한 정부의 대처는 긍정적인 측면으로 81.3%, 부정적인 측면으로 17.3%가 나타났으며, 코로나19 상황 속 정부가 국민의 입장을 반영하고 있는지에 대한 질문에는 긍정적인 측면으로 82.4%, 부정적인 측면으로 11.7%로 나타났다. 페르난데스 정부에 대한 평가는 상당히 높은 수치로 국민들의 긍정적인 반응을 이끌어 내고 있다. 조사된 설문지 내에는 '만약 선거를 다시 치른다면'

이라는 질문이 포함되어 있는데, 이에 대해 응답자들은 51.1%가 알베르토 페르난데스를 지지하겠다고 응답했고 31.2%가 마우리시오 마크리 전 대통령을 지지하겠다고 응답했다.

〈브라질〉 2020년 06월 18일
• 브라질 행정부 내 잇단 각료 사임과 해임으로 우파정부 휘청, 이번에는 교육부 장관 해임
(연합뉴스 06.19)

- 보우소나루 대통령의 입지가 입법부, 사법부 그리고 여론이 등을 돌린 가운데 행정부 내에서도 더욱 흔들리고 있다. 특히 행정부를 구성하는 각료들이 잇달아 대통령과의 갈등 혹은 의견 차이로 사임하거나 해임되며 행정부 자체가 균열이 일어나고 있다. 이번에는 보우소나루 대통령이 본인의 소셜미디어(SNS)에 게재한 동영상을 통해서 아브랑 베인트라우비(Abraham Weintraub) 교육부 장관의 해임을 결정했다고 밝혔다. 베인트라우비 장관은 보우소나루 정부 각료 가운데 극우 성향을 선명하게 드러내는 인사 가운데 한 명으로 꼽힌다. 그는 코로나19 책임을 중국에 돌리는가 하면 각료회의에서 정부와 갈등을 빚는 연방대법관들을 체포해야 한다고 말한 사실이 공개되면서 논란이 되었다. 또 그는 인터넷을 통해 인터넷을 통해서 의회와 대법원 주요 인사들을 비난하고 협박하는 가짜 뉴스를 유포하는 데 관여한 의혹을 받고 있다. 만데타와 네우손 타이시 보건부 장관은 코로나19 대응으로 대통령과 이견을 보이면서 한 달 간격으로 연달아 사임한 한편, 모루 법무부 장관은 대통령의 연방경찰청장 해임 결정에 반발하여 사임하면서 이미 브라질 행정부는 내부적인 균열이 크게 일어난 상태이다.

〈멕시코〉 2020년 06월 21일
• 오브라도르 대통령, 수년간 이루어진 택배회사의 탈세 혐의를 폭로
(Mexico News Daily 06.22)

- 오브라도르 대통령은 기자회견을 통해 세금 미지급한 기업에 대한 세부 내용을 밝히겠다고 말했다. 대통령은 이번 발표에서 임프레스 팩트라(Empresas Factueras)라는 택배회사가 10년간 3000억 페소 규모의 세금 제도를 만들어 대규모 탈세가 이루어

졌다고 밝혔다. 이 세금 제도는 정부가 거둬들여야 할 세금 수입의 30%까지 차지할 정도로 규모가 막대했다. 이에 대해 대통령은 이를 주도한 기업들에 대해 형사상 고소를 준비하고 있으며, 미지급 세금 중 500억 페소의 도용 경위는 일주일 내에 밝혀질 것이라고 말했다. 많은 개인 납세자뿐만 아니라 중소기업과 대기업이 사기를 당했으며 이 사태에 대해 대통령은 국가에 대한 사기로 규정하고 운영방식과 책임자에 대한 처벌과 피해자 파악도 진행될 것을 발표했다. 하지만 대통령은 확보하지 못한 미지급한 세금에 대한 회수를 위해서 연방세무국(Serial Federal Tax Administration, SAT)에 통보하고 해결할 수 있는 기회를 제공하겠다고 했다.

〈아르헨티나〉 2020년 07월 04일
• 현직 부통령의 보좌관 살해 이후 야당은 조사에 대한 투명성 요구

(Financial Times 07.09)

– 아르헨티나 남부 도시에서 현직 부통령인 크리스티나 페르난데스의 부패 조사의 주요 증인이 살해되었다. 살해된 증인은 페르난데스 부통령의 보좌관을 수행한 파비안 구티에레스(Fabián Gutiérrez)였다. 엘 칼라 파테 지역 판사는 피의자들이 구티에레스 전 보좌관을 살해한 동기가 단순 도난 및 강탈을 하기 위함이었다고 판결을 내렸다. 하지만 주요 야당인 공화주의제안당은 사망한 보좌관이 페르난데스 부통령의 '뇌물 수첩'에 대한 주요 증인일 뿐만 아니라 사망 사건을 전담하는 지역 검찰이 부통령의 조카인 것을 강조하며 아르헨티나 연방 판사가 조사를 진행할 수 있도록 요구했다. 또한 불리히(Patricia Bullrich)는 트위터를 통해 '범죄에 대한 분명한 해결을 위해 투명성을 요구하는 것은 당연한 것'이라고 밝혔다. 하지만 정작 페르난데스 부통령은 구티에레스 보좌관의 죽음에 대한 의심을 증폭시키는 야당의 주장은 비열하다고 주장하며 보좌관의 살해에 대한 언급은 회피했다.

〈브라질〉 2020년 07월 20일
• 코로나19를 거치며 보우소나루 정부 지지도 소폭 반등

(Reuters 07.21; 연합뉴스 07.22 재인용)

– 보우소나루 대통령의 지지율이 국정 운영에 있어 탄핵의 위기까지 가며 추락을 거

듭했지만 코로나19를 거치면서 정부에 대한 여론 평가가 조금씩 개선될 조짐을 보이고 있다. 여론조사업체 XP/Ipespe에 따르면 이는 코로나19에 대한 인식과 브라질 경제가 점진적으로 개선됨에 따라 나타난 결과라고 설명했다. 국정 수행에 대한 구체적인 평가는 긍정적 30%, 부정적 45%, 보통 24%였다. 이 결과는 지난달 20일 치러진 조사 결과와 비교하면 긍정적 평가는 2%p 올랐고, 부정적 평가는 3%p 낮아진 결과이다. 이번 평가의 결과는 코로나19 대응 실패에 대한 국내외 비판 속에 대통령 가족 관련 비리 의혹이 제기된 상황이지만, 오히려 정치권의 관심이 코로나19에 집중되면서 대통령이 정치적 공세를 비껴갈 수 있었다는 의미를 담고 있다. 실제로 노동당을 비롯한 야권은 "코로나19가 아니었으면 보우소나루 대통령에 대한 탄핵이 일찌감치 추진됐을 것"이라고 주장했다. 하지만 이러한 반등에도 불구하고 앞으로 진행될 사법당국의 대통령 비리 의혹에 대한 조사는 이러한 상승을 하락으로 다시금 역전시킬 가능성이 있다.

〈브라질〉 2020년 07월 25일

• 페이스북, 트위터가 브라질 대통령 지지자들의 계정을 삭제 (Reuters 07.25)

– 페이스북과 트위터가 브라질 대법원의 판결을 따라 브라질 보우소나루 대통령의 핵심 지지자 몇 명의 계정을 삭제했다. 브라질 대법원은 지난 금요일, 보우소나루 지지자들의 가짜 뉴스 유포 혐의에 대한 조사 끝에 16개의 트위터 계정과 12개의 페이스북 계정의 삭제를 명령했다. 삭제된 계정의 사용자들 중에는 전직 국회의원이자 보수성향의 PTB당의 대표였던 로베르토 제퍼슨과 기업가 루치아노 항, 에드가 코로나, 오스카 파쿠리, 그리고 사라 윈터라는 이름으로 알려진 활동가 사라 지로미니가 포함되어 있었다. 모레스 대법관은 이와 같은 계정들이 범죄 행위를 부추기는 수단으로 사용되는 것을 막기 위해 삭제 명령을 내렸다고 설명했다. 페이스북은 보도자료를 통해 "페이스북은 사법부의 결정을 존중하며 결정에 따를 것이다"고 밝혔고, 트위터는 "트위터는 사법부 조사와 관련된 법적인 결정을 엄격하게 준수할 것이다"라고 말했다. 이에 대한 브라질 보수파들의 반응은 즉각적이었다. PTB당은 성명문을 통해 "법관에 의한 또 하나의 자의적인 결정"이라며, "소셜 미디어 상에서의 표현의 자유를 억압하는 결정"이라고 비판했다. 또한 계정이 삭제된 사라 윈터는 이와 같은

법원의 조치에 대해 표현의 자유에 대한 심각한 침해라며 국제 인권 기관에 제소할 것이라고 밝혔다. 페이스북과 트위터는 보우소나루의 코로나19 관련 거짓 게시물을 지난 3월에도 삭제한 바 있다.

〈아르헨티나〉 2020년 08월 17일
• 정부의 사법개혁 철회를 촉구하는 야당 주축 반정부시위 벌어져

(Buenos Aires Times 08.18)

– 많은 야당 의원들이 아르헨티나의 시민들과 함께 코로나19에 따른 봉쇄 조치 연장과 경제적인 어려움, 그리고 정부의 의도적인 사법개혁 시도에 반대하여 집결하였다. 야당 변화를 위한 동맹의 지도자들은 현재 집권하고 있는 페로니스트(Peronist, 페론주의 지지자) 정권에 코로나19와 디폴트 사태를 해결하는 데 집중해야 한다고 전달했다. 또 야당 지도자들은 정부가 실시하는 사법개혁이 크리스티나 페르난데스 부통령의 부패사건을 무마하기 위한 법안이기 때문에 반대했다. 그들은 사법부의 개혁을 위해서 전체 정당과 사회단체 및 학계 간의 합의와 개혁의 합법성을 획득하기 위해서 타협이 필요하다고 주장했다. 하지만 여당 인민의 전선(Frente de Todos)은 개혁법안이 "적법한 절차를 보장하고 재판을 신속히 처리하며 정의를 정치 권력으로부터 독립시킬 것"이라며 반박했다. 그러나 여당은 상원에서는 정족수를 확보하고 있으나 하원에서는 정족수를 확보하고 있지 못하다. 그래서 야당은 회의에서 사법개혁에 관련된 타협과 토론을 거부할 것으로 일관하고 있다.

〈브라질〉 2020년 08월 12일
• 자이르 보우소나루 대통령의 지지율 최고치 경신

(Datafolha 08.14; Reuters 08.14 재인용)

– 브라질 우익 대통령 보우소나루 대통령의 지지율이 코로나19의 장기화에도 불구하고 이번 여론조사에서 2019년 취임 이후 가장 높은 지지율이 나타났다. 정부에 대한 긍정적인 반응은 6월 여론조사 당시 32%에 비해 37%로 5%p 상승하여 역대 최고 수준에 도달했다. 반면에 정부에 대한 부정적인 반응은 동 여론조사 44%에서 34%로 10%p 하락했다. 이번 여론조사는 보우소나루 대통령이 코로나19와 관련하여 많

은 비난 여론을 받고 있음에도 불구하고 경제적 손실을 입은 취약계층에 제공한 긴급재난지원이 지지율 상승의 요인이 되었다고 분석했다. 특히 이번 긴급재난지원이 상대적으로 빈곤층이 다수 분포한 브라질 북동부 지역에서 대통령에 대한 긍정적 반응이 급증하고 부정적 반응은 52%에서 35%로 17%p 급락하였다. 하지만 전문가들은 여론의 평가가 개선되고 있으나 국정 지지율이 30%대를 벗어나지 못하는 것은 여전히 대통령에게 부담이라고 지적했다. 대통령의 지지율과 브라질 정국의 흐름은 오는 11월 지방선거가 분수령이 될 것이라고 관측한다.

〈멕시코〉 2020년 08월 21일

• 오브라도르 대통령, 뇌물 수수 의혹을 받는 자신의 동생 변호 (Forbes Mexico 08.21)

– 멕시코 오브라도르 대통령은 동생인 피오 로페스 오브라도르가 레온 로메로(León Romero)에게 돈을 받는 영상이 공개되자 이는 뇌물 수수가 아닌 정당한 선거자금 조달이라고 동생을 변호했다. 레온 로메로는 현 정부에서 보건부 요직인 의약품 및 의료장비 배포를 담당하는 국영회사의 책임자로 임명될 예정인 고위 공무원이다. 하지만 대통령은 그가 이번 의혹이 해결될 때까지 임명을 보류하겠다고 밝혔다. 사건의 당사자인 로메로는 당시에는 본인이 공직이 아닌 민간 컨설턴트로 일할 때며 선거자금을 모금해 당에 전달한 것이라고 밝혔다. 한편 대통령은 기자회견을 통해 동생이 받은 돈은 당내 직원 지원금 등으로 기부한 것이며 비리와는 무관하며 정부의 이미지를 해치려는 목적이라고 밝혔다. 또 그는 범죄사실이 있다면 누구라도 조사와 처벌을 받아야 한다며 검찰의 수사를 촉구하고 필요한 경우 본인도 적극적으로 협조하겠다고 언급했다. 다만 이번 사건이 현재 계속되고 있는 멕시코 이전 정부 인사들의 부패 의혹이 제기와 함께 벌어진 일이기 때문에 오브라도르 대통령이 강조하는 '부정부패 척결' 이미지에 타격을 주는 것으로 보인다.

제7부

오세아니아의 동향 및 쟁점

여당의 높은 인기, 그리고 기후 변화 정책

제1장
오세아니아의 개관 및 쟁점

1차(2019년 9월 말~10월 말)

이종본

　호주에서는 10월 4일에 열린 다자간 포럼 연설에서 스콧 모리슨(Scott Morrison) 총리가 탄소 배출량 규제 등 국제사회의 환경규제 요청과 호주의 국익이 상충된 다며 국제기구의 태도를 비판하였다(The Sydney Morning Herald 2019/10/05). 야당인 노동당(Labor)의 대변인 리차드 말레스(Richard Marles)는 모리슨의 발언이 전 세계 탄소 배출량이 계속 늘어나는 시점에서, 적절하지 않다고 말하였다(The Sydney Morning Herald 2019/10/05).

　한편 뉴질랜드에서는 2019년이 영국의 탐험가 제임스 쿡(James Cook)이 뉴질 랜드에 상륙한지 250주년을 맞아, 정부가 10월 8일에 북섬 동해안에 위치한 기 즈번에서 쿡 선장이 이끌었던 영국 군함 'HMS 인더버호'의 입항을 재연하는 'Tuia 250' 행사를 후원하였다(The Guardian 2019/10/04). 해당 행사에 대하여 뉴질 랜드 원주민인 마오리족들 중 일부가 쿡 선장이 원주민들에게 질병과 살인 등 끔찍한 상처를 주었으며 그를 위해 복제본 배까지 만드는 것이 지나치다고 비판 하였다(The Guardian 2019/10/04).

뉴질랜드 정부의 메탄가스 감소 목표와
'탄소제로(Zero Carbon)' 법안 논란

뉴질랜드 정부는 5월 8일, 지구온난화를 초래하는 탄소 배출량을 2050년까지 제로(0)로 한다는 계획을 담은 법안을 의회에 제출하였다(The Guardian 2019/05/07; 연합뉴스 2019/05/08 재인용). 법안에는 특히 농업 부문에서 생산되는 생물학적 메탄가스 배출량을 2050년까지 47%가량으로 감축한다는 계획도 포함되어 있다(The Guardian 2019/05/07; 연합뉴스 2019/05/08 재인용).

영국 석유회사 BP가 2019년 7월 11일에 발표한 연례 보고서에 따르면 2018년 전 세계 탄소 배출량은 336억 8500만t으로 이는 2017년(330억 3900만t)에 비해 2%p 증가하였고, 아시아태평양 지역의 에너지 소비가 51억 1000만t으로 가장 큰 비중을 차지한다(세계일보 2019/07/06).

탄소 배출량에 대한 국민들의 관심도 높고, 뉴질랜드 일부 환경단체들은 더 강력한 탄소와 메탄가스 규제가 필요하다며 법안의 실효성을 비판하고 있다. 하지만 제1야당인 국민당(National)은 탄소제로법에 대한 아무런 입장도 밝히지 않는 상황이다(New Zealand Herald 2019/10/23).

국민당은 환경 관련 법안에 대한 분명한 입장을 밝혀야 하며, 저신다 아던(Jacinda Ardern) 총리와 여당인 노동당은 경각심을 가지고 탄소제로법이 의회에서 통과되도록 좀 더 힘써야 할 것이다.

참고문헌

임국정. 2019. "이상기온에 에너지 소비 급증…'탄소 제로' 첫걸음부터 빨간불". 『세계일보』(07월 06일).

전성훈. 2019. "뉴질랜드, 2050년까지 '탄소 배출 제로' 추진, 의회에 법안 제출". 『연합뉴스』(05월 08일).

Walls, Jason. 2019. "Controversial Biological Methane Target in Zero Carbon Bill Unchanged Despite Lobbying". *New Zealand Herald* (October 29).

2차(2019년 10월 말~11월 말)

이종본

호주에서는 11월 6일 멜버른 석탄채굴회의장 입구에서 기후변화에 반대하는 환경단체 운동이 격화되는 가운데 호주 당국은 경찰을 동원하여 시위자들을 무력으로 진입하여 논란이 되었다(The New York Times 2019/11/06). 2013년에 만들어진 오렌지 패스(orange passes) 제도는 의회에 출입할 수 있는 로비스트 수를 2012년 1,267개에서 2019년 11월 11일 현재 2,380개로 거의 두 배로 늘렸지만 호주 정부는 이들의 세부 정보를 리스트에 게시하지도 않았고 규제를 하지 않고 있다(The Guardian 2019/11/11).

한편 뉴질랜드에서는 11월 4일 녹색당(Greens)의 만 25세 의원 클로에 스와브릭(Chlöe Swarbrick)이 '탄소 제로 법안(Zero Carbon Bill)'을 지지하는 의회에서 다른 정당의 고령 의원에게 연설을 방해받자, 의회 연설 도중 베이비부머 세대를 뜻하는 밀레니얼세대의 은어인 '부머(Boomer)'라는 말을 사용했다(BBC 2019/11/07). 이 발언이 11월 4일 당시에는 논란이 되지 않았지만 연설 영상이 SNS 상에서 밀레니얼 세대들에게 화제가 되면서 여야에서 주목하게 되었고, 결국 세대갈등 문제로 이어졌다(BBC 2019/11/07).

|||||||||||||||||||||||||||||||||||||||||||||||||||||||||||||||||||||||

"오케이, 부머"가 쏘아올린 작은공, 세대갈등과 그 해결방안

11월 4일 뉴질랜드 의원 스와브릭이 '탄소 제로 법안'을 지지하는 그녀의 연설 도중 다른 정당의 고령 의원에게 연설을 방해받자 "오케이, 부머"라고 발언하였다(TIME 2019/11/06). 이 발언이 11월 4일 당시에는 논란이 되지 않았지만 연설 영상이 SNS 상에서 밀레니얼세대들에게 화제가 되면서 여야에서 주목하게 되고 세대갈등 문제로 까지 이어졌다(BBC 2019/11/07). 야당인 국민당 의원 크리스토퍼 비숍(Christopher Bishop)은 "그녀는 갈등을 조장하는 철없는 발언을 하였다"라고 비판하였다(BBC 2019/11/07).

2019년 11월 뉴질랜드는 인구의 고령화 문제와 더불어 의회의 평균연령이 2018년 기준 만 47세에 육박하면서 "젊은 세대의 목소리가 정치권에 반영되지 않을까"하는 젊은 세대들의 불안감이 커졌다(The New York Times 2019/11/06). 이런 고령화 문제와 젊은 세대들, 특히 밀레니얼세대들의 불안감이 커지면서 '부머' 발언이 논란이 된 것으로 보인다.

　　이 같은 세대갈등 논란을 해결하고 여러 세대의 목소리가 정치에 고르게 반영되기 위해서는 여야가 국민들의 목소리를 듣고, 서로 기나긴 공론화 과정과 토론으로 사회적 합의를 이끌어 내야 할 것이다.

참고문헌

오진영. 2019. "OK, 부머 만국 공통 '꼰대' 논란". 『머니투데이』(11월 08일).

Carlisle, Madeleine. 2019. "The 'OK Boomer' Meme Has Officially Entered Parliamentary Record in New Zealand". *TIME* (November 06).

3차(2019년 11월 말~12월 말)

이종본

    호주에서는 12월 10일 스콧 모리슨 총리와 크리스찬 포터(Christian Porter) 법무부 장관이 기자회견에서 2차 종교 차별 법안 초본을 발표했지만, 일부 종교단체들과 호주의 인권단체들은 법안의 조항들이 구체적이지 않고 종교를 믿는 사람과 그렇지 않은 사람들을 지나치게 중립화하려는 내용이 담겨있다며 비판해 논란이 되었다(The Guardian 2019/12/11).

    한편 뉴질랜드에서는 11월 24일 아직 투표권도 없는 만 17세 윌리엄 우드(William Wood)가 제1야당인 국민당 의원 후보로 선출됨에 따라, 2020년 가을에 있을 총선에서 5선에 도전하는 노동당의 이언 리스-갤러웨이(Ian Reese-Gallaway) 이민부 장관과 경쟁할 것이다(연합뉴스 2019/11/26). 만약 그가 경쟁에서 승리하면 뉴질랜드 역사상 최연소 의원이 될 전망이다(연합뉴스 2019/11/26). 12월 18일 기자회견에서 뉴질랜드 법무부 장관 앤드류 리틀(Andrew Little)은 오락용 마리화나(대마초) 합법화 여부를 묻는 국민투표를 2020년 가을 총선과 함께 실시하겠다는 계획을 발표해 논란이 일고 있다(The New York Times 2019/12/18).

사회 갈등을 야기한 호주의 2차 종교 차별 법안

    12월 10일 모리슨 총리와 포터 법무 장관은 1차 종교 차별 법안보다 공적 장소에서 종교 관련 개인의 표현 사례가 실제 상황에 맞게 좀 더 구체화되고, 의료 서비스, 학교, 병원 등으로 적용 범위도 넓힌 2차 종교 차별 법안 초본을 발표했다(The Guardian 2019/12/11).

    이 법안은 호주 럭비 스타 이스라엘 폴라우(Israel Falou)가 자신의 SNS에 "동성애자들이 회개하지 않으면 지옥에 간다"는 취지의 글을 게재했다가 호주럭비협회에서 퇴출당한 사건 이후, 모리슨 총리가 올해 6월 28일 G20정상회담에서 고용주가 근로자를 처벌할 수 없도록 새로운 종교 차별 법안을 만들겠다고 말하면

    지역 다양성과 사회 통합 (VI)

서 논의되기 시작했다(SBS News 2019/10/07).

　하지만 1차 법안에 이어 2차 법안에 대해서도 일부 종교단체들과 호주 인권
당국 협의회, 다양성 위원회 등의 인권단체들은 법안의 조항들이 좀 더 구체적
이어야 하고, 종교를 믿는 사람과 그렇지 않은 사람들을 지나치게 중립화하려는
것은 서로 간의 차별을 키울 뿐이라고 비판하여 논란이 일었다(The Guardian 2019/
12/11).

　이렇듯 종교 차별 법안이 오히려 '기계적 중립화'에 머물러 종교를 믿는 사람
과 믿지 않는 사람, 국가의 공권력과 개인의 표현의 자유를 보는 견해 차이 등 사
회 갈등을 극심하게 하지 않을지 우려된다.

참고문헌

Cho, Euna. 2019. "Advocates Alarmed by Australia's Religious Discrimination Laws
　Debate". *SBS News* (October 07).

Karp, Paul. 2019. "The Coalition's Religious Discrimination Bill: What's Changed and
　Can Doctors Refuse Treatment?". *The Guardian* (December 11).

4차(2019년 12월 말~2020년 1월 말)

이종본

　호주에서는 1월 4일 스콧 모리슨 총리가 대규모 산불에 대한 정부의 대처 방안을 홍보하는 영상을 자신의 트위터와 페이스북에 게재했다(The Guardian 2020/01/06). 야당인 노동당과 시민단체들은 자신과 여당인 자유당(Liberal)을 홍보하는 수단으로 정부의 산불 대응 정책을 과장하였다고 비난을 하여 논란이 일었다(The Guardian 2020/01/06). 1월 10일에는 정부의 기후 정책 개선과 산불 위기를 막기 위한 구체적인 대안을 촉구했으며, 호주 전국 학생 단체인 기후 학생 정의(University Students for Climate Justice)가 멜버른, 시드니, 브리즈번, 퍼스를 포함한 9개 도시에서 시위를 벌였다(CNN 2020/01/10).

　뉴질랜드 정부는 2020년부터 만 11~15세 학생들을 대상으로 기후변화 위기와 이에 대응하는 자세 및 시위 등을 통하여 불안을 표현하는 방법을 배우는 과목을 정규 교과 과정으로 편성했다(연합뉴스 2020/01/13). 한편 뉴질랜드의 주정부 주택 대기자 명단이 2018년 6,000 가구에서 2020년 1월 16일 현재 14,500 가구로 사상 최대치를 기록하였다(The Guardian 2020/01/16). 이에 주택부 장관 크리스 파포이(Kris Faafoi)는 정부의 주거정책이 이미 마련되었으며 2020년 현재 2,500여 곳에 공공 주택을 건설할 예정이라고 말했다(The Guardian 2020/01/16).

‖‖‖

정치 투명성 문제를 야기한
스콧 모리슨 총리의 정부 대응 홍보 영상

　1월 4일 모리슨 총리가 호주 대규모 산불에 대한 정부의 대응을 홍보하는 영상을 자신의 트위터와 페이스북에 게재해 야당인 노동당과 시민단체들에게 비난을 받았다(The Guardian 2020/01/05).

　산불 광고에는 연방 정부가 화재 진압을 위해 피해 지역에 해군 함선 및 기타 조치를 취한 것에 대해 다소 과장되게 보여 준 뒤 영상 마지막에 "모리슨, 자유당, 캔버라"라는 메시지가 담겼다(The Guardian 2020/01/05). 이에 대해 영상이 노동당과 시민단체들을 중심으로 모리슨과 여당인 자유당을 홍보하는 수단으로 이용된 것이라는 비판이 나오고 있다(The Guardian 2020/01/05). 호주 방위 협회(Australian Defense Association) 및 시민단체들은 산불로 인해 국가가 위기에 닥쳤음에도 이를 이용하여 대중의 신뢰도를 높이려는 정부의 '캐치 업(Catch up)' 행위를 비판해 논란이 가중되었다(The Guardian 2020/01/06). 이에 모리슨은 "산불 광고는 자유당이 후원하는 광고가 아니며 트위터와 페이스북에 광고를 게재하는 것도 허가된 사항이다"라고 반박했다(The Guardian 2020/01/06).

2020년 현재 호주는 대규모 산불로 심각한 국가 재난을 겪고 있다. 한 국가의 총리로서 국가 위기를 정치적으로 이용하지 않아야 할 것이다.

참고문헌

Knaus, Christopher. 2020. "Scott Morrison's Bushfire Ad Is Deceptive and Raises Serious Integrity Issues, Expert Says". *The Guardia*n (January 06).

Taylor, Josh. 2020. "Scott Morrison Says Video Ad on ADF Deployment Is Not Political but 'Carries His Message to Australians'". *The Guardian* (January 05).

5차(2020년 1월 말~2월 말)

이종본

　호주에서는 2020년 2월 3일 자유당이 스콧 브릭스(Scott Briggs)가 2016년 설립한 정치 컨설팅 회사 Southern Strategy로부터 165,000 달러를 기부금으로 받았다고 공시했지만, 브릭스는 이후 가디언과의 인터뷰에서 기부금을 준 적이 없다고 하였고 자유당 역시 기부금 공시가 실수였다고 언급하여 2월 6일 선거 관리위원회의 조사가 시작되었다(The Guardian 2020/02/07). 스콧 모리슨 총리는 2018년 12월부터 2019년 5월 사이 연방 선거를 앞두고 지역 사회에 보조금을 지원하는 스포츠 프로젝트를 하였지만, 노동당의 앤서니 올버니즈(Anthony Albanese)가 지역 선정과정에 의혹을 제기하여 논란이 일었다(SBS News 2020/02/14). 2020년 2월 13일 호주 감사국은 모리슨 총리가 자금 조달한 지역의 약 43%가 당시 지원 자격이 없었다고 발표했다(SBS NEWS 2020/02/14).

　뉴질랜드에서는 저신다 아던 총리가 2월 18일 각료회의 후 가진 기자회견에서 뉴질랜드 총선이 2020년 9월 19일 실시된다고 발표했고, 2020년 총선에서는 지역구·비례대표 의원 선출 외에도 안락사와 오락용 대마초 합법화 법안에 대한 국민투표를 한다(연합뉴스 2020/01/28).

||||||||||||||||||||||||||||||||||||||||||||||||||||||||||||||||||||||||||||||||||

그들이 말하지 않는 165,000달러의 자유당 기부금 사건

　2020년 2월 3일 자유당이 스콧 브릭스가 2016년 설립한 정치 컨설팅 회사 Southern Strategy로부터 165,000달러를 기부금으로 받았다고 공시하자, 노동당은 브릭스가 모리슨 총리의 친구이자 NSW Liberals의 전 부국장이었던 과거를 말하며 자유당이 기부금을 받은 이유에 의문을 제기했다(The Guardian 2020/02/05).

　하지만 브릭스는 이후 가디언과의 인터뷰에서 기부금을 준 적이 없다고 했고 자유당 역시 기부금 공시가 실수였다고 언급하여, 2월 6일 노동당 대변인 앤드류 길레스(Andrew Giles)는 선거 관리위원회의 톰 로저스(Tom Rogers)에게 서면으로 조사 요청을 하였다(The Guardian 2020/02/07). 선거 관리위원회는 이런 사태가 왜 일어난 것인지 자유당과 브릭스에게 밝히라고 하였지만 자유당은 묵묵부답으로 일관했고, 브릭스는 "그건 자유당의 문제이다. 내가 확인할 수 있는 것은 Southern Strategy가 자유당에 기부하지 않았다는 것뿐이다"라고 답했다(The Guardian 2020/02/05).

2020년 2월 호주는 대규모 산불 피해로 인해 힘든 상황을 겪고 있다. 지금이 어느 때보다도 투명하고 공정하게 여당으로서 책임감있는 모습을 보여야 할 때이다.

참고문헌

Knaus, Christopher. 2020. "Liberal Party Claims Declaration of A $165k Donation by Morrison Ally Was A Mistake". *The Guardian* (February 05).
_____. 2020. "Australian Electoral Commission to Investigate Liberal Party's Donation 'Mistake'". *The Guardian* (February 07).

6차(2020년 2월 말~3월 말)

정해은

호주 태즈메이니아 원주민 출신 노인단체는 총 4차례에 걸쳐 국민당 소속 상원의원으로 원주민부(Indigenous Affairs) 장관을 역임했던 나이젤 스컬리온(Nigel Scullion) 의원으로부터 자금 제공을 거부당했다고 주장하였다(The Guardian 2020/03/06). 지난 9일 BBC는 호주의 개인정보 보호 담당 기관인 호주 정보 위원회(Office of the Australian Information Commissioner)가 페이스북(Facebook)이 개인정보 보호법 위반으로 호주 사용자들의 사생활을 침해했다며 소송을 제기했다고 밝혔다(ZDnet 2020/03/09).

한편 뉴질랜드 저신다 아던 총리는 코로나19로 인해 최근 전 세계 여러 지역에서 선거 일정을 수정하는 것은 그들의 선거일이 아주 근접했기 때문이며 현 상황에서 뉴질랜드는 9월 19일인 선거일을 변경하지 않을 것이라고 말했다(Newsroom 2020/03/16). 뉴질랜드 대극단주의프로젝트(Counter Extremism Projects)의 연구원들은 뉴질랜드 모스크 테러 사건이 발생한 지 1년이 지난 현재까지도 테러 동영상이 유포되고 있는 14개의 웹 사이트를 확인했으나 정부에서는 이와 관련한 규제 법안이 마련되지 않고 있다(Newsroom 2020/03/14).

|||||||||||||||||||||||||||||||||||||||||||||||||||||||||||||||||||||||||||||||||||||||||||||

뉴질랜드 인종차별 테러 동영상 유포와 불법 인터넷 콘텐츠 규제법안의 필요성

2019년 3월 15일 호주의 브렌턴 태런트(Brenton Tarrant)가 뉴질랜드 크라이스트처치의 이슬람 사원 두 곳에서 총기를 난사해 52명이 사망했다(BBC 2020/03/13). 가해자는 범행 과정을 촬영하여 실시간으로 송출했다. 1년이 지난 지금도 이 테러 동영상은 유포되고 있으며 인터넷상에서의 완전한 제거는 불가능하다는 것을 알 수 있다(BBC 2020/03/13).

이 동영상이 유포되어 있는 14개의 웹 사이트에(Newsroom 2020/03/14) 대한 규제를 해야 하는 것이 아니냐는 논란이 일자, 뉴질랜드의 이동통신사들은 당시 비디오를 게시한 사이트의 접속을 차단하는 조치를 취했다(Newsroom 2020/03/14). 그러나 그들은 개인이나 기업에게 인터넷 접속 서비스와 웹 사이트 구축 서비스 등을 제공하는 ISP(Internet Service Provider)가 유해 콘텐츠를 평가하고 제지할 자격은 없다고 덧붙였다(Newsroom 2020/03/14). 정부는 이와 관련한 규제 법안을 제정할 계획이라고 보고했지만 아직 완전한 체계가 마련되어 있지 않다(Newsroom 2020/03/14).

테러 영상의 유포는 단순한 불법 행위의 경계를 넘어 민족 간의 갈등을 초래하는 행위이다. 따라서 정부는 검열 기준과 관련한 사안을 논의하고 정비하여 사회 통합을 저지하는 인터넷 콘텐츠를 막기 위해 노력해야 할 것이다.

참고문헌

BBC. 2020. "Christchurch Mosque Attacks: NZ has 'Fundamentally Changed' says PM". (March 13).

Daalder, Mac. 2020. "Mosque Attack Video Still Online". *Newsroom* (March 14).

7차(2020년 3월 말~4월 말)

  호주에서는 4월 2일 스콧 모리슨 총리가 코로나19의 여파로 어려움을 겪는 부모들을 위해 무료 조기 보육 정책을 시행할 것이라고 밝혔으며, 이는 맞벌이 부모, 취약계층, 사전 신청을 한 부모에게 우선권이 주어질 것이라고 전했다 (9NEWS 2020/04/02). 코로나19가 유행하는 가운데 잡키퍼(Job Keeper) 정책의 영향으로 스콧 모리슨 총리의 지지율이 급상승했다(7News 2020/04/06). 본 정책은 자격을 갖춘 근로자가 1회에 한해 2주간 1500달러의 지원금을 받게 되는 제도이다. (7News 2020/04/06). 노동당의 케이티 갤러거(Katy Gallagher) 의원은 4월 29일 캔버라 상원 위원회에서 정부가 코로나19로 인한 지원금을 지급하는 속도가 느리다며 여당에게 비판을 가했다(SBS News 2020/04/29).

  한편 뉴질랜드는 보건부 장관인 데이비드 클라크(David Clark)가 격리 기간인 3월 28일에 여행을 간 것이 밝혀지면서 재무 차관직을 박탈당하고 내각의 최하위로 강등 되었다(Newsroom 2020/04/07). 4월 3일 시행된 여론 조사에 따르면 뉴질랜드인의 약 90%가 코로나19에 대한 정부의 대응에 지지 의사를 표명했으며, 이 수치는 다른 G7 국가를 앞선 수치이다(The Spinoff 2020/04/08).

||||||||||||||||||||||||||||||||||||||||||||||||||||||||||||||||||||||||||||||||||||||||

뉴질랜드 보건부 장관의 봉쇄 수칙 불이행에 따른 여론의 비판

  2020년 3월 25일부터 뉴질랜드 전역에 코로나19로 인한 봉쇄령이 내려진 가운데 공공시설은 모두 문을 닫고, 전 국민이 자택 연금 상태에 들어갔다(연합뉴스 2020/04/07). 그러나 데이비드 클라크 보건부 장관이 이러한 규칙을 어기고 가족들과 근교 해변으로 여행을 간 것이 밝혀지며 논란이 일었다(Newsroom 2020/04/07).

  이러한 사실로 저신다 아던 총리는 클라크가 겸하고 있던 재무 차관직을 박탈하고, 내각의 최하위로 강등 시켰다(Newsroom 2020/04/07). 아던은 지금은 힘을 합쳐 코로나19와 싸우는 것이 더 중요하며, 의료 분야에 혼란을 줄 수는 없으므로 그를 해임하지 않겠다고 밝혔다(연합뉴스 2020/04/07). 그러나 클라크에 대한 국민들의 비판은 상당했으며, 한 언론사 기자는 "클라크는 본인의 직위에 반해 보건 정책을 스스로 위반했으며 아던은 당장 그를 해임해야 한다"고 말했다(조선닷컴 2020/04/07).

이렇듯 그의 행동에 대한 총리와 여론의 반응은 차이가 있다. 보건부 장관은 국민의 건강과 안전을 위해 일하는 직책이기 때문에 더욱 모범을 보였어야 한다. 클라크는 총리가 본인을 해임하지 않은 이유에 대해 깊이 생각하고, 자신의 본분을 망각한 행위에 대해서 반성해야 할 것이다.

참고문헌

고한성. 2020. "뉴질랜드 보건부 장관, 봉쇄령 규정 어겼다가 "앗 뜨거워"". 『연합뉴스』 (04월 07일).

이현택. 2020. "국토봉쇄 중 해변 여행 간 뉴질랜드 보건장관 '강등'". 『조선닷컴』(04월 07일).

Hickey, Bernard. 2020. "Clark demoted after trip to beach". *Newsroom* (April 7).

8차(2020년 4월 말~5월 말)

정해은

　호주에서는 스콧 모리슨 정부의 코로나19 추적 앱인 코비드세이프(COVIDSafe)와 관련된 개인 정보 보호법안이 의회를 통과했으며, 허가 없이 자료에 접근한 사람들은 5년 이하의 징역과 6만 3천 달러의 벌금을 물게 된다(9NEWS 2020/05/14). 한편 호주가 중국 책임론에 입각한 코로나19의 발원 조사에 지지 의사를 표명하자, 호주 농산물의 주요 소비국이었던 중국이 호주산 보리에 80.5%의 관세를 부과할 것이라고 발표했으며(머니투데이 2020/05/18), 사이먼 버밍엄(Simon Birmingham) 호주 무역장관은 이러한 중국의 결정에 항소하는 방안을 생각 중이라고 밝혔다(Sunrise 2020/05/19).

　뉴질랜드는 저신다 아던 총리가 야당인 국민당이 500억원 규모의 코로나19 구제금융 안을 '선거용 뇌물'이라고한 발언에 대해 해당 지원책은 일자리를 늘리고 관광 산업과 같은 어려운 산업을 위함이라며 반박했다(RNZ 2020/05/15). 한편 뉴질랜드제일당(New Zealand First party)의 윈스턴 피터스(Winston Peters)가 정치권에서 긍정적으로 검토 중인 코로나19 관련 추가 공휴일 지정에 대해 부정적인 의견을 표명했으며, 이는 중소기업들에 피해를 주고, 근로자들에게 일자리 문제를 일으키기 때문이라고 주장했다(Newshub 2020/05/20).

||||||||||||||||||||||||||||||||||||||||||||||||||||||||||||||||||||||||||||||||||||||

코로나19 발원을 둘러싸고 대내외적인 갈등에 처한 호주

　호주가 코로나19의 발원 조사를 지지한다고 밝힌 후, 중국으로부터 무역 제재를 받았다(머니투데이 2020/05/18). 호주는 예로부터 미국과의 동맹국으로, 트럼프가 중국 책임론을 제기한 데에 긍정적인 의사를 표명한 것이다(조세일보 2020/06/01).

　중국은 이에 5월 12일 호주 도축장 네 곳으로부터의 소고기 수입을 중단했으며(TV CHOSUN 2020/05/13), 18일부터 호주 수입 보리에 관세 80.5%를 부과할 것이라고 밝혔다(머니투데이 2020/05/18). 중국은 호주 보리에 약 절반가량을 수입하는 주요 소비국으로, 호주 농민들은 이로 인해 막대한 손해를 입었으며 다른 농업상품에도 피해를 볼까 우려하고 있다(9NEWS 2020/05/16). 이렇듯 중국과의 무역충돌 이후에도 미국의 입장을 견지하는 호주 정부는 전염병을 정치화하고 있다는 비난을 피할 수 없으며, 농민들의 원성을 사고 있다(9NEWS 2020/05/16).

국가는 국내적인 문제와 국외적인 문제 모두를 아우르는 힘을 가져야 한다. 호주 정부는 전염병의 책임을 한 국가에만 국한시키는 태도를 지양하여 중국과의 관계 회복에 힘써야 한다. 또한 피해를 입은 농촌경제의 회복을 위해 구체적인 대응책을 마련해야 할 것이다.

참고문헌

김수현. 2020. "中, '코로나' 무역보복…호주산 보리에 80.5% 관세". 『머니투데이』(05월 18일).

최민식. 2020. "中, 호주산 육류 수입 일부 중단…"코로나 경제보복"". 『TV CHOSUN』(05월 13일).

형수경. 2020. "미국 편가르기 본격화하나…호주는 OK, 한국은?". 『조세일보』(06월 01일).

9NEWS. 2020. "Farmers Worried About Chinese Trade Row". (May 16).

9차(2020년 5월 말~6월 말)

정해은

호주에서는 지난 6월 3일부터 6일까지 실시한 여론조사에서 스콧 모리슨 총리가 코로나19와 경기 침체에 대한 적절한 대응에 힘입어 66%라는 사상 최고의 지지율을 기록했다(Newdaily 2020/06/07). 호주 정부는 최근 몇 달 동안 발생한 사이버 공격의 주범으로 중국을 지목했으며, 이는 코로나19의 발원을 두고 호주와 갈등을 빚었던 중국이 무역 분쟁과 여행 경고에 이은 보복인 것으로 인다(Reuters 2020/06/19).

한편 뉴질랜드는 야당인 국민당이 올해 9월 19일 총선에서 승리하게 된다면 관광 분야를 활성화하기 위해 수백만 달러 규모의 지원금을 조성하겠다고 밝혔다(RNZ 2020/06/05). 뉴질랜드가 코로나19의 종식을 선언한 지 8일 만에 다시 새 확진자가 발생하여 군대를 동원해 방역을 시행한다고 밝혔다. 이는 부모의 부고로 영국에서 귀국한 자매가 애슐리 블룸필드(Ashley Bloomfield) 보건 국장에 의해 장례식에 참석할 수 있도록 자가격리에 예외사항을 적용받은 것이 원인이며, 저신다 아던 총리는 이번 사건은 용납할 수 없는 제도상의 실수라고 말하며 비판을 가했다(Chosun국제 2020/06/17).

||||||||||||||||||||||||||||||||||||||||||||||||||||||||||||||||||||||||||||||||||||||||||||||||||||||||||||||

허술한 코로나19 대응으로 인한 노동당의 위기

뉴질랜드가 코로나19의 종식을 발표한 지 8일 만에 '종식국가'의 타이틀을 내려놓게 되었다(TV조선 2020/06/17). 새 확진자는 영국에서 귀국한 뉴질랜드인 자매로 부모의 장례식장에 참석할 수 있도록 자가격리 기간을 단축하는 특례를 적용받았으며, 정부는 이러한 허술한 대처로 인해 야당으로부터 비판을 받았다(RNZ 2020/06/25).

그 결과 저신다 아던 총리가 속한 노동당은 한 달 만에 지지도가 9% 하락했으며, 그에 반해 제1야당인 국민당은 지난달 대비 9% 상승한 38%의 지지를 얻었다. 국민당의 토드 뮬러(Todd Muller) 대표는 이 기세를 몰아 이전에 봉쇄 수칙을 어기고 여행을 갔던 노동당의 데이비드 클라크 보건부 장관의 해임을 요구했고 (The National Interest 2020/06/22), 9월 19일 총선에서 국민당이 당선된다면 새로운 관광 부문 지원 정책을 펼칠 것이라고 발표했다(RNZ 2020/06/05).

아직은 노동당의 지지도가 야당의 수치보다는 앞서고 있으나, 그 격차는 줄고 있으므로 총선에서의 압승은 확신할 수 없다. 노동당이 재선에 성공하기 위해서는 질병 관련 수칙을 엄격히 재정비하여 낮아진 국민의 호감도를 높이고, 야당의 경제 정책에 상응하는 혁신적인 대안을 내놓을 필요가 있다.

참고문헌

강다은. 2020. "코로나 0명 선언 뒤에 확진자 나오자, 뉴질랜드 방역에 '군대' 동원". 『조선닷컴』(06월 17일).

AEIdeas. 2020. "Facebook's New Election Project In New Zealand Is a Test Case For Securing Democracy". *The National Interest* (June 22).

RNZ. 2020. "National Rebounds In New Poll, But Still Well Behind Labour". (June 25).

10차(2020년 6월 말~7월 말)

정해은

호주에서는 스콧 모리슨 총리가 마스크 없이 스포츠 경기를 관람하고 있는 사진이 찍혀 대중들로부터 비판을 받았다. 그러나, 여, 야당 의원들은 방역지침의 준수 여부와 상관없이 여가 행위 자체를 비판하는 것은 옳지 못한 일이라고 말했다(Sunrise 2020/07/11). 한편, 외곽 지역에 거주하는 호주 원주민의 식량 실태를 조사한 결과, 그들 중 43%가 지난 1년 동안 경제난으로 인해 심각한 식량 부족을 겪은 것으로 조사되었으며, 정부의 조속한 조치에 대한 필요성이 제기되었다(The Guardian 2020/07/13).

뉴질랜드에서는 야당인 국민당의 해미쉬 워커(Hamish Walker) 국민 개인정보를 언론에 유출한 혐의로 9월 19일 총선에 불출마 의사를 밝혔다(Newsroom 2020/07/08). 제1야당인 국민당은 토드 뮬러 전 대표가 사퇴한 이후 주디스 콜린스(Judith collins)가 새 대표로 선출되었다(뉴질랜드타임즈 2020/07/22). 뉴질랜드 정부는 9월 19일 총선에서 대마초 합법화에 대한 국민 투표도 동시에 시행할 계획이라고 밝혔으며, 녹색당은 이에 대해 적극적인 지지 의사를 표명하고 있는 반면, 여당인 노동당과 국민당은 명확한 의사를 밝히지 않고 있다(Newshub 2020/07/08).

'역대 최단 재임 기간 당 대표'로 인해 마주한 국민당의 위기

제1야당인 국민당이 토드 뮬러의 사임 이후 주디 콜린스를 새로운 대표로 임명했다(The Guardian 2020/07/14). 뮬러는 국민당의 지도자가 된 지 50일 만에 사퇴했으며, 그는 뉴질랜드 정치 역사상 재임 기간이 가장 짧은 당 대표로 자리 잡았다(The Guardian 2020/07/13).

지난 7월 8일 국민당의 해미쉬 워커 의원은 언론에 코로나19 환자들의 개인정보를 유출한 혐의로 뭇매를 맞았다(Newsroom 2020/07/08). 이에 뮬러 또한 본인도 동일한 정보를 다른 위원으로부터 전달받은 적이 있다고 말했다(NZherald 2020/

07/10). 13일 그는 오후에 진행 예정이었던 대규모 연설을 취소하고 돌연 사퇴했다(NZherald 2020/07/10). 뉴질랜드 언론은 9월 19일 총선을 불과 67일 앞두고 사퇴한 뮬러로 인해 국민당이 큰 혼란을 겪을 것이라며 비판했다(연합뉴스 2020/07/14). 이에 최근 시행된 여론조사에서 국민당의 지지율은 25.1%로 지난달 대비 약 13%p 하락했으며, 여당과 차이는 35.8%p 벌어졌다(Stuff 2020/07/27).

이러한 분란은 국민에게 제1야당으로서 지녀야 할 신임을 떨어트릴 수 있으며, 더 나아가 대의민주주의의 위기를 가져올 수 있다. 국민당은 9월 19일 총선을 위해 보다 안정적인 정당 운영으로 유권자에게 신뢰를 주는 것이 중요하다.

참고문헌

고한성. 2020. "뉴질랜드 국민당 토드 뮬러 대표, 취임 53일 만에 전격 사퇴". 『연합뉴스』(07월 14일).

Graham-McLay, Charlotte. 2020. "Judith Collins Named New Zealand National Party's New Leader". *The Gurdian* (July 14).

Malpass, Luke. 2020. "National's Polling Chooks Come Home To Roost". *Stuff* (July 27).

Neilson, Michael. 2020. "Todd Muller: Michael Woodhouse, Hamish Walker handled Boag Covid 19 Patients Leak 'very differently'". *NZherald* (July 10).

Roy, Eleanor Ainge. 2020. "New Zealand Opposition Leader Todd Muller Resigns Just Two Months Before Election". *The Gurdian* (July 13).

Sachdeva, Sam. 2020. "Hamish Walker To Step Down Over Privacy Breach". *Newsroom* (July 8).

11차(2020년 7월 말~8월 말)

정해은

호주에서는 스콧 모리슨 총리가 빅토리아주의 4단계 봉쇄로 자가 격리를 하게 된 근로자들에게 8월 12일부터 약 1500만 달러의 지원금을 지급할 것이라고 밝혔다(9News 2020/08/03). 모리슨 총리가 코로나19의 확산에도 불구하고 여당인 자유당의 기금모금 행사를 계획하자, 코로나19 확진 판정을 받았던 무소속 렉스 패트릭(Rex Patrick) 의원은 조속한 행사 취소를 촉구했다(ABC News 2020/08/11). 한편, 녹색당이 호주 국회의원들의 청렴성을 높이기 위한 독자적인 행동강령의 수립을 요구했으나, 여야 의원들은 이에 반대하고 있다(The Guardian 2020/08/12).

뉴질랜드에서는 저신다 아던 총리가 속한 노동당이 53.5%의 지지율을 기록하여 제1야당인 국민당의 지지율을 약 두 배가량 앞서고 있다(Interest 2020/07/30). 국민당의 주디스 콜린스의원이 저신다 아던 총리가 경제 관련 정책에는 소홀하다고 비판하며 10월 선거에서 노동당의 패배를 확신했다(Onenews 2020/08/11). 한편, 뉴질랜드가 102일 만에 코로나19 지역 사회 감염자가 발생하자 선거 일자를 29일 뒤인 10월 17일로 연기했다(ABC News 2020/08/17).

코로나19 속 자유당 기금모금 행사에 대한 비판과 우려

호주 여당인 자유당이 다가오는 의회 재개에 대비해 캔버라에서 8월 25일, 26일, 9월 2일 세 차례의 기금모금 행사를 계획하였으나, 이는 코로나19로 인한 위기 상황에 적절하지 못한 행사라며 비판받고 있다(The Guardian 2020/08/10).

한 보건부 의원은 사람들이 전국에서 모이는 만큼 바이러스의 전파 위험이 크다고 말했으며, 이전에 코로나19 확진 판정을 받았던 렉스 패트릭 상원의원은 "정치인들은 이와 같은 위기 상황에서 선도하는 모습을 보여야 하므로, 스콧 모리슨 총리는 조속히 행사 취소를 고려해야 한다"며 비판했다(ABC News 2020/08/11). 그러나 행사에 참석 예정인 호주 관광부 장관은 회의 기획과 관련된 사업이 연속된 연기와 취소로 큰 타격을 받고 있다며, 국민의 경제활동을 지원하기 위해서는 이와 같은 행사를 비판해서는 안 된다고 반박했다(ABC News 2020/08/11).

코로나19의 유행 동안 당내 기부금이 부족해져 정당 운영이 어려워진 것은 사실이지만(The Guardian 2020/08/10), 본 행사가 자유당의 '보여 주기식 행사'라는 비판은 면할 수 없다(ABC News 2020/08/11). 전염병의 위험과 관련하여 여러 우려가 빗발치는 만큼, 자유당은 안전하게 행사를 마무리 짓기 위해 온라인 행사 개최, 비대면 모금 계좌 생성 등의 다양한 방안을 기획하고 모범을 보여야 할 것이다.

참고문헌

Henderson, Anna. 2020. "Concerns Raised Over Coronavirus Risk At Liberal Fundraisers When Parliament Sits". *ABC News* (August 11).

Knaus, Christopher. 2020. "Liberal Party Plans Three $2,500-a-head Fundraising Events In Canberra Amid Covid Risk". *The Guardian* (August 10).

제2장

오세아니아의 주요 동향

선거

〈호주〉 2019년 11월 16일

• '변화의 바람': 녹색당원들 당대표 직접 선거 추진

(The Sydney Morning Herald 11.16)

– 11월 16일 녹색당 당내 회의에서, 녹색당 공동 부국장 아담 밴트(Adam Bandt)는 "당내 리더십 투표에서 당원들의 참여를 더 높여야 한다"고 말했다. 그와 함께 녹색당 상원의원 리차드 디 나탈레(Richard Di Natale)는 "당원들이 수년 간 리더십 투표 과정을 바꿔야 한다고 말해 왔다. 현재 공동 대표체제의 변화도 필요하다"고 언급했다. 2019년 까지 당대표 선거에 하원의원들만이 참여했다. 하지만 디 나탈레는 남녀 지도자 한 명씩 선출하는 공동 리더십 모델, 노동조합과 하원의원들이 같이 리더를 선출하는 혼합 모델 등을 대안으로 제시했다. 녹색당은 11월 18일 당내회의에서 의사 결정 과정 구조화 방법을 논의할 예정이며, 2020년 5월까지 변경된 제도를 정착시키겠다는 계획을 밝혔다. 그는 이날 연설에서 그린 뉴딜(Green New Deal) 정책에 대해서도 말했다. 기후변화에 대처할 기술, 인프라 및 공공 서비스에 연방정부가 장기적으로 투자하고 관련 일자리 창출도 필요하다는 것이다. 녹색당 상원의원 조던 스틸 존은 그린 뉴딜 정책을 적극 찬성한다고 말하면서, 노동당과 자유당을 기후변화 정책

의 '방화범'이라고 비유하여 논란이 되고 있다.

〈뉴질랜드〉 2019년 11월 26일

• 뉴질랜드 국민당 2020년 총선 후보로 만 17세 윌리엄 우드 뽑아　　(연합뉴스 11.26)

– 뉴질랜드에서 아직 투표권도 없는 만 17세 윌리엄 우드가 국민당 의원 후보로 선출됐다. 11월 24일 열린 국민당 파머스턴노스 지역구 후보 경선에서 우드가 3선의 현역 의원 등 다른 경쟁자들을 물리치고 2020년 총선 후보로 선출된 것이다. 우드는 국민당 후보 경선에서 승리한 뒤 연설을 통해 "우리는 오늘 새로운 역사를 썼다. 우리는 아직 투표권이 없을 정도로 젊은 후보를 뽑아본 적이 없다. 매우 흥분되지만 겸손한 자세로 임하겠다"라고 자신의 포부를 밝혔다. 그는 2020년 총선에서 5선에 도전하는 노동당의 이언 리스–갤러웨이 이민 장관과 대결을 펼치게 된다. 2020년 가을에 있을 총선에서 승리하면 뉴질랜드 역사상 최연소 의원이 될 전망이다. 국민당 대표인 사이먼 브릿지(Simon Bridges)는 한 방송에서 우드의 나이가 너무 어린 게 아니냐는 지적에 "경력이 부족한 게 오히려 그에게 열정과 에너지를 불러일으키고 있다. 당이 다양한 연령대를 포용한다는 건 아주 좋은 일"이라고 강조했다.

〈뉴질랜드〉 2019년 12월 18일

• 2020년 총선과 함께 뉴질랜드 대마초 합법화 국민투표 실시

(The New York Times 12.18)

– 12월 18일 기자회견에서 앤드류 리틀은 오락용 마리화나(대마초) 합법화 여부를 묻는 국민투표를 2020년 가을 총선과 함께 실시하겠다는 계획을 발표했다. 그는 투표 결과에 법적 구속력이 부여될 것이며 투표 문항 등의 세부사항은 앞으로 더 논의해야 한다고 설명했다. 대마초 합법화를 위한 국민투표는 2017년 여당인 노동당의 연정 협상 과정에서 녹색당, 뉴질랜드 제일당과 합의한 내용이다. 한편 국민당 대변인은 대마초 합법화 법안은 서두를 필요가 없으며, 정부가 국민들에게 무언가 성과를 보이려고 법안에 대한 국민투표를 성급히 추진하는 것은 아닌가 의문을 제기했다. 다른 국가들의 상황을 보면 의료용이 아닌 오락용 마리화나를 전면 합법화한 국가는 우루과이와 캐나다뿐이다. 의료용 마리화나의 경우 아르헨티나, 호주, 칠레, 콜롬비

아를 비롯해 30여 개 국가에서 허용되고 있다. 1News의 2019년 10월 조사에 따르면 뉴질랜드 국민들 중 46%가 대마초 합법화 법안에 찬성하며 41%가 반대했다. 조사는 1,006명을 대상으로 오차범위 3.1%이다. 한편 의회는 12월 초 의료용 마리화나에 대한 제한을 완화하는 법안을 통과시켰다.

〈호주〉 2020년 02월 07일

• 호주 선거 관리위원회, 자유당의 기부금 '실수' 조사 (The Guardian 02.07)

- 2020년 2월 3일 자유당은 스콧 브릭스가 2016년 설립한 정치 컨설팅 회사 Southern Strategy로부터 165,000 달러를 기부금으로 받았다고 공시했다. 브릭스는 모리슨 총리의 친구이자 NSW Liberals의 전 부국장으로 현재 호주 비자 처리 시스템을 민영화하기 위한 컨소시엄 입찰에 참여하고 있다. 이에 대해 노동당은 모리슨과 브릭스간의 이전 관계를 들어 기부금 조달 과정에 의문을 제기하였다. 하지만 브릭스는 가디언과의 인터뷰에서 기부금을 준 적이 없다고 하였고, 자유당 역시 기부금 공시가 실수였다고 언급했다. 이에 2월 6일 노동당 대변인 앤드류 길레스는 선거 관리위원회의 톰 로저스에게 서면으로 조사 요청을 하였다. 선거 관리위원회는 이런 사태가 왜 일어난 것인지 자유당과 브릭스에게 밝히라고 하였지만 자유당은 묵묵부답으로 일관했고, 브릭스는 "그건 자유당의 문제이다. 내가 확인할 수 있는 것은 Southern Strategy가 자유당에 기부하지 않았다는 것뿐이다"라고 답했다. 현재 위원회의 조사가 진행 중이며 시간이 다소 소요될 것으로 보인다.

〈뉴질랜드〉 2020년 01월 28일

• 뉴질랜드 총선 9월 19일 실시…노동당, 국민당 대격돌 (연합뉴스 01.28)

- 2월 18일 각료회의 후 가진 기자회견에서 뉴질랜드 총선이 2020년 9월 19일 실시된다고 저신다 아던 총리가 발표했다. 아던은 "우리는 뉴질랜드 국민들에게 나의 지도력과 정부가 현재 나아가고 있는 방향에 지지를 계속 보내 달라고 요청할 것"이라고 말했다. 이에 대해 제1야당인 국민당의 사이먼 브릿지는 국민당은 총선에 이겨 집권할 준비가 되어 있다고 대응했다. 2020년 총선에서는 지역구·비례대표 의원 선출 외에도 안락사와 오락용 대마초 합법화 법안에 대한 국민투표를 한다. 또한 혼합

비례대표제에 따라 2017년 총선에서 71명의 지역구 의원과 49명의 비례대표의원이 선출된 바와 비교하여 2020년에는 새로운 지역구 의석이 1석 늘어나고 대신 비례대표 의석은 1석 줄어들게 된다. 2017년 총선 후 국민당은 ACT당의 지원에도 불구하고 집권에 필요한 61석을 만들지 못해 뉴질랜드제일당, 녹색당과 손잡은 노동당에 정권을 넘겨준 바 있다. 국민당은 그 후 실시된 대부분의 여론조사에서도 뉴질랜드제일당의 도움 없이는 집권하기 어려울 것으로 나왔지만, 최근 1뉴스와 콜마브런턴 공동조사에서는 ACT당의 지원만 받아도 집권할 수 있을지 모른다고 예측돼 유권자들의 표를 얻기 위한 노동당과 국민당 간 싸움이 더욱 치열할 것으로 보인다.

〈뉴질랜드〉 2020년 03월 16일

• **저신다 아던, 바이러스에도 불구하고 9월 선거 일자에 지지**   (Newsroom 03.16)

– 코로나바이러스에도 불구하고, 저신다 아던은 선거일을 9월 19일로 지지하고 있다. 전 세계 다른 지역에서 다른 계획들이 시행되고 있는 것은 그들의 선거가 아주 근접했기 때문이라고 말하며 포스트 캐비닛(Post-Cabinet)기자회견에서 선거 일정을 바꿀 계획이 없다고 전했다. 그러나 정부와 선거관리위원회는 사태가 악화하면 몇 가지 선택사항을 보유 중이라고 전했다. 이달 초 코로나19 대 유행 이전에 통과된 선거 개정법은 선관위의 긴급권한을 확대해 선거 과정의 중단이 가능하게 했다. 이전까지는 선관위가 뉴질랜드 전역에서 투표를 연기할 수 없었으며 대신 개별적인 기준으로 투표소를 폐쇄해야 했다. 개정된 법안에서는 선거관리 책임자가 전염병 통지의 발행 등 예상 밖의 상황이 있다면 투표소를 하나 이상 폐쇄할 수 있는 권한을 갖게 되었다. 투표는 당초 사흘간 연기될 수 있다. 그 후, 내각총리대신 및 야당 당수와의 협의, 그리고 예상하지 못한 사태의 규모와 지속 시간에 관한 정보를 얻을 수 있는 자의 판단에 따라 한 번에 1주일까지 연기할 수 있다. 이 법은 투표시간을 연장하거나, 해외 유권자를 위해 전자투표용지를 올리는 대안적 투표절차를 실시하는 것도 허용하고 있다. 중앙선거관리책임자는 아던이 발표한 기일에 선거와 주민투표 시행에 계속 주력하고 있다고 밝혔다.

〈뉴질랜드〉 2020년 05월 15일

• 저신다 아던 총리, 국민당의 '선거 뇌물' 발언에 대해 반박   (RNZ 05.15)

− 아던은 500억 달러 규모의 코로나19 구제금융안을 선거용 뇌물로 규정한 야당의 날카로운 발언에 반격했다. 사이먼 브릿지 국민당 대표는 어제 남은 200억 달러의 예산이 4개월 후 투표를 하러 갈 뉴질랜드인들의 여론 조사를 겨냥한 선거 뇌물이라며 비난했다. 그녀는 브릿지의 비판은 그저 '냉소적인 정치'일 뿐이며, 경기회복책의 가장 큰 목적은 일자리를 늘리고 관광 산업과 같은 어려운 산업을 지원하는 것이라고 말했다. 선거대책 위원장인 폴라 베넷(Paula Bennett)은 오늘 브릿지의 연설에 금전은 단순히 선거용 뇌물이라고 덧붙였다. 그녀는 "매일 방송되는 프로그램은 중요한 건강 정보 방송에서 정당, 정치적인 방송으로 바뀌었고, 장관들이 나오는 TV 광고는 더이상 적절하지 않다"라고 말했다. 선거까지 4개월이 남은 가운데 특히 부채가 향후 4년 동안 약 140억 달러 증가할 것으로 보아 세금에 대한 정책에 관심이 쏠리고 있다. 아던은 세금을 올릴 의도는 없다고 말했고, 그러한 이야기가 있다면 유언비어라고 전했다.

〈뉴질랜드〉 2020년 06월 05일

• 국민당, 당선되면 1억 달러의 관광예산 확대 약속   (RNZ 06.05)

− 국민당은 올해 "선출이 되면 어려움을 겪고 있는 관광 분야를 활성화하기 위해 수백만 달러 규모의 기금을 조성하겠다"고 밝혔다. 이들은 4년 동안 1억 달러의 투자가 포함된 관광가속기(Tourism Accelerator) 보조금 프로그램을 발표했으며 정부 자금과 민간 부문 투자를 70:30으로 나눌 예정이라고 밝혔다. 토드 뮬러 국장은 기업과 관광 사업자들의 운영과 직원 유지를 위해 자신감이 필요할 것이라고 말했다. 뮬러는 이 자금이 기업들이 국경 재개시 준비와 혁신의 기회를 줄 것이라고 말했다. "그들은 이미 관광객들을 유치하는 다른 방법, 또는 그 관광객들에게 뉴질랜드를 홍보하는 다른 방법, 관광 경험의 측면에서 그들이 하는 일을 홍보하는 다른 방법들을 연구하고 있다. 우리는 이러한 프로젝트를 현실화할 수 있다"고 말했다. 그랜트 로버트슨(Grant Robertson) 재무장관은 관광 자산을 보호하는 것이 지금 당장은 더 큰 초점이 되기 때문에 이 제안이 적절하지 않다고 말했다. 로버트슨은 "혁신도 중요하지만, 우리가 주

변에서 얻고 있는 피드백은 지금 당장 자산 보호가 중요하다는 것이다"라고 말했다.

〈뉴질랜드〉 2020년 07월 08일
- **해미쉬 워커, 개인정보 침해로 인한 사임** (Newsroom 07.08)

– 클루샤 사우스랜드의 하원의원 해미쉬 워커는 코로나19 확진 환자의 개인정보를 언론에 유출한 혐의로 올해 선거에 불출마하겠다고 선언했다. 전국 이사회는 수요일에 새로운 후보자 선정을 논의하기로 했다. 환자의 정보를 워커에게 제공한 미셸 보아그(Michelle Boag) 전 국민당 당 대표는 중앙선거위원회의 역할에서 물러났다. 워커는 화요일 저녁 코로나19 환자들의 신상 정보를 언론에 공개했음을 고백했다. 코로나19에 양성반응을 보인 18명의 세부 정보를 전해 준 워커는 자신이 "어떠한 위법 행위도 하지 않았다는 조언을 받았다"고 전했다. 뮬러는 "내 생각에는 워커가 정부의 열악한 개인정보 보호 환경에 대해 문제를 제기하려 했다면, 언론에 사적인 내용을 보내는 것 이외에도 방법이 있었을 것이다"라고 말했다. 이번 개인정보 침해 사건은 지난 주말 여러 언론매체에 의해 보도되었으며, 크리스 힙킨스(Chris Hipkins) 국무부 장관이 조사에 착수했다. 워커는 자신이 이메일을 통해 정보를 공유했다고 밝혔으며 "나는 정부의 단점을 바로잡기 위해 이러한 행위를 저질렀다. 중대한 사생활 문제를 노출함으로써 정부가 법안을 개선하고 올바른 대책을 만들었으면 한다"고 말했다.

〈뉴질랜드〉 2020년 07월 15일
- **뉴질랜드 제1야당 새 대표, 주디스 콜린스** (연합뉴스 07.15)

– 뉴질랜드 제1야당인 국민당을 이끌어갈 새 당 대표에 주디스 콜린스 의원이 선출되었다. 뉴질랜드 언론에 따르면 국민당은 14일 국회에서 비상의원총회를 열어 이날 건강상의 이유로 돌연 사퇴한 토드 뮬러 전 대표 후임으로 콜린스를 선출했다. 콜린스를 보좌할 부대표에는 제리 브라운(Jerry Brownlee)이 선출됐다. 국민당의 대표로 콜린스가 선출됨에 따라, 뉴질랜드 정치권은 저신다 아던 총리의 집권 여당인 노동당과 제1야당이 모두 여성 당 대표를 갖게 되었다. 노동당과 국민당은 오는 9월 19일 총선에서 차기 정권의 향방을 놓고 격돌할 예정이다. 콜린스는 대표로 선출된 직후 자신과 아던 총리는 "경험, 강인함, 의사 결정력에서 차이를 보인다"며, "자신이

있다. 9월 총선에서 노동당 정부를 무너뜨릴 수 있다"고 말했다. 오클랜드에 지역구를 가진 콜린스 대표는 전 변호사 출신의 6선 의원으로 국민당 정부 때 교정 장관, 경찰 장관, 법무부 장관 등을 역임했다.

〈뉴질랜드〉 2020년 08월 11일
- 주디스 콜린스, 호주 언론과의 인터뷰에서 '뉴질랜드 정부는 쓸모없다'

(Onenews 08.11)

– 빌 잉글리시(Bill English), 사이먼 브리지스, 토드 뮬러 등 세 명이 사임한 이후 국민당의 네 번째 당 대표로 임명된 주디스 콜린스는 9월 19일 선거에서 노동당과 접전을 벌일 예정이다. 로위 연구소(Lowy Institute)에 따르면, 저신다 아던 총리는 뉴질랜드인이 가장 선호하는 정치인이다. 그러나 콜린스는 아던의 첫 임기에 대해 잘 모르는 뉴질랜드인들이 많다며, "그녀의 정부는 쓸모없다. 그녀의 업적은 거의 아무것도 없다"라고 말했다. 콜린스는 9월 19일 선거에서 노동당이 승리할 것이라는 시장 예측과 여론조사는 맞지 않을 것이라며 저신다 아던의 패배를 확신했다. 지난달 두 차례 시행된 여론조사에 따르면, 저신다 아던 총리가 집권하기 이전 9년간 정권을 잡았던 국민당의 위세는 점차 하락하고 있으나, 코로나19의 여파가 크지 않았던 1월에는 노동당이 주요 주택정책 시행에 어려움을 겪으면서 국민당보다 위세가 하락한 바 있다. 콜린스는 "아던 총리가 구체적인 경제적 대응책을 이야기하는 것은 본 적이 없다"며, "국민당은 앞으로 5주 동안 인프라 구축과 일자리에 초점을 맞춘 캠페인을 전개할 것"이라고 말했다.

〈뉴질랜드〉 2020년 08월 17일
- 뉴질랜드, 오클랜드에서 코로나19 확진 환자 발생 이후 선거 일자 연기

(ABC News 08.17)

– 저신다 아던 총리가 오클랜드에서 코로나19의 확진 환자가 발생하면서 뉴질랜드 선거를 4주 연기했다. 이번 선거는 본래 9월 19일로 예정되어 있었으나, 10월 17일에 치러질 예정이다. 지난주 정부가 오클랜드를 2주간 봉쇄하고 선거유세를 중단하도록 촉구한 이후 야당 의원들은 선거 일자의 연기를 요청했다. 최근 확진자가 나오

기 이전까지 뉴질랜드는 102일간 지역 사회 감염자가 존재하지 않았으며 식당과 학교, 스포츠 경기장의 재개로 대부분의 일상이 정상으로 돌아왔다. 관계자들은 이 바이러스가 해외에서 뉴질랜드로 재유입된 것으로 보고 있지만, 아직 뚜렷한 원인을 찾지 못했다. 아던은 선거 일자를 최대 두 달 정도 연기할 수 있는 선택권이 있었다. 그녀는 월요일, 연기 결정을 내리기 이전에 의회에 있는 모든 정당 지도자들에게 전화를 걸어 의견을 구했다고 말했다. 아던은 "코로나19는 우리의 생활을 계속해서 방해하고 있다. 그럼에도 불구하고 한국과 싱가포르를 포함한 다른 나라들은 대유행 동안 선거를 치르는 데 성공했다"고 말했다. 그녀는 10월 17일 이후에도 선거 일자를 재연기하는 것은 고려하고 있지 않다고 말했다.

정책·입법

〈호주〉 2019년 10월 05일
• 노동당, 스콧 모리슨의 '부정적 세계주의' 경고 발언 비판
(The Sydney Morning Herald 10.05)

– 노동당은 10월 4일에 열린 다자간 포럼에서 스콧 모리슨 총리의 '부정적 세계주의'에 대한 경고 발언을 비판하였다. 노동당 대변인인 리차드 말레스는 "오늘날 전 세계는 글로벌 문제에 직면하고 있습니다. 기후변화가 그중 하나입니다. 저는 총리의 대외정책연설에서 나온 민족주의적인 발언과 몇 주 전 미국 대통령 도널드 트럼프의 유사한 발언은 지금 시점에서 올바른 발언이 아니라고 생각합니다"라고 말하였다. 모리슨의 연설 내용을 보면 "호주는 국제사회에 모범적으로 참여해 왔습니다. 하지만 이제는 우리의 국익을 고려하여 글로벌 문제들에 참여할 생각입니다. 우리는 국가의 이익과 상충되는 것을 요구하는 국제기구의 방향 제시가 나오지 않길 바랍니다"라고 해석된다. 이는 이제껏 호주가 국제문제에 접근해오던 방식을 벗어난 것으로, 향후 모리슨의 외교 노선에 전 세계의 관심이 모이고 있다.

〈호주〉 2019년 10월 19일
• 스콧 모리슨, "가뭄 대책이 연방 정부의 'First Call' 이다" (하지만 기후위기 언급은 없었

다)　　　　　　　　　　　　　　　　　　　　　　　(The Guardian 10.19)

– 스콧 모리슨 연방 총리가 자유당 연방의회 연설에서 가뭄 대책을 언급했다. 가뭄에 피해를 겪는 지역들을 위해 추가 구호 기금을 마련하겠다는 것이다. 모리슨은 지금까지 정부의 '3단계 가뭄 대응 패키지(Three-phase drought response package)'를 상세히 설명하면서 "우리(연방 정부)가 세 단계에 걸쳐 대책을 세우기 위해서는 탄력적이고 더 많은 예산이 필요합니다. 우리는 끝까지 물러서지 않고 노력하겠습니다"라고 말하였다(1단계, 피해를 입은 농가들에게 농가 수당 지급, 2단계, 피해를 입은 지역 시의회에 1억 달러를 기부하는 가뭄 커뮤니티 프로그램, 3단계, 새로운 댐 건설을 위한 자금 마련과 장기 가뭄 복원 계획 수립). 이를 보고 야당인 노동당의 의원 조엘 피츠기본(Jocl Fitzgibbon)은 모리슨의 가뭄 대책이 너무 느리게 움직인다고 지적하였다. 또한 여야 간의 가뭄 전쟁 내각을 건설할 것을 촉구하였고, 지금의 상황이 호주 식량 안보의 위협으로 번지지 않도록 여당이 경각심을 가지라고 비판하였다. 일각에서는 2019년 호주의 경제 성장률이 1.7%로 2018년 2.7%에 미치지 못할 거라는 IMF의 전망과 모리슨이 기후위기에 대한 언급이 없는 점을 들어 연방 정부의 가뭄 대책이 제대로 이행될지 우려를 나타내고 있다. 좀 더 지켜봐야 하는 상황이다.

〈뉴질랜드〉 2019년 10월 23일

• 'Zero Carbon Bill' 여전히 논란, 정부의 메탄 가스 목표 변함없다.

(New Zealand Herald 10.23)

– 환경 대변인 스콧 심슨(Scott Simpson)은 "2050년까지 소와 양 등 가축들의 메탄가스 배출량을 2017년 수준보다 24~47% 정도 줄이겠다"라고 명시된 'Zero Carbon' 법안에 중대한 또는 실질적인 변화는 없다"라고 말했다. 저신다 아던 총리와 노동당도 이 법안을 지지하는 입장을 밝혔다. 하지만 국민당은 법안에 대한 입장을 밝히지 않고 있고, 환경단체들은 "더 강한 규제가 필요하다. 실효성이 없는 법안이다"라며 비판의 목소리를 내면서 논란이 계속되는 상황이다. 이 법안을 책임지고 있는 기후변화 장관 제임스 쇼(James Shaw)는 법안에 대한 10,000회의 서면 제출 후 "우리 아이들과 후손들에게 안전한 지구를 물려주게 할 법안"이라고 말하였다. 2019년 5월에 발표된 이 법안은 여전히 지지부진하게 지연되고 있다.

〈호주〉 2019년 10월 07일

• 몇몇 대기업 NSW(New South Wales)주 기획 당국에 정치 기부금 숨겨

(The Guardian 10.07)

– 정치 투명성 논란이 일고 있다. 뉴 사우스 웨일즈 주에서 부동산 개발 승인을 구할 때, 13개 기업이 주요 정당들에게 정치 기부금 신고를 하지 않은 것이다. 뉴 사우스 웨일즈 법은 2008년부터 개발 제안서 접수, 참여나 의견을 제시할 때 기부 또는 선물의 공개를 요구했다. 이 법은 중대한 범죄 유죄 판결 및 과태료 위협 등으로 국가 사업 기획 과정에서 투명성을 높이려고 만든 법이다. 정부로부터 부동산 개발 승인을 구하는 과정에서 이해관계가 있는지 파악하고 과도한 자금이 오가는지도 확인하도록 규정하였다. 하지만 많은 경우에 이를 어기고 있었던 것으로 보인다. 정치 기부금을 숨겼다는 혐의를 받는 기업들은 "행정적 오류"라고 말하며 기부금을 기획 당국이 아닌 선거 당국에 보고했다고 말했다. 산업환경부 대변인은 이와 같은 상황이 발생한 것에 유감을 표하며 "조사를 시작할 것이고 위반이 확인되면 해당 부서는 규정 준수 정책에 따라 조치를 취할 것입니다"라고 말했다. 공공 진실성 센터(Center for Public Integrity)의 회장 앤서니 월리(Anthony Whealy)는 "연방차원에서 정치 기부금이나 로비를 통제하기 어렵습니다. 중요한 것은, 기부금과 부적절한 로비 활동과 관련된 문제들을 조사할 권리를 가진 '연방청렴기관'이 없다는 것입니다"라고 말하며 문제의 본질적 개선을 요구했다.

〈뉴질랜드〉 2019년 11월 07일

• 'OK, 부머': 녹색당 만 25세 의원 스와브릭의 발언   (BBC 11.07)

– 11월 4일 녹색당의 만 25세 의원 클로에 스와브릭은 의회 발언을 하는 와중 영미권 젊은 세대들의 은어인 '부머'라는 말을 사용해 이목을 끌었다. 그녀는 "뉴질랜드의 탄소 배출량을 2050년까지 0으로 만들어야 한다"면서 "나는 그때에 56세가 되지만, 지금 이 의회에 모인 사람들은 평균 49세다. 얼마 남지 않았다"라고 말했다. 그러던 중 한 나이 든 의원에게 연설을 방해받자, 그녀는 "OK, 부머"라며 손을 흔들어 보인 다음 연설을 이어나갔다. 발언 당시에는 다른 의원들이 큰 반응을 보이지 않았지만, SNS에서 미국 90년대생들의 뜨거운 반응에 힘입어 그녀는 일약 유명 스타가 됐다.

트위터에는 그녀의 발언을 공유한 게시글이 수백 건 이상 게재됐으며, 그녀의 인스타그램에는 수많은 팬들이 방문해 "OK, 신세대(Millennial)"라며 응원 댓글을 남겼다. 그러나 이 같은 발언에 대해 "갈등을 조장하는 철없는 발언"이라며 반발하는 주장도 만만찮다. 뉴질랜드 국민당 의원 크리스토퍼 비숍은 11월 6일 트위터에 "그녀의 주장은 어리석고 잠이 덜 깬 의견"이라며 "다시는 그런 발언을 해서는 안 될 것"이라고 비난했다.

〈뉴질랜드〉 2019년 11월 12일
• 저신다 아던 총리, 오클랜드 항만 이전은 시기 문제   (New Zealand Herald 11.12)
- 11월 12일 경제부 장관인 쉐인 존스(Shane Jones)가 만든 항만 이전에 관한 최종 보고서가 장관들과 아던 총리에게 전달되어 논의 후, 아던 총리는 오클랜드 항만을 이전하는 것이 문제가 아니라 언제 이전할지 그 시기가 문제라고 말했다. 보고서에는 오클랜드의 현재 항만 운영은 더 이상 경제와 환경적 측면에서 실행 가능하지 않다는 내용이 담겼다. 또한 2020년 12월까지 대규모 전환이 시작되어 2029년 초에 이전이 완료되어야 한다는 내용도 담겨 있어 뜨거운 감자가 되었다. 2019년 현재 오클랜드에 거주하는 사람들과 뉴질랜드 자동차 수입업자들의 비판이 거세다. 국민당의 사이먼 브릿지는 "이 사항은 정치인들과 국민들의 의해 앞으로 가야 하며, 앞으로 발생할 수 있는 일들을 신중히 생각하는 것이 중요하다"고 말했다.

〈뉴질랜드〉 2019년 11월 14일
• 'Zero Carbon Bill' 여전히 논란, 정부의 메탄 가스 목표 유지   (SBS News 11.14)
- 안락사 법안 국민투표가 2020년 총선과 함께 실시된다. 안락사를 반대하는 단체들은 법안이 통과되는 것을 막기 위해 "대전쟁"을 벌이겠다고 말했다. 11월 13일에 의회는 '생명 종식 선택' 법안을 69대 51로 통과시켰으며, 2020년 가을에 있을 총선과 함께 국민투표를 할 예정이다. 아던 총리를 비롯한 많은 이들이 국민투표로 인해 사회적 갈등이 일어날 것에 대해 우려를 나타냈으며 국민당의 매기 배리(Maggie Barry)는 안락사가 국민투표로 법안이 통과되는 것을 막겠다고 공개적으로 선언했다. 배리는 "오늘 밤(11월 13일) 전투는 패배했지만 2020년에 있을 중요한 전쟁에서 우리는 이

법안이 경제적으로 취약하고 어려운 사람들 및 장애를 가진 사람들에게 무엇을 의미하는지 밝힐 것이다"고 말한 것이다. 반면에 안락사를 찬성하는 ACT당 데이비드 시모어(David Seymour)는 "우리가 안락사 법안을 국민들에게 전달할 수 있어 기쁘다. 공론화하여, 토론의 장을 만든 것이 자랑스러우며 우리 사회가 더 자유롭고 서로 공감하는 따뜻한 사회로 나아가길 바란다"고 말했다.

〈호주〉 2019년 12월 11일

• **2차 종교 차별 법안: 무엇이 바뀌었나?** (The Guardian 12.11)

- 12월 10일 스콧 모리슨 총리와 크리스찬 포터 법무부 장관은 2차 종교 차별 법안 초본을 발표했다. 이 법안은 의료 서비스, 학교, 고용, 소셜 미디어, 병원 및 일부 상업 활동 등에 큰 영향을 미칠 것으로 예상된다. 2차 법안과 1차 법안은 차이가 있다. 1차 법안은 종교 신념과 활동으로 인해 공동체 생활에서 차별 받는 것을 금지하려는 목적에서 만들어졌다. 하지만 일부 종교단체들과 호주의 인권단체들은 법안의 조항들이 구체적이지 않고 종교를 믿는 사람과 그렇지 않은 사람들을 지나치게 중립화하려는 것은 서로 간의 차별을 키울 뿐이라고 비판하여 논란이 일었다. 이에 모리슨은 종교 차별 금지 조항의 범위도 넓히고 좀 더 세부사항들을 기재한 2차 법안 초본을 발표했다. 2차 법안에는 "천주교를 믿는 의사는 환자들에게 피임 및 성전환 호르몬 치료를 거부할 수 있다. 자신이 믿는 종교를 전파하려는 목적으로 거리에서 종교적 표현을 하는 사람들을 차별해서는 안 된다" 등 법안의 내용이 보다 구체적으로 바뀌었다. 하지만 호주 인권 당국 협의회, 다양성 위원회 등의 인권단체들과 보수적인 종교단체들의 반발이 계속되자 연방정부는 기존 계획보다 한 달 늦은 2020년 1월 31일까지 2차 법안 초안 제출 마감일을 변경하고 법안 내용을 좀 더 살펴보겠다고 한 발 물러났다.

〈뉴질랜드〉 2019년 12월 03일

• **뉴질랜드 정부, 외국 정치 기부금 금지** (The Guardian 12.03)

- 법무부 장관인 앤드류 리틀은 12월 18일 기자회견에서 50달러 이상의 외국 정치 기부금을 금지하는 법안을 도입할 것이라고 발언했다. 그는 "외국 정치 기부금이 선

거에 미치는 영향력이 점점 커지고 있다. 이는 국제적인 현상이며 뉴질랜드는 이러한 위험에 취약하다"라고 말하며 법안 도입의 필요를 강조했다. 또한 그는 2020년 가을에 있을 총선에 대비하여 외국 정치 기부금 및 정치 간섭을 막기 위한 추가 조치가 취해질 수 있음을 언급했다. 이 법안에 대해 뉴질랜드 법률 전문가들은 외국 기부금으로 여겨지지 않는 유형들이 많아서 법안이 실제 효과가 있을지 우려를 표했다. 예컨대 뉴질랜드에 등록된 회사가 기부금을 내면 법안에 적용되지 않는다. 회사의 소유자 및 소유 기업이 타국이더라도 말이다. 국민당 대변인을 비롯한 일각에서는 "좋은 시작이며 외국 간섭에 대응하기 위해 더 많은 유연한 조치들이 필요하다"라는 우호적인 반응을 보였다.

〈호주〉 2019년 12월 18일

• NSW주 정부에게 NSW 소방관 수를 늘려달라는 탄원서 제출　　　　(SBS News 12.18)

– 12월 18일 노동당의 당원인 데이비드 슈 브릿지(David Shoe Bridge)와 페니 샤프(Penny Sharpe), 동물 사법당(Empire Justice)의 엠마 허스트(Emma Hurst)가 법원에 탄원서를 제출했다. 탄원서에는 향후 산불 위기에 대처하기 위해 뉴사우스웨일스 주의 소방관 수를 늘리고 추가 자금 지원을 요구하는 59,000개의 서명이 담겨있다. 슈 브릿지는 자금 부족으로 산불을 끄기 위해 모였던 자원봉사자들을 지원하기 어렵고 기존의 소방관들도 일자리를 잃을 위기에 있다고 우려를 표했다. 이는 11월 30일 기자회견에서 NSW주 산불방재청(Rural Fire Service) 위원장인 세인 휫지몬스(Shane Fitzsimmons)가 "우리의 산불 대응 투자금은 기록적인 수준이다"라고 발언한 점과 대비된다. 또한 탄원서 제출 하루 전인 12월 17일에는 NSW 소방관 연합이 연방정부의 산불 대응 지도력이 부족하다고 공개적으로 비판하여 논란이 일었다. 2019년 여름과 가을에 NSW주를 비롯한 호주 몇몇 주들에 대규모 산불이 번졌던 경험이 있기에 현재 산불 대응에 대한 국민들의 관심이 높다.

〈호주〉 2020년 01월 06일

• 노동당, 정부에 산불피해 복구를 위한 전시 대응 수준의 지원 촉구

(The Guardian 01.06)

– 1월 6일 노동당의 마이크 켈리(Mike Kelly)는 산불 피해가 극심한 에덴 모나로 지역에 연방 정부가 민방위 군단(Civil Defence Corps)을 설립하여 이 지역이 국가 재난 대응 보호 구역으로 운영되어야 한다고 주장했다. 또한 그는 CDC가 충분한 인력을 유치하지 못한다면 '갭 이어(Gap year)'제도를 도입하거나 강제적인 비군사 국가 서비스 제도를 도입할 것을 촉구했다. 이는 학생들이 고등학교를 졸업한 후 대학 생활을 시작하기 전 1년 동안 의무적으로 국가 재난 지역에서 일을 해야 하는 제도이다. "이를 위해서는 모든 고등학교 졸업생이 1년 동안 학교를 떠날 때 CDC에 자동으로 가입하게 하고, 국가의 필요에 따라 40세까지 매년 교육을 받고 꾸준히 자원봉사를 할 수 있도록 지원을 받아야 한다"라고 말했다. 현재 그는 공론화 과정으로 국가 토론을 바라고 있다. 1월 4일 모리슨 총리는 산불 위기를 해결하기 위해 3,000명의 육군 예비군을 배치할 계획을 발표했지만 NSW 소방청과 의사 소통이 잘 이루어지지 않고 있으며, 산불 광고 문제로 논란만 불거진 상황이다.

〈뉴질랜드〉 2020년 01월 13일

• 뉴질랜드, 기후변화 위기 정규교과로 편성…11~15세 학생 대상 (연합뉴스 01.13)

– 뉴질랜드 정부가 2020년부터 만 11~15세 학생들을 대상으로 기후변화 위기와 이에 대응하는 자세 및 시위 등을 통하여 불안을 표현하는 방법을 배우는 과목을 정규교과 과정으로 편성했다. 제임스 쇼 기후변화 장관은 학생들이 이미 SNS에서 매일같이 기후변화와 관련된 소식을 접하고, 이를 주제로 대화하고 있다며 교과과정 편성 이유를 설명했다. 실제로 2019년 뉴질랜드를 포함한 전 세계에서 수많은 청소년들과 대학생들이 교실 및 강의실에 앉아있기보다 거리로 뛰쳐나와 기후변화 위기 대응을 촉구하는 시위에 참여했다. 또한 크리스 힙킨스 교육부 장관은 "기후변화를 이해하는데 과학이 어떤 역할을 하는지 설명하고 기후변화가 국가와 지구에 어떤 영향을 주는지 이해하는 데 도움을 줄 것"이라고 기대감을 표했다.

〈뉴질랜드〉 2020년 01월 15일

• 뉴질랜드 의원, 호주에 '기후변화 위원회'를 다시 설치할 것을 촉구 (Stuff 01.15)

– 2019년 11월부터 호주에서 난 산불로 1,600km나 떨어진 뉴질랜드의 하늘도 주황

색으로 변했다. 하지만 호주 모리슨 총리의 대응이 미흡하여 뉴질랜드 여론이 악화되고 있는 상황이다. 1월 15일 캔버라 아시아 태평양 의회 포럼에서 뉴질랜드 대표단을 이끄는 국민당 의원인 바바라 쿠리거(Barbara Kuriger)는 호주 정부에게 '기후변화 위원회'를 다시 설치할 것을 촉구했다. 2011년 호주에서 독립적인 기후위원회를 설립했지만 2013년 총리였던 토니 아보트(Tony Abbott)가 위원회를 폐지했기 때문이다. 2019년 11월 뉴질랜드 저신다 아던 총리는 독립적인 기후변화 위원회를 도입하여 정부 정책을 추진하고 있다. 쿠리거는 "우리는 과학을 도입하고 기후변화 대책을 수행할 우수한 인력 그룹을 보유하고 있으며 이를 통해 좀 더 객관적인 환경 정책을 얻을 수 있었다. 호주도 이러한 독립 기관이 필요하다"고 말했다. 1월 15일 의회 포럼에서 모리슨 총리는 "정부가 기후 활동을 추진하고 재생 가능 에너지에 대한 투자를 늘리고 탄소 배출 감소 목표를 달성할 것"이라고 언급했다. 현재 뉴질랜드 기상청이 공개한 위성 사진을 보면 갈색 연기가 호주에서부터 뉴질랜드 북부지역을 향해 계속 이동하고 있다.

〈호주〉 2020년 02월 14일

• 부적절한 스포츠 보조금으로 위기에 처한 스콧 모리슨　　　　(SBS NEWS 02.14)

- 스콧 모리슨 총리는 2018년 12월부터 2019년 5월 사이 연방 선거에 앞서 약 2억 1천 8백만 달러의 보조금을 지역 사회에 지원하는 스포츠 프로젝트를 하였다. 보조금은 지역 건설 기금, 스포츠 인프라 프로그램, 지역 사회 개발 보조금 등 5개 프로그램에 쓰였다. 이에 대해 노동당 대변인 앤서니 올버니즈는 프로젝트가 시행된 지역들이 부적절하게 선정되었다며 비판하여 논란이 일었다. 스포츠 부패 스캔들로 인해 2020년 2월 초 프로젝트를 맡았던 브리지트 맥켄지(Bridget McKenzie) 농업 장관이 사임하였고 2월 13일 호주 감사국은 모리슨 총리가 자금 조달한 지역의 약 43%가 당시 지원 자격이 없었다고 발표했다. 올버니즈는 2월 14일 기자회견에서 "이것은 엄청난 비운의 스캔들이다"라고 공개적으로 비판하였다. 하지만 여당인 자유당의 마티어스 코먼(Mathias Cormann)은 "자금 조달된 보조금은 평가 시점에 부적합한 것으로 평가되지 않았고, 자금을 받은 단일 프로젝트도 적합했다"라며 대응하였다. 또한 모리슨은 기자회견에서 2018년 스포츠 오스트레일리아(Sport Australia)에서 스포츠 보조

금 프로젝트를 진행할 당시에는 적절한 지역 선정이었지만 현재 상황이 많이 바뀐 것이라고 주장하였다.

〈뉴질랜드〉 2020년 03월 04일
• 코로나 바이러스로 인한 경제적 충격을 완화하기 위해 세금감면을 하는 것은 '올바른 일' (Newshub 03.04)

– 제 1야당인 국민당의 지도자 사이먼 브릿지는 만약 그의 당이 올해 말에 집권당이 된다면 뉴질랜드인들은 감세를 보게 될 것이라고 주장했다. 이번 주 초 세계무역기구(World Trade Organization, WTO) 위원장이 이 바이러스가 세계 경제에 실질적인 영향을 미칠 가능성이 있다고 경고했다. 뉴질랜드는 이미 고기와 임업과 같은 수출 부문이 곤란을 느끼고 있다. 수입업체들도 제품 확보나 부품 확보에 어려움을 겪고 있고, 중국 본토로 가는 항공편 운항을 잠정 금지하면서 관광과 외국 교육 분야도 큰 폭으로 감소했다. 화요일에 그랜트 로버트슨 재무장관은 "모든 선택사항을 보류하고 있다"면서 경기 부양을 위해 정부가 감세를 도입하는 것을 배제하지 않았지만 당장은 정부가 감세 가능성을 자세히 살피기보다는 일자리 보호에 주력하고 있다고 말했다. 하지만 브릿지는 코로나바이러스에 상관없이 중산층에 대한 감세에 찬성한다고 말했다. 그는 로버트슨이 이 아이디어를 진심으로 즐겁게 받아들였다는 데에는 의심이 들었다고 덧붙였다. "나는 그의 마음속으로는 감세를 좋아하지 않는다고 생각한다. 가정은 청구서를 내기 위해 고군분투하고 있으며 이것은 상황을 악화시킬 것이다. 만약 나의 당이 9월에 선출된다면 어떠한 감원조치도 긴급하게 통과될 수 있고 하루 아침에 시행될 수 있을 것이다"라고 말했다.

〈호주〉 2020년 04월 02일
• 코로나19 유행 동안 호주 부모 근로자를 위한 무상 보육실시 (9NEWS 04.02)

– 스콧 모리슨 총리는 정부가 나라를 움직이기 위해 필수적인 일을 하는 부모들을 지원하기 위해 조기 보육은 무료가 될 것이라고 밝혔다. 전국에 약 13,000개의 시설에 영향을 미치는 새로운 지원 제도는 일요일 밤에 시행될 예정인 새로운 육아 시스템의 일부를 구성하게 될 것이며, 거의 100만 곳의 호주 가정이 이 정책으로 혜택을

볼 것이다. 보육 시설은 정부의 지원을 받아 직원들의 임금을 지급하게 된다. 지원금은 4월 6일부터 시설에 지급될 예정이며, 3월 2일 이전에 센터에서 돌보는 어린이 수를 기준으로 지급된다. 보육 교직원의 임금은 정부의 1,500달러의 잡키퍼 정책의 급여로 보충될 것이다. 모리슨은 100만 명의 호주 가정과 수천 명의 초기 학습 교육자 및 보호자들을 위한 구제책이 진행되고 있으며 일하는 부모, 어느 때보다 조기교육이 필요한 취약계층, 취약계층의 자녀, 사전 등록을 한 부모에게 우선권이 주어질 것이라고 전했다. 평균적으로 보육시설 비용의 60%가 직원들의 임금이다. 정부는 지원금이 시설에 도착할 때까지 자녀를 집에서 관리하는 가족은 봉사료가 면제되고, 코로나19로 인해 정부가 자금을 제공한 20일의 추가 결석일을 사용할 수 있을 것이라고 말했다. 단 테한(Dan Tehan) 교육부 장관은 긴급근로자나 취약계층 아동의 요구를 충족시키기 위해 더 많은 자금이 필요한 경우 추가 금액의 지급도 가능하게 할 것이라고 전했다.

〈호주〉 2020년 04월 29일
• 노동당은 국민들에게 코로나19 지원금의 3%만을 지급한 정부를 비판

(SBS News 4.29)

– 연방 정부는 코로나19 지원금을 지급하는 데 있어 시간이 너무 오래 걸린다고 비난을 받고 있다. 현재까지 호주 국민들에게 전체 지원금의 3%밖에 지급하지 않았기 때문이다. 스티븐 케네디(Steven Kennedy) 호주 재무장관은 9일 캔버라에서 상원위원회를 열고, 지난 4주 동안 100억 달러 상당의 지원이 지급됐다고 밝혔다. 하지만 노동당의 케이티 갤러거 상원의원은 이것으로는 불충분하다고 말했다. 갤러거는 이렇게 어려운 재정 상황에서 지급까지 왜 그렇게 오랜 시간이 걸리는지 의문을 제기했다. 케네디는 "지급을 받아야 하는 상황에 놓인 사람들은 도움을 받고 있지 못하고 있는데, 자금은 급속히 고갈되고 있다"고 말했다. 제니 윌킨슨(Jenny Wilkinson) 재무부 차관은 상원 위원회에서 노동자 330만 명이 근무하는 540,000개의 사업체가 1,300억 달러의 잡키퍼 정책에 등록했다고 밝혔다. 그러나 일부 생활보호수급자 중에는 이 절차가 혼란스러워 2주간은 지급을 받지 않겠다고 밝힌 경우도 있다. 조시 프라이덴버그(Josh Frydenberg) 재무장관과 마티아스 코만 장관은 5월 12일 의회가 재개될

때 최신 경제 보고서를 발표하겠다고 밝혔다.

〈뉴질랜드〉 2020년 04월 09일

• 입국하는 여행자 전원 격리   (Newsroom 04.09)

– 정부는 광범위한 지원을 받은 공공 캠페인이 끝난 후 14일 동안 모든 입국자를 그
들의 집과 가족으로부터 격리하겠다고 발표했다. 지난주 국민당의사이면 브릿지가
주도한 청원서는 24시간 만에 4만 명의 서명을 받았다. 저신다 아던은 거듭 이 방안
을 검토하고 있다고 말했지만, 그것이 정부의 방침이 된 것은 겨우 목요일이었다. 아
던은 새로운 코로나19 확진 사례가 29건에 불과 했던 첫 4주간의 봉쇄 중지를 알리
는 연설에서 뉴질랜드의 국경선은 '물 샐 틈 없을' 필요가 있다고 말했으며, 자국은
섬나라로서 바이러스를 제거하는 능력에 분명한 이점이 있지만, 국경이 가장 큰 리
스크가 될 수 있다고 말했다. 정부는 국경 대책을 다른 나라들과 비교해 보다 강도
높은 조치를 취했지만 단 한 사람이라도 균열을 뚫고 바이러스를 가져온다면 당장이
라도 폭발적인 사태가 일어날 수 있다고 전했다. 새로운 격리에는 최대 18개의 호텔
이 쓰인다. 엄중한 검역조건하에서 귀국자가 운동이나 여가를 위해 시설에서 나올
수 있는 보조적 자가 격리와는 대조적으로 최대 2개의 호텔이 특별히 확보된다. 정
부는 또한 보건부와 공공 보건 팀 및 기타 공무원을 돕기 위한 어플을 개발하여 접촉
자 추적 기능을 강화했다. 이는 블루투스 기술을 기반으로 하고 전화기와주변의 다
른 전화기 간의 상호 작용을 기록할 수 있는 싱가포르 정부의 트레이스 투게더(Trace
Together)앱을 잠재적 모델로 하고 있다. 아던은 기술적 해법은 유용하지만 그것이 모
든 것을 해결하는 것은 아니라는 점에 유의하는 것이 중요하다고 말했다.

〈뉴질랜드〉 2020년 05월 20일

• 뉴질랜드제일당 당수 윈스턴 피터스, 추가 공휴일 지정 거부   (Newshub 05.20)

– 뉴질랜드제일당 당수이자 부총리인 윈스턴 피터스는 추가적인 공휴일 지정은 좋
은 의견이지만, 위 정책으로 인해 특히 중소기업들이 피해를 보게 될 것이며, 그것은
수천 명의 근로자에게 일자리 문제를 일으킨다고 말했다. 화요일, 저신다 아던 총리
는 정부가 어려움을 겪고 있는 관광 산업에 투자하려는 방안으로 새로운 특별 공휴

일을 적극적으로 고려 중이라고 말했다. 수요일 아던은 이것은 아직 논의 중에 있다고 전했으며, 같은 날 기자회견에서 관광 산업 지원, 소상공인 지원, 경제 회복과 재도약을 위한 다양한 방법을 고려 중이라고 덧붙였다. 그러나 피터스는 뉴질랜드가 방금 막 폐쇄를 겪은 이후이며, 어떤 면에서 이는 강제적인 휴일이었다고 말했다. 그는 "코로나19가 소상공인들을 실질적이고 고통스러운 재정적 압박에 빠뜨렸다는 것은 알고 있다. 그러나 공휴일은 기업과 근로자에게 비용이 들게 하며, 그것이 우리가 추가 공휴일을 지원할 수 없는 이유이다"라고 말했다. 반면 관광업계는 통상적으로 이러한 추가적인 공휴일에 지출이 늘어난다며 정책에 대한 지지 의사를 표명했다. 위 프로젝트의 주최자인 한 라디오 진행자 제레미 코벳(Jeremy Corbett)은 뉴질랜드 국민에게 청원을 받는 등 적극적으로 캠페인을 벌였다.

〈호주〉 2020년 05월 19일

• 사이먼 버밍엄 무역부 장관, 중국의 호주산 보리에 80%의 관세 부과에 입장 표명

(Sunrise 05.19)

– 사이먼 버밍엄 무역부 장관은 중국이 호주산 보리에 80%의 관세를 부과한 이후 실망감을 토로했다. 중국은 이 막대한 수입세가 무역 규정에 어긋나는 수입품임을 밝혀낸 조사 결과에 따른 것이라고 전했다. 관세는 5년간 그대로 유지되며 호주 농민들은 가축을 먹이고 맥주를 양조하는 데 사용되는 곡물 판매 손실액으로 약 6억 달러의 손해를 보게 될 것으로 전망된다. 사이먼 버밍엄 무역부 장관은 방송 선라이즈(Sunrise)에 출연해 중국의 주장을 일축하고 정부가 이 결정에 항소하는 방안을 검토하고 있다고 말했다. 그는 "우리 농부들은 세계에서 가장 훌륭하고, 가장 경쟁력이 있고, 생산성이 높다. 우리는 우리가 할 수 있는 한 최선을 다할 것이고, 그들에게 불공정한 의무가 부과되는 만큼 대체 시장을 찾고, 그들을 지원하기 위해 노력할 것이다"라고 전했다. 그는 이번 결정이 호주 농부들에게 좋지 않지만, 중국 양조장을 비롯한 호주의 보리를 소비하는 다른 소비자들에게도 좋지 않다고 말했다. 중국 양조장은 결국 제품에 더 큰 비용을 내거나, 전 세계로부터 표준 이하의 제품을 공급받게 될 것이라고 덧붙였다.

〈호주〉 2020년 06월 09일

• 연방정부의 무상 보육제도로 고통받는 부모들에 대한 우려　　　　(Sunrise 06.09)

– 연방정부는 7월 12일에 임시 무상보육 제도를 종료하기로 해 비난을 받고 있다. 코로나19 육아 정책은 바이러스로 인한 위기 상황에서 공급자를 안정시키기 위해 수수료의 50%를 보조하고 무상보육을 의무화했다. 단 테한 연방 교육부 장관은 7월 13일부터 9월 27일까지 보호자가 보육료를 전액 부담하여, 세금 수입의 25%로 구성된 전환금은 센터에 계속 지급될 것이라고 말했다. 하지만 코로나19의 대유행으로 수입이 없어지거나 복지에 의지하고 있던 많은 가정에서는 정책의 빠른 철회가 정상적인 보육을 불가능하게 할 것이라고 말했다. Early Childhood Australia의 CEO 사만다 페이지(Samantha Page)는 장관의 발표에 대해 "정부에 제공한 조언을 반영하지 않았다"라고 말했다. "우리의 관점에서 가장 중요한 것은 가족의 경제적 여유가 향상되는 것이며, 완전히 무료였던 보육비용을 2월에 가족들이 지불하던 전체 비용으로 돌아가서는 안 된다고 생각한다. 단계적 접근이 더 나을 것이다"라고 말했다.

〈뉴질랜드〉 2020년 06월 17일

• 코로나 0명 선언 뒤에 확진자 나오자 뉴질랜드 방역에 군대 동원　(Chosun국제 06.17)

– 뉴질랜드가 코로나 종식국을 선언한 지 8일 만에 다시 확진자가 발생하여 군대를 동원해 방역을 시행한다고 밝혔다. 지난 17일 저신다 아던 총리는 "국경 간 통제는 엄격해야 하며, 이를 위해 군 인력이나 물자 등을 동원할 수 있다. 필요하다면 어떤 변화도 감수할 것"이라고 말했다. 지난 16일, 부모의 사망으로 인해 영국에서 입국한 뉴질랜드인 자매 2명이 코로나 확진 판정을 받았다. 이 자매는 14일의 의무 자가격리 기간을 채우지 않고 650㎞를 이동했다. 애슐리 블룸필드 보건국장은 "갑자기 사망한 부모의 장례식에 참석할 수 있도록 자가격리 기간을 단축하는 특례를 적용했다"고 말했다. 자매는 입국 당시 코로나 검사도 받지 않았다고 블룸버그(Bloomberg)통신이 전했다. 뉴질랜드 보건국에 따르면 지금까지 해당 자매와 밀접 접촉한 사람은 320명이다. 느슨한 방역으로 인해 확진자가 발생하자, 뉴질랜드는 군대를 동원하는 확실한 방침을 발표했다. 아던은 "이번 사건은 용납할 수 없는 제도상의 실수이며, 다시는 반복되지 않아야 할 일"이라고 말했다.

〈호주〉 2020년 07월 16일

• 스콧 모리슨, 학업 중단 학생을 지원하는 20억 달러 규모의 '직업훈련계획(Job Trainer)'
정책 발표   (9News 07.16)

- 스콧 모리슨 총리가 호주인들의 기술 향상을 목적으로 하는 20억 달러 규모의 새로운 직업 훈련 계획에 관한 세부사항을 발표했다. 이 계획은 호주인들의 일자리 전환과 기술, 기능에 대해 훈련을 할 수 있도록 도울 것이다. 모리슨은 "올해 9월부터 6월 말까지 진행되는 이 정책에는 34만 개의 직업 훈련소가 있다. 이는 실업자 지원뿐만 아니라, 졸업생도 지원한다"고 말했다. 그는 NSW, 사우스 오스트레일리아, 퀸즐랜드, 태즈메이니아 등의 주들이 이 정책을 시행하거나 곧 계약을 체결할 것이라고 말했다. 모리슨은 또한, 이전의 원조에 이어 학생들을 위한 추가 지원금 증액을 발표했다. 그의 직업 훈련 정책에 대한 계획은 빅토리아주가 사상 최대의 코로나19 감염자 수를 기록하면서 나온 것이다. 그는 "빅토리아주의 코로나19 확진 환자 발생으로 인한 산업 폐쇄로 인해 경제 수치가 더 나빠질 것이다"라고 말했으며, 기존에 시행했던 잡키퍼 정책이 9월 이후에도 계속될지에 대한 전망도 시사했다. 그는 소득지원에 대한 질문에 "큰 노력을 기울이고 있다"고 말했으며, "우리는 빅토리아주 및 다른 주가 코로나19로 인한 상황을 극복하기 위해 자원을 아끼지 않을 것"이라고 말했다.

〈뉴질랜드〉 2020년 07월 08일

• 대마초 국민투표: 시기, 내용, 각 당과 대중의 입장   (Newshub 07.08)

- 뉴질랜드는 수십 년간 논란이 일어나왔던 대마초 합법화에 대해 9월 19일 국민 투표를 시행할 예정이다. 이 국민투표는 몇 년 전 녹색당이 2017년 총선을 앞두고 고안했으나 지금까지 계속 논쟁이 이어져 오고 있다. 여당인 노동당은 녹색당과 협정을 체결했는데, 그 내용에는 "정부가 2020년 총선거에서 또는, 그 이전에 대마초의 개인 사용을 합법화하는 것에 대한 국민투표를 시행한다"라는 항목이 포함되어 있다. 데이비드 시모어 행동당(ACT Party) 대표는 "뉴질랜드인들이 대마초 합법화에 대해 찬성할지는 의문"이라고 말했으며, 뉴질랜드 제일당의 윈스턴 피터스는 "정책이 마약 남용을 공격하기보다는 격려하는 행동"이라며 비판했다. 뉴질랜드 양대 정당 중 하나인 국민당은 대체로 이 개혁에 반대하는 것처럼 보이나, 뚜렷한 메시지를 전달하지

못하고 있다. 2020년 2월 실시된 여론조사에 따르면 대마초 합법화 문제에 대해 국민의 입장은 상당히 고르게 나뉜 것으로 나타났다. 국민 투표에서 39.4%가 찬성표를 던지겠다고 응답한 반면, 47.7%는 반대표를 던질 것이고 11.6%는 잘 모르겠다고 답했다.

〈호주〉 2020년 08월 03일

• 코로나19로 인해 자가 격리된 근로자들에게 지급되는 1500달러의 재해 보상금

(9News 08.03)

‒ 스콧 모리슨 총리가 빅토리아주의 4단계 봉쇄로 자가 격리를 강요당한 주민들을 위해 1500달러 규모의 재해 보상금을 지급하기로 발표했다. 모리슨은 연설에서 "전염병의 대유행에 따른 수백만 국민의 눈물과 깊은 실망을 이해한다"고 말했다. 본 정책은 다니엘 앤드류스(Daniel Andrews) 수상이 수요일부터 빅토리아의 4단계 봉쇄를 선언한 후 발표되었다. 보상금은 주민들이 한 번 이상 자기격리할 시, 여러 번에 걸쳐 중복으로 지원받을 수 있으며, 지원 대상자는 12일부터 안내된 전화번호를 통해 신청할 수 있다. 모리슨은 "올해 초 산불로 피해 입은 가족을 위해 다수의 추가 재해 보상금을 지급했다. 이 전염병 역시도 재앙이기 때문에 재난이 닥쳤을 때와 같은 지원이 필요하다. 질병에 걸리지 않았거나, 본인의 과실이 없음에도 14일 동안 격리해야 하는 사람에 대해서는 직업이나 본인의 고용상황에 상관없이 보상금을 지원할 예정이다"라고 말했다.

〈호주〉 2020년 08월 12일

• 자유당·노동당 의원들, 호주의 정치인들은 구속력 있는 행동강령이 필요하지 않다.

(The Guardian 08.12)

‒ 수요일 재정 및 행정 입법 위원회가 국회의원 행동강령의 수립을 요구하는 녹색당의 개혁안을 발표했다. 본 개혁안의 내용은 의원들의 청렴성과 행동, 윤리적 문제 등을 다루고 있다. 녹색당은 본 강령이 의원들의 바람직한 행동을 장려하고, 공공의 자금이 공공의 이익에 사용되도록 하기 위함이라고 말했다. 자유당 3명, 노동당 2명, 무소속 말콤 로버츠(Malcolm Roberts) 의원으로 구성된 위원회는 수요일 녹색당의

법안이 통과되지 않도록 권고했다. 그는 "그 전의 사례들로 보아, 의원들을 구속하는 행동강령을 도입해야 한다는 주장이 강하게 나올 상황은 아니다"라고 말했다. 그러나 라리사 워터스(Larissa Waters) 녹색당 상원의원은 "여러 추문 이후, 대중들은 대개 정치인들이 부패하고, 의회 내에서 우리 속 돼지처럼 행동하는 것으로 생각한다", "우리는 모든 국회의원이 정직하게 행동하고, 공공의 이익을 위해 행동할 수 있는 강력하고 독립적인 기준이 필요하다"라고 말했다.

여론 · 시민사회 · 전자민주주의

〈뉴질랜드〉 2019년 09월 27일
• 여야 하원의원들 간의 광고 공격   (RNZ 09.27)
– 여당인 노동당과 제1야당인 국민당 하원의원들 간의 공격 광고 갈등이 첨예하다. 이들은 TV광고, 유투브, 트위터 등으로 자신의 목소리를 내고 있다. 2017년 의회에서 TV영상을 이용한 정치광고 조건을 완화했지만 현재 여야 간의 공격이 도를 넘는다며 서로를 비판하고 있는 상황이다. 9월 26일 국민당 의원 폴라 베넷은 트위터에 "그들(노동당)이 공격 광고를 할 때는 괜찮지만 우리가 할 때는 윙윙거리며 불평한다"라고 글을 게재했다. 또한 이날 국민당의 한 의원은 "노동당 하원의원인 데보라 러셀(Deborah Russel)이 자신의 트위터에 그녀가 만든 공격광고를 자랑하는 딸의 글을 올린 것은 잘못되었다"라고 비난하였다. 이에 맞서, 노동당은 러셀을 조롱하는 영상이 인터넷에 떠도는 상황을 비판했으며, TV방송에서 국민당 의원 크리스토퍼 비숍이 욕설 발언한 것을 꾸짖었다. 이렇듯 여야 간의 날선 공격이 거세지는 상황이다. 일각에서는 정부가 공격 광고 규제를 완화하여 이러한 상황을 부추긴다는 목소리도 나오고 있다.

〈호주〉 2020년 01월 06일
• 스콧 모리슨 총리의 산불 광고(Bushfire ad), 진정성 문제 야기 (The Guardian 01.06)
– 1월 4일 모리슨이 호주에서 3개월 동안 지속된 대규모 산불에 대한 정부의 대처 방안을 홍보하는 영상을 자신의 트위터와 페이스북에 게재했다. 이에 대해 야당인

노동당과 시민단체들은 해당 광고가 모리슨과 여당인 자유당을 홍보하는 수단으로 이용되었다며 비난하였다. Griffith 대학교의 브라운(AJ Brown) 교수는 대규모 산불로 인해 국가가 위기에 닥쳤음에도 이를 이용하여 대중의 신뢰도를 높이려는 정부의 '캐치 업' 행위를 비판했다. 또한 산불 광고에 쓰인 공공 자금이 문제를 가중시켰다. 2008년에 정당 정치 광고에 공공 자금을 쓰지 못하도록 하는 규칙인 정부 광고 프레임 워크가 도입될 당시 호주 상원 재무 및 행정 참조위원회는 "정부 광고의 문제는 공공 정책 목적을 위한 정당한 정부 광고와 당파적 이익을 위한 정치 광고 사이의 구분이 모호해질 때 발생한다"고 우려를 표한바 있다. 정부가 시민의 진정한 정보 요구를 충족시키기보다 자신을 홍보하여 정치적 우위를 얻기 위해 공공자금을 사용하면 안 된다는 말이다. 하지만 모리슨은 산불 광고가 정치 광고라는 비판을 부인했다. 그는 "산불 광고는 자유당이 후원하는 광고가 아니며 트위터와 페이스북에 광고를 게재하는 것도 허가된 사항이다"라고 말했다.

〈호주〉 2020년 03월 09일

• 호주 vs 페이스북 연방법원의 소송 개시   (ZDnet 03.09)

– 호주의 개인 정보 보호 담당 기관인 호주 정보 위원회가 페이스북이 사용자들의 사생활을 침해했다며 소송을 제기했다. 지금은 사라진 정치 자문 업체 캐임브릿지 애널리티카(Cambridge Analytica)가 페이스북을 통해 약 31만 명 이상의 이용자 정보를 부적절하게 도용했기 때문이다. 캐임브릿지 애널리티카는 2014년 3월부터 2015년 5월까지 당신의 디지털 삶(This is Your Digital Life)이라는 이름의 앱을 통해 호주 페이스북 사용자의 개인정보를 수집된 목적 이외의 다른 목적으로 공개했다. 이는 호주 사생활 법 6항과 11항을 위반하여 사용자의 개인 정보를 무단 공개로부터 보호하기 위한 조치를 취하지 않았다고 말한다. 호주 정보 위원회는 이 정보가 분석가에게 공개되어 정치적 프로파일링을 위해 사용될 수 있는 위험이 존재하며, 다른 제삼자에게도 이용당할 수 있다고 밝혔다.

〈뉴질랜드〉 2020년 03월 14일

• 모스크 테러비디오는 아직 온라인 상태   (Newsroom 03.14)

– 모든 극단주의자를 표적으로 하는 비영리단체 대극단주의 프로젝트의 연구원들은 총격 사건이 발생한 지 1년이 지난 현재 테러 동영상을 볼 수 있는 14개의 웹 사이트를 확인했다. 그 내용은 극우 게시판에서 텔레그램(Telegram)과 같은 암호화된 채팅 어플, 구글 드라이브(Google Drive), 갭(Gap), 메가(Mega) 등에서 다양하게 찾아볼 수 있었다. 그들은 인터넷으로부터 무엇인가를 완전히 없애는 것은 불가능하다고 이야기했다. 구글의 홍보 담당자는 본 회사는 폭력이나 테러리스트의 콘텐츠를 금지하는 명확한 방침을 가지고 있으며, 이러한 문제를 매우 심각하게 받아들여 사용자로부터 신고를 당할 경우, 이러한 정책을 위반하는 파일을 삭제한다고 전했다. 개인이나 기업에게 인터넷 접속 서비스와 웹 사이트 구축 서비스 등을 제공하는 ISP는 영상 발견 직후 페이스북으로 전달되고 있던 동영상의 사본들을 차단하기로 했으나, 결국 문제의 웹 사이트를 모두 차단 해제하고 민간 기업들은 인터넷 검열을 책임지지 말아야 한다고 이야기했다. 뉴질랜드의 대형 이동통신사 업체인 'Vodafone'의 외무 책임자와 '2degrees'의 최고 경영 책임자는 당시 우리는 비디오를 게시한다고 통보받은 사이트 접속을 차단하는 전례 없는 조치를 취했지만 그 목적은 당시에 고객이 배포하고 있던 유해 콘텐츠로부터 다른 고객님을 보호하는 것이었다고 말했다. 1월 뉴스룸은 정부가 취소 통보를 발령하고 자주적 또는 의무적인 인터넷 필터를 만드는 권한을 주는 법안을 제정할 계획이라고 보도했다.

〈호주〉 2020년 05월 14일

• 코로나19 앱 관련 개인 정보 보호 법안, 의회 통과　　　　　　　　　　(9NEWS 05.14)

– 스콧 모리슨 정부의 코로나19 추적 앱인 코비드세이프는 의회를 통과한 법률에 따라 개인 정보 보호를 강화할 것이며, 허가 없이 데이터에 접근한 사람들은 5년 이하의 징역과 6만 3천 달러의 벌금을 물게 될 것이다. 사용자가 바이러스에 양성 반응을 보이고, 암호화된 정보가 업로드되는 것에 동의한 후에만 주 및 지역 보건 공무원이 연락처를 추적하는 목적으로 앱 내 정보에 접근할 수 있다. 누군가에게 가입을 강요하는 사람들, 앱 다운로드가 되지 않았다는 이유로 서비스를 거부하는 기업들은 처벌을 받게 된다. 정치권은 17일 이 법안이 상원을 통과하는 것을 지지했으며, 데이터의 수집, 사용, 공개에 엄격한 요구 사항을 두었다. 새로운 사생활 보호법은 호주

외부 국가에 데이터를 저장하거나, 정보를 해외에 있는 누군가에게 전달하는 것 또한 범죄로 여긴다. 이 법안은 앱을 내려받은 약 568만 명의 호주인에게 적용될 것이다. 그렉 헌트(Greg Hunt) 보건부 장관은 이 앱이 사람들을 보호하는 데 도움이 될 것이라고 말했다. 그는 3일, "양성검사를 받은 사람과 접촉한 사람들에게 신속하게 알릴 수 있도록 하겠다. 추가적인 보호 법안을 갖는 것은 정부가 규제를 완화하고 경제를 재개방하는 데에 자신감을 가지게 한다"라고 말했다. 크리스찬 포터 법무부 장관은 자료를 잘못 사용한 것에 대한 형사 및 민사 처벌이 중대하게 이루어질 것이라고 말했다.

〈호주〉 2020년 06월 19일

• 호주, 국가 기반 사이버 공격의 주요 용의자로 중국을 의심　　　　(Reuters 06.19)

− 호주가 최근 몇 달 동안 빈번하게 발생한 사이버 공격의 주범으로 중국을 지목했다. 스콧 모리슨 총리는 '정교한 국가 기반의 행위자'가 수개월 간 정부, 정치 기구, 필수 서비스 제공업체 및 중요 인프라의 운영자들을 해킹하기 위한 시도를 했다고 말했다. 모리슨은 기자들과 만나 "표적 대상의 규모와 성격을 보아 국가 차원의 공격임은 알고 있지만, 누구의 소행이라고 믿는지는 밝히지 않겠다"고 말했다. 그러나 이 문제에 대해 3명의 대변인은 무역 분쟁으로 인한 호주산 보리에 덤핑 관세 부과, 소고기 수입 중단, 호주로의 여행을 경고한 중국의 잇따른 소행이라고 믿고 있다고 전했다. 한 호주 정부 대변인은 로이터통신에 "중국을 이번 테러의 배후로 확신 하고있다"고 익명을 조건으로 밝혔다. 중국 외교부 대변인은 중국이 개입했다는 사실을 부인하며 "중국은 모든 형태의 사이버 공격에 반대한다"고 말했다. 모리슨은 이 문제에 대해 보리스 존슨(Boris Johnson) 영국 총리와 이야기했으며 다른 동맹국들도 브리핑을 받았다고 말했다. 린다 레이놀즈(Linda Reynolds) 국방부 장관은 사용자들에게 최신 소프트웨어로 웹 또는 이메일 서버를 완전히 업데이트하고 다단계 인증을 사용할 것을 촉구했다.

〈뉴질랜드〉 2019년 10월 04일

• 쿡 선장 상륙기념행사(Tuia 250 프로젝트)를 맞이한 뉴질랜드, 갈등 발생

(The Guardian 10.04)

– 영국의 탐험가 제임스 쿡이 뉴질랜드에 상륙한지 250주년이 되었다. 저신다 아던 총리는 북섬 동해안에 위치한 기즈번으로 향했다. 또한 정부는 Tuia 250 행사를 후원하고 있다. 기즈번에서는 쿡 선장이 이끌었던 영국 군함 'HMS 인더버호'의 입항을 재연한 축제가 열릴예정이며 약 10만 명의 사람들이 참석할 것으로 예상된다. 하지만 뉴질랜드 원주민인 마오리족들 중 일부가 이를 반대하고 있다. 마오리족은 "쿡이 원주민들에게 질병과 살인 등 끔찍한 상처를 주었으며 그를 위해 복제본 배까지 만드는 것은 정말 아니다"라고 비판하였다. 원주민 권리 옹호자 티나 은가타(Tina Ngata)는 "쿡은 살인자이자 뉴질랜드 침략자이다. 영국 제국주의 확장의 선봉장이다"라고 라디오 방송에 나와 비난하였다. 이러한 갈등 상황이 발생하자 아던은 마오리족사회(iwi)와 대화를 나누겠다며 조심스러운 입장을 밝혔다. Tuia 250은 10월 8일 열린다.

〈호주〉 2019년 11월 06일

• 호주는 왜 기후변화 반대운동 막나? (The New York Times 11.06)

– 호주에서 기후변화에 반대하는 환경단체 운동이 격화되는 가운데 호주 당국은 시위자들을 처벌하기 위한 새로운 법 제정계획을 밝히며 이들을 위협하고 있다. 한 기후 운동가는 선로에 쇠사슬을 매어 열차 운행을 중단시키고, 다른 사람들은 혼잡한 도로에 누워서 교통 체증을 일으키기도 했다. 스콧 모리슨 총리는 시위와 불매운동으로 기업을 옥죄는 환경단체의 "방종적이고 이기적인 행동은 용납될 수 없고 이를 불법으로 규정하여 엄단할 것"이라고 말했다. 한때 선거 운동에만 국한되었던 '기후전쟁'은 이제 거리로 쏟아져 나오고 있다. 대중들은 점점 더 격렬해지는 반면 정부는 경찰력으로 반대 의견을 진압하며 미동도 않는다. 지난 달 발표한 호주연구소의 조사에 따르면 호주인들은 석탄 채굴이 경제 산출의 12.5%를 차지하며 노동력의 9.3%를 고용하는 것으로 보지만 실제로 석탄 채굴은 근로자의 0.4%에 불과하고 GDP의 2.2%에 해당한다고 밝혔다. 또한 호주 정부 통계에 따르면, 호주에서 광산이 제공하는 약 238,000개 일자리 중 석탄에 묶인 일자리는 약 5만 개에 불과하다고 한다. 석탄 채굴을 줄이는 것이 사람들이 생각하는 만큼 경제에 큰 해를 끼치지는 않을 거라는 말이다.

〈호주〉 2019년 11월 11일

• '로비스트들의 차지': 7년 동안 의회 출입증 수 두 배로 늘어   (The Guardian 11.11)

- 2013년에 만들어진 오렌지 패스 제도는 의회에 출입할 수 있는 로비스트의 숫자를 거의 두 배로 늘렸다. 오렌지 패스를 소지하면 국회의원, 의회 건물 직원 및 관계자들 외에 로비스트로 일하는 사람들이 개인 출입구를 통해 건물에 들어오거나 나올 수 있다. 이는 총리와 상원의원들의 후원을 받는 로비스트에게만 국한되지는 않으나, 발행된 것들 중 상당수가 이들에게 간다. 지난 몇 년 동안 오렌지 패스의 발행 건수는 크게 증가하였는데, 2012년에는 1,267개였지만 2019년 현재 2,380개로 증가하였다. 하지만 호주 정부는 의회에 출입하는 로비스트 리스트를 발행하는 미국 및 뉴질랜드와 달리 오렌지 패스를 발급받는 로비스트들의 명단을 공개하지 않고 있다. 전 연방상원의원 재퀴 램비(Jacqui Lambie)는 발행되는 출입증 수 증가는 "충격적"이며 정부가 이들을 비밀로 유지하는 것은 더 나쁘다고 말했다. 또한 그녀는 "정부 로비스트 리스트에 600명 미만이 등록되어 있는데, 오렌지 패스를 소지한 사람은 4분의 1도 안 된다. 이들의 세부 정보를 리스트에 게시하고 독립적인 규제기관 설립도 필요하다"고 말했다. 이 같은 현상이 '잠재적인 위험'을 초래할지도 모른다는 목소리가 늘어나는 상황이다.

〈호주〉 2019년 12월 19일

• 호주 기업들, 탄소 배출량 감소를 위해 정부의 환경정책 개선 요구   (SBS News 12.19)

- 호주의 탄소 시장 연구기관(Carbon Market Institute)이 220명의 비즈니스 및 탄소 업계 리더들을 대상으로 한 조사로 광업, 석유, 가스 및 제조 부문의 사람들을 포함한 연례 사업조사 결과를 12월 19일 발표했다. 조사 응답자의 94%가 기존의 환경 정책으로는 연방정부가 내세운 "2030년 탄소 배출량을 2005년 수준의 28% 낮추겠다"는 약속을 지키지 못할 것으로 보았다. 이는 2018년에 동일한 조사 결과보다 2%p 증가한 수치이다. 탄소 시장 연구기관의 CEO인 존 코너(John Connor)는 연례 사업조사 결과를 발표하는 자리에서 "호주의 비즈니스 관계자들은 2030년 탄소 배출량 목표달성을 위해 보다 나은 경로를 세워줄 정부의 환경정책을 요구하고 있다. 또한 호주 기업들은 탄소 시장에서 국내 정책 변동성, 세계 탄소 시장 발전 정도, 투자자들의 행

동 변화와 요구 사항에 유의하고 있다"라고 말했다.

〈호주〉 2020년 01월 10일

• 시민들 거리로 나와, 산불 위기에 대한 정부의 기후 정책 항의 　　　　　(CNN 01.10)

- 1월 10일 호주 전국 학생 단체인 기후 학생 정의가 조직한 시위는 멜버른, 시드니, 브리즈번, 퍼스를 포함한 9개 도시에서 열렸으며 정부의 기후 정책 개선과 산불 위기를 막기 위한 구체적인 대안을 촉구했다. 시위대는 "코알라가 아닌 석탄", "기후가 아닌 시스템 변경", "Sack ScoMo"라는 문구를 들고 모리슨 총리에게 분노를 표했다. 또한 소방관 자금 지원, 산불 피해를 겪는 지역 사회를 위해 구호 및 원조, 화석 연료 대신 재생 가능 에너지로 전환, 화석 연료 산업 종사자들을 위한 대책 마련 등을 주요 요구 사항으로 제시했다. 한편 모리슨 총리는 12월 화재에 대한 정부의 대응을 강화하기 위해 국가 산불 복구 기구를 설립하고, 화재로 인해 집을 잃거나 인적 피해를 겪은 시민들에게 약 690달러를 지원하겠다고 밝혔다. 그리고 소방, 대피, 수색 및 구조, 청소 노력을 위해 군인을 투입하겠다는 뜻을 비쳤다. 하지만 시위대는 "정부의 노력이 부족하다"라고 목소리를 높였다. 현재 시위는 호주 전역의 여러 주요 도시에서 환경 운동가들과 시민들의 행진으로 규모가 커지고 있다.

〈뉴질랜드〉 2020년 01월 16일

• 뉴질랜드의 주정부 주택 대기자 명단, 사상 최대 기록 　　　　　(The Guardian 01.16)

- 뉴질랜드의 주정부 주택 대기자 명단이 2018년 6,000 가구에서 2020년 1월 16일 현재 14,500가구로 사상 최대치를 기록했다. 2018년 저신다 아던 총리가 주택 위기를 개선하겠다는 발언에 대비되는 상황이다. 노숙자들을 돕는 단체인 몬테 세실리아 하우징 트러스트(Monte Cecilia Housing Trust) 경영자 버니 스미스(Bernie Smith)는 "정부의 전략적 주택 계획이 효과가 없다"라고 비판했다. 또한 국민당 의원 시몬 오코너(Simon O'Connor)는 정부가 말한 주택 공급 정책은 2년이라는 짧은 기간 동안 효과를 내지 못했고 특히 주택 건설에 중점을 두어야했던 임대 시장 문제를 해결하지 못했다고 비판했다. 이에 주택부 장관 크리스 파포이는 정부의 주거정책이 이미 마련되었으며 2020년 현재 2,500여 곳에 공공 주택을 건설할 예정이라고 말했다. 파포이는

"노숙자 문제를 해결하는 것이 정부의 우선 순위 중 하나이며 모든 시민들이 안전한 주거 공간에서 살 권리가 있다"라고 강조했다. 하지만 정부의 주거 정책에 대한 논란이 계속되고 있다.

〈호주〉 2020년 02월 10일

• 매트 카나반, 사임 전 석탄 로비 관련 문서 공개 지연   (The Guardian 02.10)

— 2020년 2월 초 매트 카나반(Matt Canavan) 전 자원부 장관이 석탄 로비스트와의 관련 혐의로 사임하였다. 카나반은 자신의 직책을 사임할 때까지 로비스트와 관련된 어떠한 문서도 공개하지 않았고 2019년 11월부터 호주 보존 재단(Australian Conservation Foundation)이 카나반과 New Hope Coal 및 로비스트와 연관된 모든 정보를 공개하라는 요청을 거부하였다. 이로 인해 호주 정보자유(Freedom of information, FOI)법의 중대한 결함이 드러나 논란이 되었다. 호주 환경단체 ACF의 크리스티안 슬래터리(Christian Slattery)는 "대중은 선출된 대표가 누구와 로비하고 있는지 알 권리가 있다. 하지만 정부는 호주의 정보자유법의 빈틈으로 석탄 산업과 관련 있는 이 사건을 숨기려고 한다"라고 비판하였다. 또한 그는 "정부는 대기업들의 재정적 이익이 아니라 공공의 이익을 위해 행동해야 하며 정치인들에게 정치적 투명성을 요구해야 할 권리가 있다"라고 말했다.

〈뉴질랜드〉 2020년 02월 05일

• 저신다 아던, Waitangi Day 참여   (The Guardian 02.05)

— 아던 총리가 2월 6일 새벽에 시작하는 와이탕이 데이(Waitangi Day)를 축하하기 위해 와레 루 낭가 지역에 갔다. 와이탕이 데이는 1840년 마오리족과 영국인들이 와이탕이 조약에 서명한 날을 기념한 행사로 2020년 올해가 180주년이다. 아던 총리는 뉴질랜드의 소수민족인 마오리족과 만나 원주민들의 고충을 듣기 위해서 행사에 참여한 것으로 보인다. 아던은 행사 진행 전 연설에서 "오늘 우리는 가난하고 아픈 사람들, 편견을 앓고 있는 사람들과 외로워하는 사람들, 역사 그리고 미래를 위해서 모였다. 180주년 와이탕이 데이에서 우리는 서로 함께 걸어가는 법을 배우기를 바란다"라고 말했다. 현재 아던 총리는 와이탕이 지역에서 마오리 지도자들과 협의하여

어린이들의 인권보호 사업을 진행하고자 하며, 총선 경쟁자인 사이먼 브릿지는 이 지역에 4차선 고속도로를 건설하겠다고 대응하는 상황이다.

〈뉴질랜드〉 2020년 02월 14일

• 아던 총리, 9월 총선 앞두고 야당과의 지지율 격차 좁혀져 (Bloomberg 02.14)

− 2020년 9월 총선을 앞두고 미국 여론조사 기관인 콜마르의 조사 결과가 발표되었다. 조사 결과에 따르면 뉴질랜드 야당인 국민당이 46%, 현재 여당인 노동당은 41%, 녹색당 5%, ACT 2%로 국민당이 우위를 점하였다. 또한 콜마르는 향후 국민당과 ACT, 노동당과 녹색당이 연합으로 정부를 구성할 수 있다고 말했다. 아던 총리의 재선 가능성을 높게 보는 일각에서는 아던의 개인적인 인기가 가장 큰 강점이라고 밝혔다. 콜마르의 여론 조사에 따르면 아던은 42%로 경쟁자인 사이먼 브릿지의 11%에 비해 압도적으로 높은 인기를 보였다. 이번 총선에서 주목할 점으로는 총선과 함께 실시되는 오락용 대마초와 안락사 합법화 여부를 묻는 두 차례의 국민 투표를 들었다. 안락사 합법화를 제안한 ACT정당과 대마초 법안 개혁을 지지하는 녹색당의 득표에 크게 영향을 미칠 것으로 보인다. 콜마르 여론 조사는 2020년 2월 8일부터 12일까지 실시되었으며 표본오차 3.1%이다.

〈호주〉 2020년 02월 24일

• 생존을 위해 싸우는 원주민 공동체 내부 (The Sydney Morning Herald 02.24)

− 다윈의 원마일댐(One mile dam)취락은 수천 년 동안의 원주민 본거지였지만 곧 이들이 밀려나 도시 내 개발에 길을 터줄 위기에 처해있다. 문화 깊은 성지인 이곳은 북방영토에 있는 약 40개의 마을 캠프 중 하나로 1970년대까지 차별법에 따라 도시 지역에서 생활하는 것이 금지된 원주민들에게 피난처 역할을 했다. 1978년 긴 토지권 분쟁이 끝나고 원마일댐은 원주민 공동체에 의해 영구적으로 임대되었다. 그러나 북방 지역의 주정부가 작년 말에 발표한 중앙 다윈지역 계획에서 토지 일부를 재개발하기 위한 공터를 확보하면서 캠프의 장래가 우려되고 있다. 기획부 대변인은 원마일댐 구획 정리를 할 계획은 아직 없다고 밝혔다. 가족이 이 땅에 산 지 30년 이상된 주민 팀버(Timber)는 커뮤니티가 발전성이 높은 지역에 있어서 오랫동안 위협을

받아왔다고 말한다. 정부는 임차인을 통해 부지의 장래에 대해 주민과 열린 대화를 가졌다. 호주 원주민인 켄 와이어트(Ken Wyatt) 연방장관은 "나는 북방영토 정부와 지역 주택 공급업자가 원마일댐 취락의 커뮤니티와 긴밀히 연계해 주민에게 적절한 주택을 제공하는 것을 장려할 것"이라고 전했다. 그러나 팀버는 정부가 지난해 새로 지은 어머니의 집을 제외하고 수십 년 동안 새집이나 수리 의뢰에 답하지 않았다고 말했다. 덧붙여 생활 여건이 나쁘긴 했으나, 이것이 원마일댐을 철거하는 이유여서는 안 된다고 말했다.

〈호주〉 2020년 03월 06일

- **'우리는 가치가 없다': 원주민 노인단체 나이젤 스컬리온의 자금 지원 네 번 거절당해**

(The Guardian 03.06)

– 태즈메이니아 원주민 출신 노인단체는 총 4차례에 걸쳐 전 원주민 문제담당 장관인 국민당 나이젤 스컬리온으로부터 자금 제공을 거부당했다. 이 단체는 1994년에 설립이 되었으며 회장인 클라이드 맨셀(Clyde Mansell)은 식사와 교통수단을 포함한 노인들을 지원하며 중요한 문화적 역할을 하고 있다고 밝혔다. 맨셀에 따르면 평의회는 2016년, 2017년, 2018년, 2019년에 4차례에 걸쳐 자금 제공을 신청해 원주민자치부의 주 대표와 공동으로 제안서를 작성했다. 신청은 보조금 지침에 따라 모두 순조롭게 시행되었으며, 스컬리온이 지급을 거부한 이유에 대해 피드백을 전혀 얻지 못했다고 말했다. 평의회는 지난해 11월 14만9000달러의 지원금을 신청했다. 2019년 연방선거에서 정계를 은퇴한 스컬리온은 선거까지 6주 동안 5억6000만 달러 이상의 지원금을 냈다. 지역 내 4,000~5,000명의 젊은이, 교도소, 마약, 정신위생 문제로 어려움에 처한 젊은이들의 생활을 돕는 레드 테일즈 AFL클럽(Red Tails AFL)의 프로그램에 대한 50만 달러의 지원금 또한 미지급 상태이다. 그들은 나이젤 스컬리온과 약 5년간 5번 정도 모임을 가졌지만 보조금을 지급받지 못했다고 말했다.

〈호주〉 2020년 04월 06일

- **코로나19가 유행하는 가운데, 스콧 모리슨의 인기 급상승**   (7News 04.06)

– 코로나19가 발생한 가운데 스콧 모리슨 총리의 인기가 급상승했다. 호주 총리 여

론 조사에서는 2009년 세계 금융 위기가 닥쳤을 때 지도자였던 케빈 러드(Kevin Rudd) 이후로 이는 최상의 만족 수치라고 밝혔다. 모리슨 총리는 야당의 지도자인 앤서니 올버니즈를 53%대 29%의 비율로 앞서 총리로 당선됐다. 정부는 1차 투표에서 34%의 득표율을 얻은 노동당에 비해, 2%오른 42%의 득표를 받았으며 양 당 선호도를 기준으로 노동당을 51%대 49%로 앞서는 우세한 수치를 보였다. 이 여론 조사는 잡키퍼 정책에 대한 폭 넓은 지지를 기반으로 한 수치이다. 본 정책은 연방 정부의 1,300억 달러 규모의 임금, 보조금 제도가 의회를 통과할 경우 자격을 갖춘 근로자는 6개월 동안 1,500달러의 지원금을 2주간 지급받게 되는 제도이다. 90%의 연립정부(자유당+국민당) 유권자들이 이를 지지했으며, 그 다음으로는 88%의 녹색당 유권자, 84%의 노동당 지지자들이 뒤를 이었다. 코로나19 위기에 대한 연방 및 주 정부의 경제 대응 만족도 또한 33%에서 47%로 상승했다.

〈뉴질랜드〉 2020년 04월 07일

• 코로나19 격리 규칙 어겨 강등된 보건부 장관 클라크　　　　　(Newsroom 04.07)

- 뉴질랜드 보건부 장관인 데이비드 클라크가 코로나19로 인한 격리 기간 중에 가족과 함께 해변으로 여행을 갔다가 사직서를 냈다고 밝혔다. 저신다 아던 총리는 그를 내각의 최하위로 강등시키고 또 다른 격리 규칙을 어긴 사실을 공표한 뒤 재무 차관직을 박탈했다. 그는 이미 봉쇄령의 규칙을 위반해 자전거를 탄 이력이 있으며 봉쇄령이 내려진 첫 주말에 가족들을 차에 태우고 집에서 20km 떨어진 해변까지 갔다. 그는 이번 여행이 현지에 머무르며 휴양지까지 장거리 운전을 하지 않는 봉쇄령의 원칙을 분명히 어긴 것이라고 말했다. "보건장관으로서 나의 책임은 규칙을 지킬 뿐 아니라 다른 뉴질랜드인들에게 모범을 보이는 것이었으며, 그들에게 역사적인 희생을 부탁할 때 나는 팀을 실망시켰다. 난 바보였고, 사람들이 왜 나를 비판하는지 안다"고 말했다. 클라크는 아던에게 재차 사과하고 사임 의사를 밝혔다. 통상적인 상황에서는 아던은 그의 보건부 장관직을 해임했을 것이며, 그가 한 일은 틀렸기 때문에 변명의 여지가 없다고 말했다. 하지만 현재의 우선 사항은 코로나19에 대한 국가적인 대응이기 때문에 장관의 해임으로 인해 의료 분야나 대응에 큰 지장을 줄 수는 없다고 말했다. 이러한 이유 하나만으로 클라크 박사는 본인의 장관직을 유지할 수

있을 것이라고 전했다.

〈뉴질랜드〉 2020년 04월 08일

- **뉴질랜드인의 거의 90%가 정부의 코로나19 대처에 지지 의사 표명**

(The Spinoff 04.08)

– 뉴질랜드 폐쇄 이후, 4월 3일부터 3일간 공인된 리서치 기관 콜머 브랜튼(Colmar Brunton)에서 시행된 첫 여론 조사에서는 코로나19의 대유행 상황에서 뉴질랜드 정부의 공식 대응에 대한 국민의 지지는 여전히 높고, 이 수치는 세계에서 가장 부유한 G7 국가들을 한참 앞서고 있다고 밝혔다. 본 결과는 G7을 구성하는 영국, 미국, 이탈리아, 캐나다, 프랑스, 독일, 일본 등 자매기관의 동등한 조사와 비교했다. 응답자의 83%가 국가적 문제에 잘 대처할 수 있는 정부를 신뢰한다고 답했고, 88%는 코로나19에 관한 올바른 판단을 하는 정부에 신뢰한다고 답했다. 후자의 설문에 대해 G7의 국가들의 평균값은 59%이다. 두 달 전인 2월 중순에 시행됐던 여론조사에 따르면, 뉴질랜드 국민의 62%가 코로나19 발생에 적절하게 대응하고 있다고 답변했다. 그러나 뉴질랜드인의 42%가 코로나19가 개인 소득에 영향을 미친다고 답했다. 뉴질랜드 국민 3명 중 2명(64%)은 경제적 상황이 정상으로 돌아가려면 6개월 이상 걸릴 것으로 보고 있다. G7 평균 수치인 37%의 거의 두 배다. 90% 이상의 국민은 코로나19의 보급을 늦추도록 정부가 요구한 것을 하고 있다고 답했다. 하지만 27%의 국민은 바이러스 유행에 대처하는 뉴질랜드 시민들의 태도는 형편없다고 답했다.

〈뉴질랜드〉 2020년 05월 18일

- **코로나19 관련 모순된 정부 지침, 소상공인에게 혼란 야기**   (Newshub 05.18)

– 뉴질랜드가 지난주 2단계 경보로 전환하면서 소매업체들은 정부가 정한 여러 지침에 따라 일반인들에게 매장을 다시 열 수 있게 되었다. 소매업체 CEO 그렉 하포드(Greg Harford)는 한 프로그램에서 정부 방침에 따라 전환하는 과정이 일부 업체에서 원했던 것만큼 순탄치 않았다고 말했다. 그가 생각하기에 큰 문제는 연락처를 추적하는 것에 있어 명확성이 부족한 것과 정부의 여러 부서에서 나오는 일부 모순된 정보라고 말했다. 한 쇼핑몰의 주인 댈러스 펜더그라스(Dallas Pendergrast)는 하포드의 말

에 공감하며, "우리 상인들은 규정을 준수하는 것과 필요한 것을 이해하는 것이 매우 어려우며, 우리가 해야 할 일에 대해 쇼핑몰 주인들을 위한 정보는 거의 없었다. 그러나 모두는 최선을 다하고 있고, 사람들에게 거리를 두는 것에 대해 상기시켜주고 있다"라고 말했다. 하포드는 소매점들이 코로나19 유행 이전과 같은 판매 수치를 회복하기까지는 오랜 시간이 걸릴 것이라고 말했다. 저신다 아던 총리는 그들이 어떠한 상황에서 접촉을 추적해야 하는지 혼란을 겪는 것에 대해 인정했다. "소매업자들은 좋은 위생 관행을 갖추고 있는지, 쇼핑객들이 서로 거리를 두도록 지원하고 있는지 관리 해야 하며, 짧은 시간 안에 가게에 들어오는 사람들 모두를 일일이 추적할 필요는 없다"라고 말했다.

〈호주〉 2020년 06월 07일

• 스콧 모리슨 총리의 높은 지지율 (Newdaily 06.07)

— 최근 뉴스폴(Newspoll)은 스콧 모리슨 총리가 정부의 코로나19 대응과 경기 침체의 영향으로 사상 최고 지지율을 기록하고 있다고 보도했다. 호주에서 실시 된 여론조사에서는 연립여당이 노동당보다 양당 우위를 유지하고 있다. 이는 연정에 대한 대중의 지지도가 42%로 떨어졌고 노동당의 경선 득표율도 34%로 떨어져, 선호도는 51대 49로 변함이 없음을 보여 준다. 지지율 면에서는 모리슨에 대한 만족도가 66%로 사상 최고 수준을 유지하고 있고, 비지지 수준은 29%로 한 포인트 하락했다. 이는 케빈 러드의 임기 초반 이후 총리직으로는 가장 높은 선호 수치이다. 노동당의 경쟁자인 앤서니 올버니즈는 3% 하락한 26%의 지지율을 기록했다. 노동당수에 대한 지지율은 3% 하락한 41%이었고, 불만족도는 1% 오른 38%였다. 녹색당은 2% 상승하여 12%의 예비 득표율을 기록했고, 폴린 핸슨(Pauline Hanson)의 한국당(One Nation)은 4%로 1% 상승했다. 이는 6월 3일부터 6월 6일까지 유권자들의 온라인 조사 1512건을 바탕으로 실시 되었으며, 이는 정부가 잡 키퍼 정책에 대한 600억 달러의 오차와 7억 2100만 달러의 채무 초과로 대공황 이후 가장 심각한 경제 위축에 대한 전망을 발표한 3주 후의 결과이다.

〈뉴질랜드〉 2020년 06월 25일

• 새로운 여론조사에서 야당의 전국적인 반등세, 그러나 여전히 여당인 노동당에 뒤처져

(RNZ 06.25)

– 콜마르 브런튼 뉴스의 여론조사에 따르면, 노동당은 지난달 여론조사에서 사상 최고치였던 59%에서 9%포인트 하락한 50%, 국민당은 29%에서 9% 상승한 38%, 녹색당은 6%, 뉴질랜드 제일당은 25, 행동당은 3%의 지지율을 기록했다. 총리의 선호도의 경우 저신다 아던은 지난번 63%에서 9% 하락한 54%를 기록했고, 토드 뮬러 신임 국민당 대표가 13%의 지지율로 데뷔했다. 뒤이어 주디스 콜린스는 2%, 윈스턴 피터스는 2%대를 기록했다. 조나단 콜먼(Jonathan Coleman) 전 국민건강부 장관은 뮬러를 지지하는 사람의 수가 2년 전 사이먼 브리지스 전 총리에 버금가는 수치라고 말했다. 그는 "노동당 당수들은 지난 10일 동안 보건 부문에서도 큰 타격을 입었다"고 말했으며, "그들은 이제 전 국민이 토론의 방향을 경제 부문으로 옮기면서 상황이 더 어려워질 것"이라고 말했다. 정치평론가인 데이브 코맥(Dave Cormack) 전 녹색당 정책실장은 국민당이 원래 표의 일부를 회수했을 것이라고 말했지만, 이는 충분한 수치는 아니라고 말했다.

〈호주〉 2020년 07월 11일

• 코로나 위기 속 풋볼 경기 관람으로 논란을 일으킨 스콧 모리슨 총리　(Sunrise 07.11)

– 빅토리아주에서 코로나19 확진 환자가 발생한 반면, 스콧 모리슨 총리가 마스크 없이 호주식 풋볼(footy) 경기를 관람하고 있는 사진이 찍혀 비난을 받고 있다. 사진은 수상이 응원하는 팀이 득점하자, 관중석에서 맥주를 들이키는 모습이었다. 일부 국민은 트위터를 통해 모리슨의 행동이 "잘못되고, 터무니없는 짓"이라며 비난했다. 이번 논란은 모리슨이 금요일에 "휴가 동안 가족과 함께 시간을 보내겠다"고 발표한 후에 불거졌다. 많은 비난에도 불구하고, 일부 의원들은 스콧 모리슨의 여가를 비난하지 않았다. 조엘 피츠기본 노동당 하원의원은 24일 선라이즈(Sunrise)와의 인터뷰에서 "다른 곳에서 사람들이 힘든 일을 하고 있다는 이유로 총리나 우리가 밖에서 즐겁게 놀면 안 된다는 생각은 옳지 않다"고 말했다. 바르나비 조이스(Barnaby Joyce) 하원의원은 "모리슨이 지역 주민들과 계속 접촉하는 것이 중요했다"며, "그가 사회적 거리

두기 지침을 따랐을 것"이라고 말했다.

〈호주〉 2020년 07월 13일

• '경제난'=지난 1년간 원주민의 43%가 겪은 식량 부족 　　　　(The Guardian 07.13)

– 외곽 지역에 거주하는 호주 원주민의 식량 안전에 대한 전국적인 조사 결과, 가난이 식량난의 가장 큰 원인이며 사람들의 굶주림을 멈추기 위해서는 가난을 해결해야 한다는 결과가 나왔다. 전국 원주민 및 토레스 해협 섬 주민의 건강 조사(National Aboriginal and Torres Strait Islander Health Survey)에 따르면 원주민의 43%가 지난 12개월 동안 식량난을 겪은 것으로 보고 되었다. 몇몇 연구자료는 외곽 지역의 상점들과 도시 중심지의 상점 간의 식료품 가격 차이가 극명하다고 보고했다. 장바구니 조사(Market Basket Survey)에 따르면, 북부지역 사회서비스 제출협의회의 인용 결과 원격지 상점의 기본재료가 다른 지역 상점보다 56%p 더 비싸다는 결과를 보여 주었다. 호주 국립대학 원주민 경제정책연구센터의 프랜시스 마크햄(Francis Markham) 박사와 숀 케린스(Sean Kerin) 박사는 "외곽 지역에서 식량 불안이 더욱 확산되고 있다"고 말했다. "우리는 정부가 외곽 지역에 거주하는 원주민들이 저렴하고, 신선한 식료품 및 기타 필수품들을 얻기 힘든 이유가 가난이라는 것을 알아야 한다고 생각한다. 식량 불안의 주요 원인은 지역사회 내 식량 부족이 아니라 자본의 부족"이라고 말했다. 이들은 또한, 식량 공급과 경제발전에 기여하는 사회적 기업에 대한 지원과, 원주민들에 대한 지원을 요구했다. 호주경쟁소비자위원회(Australian Competition and Consumer Commission)는 이번 조사에서 "과도한 가격 책정에 관한 국민 다수의 불만 사항을 조사했으나, 아직 문제되는 점은 발견하지 못했다"고 전했다.

〈호주〉 2020년 08월 10일

• 자유당 기금모금 행사, 코로나바이러스의 위험성 우려 　　　　(ABC News 08.10)

– 스콧 모리슨 총리는 이달 말 의회에서 열릴 예정인 자유당 기금모금 행사를 중단하라는 요구에 직면했다. 행사에는 총리의 보좌관인 벤 모턴(Ben Morton)이 주요 내빈으로 참여할 예정이며, 사이먼 버밍엄 관광부 장관, 앤 러스턴(Anne Ruston) 사회복지부 장관, 폴 플레처(Paul Fletcher) 통신부 장관 등 여러 의원들이 참석할 예정이다. 이

전에 코로나19 무증상 확진 판정을 받았던 렉스 패트릭 남호주 상원의원은 ABC방송과의 인터뷰에서 "총리는 통솔력을 발휘해 이를 중단시킬 필요가 있다. 행사를 강행하는 것은 위험한 위선"이라며, "정치인들이 국민에게 영향을 미칠 수 있는 불필요한 위험 상황을 초래하고 있다. 나는 무증상으로 코로나19 확진 판정을 받았다. 우리는 대면 활동을 최소화해야 한다"고 말했다. 그러나 앤드류 바(Andrew Barr) 장관은 기금모금 행사에 참여하는 의원들은 모든 안전 수칙을 지킬 것이며, 이번 행사는 소규모 집회로 진행될 것이라고 밝혔다. 버밍엄 또한 "관광부 장관으로서, 코로나바이러스 규제를 준수하는 한 본 행사에 대해 찬성한다. 회의 개최와 행사 진행에 의존하는 기업은 오랜 기간 타격을 받고 있다"고 말했다.

〈뉴질랜드〉 2020년 07월 30일
• 저신다 아던 총리, 새로운 국민당 지도자 주디스 콜린스보다 '월등한' 선두

(Interest 07.30)

– 지난 7월 저신다 아던 총리가 속한 노동당의 지지율은 6월 이후 1%p 하락한 53.5%를 기록했으며, 9월 19일 선거를 한 달여 앞두고 시행된 여론조사에서 여전히 제1야당인 국민당의 2배가 넘는 지지율을 기록했다. 이 설문조사는 7월 중순 토드 뮬러 전 대표가 두 달도 채 되지 않아 사임한 이후 주디스 콜린스가 국민당의 새 당 대표로 임명된 기간을 포함하여 진행되었다. 투표 의향에 관한 여론조사에서 노동당, 뉴질랜드 제일당, 녹색당 연합에 대한 지지도가 63%로 여전히 강세를 보였다. 윈스턴 피터스 뉴질랜드 제일당 부총리에 대한 지지율은 1.5%에 그쳐 변동이 없었고, 2017년 7.2%이었던 당 지지율은 당선 이후 5.7%로 크게 하락했다. 뉴질랜드 제일당은 7월 입당의 문턱인 5%의 지지율을 다시 밑돌고 있으며, 국민의 투표 의사가 미미할 경우 올해 선거가 끝난 뒤 의회에서 퇴출당할 수 있다. 녹색당의 지지도는 8%로 6월 이후 1%p 하락했지만 2017년 선거 이후 1.7%p 상승해 5%의 문턱을 넘겼다. 의회 외 정당 중 기회의당(Opportunities Party)은 1.5%로 변동이 없었고, 마오리당(Maori Party)은 기존보다 0.5%p 하락했다. 뉴질랜드 유권자의 과반수(71.5%) 이상은 뉴질랜드의 정치가 올바른 방향으로 가고 있다고 답했다.